世界経済危機と
『資本論』

萩原伸次郎 著

新日本出版社

　　　　　　　目　　次

はじめに　7

第1章　パックス・ブリタニカと経済危機
　　　　　──19世紀国際金本位制下での金融危機の論理　17
1　信用と架空資本　18
　商業信用と銀行信用　18
　貨幣資本と現実資本　26
　1844年ピール銀行法に見るイギリスの金融制度　29
2　国際貨幣恐慌の論理　31
　国際金本位制下における為替相場　31
　信用主義から重金主義への転化　32

第2章　戦間期における世界恐慌
　　　　　──1929年大恐慌における金融危機の論理　35
1　大恐慌発生の歴史的前提　36
　マルクス・エンゲルスと株式制度　36
　アメリカの株式制度と投資銀行　39
　第一次世界大戦後の世界経済　41
　株式市場を基軸とする信用膨張　46
　アメリカ銀行信用の諸類型──都市銀行と地方銀行　49

国際通貨になりえなかったドル 51
　　不穏なアメリカの国際投資状況 52

2　大恐慌の発生（1929年10月〜30年末） 54
　　大恐慌と『資本論』の危機論理 54
　　証券投機の本質とその機構 59
　　1929年10月証券取引所恐慌の発生 61
　　巨大金融機関の危機回避策 64
　　1930年末〜31年初頭の銀行恐慌の発生 67
　　アメリカへの金流入と農業諸国の「本位貨恐慌」 77

3　大恐慌の激化（1931年末〜32年） 83
　　1931年末金融危機の発生 83
　　巨大金融独占の中枢を襲う金融危機 84
　　「復興金融公社」（RFC）の設立 88
　　巨大金融独占援助機関としてのRFC 90
　　1931年末〜32年銀行恐慌の発生 92
　　国際貨幣恐慌の深刻化 101

4　大恐慌の帰結（1933年3月） 112
　　1933年3月「全国銀行休業」の発生 112
　　全国銀行崩壊の基本的要因 113
　　1933年3月「本位貨恐慌」の発生 116
　　世界経済の崩壊とブロック経済 117

第3章　パックス・アメリカーナと金融危機の鎮静化
——J.M. ケインズと戦後ニューディール体制の時代　131

1　ケインズ主義的財政・金融政策の確立
——戦後ニューディール体制の歴史的意義　132

戦後の国際通商・金融システムとJ. M. ケインズ　134

戦後アメリカの連邦財政支出　137

戦後アメリカの連邦財政収入——ケインズ税制の特質　142

戦後金融政策と国債　144

戦後金融政策の確定——1951年「アコード」の経済政策的意義　146

2　1957年～58年経済恐慌と寡占企業
——金融危機なき経済恐慌はどのように起こったのか　150

寡占的市場構造と好況過程（1955年～57年8月）　150

寡占的市場構造と恐慌過程（1957年9月～58年4月）　157

寡占的市場構造と不況過程（1958年5月～60年末）　160

アイゼンハワー政権の景気政策　162

ケネディ政権の景気政策　167

3　国際収支危機とケネディ政権
——1960年「ドル危機」と金価格高騰　178

国際収支危機とは何か　178

楽観的な国際収支危機対策論　182

国際収支危機対策の実際　184

4　国際収支危機とジョンソン政権
　　　――1967年「ドル危機」と金プール協定の破綻　196
　　国際収支危機の深刻化　197
　　ジョンソン政権の直接投資抑制策　200
　　戦後ニューディール体制の崩壊　206

第4章　新自由主義的システムの形成と経済危機　221
　1　新自由主義的国際金融システムの形成　222
　　ケインズ的国際金融システムの興亡　222
　　多国籍銀行の成立　227
　　資本輸出規制と商業銀行の多国籍銀行化　231
　　ユーロダラー市場の形成　233
　　多国籍銀行による国際貸付　236

　2　インフレ激化と1974年経済恐慌　244
　　ニクソン政権の「インフレ対策」(1969年～70年)　244
　　新経済政策と景気回復(1971年～72年)　247
　　スタグフレーション(1973年～75年)　249

　3　金融引き締め政策とレーガン恐慌　253
　　インフレ激化と利潤圧縮(1976年～80年)　253
　　レーガン政権の経済政策と経済危機(1981年～82年)　261
　　急速な景気回復の特徴――実質賃金の下落と経済の金融化　265

　4　金融自由化と金融危機　268
　　1970・80年代の信用創造　268
　　預金銀行の行動論理　270

貯蓄貸付組合危機（1989年〜91年） 272

第5章　新自由主義的景気循環の論理 279
1　現代商業銀行の行動論理
　　　――経済の証券化と「架空資本」の現代的形態 280
2　新自由主義的景気高揚 284
景気高揚Ⅰ――株式市場と銀行信用（1992年〜2000年） 284
9.11同時多発テロ、粉飾決算事件と株式パニック
　　　――株価崩落と財政・金融政策（2001年〜02年） 299
景気高揚Ⅱ――証券化市場と銀行信用（2003年〜07年） 306

第6章　世界経済危機と『資本論』の論理 313
1　世界経済危機の発生
　　　――信用主義の重金主義への転化 314
2　新自由主義的国際金融システムと金融危機 318
世界金融危機勃発の歴史的条件 319
国際経済危機の勃発 326

第7章　アメリカの経済危機対策 337
1　ブッシュ政権の危機対策（2007年8月〜08年11月） 338
ヨーロッパでの危機勃発とブッシュ政権の楽観 338
FRBの対応とFHA保証 339
大規模減税 340
リーマン・ブラザーズの倒産と公的資金導入策 340

2　オバマ政権の危機対策 (2009年1月～09年2月)　344
　　優先したウォールストリートの救済　344
　　「アメリカ復興および再投資法」の制定　345

むすびに
　　――世界経済危機とアメリカ経済をめぐる三つの歴史的条件　348

　あとがき　353

はじめに

　カール・マルクスが、1818年5月5日、ドイツはモーゼル川のほとり、古代ローマの遺跡がいまだ残るトリーアで生まれたことはよく知られている。今年2018年は、マルクス生誕200年にあたる。昨年は、『資本論』第1巻が出版されてから150年目にあたっていた。マルクスといえばいうまでもなくエンゲルスとともに「科学的社会主義」の創始者として有名だ。古典派経済学を批判的に継承し、「剰余価値」概念を基軸に、政治経済学批判を縦横に展開したドイツの思想家である。J.M. ケインズと並び称される経済学の巨人でもあることはだれしもが知っている。しかし、マルクスほど生前、また逝去後の今日に至るまで、毀誉褒貶相半ばする世評をもつ、偉大な人物も歴史上数少ないといわなければならないだろう。

　わが国日本では、マルクスの経済学がアカデミアにおいて重要な位置を占め続けた。しかし、1991年12月、ソ連が消滅した後の日本におけるマルクス経済学界の動揺は深刻なものだった。大学では『資本論』の権威が失墜し、多くの大学ではマルクス経済学が消滅した。現実の経済社会では、新自由主義的経済政策が世界を覆い、「市場メカニズムへの信奉」「小さな政府論」が幅を利かした。新自由主義的経済政策を支える経済学原理の基本として、ヒックス『価値と資本』[*1]（1939年）や、戦後展開されたソローらの新古典派経済成長論[*2]が「マルクス経済学の崩壊」を後目に、経済社会の均衡的成長をまことしやかに説いていたものだった。

　しかしそれから17年、2008年9月に勃発した世界経済危機[*3]は、マルクス『資本論』を再びこの世界によみがえらせたといってよいだろう。1929年大恐慌以来の世界経済危機を、新古典派経済学の一般均衡論によって解くことはできないからだ。

　本書は、マルクスの経済危機論を現代的観点から再検討し、19世紀パックス・ブリタニカの時代からパックス・アメリカーナの時期を経て今日に至るまで、その歴史的段階で引き起こされた注目すべき経済恐慌について、マルクス

『資本論』の論理を駆使して分析し、その古典としての積極的意義を再びよみがえらせることを目的としている^{*4}。

マルクスの危機分析と『資本論』

　ここではひとまずマルクスの金融危機の論理について、『資本論』を頼りにそのエッセンスを取り上げてみることにしよう。

　いうまでもなく、マルクス『資本論』は、現代の経済危機について直接論じた書ではない。また、マルクスの金融危機分析がそこで整理されて示されているわけでもない。しかし今日、世界経済危機分析の視角から本書を読み返せば、いくつか重要な論点を導き出すことができる。

　注目すべきは、『資本論』第3巻第5篇「利子と企業者利得とへの利潤の分裂。利子生み資本」である。その第27章「資本主義的生産における信用の役割」をまずのぞいてみることにしよう。「信用」とは、貨幣に代位して形成される経済における債権・債務関係のことであり、銀行などの信用取扱業の全体を「信用制度」という。そこでマルクスは、信用制度の一般的論点を整理するのだが、金融危機の観点からは、〈信用による貨幣の節約〉という機能に注目すべきであろう^{*5}。

　マルクスによれば、貨幣は信用によって3通りの仕方で節約されるという。第一が「取引の一大部分にとって、貨幣がまったく必要とされなくなることによって」^{*6}、第二が「通流する媒介物〔流通手段〕の流通が速められることによって」^{*7}、そして第三が「紙券による金貨幣の代位」^{*8}によって、貨幣は節約される。

　つまり、商業信用を基礎とし、銀行信用に発展する資本主義経済の信用制度は、貨幣を節約し、その流通速度を著しく速め、金貨幣を必要としないシステムをつくり出す。こうして、貨幣は空虚な観念的な価値に過ぎなくなるのである。「流通または商品変態の、さらには資本の変態の個々の局面の、信用による加速、またこのことによる再生産過程一般の加速」が起こり、「信用は、購買行為と販売行為とを比較的長期間にわたって分離することを許し、それゆえ投機の土台として役立つ」^{*9}のであり、景気拡大、好況局面を演出するのに欠くことのできない要因となる。

金融危機を引き起こすメカニズム

　ところで、金融危機は、どのような論理で勃発するのだろうか。マルクスは、資本主義の運動法則において金融危機を理解するには、信用主義から重金主義への急激な転化がなぜ引き起こされるのかを解明しなければならないとした。[*10]マルクスは次のように言う。

　「信用は、やはり富の社会的形態として、貨幣を駆逐してその地位を奪う。生産の社会的性格にたいする信頼こそは、諸生産物の貨幣形態を、なにか単に刹那的で観念的なものとして、単なる観念として、現われさせるのである。しかし、信用がゆらぐやいなや——そしてこの局面は近代産業の循環においていつも必然的にやってくる——、こんどはすべての現実の富が実際にかつ突然に貨幣すなわち金銀に転化されなければならない。これは気違いじみた要求であるが、しかし制度そのものから必然的に生じてくるものである」[*11]。

　資本主義経済における信用主義とは、資本主義システムの運行が貨幣の基盤を離れ、信用という架空資本の形成によって行われることをいう。マルクスは、この信用主義を次の三つの段階の架空資本の形成と関連させて、資本主義システムの信用主義は深化すると言っている。第一が、商業信用によって形成される架空資本、第二が、銀行信用によって形成される架空資本、第三が、株式制度によって形成される架空資本である。

　商業信用によって形成される架空資本は、売り手が商品を販売するのだが、買い手は貨幣で支払いをせず、為替や手形という信用で支払いをすることで生まれる。架空資本は為替や手形の形をとり、売買とともに膨大な規模で形成され、貨幣基盤を離れ、拡大していく。マルクスは次のように言う。「信用の最大限度は、この場合には、産業資本の精一杯の充用、すなわち、消費の諸限界を顧慮しない、資本の再生産力の極度の緊張に等しい。消費のこの諸限界は、再生産過程そのものの緊張によって拡大される。この緊張は、一方では、労働者たちと資本家たちとによる収入の消費を増加させるのであり、他方では、それは生産的消費の緊張と同じものである」[*12]。

　銀行信用によって形成される架空資本は、銀行業者による貸付可能資本の貸付から生じる。銀行業者は、金融仲介業として、産業資本家や商業資本家に貨

幣貸付を行うのだが、その独自の特徴は、金属準備と担保を必要としない、信用と資本を創造することにある。だから、銀行信用によって、膨大な量の貨幣資本が蓄積されるのだが、その多くは、将来の生産に対する請求権・権原としての証券になるのであって、これら請求権の蓄積は、幻想的資本価値の蓄積以外の何物でもないと理解しなければならなくなるのである。[*13]

　株式制度によっても膨大な架空資本が形成される。株式制度は、生産規模を拡大することを目的とする民間株式会社に巨額な貸付可能資本を集中し、株式や債券を貨幣資本家に販売することによって膨大な架空資本が形成される。投資家は、彼らの所有権の価値とそこから上がる収益に鋭い関心を有する。所有権証書は、株式市場で商品となり、その価格は、それ特有の動きを示し、特定のレベルに決定される。株式市場は、所有権証書が売買されるところとなり、架空資本の取引市場となるのである。[*14]

　ところで、こうした信用主義による架空資本の形成が経済を異常に拡大させるのだが、その限界はどこにあるというのだろうか。

　資本主義的成長プロセスを加速化させ、その結果、膨大に蓄積された架空資本量と比較して、銀行システムにおける金属準備は、極端に縮減される。商業信用は、お互いの資本家同士が与え合う信用であり、銀行業者が、その商業信用によって生みだされた手形を割り引くことで、一層拡大していく。手形は確かに現実の売買から生み出されるが、次第に多くの手形は、純粋に詐欺的取引や投機的取引によって発行されていく。銀行業者は、また、大量の貸付可能資本を集中し、産業資本家、商業資本家のみならず、投機的資本家へ大量に貸し付けていく。大胆に貸し付けていくのは、社会的資本の一大部分がこの資本の所有者ではなく、非所有者たちによって使用されるからであるとマルクスはいう。[*15] 証券市場では、株式、債券、国債の量が貨幣資本の膨大な蓄積とともに拡大する。このプロセスは、資本主義システムに、過度で敏感な経済的上部構造を形成する。マルクスは、まさにこの危機直前の資本家の心境を次のように表現している。「ブルジョアは、繁栄に酔いしれ、蒙(ひら)を啓くとばかりにうぬぼれて、貨幣などは空虚な妄想だと宣言していた。商品だけが貨幣だ、と」。[*16]

　しかしながら、現実の恐慌は、資本主義的蓄積の矛盾に満ちた性格によって引き起こされるのであり、それは、力強い再生産過程を挫き、信用と支払いの

連鎖をいたるところで断ち切ることになる。この金融危機において、信用での支払いは全く不可能となり、貨幣飢饉(ききん)が勃発する。「再生産過程の全関連が信用に立脚しているような生産制度においては、信用が突然停止し、現金払いしか通用しなくなれば、明らかに恐慌が、支払手段にたいする猛烈な殺到が、起こらざるをえない」*17。マルクスは次のように言っている。

　「すべての現実の恐慌の究極の根拠は、依然としてつねに、資本主義的生産の衝動と対比しての、すなわち、社会の絶対的消費能力だけがその限界をなしているかのように生産諸力を発展させようとするその衝動と対比しての、大衆の貧困と消費制限である」*18。

国際貿易金融の破綻が引き起こす世界恐慌

　世界恐慌は、マルクスの時代、すべての国が輸入しすぎ、同時に輸出しすぎることによって起こった。こうしたことが起こったのは、国際貿易を貿易金融によって媒介し、信用の力によって、実際の購買力水準を超えて取引を行ったからであった。この時期は、多くの国では金本位制あるいは銀本位制であり、いずれにしても貴金属が貨幣流通の基礎にあった。信用を最も多く与え、最も少なく受けるイギリスでは、一般的に貿易差額は順、つまり黒字であっても、すぐ清算しなければならない満期の諸支払いが逆になり、恐慌の前兆として、金流出はまずイギリスで起こることが多かった。

　しかしながら、金流出が起こったからといって直ちにイギリスで恐慌が起こるというわけでもなかった。「現実の恐慌はいつも、為替相場が反転したのちにはじめて、すなわち、貴金属の輸入が再び輸出より優勢になるとすぐに勃発した」*19のだった。というのは、金流出が起これば、イングランド銀行によってピール銀行条例に基づき、銀行券の破棄がまず行われた。かくして、利子率が上昇し、貨幣逼迫(ひっぱく)が起こった。為替相場が反転し、貴金属の流出が流入に代わるのであるが、同時にイギリスを経済恐慌へ突入させるというわけであった。

　続いて、金をイギリスに流出させた国で、やはり利子率が上昇し、貨幣逼迫が起こった。貴金属の流入が優勢になると同時にこの国も経済恐慌へ突入するのであった。「各伍発射の場合のように」とマルクスは言っているが、支払いの順番が回ってくるのに応じて、各国は次々と金流出を引き起こし、続いて流

入と同時に経済恐慌へと突入したのであった。世界経済恐慌は、イギリスを発生源として、世界各国へ次々と波及したのである。

その結果、「一般的恐慌が燃え尽きてしまうやいなや、金銀はふたたび――産出諸国からの新産出貴金属の流入は別として――それがさまざまな諸国の特別の準備金として諸国に均衡状態で実存していたのと同じ割合で、配分される」[20]。この事実は、貴金属が貨幣の基礎にあった時代では、その確保のために、恐慌という暴力的均衡作用が働き、膨大な富が犠牲にされたことを示した。信用主義から重金主義への転化は、必然であったが、「危急の瞬間に金属的基礎を維持するために、現実の富の最大の犠牲が必要」[21]だったとマルクスは指摘した。

注
* 1　J. R. Hicks, *Value and Capital, An Inquiry into some Fundamental Principles of Economic Theory*, Oxford University Press, London, 1939.
* 2　Robert M. Solow, "A Contribution to the Theory of Economic Growth," in *Quarterly Journal of Economics*, February 1956.
* 3　本書において、「危機」と「恐慌」との表現を意識的に使い分けているわけではない。英語表記だといずれも crisis であることは断るまでもないことである。
* 4　本書は、私が、2008年リーマン・ショックに始まる世界経済危機をマルクス理論によって分析した英文論考 The demise of the Keynesian regime, financial crisis, and Marx's theory の基本的考えをもとに、それをより豊富化して著作に仕上げたものである。この論考は、私も編者のひとりとして加わった、Kiichiro Yagi, Nobuharu Yokokawa, Shinjiro Hagiwara and Gary A. Dymski eds., *Crises of Global Economies and the Future of Capitalism, Reviving Marxian crisis theory*, Routledge, London and New York, 2013の第5章に掲載されている。本書は、わが国日本の経済理論学会会員と世界の著名な非主流派経済学者の協力を得て出版されたものであり、大きく3部に分かれている。その内容を分担執筆者とともに記せば以下のとおりである。ぜひ参照されたい。

Part I : Mechanism of the 2008 crisis and their consequences
1 Makoto Itoh, From the subprime to the great earthquake crisis in Japan
2 Tetsuji Kawamura, The global financial crisis: the instability of U.S.-centered global capitalism
3 Costas Lapavitsas, Financialization and capitalist accumulation: a structural account of crisis of 2007-09
4 Masayoshi Tatebe, The global financial crisis as a world great depression: an analysis using Marxian economics
5 Shinjiro Hagiwara, The demise of the Keynesian regime, financial crisis and Marx's theory
6 Akira Matsumoto, The 2008 economic crisis from the perspective of changes in prices movements

Part II : Regimes of capitalism
7 Nobuharu Yokokawa, Cyclical crisis, structural crisis, and future of capitalism
8 Robert Boyer, Financial innovations, growth and crisis: the subprime collapse in perspective
9 Toshio Yamada, The crisis of 2008 and dynamics of capitalism in time and space
10 Gérard Duménil and Dominique Lévy, Neoliberalism and its crisis
11 Thomas Sekine, Fiat money and how to combat debt deflation

Part III : Global reconfiguration of capitalism
12 Gary A. Dymski, Can the U. S. economy escape the law of gravity? A Minsky-Kalecki approach to the crisis of neoliberalism
13 Kang-Kook Lee, The political economy of global imbalances and the global financial crisis
14 Hitoshi Hirakawa, East Asia's integration and structural shift: the shift from newly industrializing economies to potentially bigger market economies under the global economy

15　James Heintz, Financialization, structural change, and employment in the U. S. and Japan
　　　16　Aki Aneha, Overconsumption, household debt, and dollar-privilege: the causes of the U. S. subprime crisis
＊5　私は、『資本論』第3巻第5篇第25章「信用と架空資本」以下第35章「貴金属と為替相場」までの、一般には「信用制度論」といわれる諸章が、金融危機を分析する視角から最も重要と考える。なお、大谷禎之介氏は、マルクスの草稿を詳細に検討され、第25章から第35章までは、信用制度のもとでの利子生み資本、すなわち、monied capital を論じたものであり、それら諸章は「信用制度論」ではないと主張された（大谷氏のこの主張は、マルクスの草稿とエンゲルスの編集の違いを徹底的に追究した、大谷禎之介著『マルクスの利子生み資本論』全4巻、桜井書店、2016年として出版されている。是非参照されたい）。それに対して、生前、三宅義夫氏が反論され、『資本論』第3巻 第5篇の信用論の構成において、第25章以下では信用制度が論じられている、とする従来の説（三宅義夫著『マルクス信用論体系』日本評論社、1970年）の正当性をあらためて確認された。三宅氏の大谷氏への反論は次のとおりである。「氏の言う『利子生み資本が信用制度のもとでとる諸姿態の分析』なるもの自体が信用制度論であることに気付かないでいる、そのことが分からないでおられる、というあっけないほど簡単な事情のためなのである」。詳しくは、三宅義夫「『資本論』第3部第5篇の性格——大谷禎之介氏のマルクス草稿解釈にたいする疑問について——」（『立教経済学研究』第45巻第3号、1991年）を参照。

＊6　カール・マルクス著、資本論翻訳委員会訳『資本論』新日本出版社、1987年、第10分冊、754ページ。以下、本書での『資本論』の引用は、この新日本出版社の新書版を用いることにする。

＊7　同上。

＊8　同上、756ページ。

＊9　同上。

＊10　この点の論理についての詳細は、Shinjiro Hagiwara, "Fictitious Capital, Over-sensitiveness and the Crisis: A Marxist Financial Crisis Theory and the Great Depression," in *Economia* Vol.44, No.1, June 1993 を参照のこと。

＊11　『資本論』第11分冊、1000ページ。

*12 同上、833ページ。
*13 同上、810-811ページ。
*14 D. Harvey, *The Limits to Capital,* Oxford, Basic Blackwell, 1982, p.276.
*15 『資本論』第10分冊、765ページ。
*16 同上、第1分冊、233ページ。
*17 同上、第11分冊、847ページ。
*18 同上、835ページ。
*19 同上、991ページ。
*20 同上、994ページ。
*21 同上、998〜999ページ。

第1章　パックス・ブリタニカと経済危機
　　　──19世紀国際金本位制下での
　　　　金融危機の論理

1 信用と架空資本

商業信用と銀行信用

　金融危機が資本主義的システム上に発生する場合、信用による架空資本の形成が不可欠であり、マルクスは、その信用から形成される架空資本が突如減価し、重金主義への転化が急激に引き起こされることに金融危機の本質を求めた。その意味では、金融危機の基本は、すでに『資本論』第１巻の貨幣論においてその可能性として論じられていたことは周知のことである。マルクスは、貨幣の支払い手段機能が、資本主義社会の貨幣恐慌と密接不可分の関係にあると指摘する。

　「支払手段としての貨幣の機能は、一つの媒介されない〔直接的〕矛盾を含んでいる。諸支払いが相殺される限り、貨幣はただ観念的に、計算貨幣または価値尺度として機能するだけである。現実の支払いが行なわれなければならない限りでは、貨幣は、流通手段として、すなわち、素材変換のただ一時的媒介的な形態として登場するのではなく、社会的労働の個別的な化身、交換価値の自立的な定在、絶対的商品として登場する。この矛盾は、生産恐慌・商業恐慌中の貨幣恐慌と呼ばれる時点で爆発する。貨幣恐慌が起きるのは、諸支払いの過程的な連鎖と諸支払いの相殺の人為的制度とが十分に発達している場合だけである。この機構の比較的全般的な攪乱が起きれば、それがどこから生じようとも、貨幣は、突然かつ媒介なしに、計算貨幣というただ観念的なだけの姿態から硬い貨幣に急変する。それは、卑俗な商品によっては代わりえないものになる。商品の使用価値は無価値になり、商品の価値はそれ自身の価値形態をまえにして姿を消す[*1]」。

　マルクスは、ここで、商品生産者たちと商品取引業者とのあいだでの単純な商品流通から債権者・債務者の関係が信用によって形成され、貨幣はその場合、諸支払いが相殺されれば、単に観念的に計算貨幣としての役割を果たし、貨幣

を必要とすることはないのだが、相殺されない場合、貨幣は、流通手段機能ではなく、支払い手段という交換価値の自立的な定在として出現するというのである。そして、貨幣恐慌期には、その支払い手段を求めての殺到が起こらざるをえないといっている。なぜならそれは、資本主義社会における信用による膨大な債権・債務関係が、最終的には貨幣によって決済されなければならないからだ。貨幣を必要としない信用関係の膨大な形成は、資本主義社会における取引を活発化させるのだが、最終的には貨幣による決済をしなければならないのである。貨幣による決済ができなくなる事態が、一斉に引き起こされることが資本主義社会では必然的に起こる。これが貨幣恐慌なのだが、『資本論』第1巻の貨幣論では、その発生が抽象的に論じられているに過ぎない。

　この関係をより具体的に論じた箇所が『資本論』第3巻第4篇の商人資本であるのは決して偶然ではない。なぜなら、資本主義社会における信用の形成とその破綻(はたん)は、この19世紀のマルクスの時代、商人資本の介在が不可欠だったからだ。マルクスは、この時代の経済恐慌の具体的なありかたについて極めてリアルに次のように叙述している。

　「製造業者は現実に輸出業者に売り、この輸出業者はまた外国の取引先に売るであろうし、輸入業者は彼の原料を製造業者に売り、この製造業者は、彼の生産物を卸売商人に売るであろう、等々。しかし、どこか目立たない個々の地点で、商品は売れないままになっている。または、こんどは、すべての生産者と中間商人との在庫がしだいに過剰になってくる。まさにそのような場合にこそ消費はもっとも盛んになるのがつねである。なぜなら、一部には、一人の産業資本家が他の産業資本家たちを順々に運動させるからであり、一部には、彼らの就業させる労働者たちが完全就業をして通常よりも多くの支出をしうるからである。資本家たちの所得とともに、彼らの支出も増加する。さらに、すでにみたように（『資本論』第2部、第3篇）、不変資本と不変資本のあいだにも恒常的な流通が（促進される蓄積を度外視しても）行なわれており、この流通は、決して個人的消費にはいり込まない限りではさしあたり個人的消費にかかわりがないが、にもかかわらず終極的には個人的消費によって限界づけられている。というのは、不変資本の生産は、決して不変資本そのもののために行なわれるのではなく、個人的消費にはいり込む生産物を生産する生産諸部面でより多く

の不変資本が使用されるからこそ行なわれるからである。とはいえ、これ〔不変資本の生産〕は、しばらくは、見込み需要に刺激されて平穏に進行することができ、それゆえこれらの部門では、商人の場合も産業家の場合も事業は非常に景気よく進展する。遠隔地に売る（または国内でも在庫の山をかかえてしまっている）商人たちの〔支出の〕還流が緩慢になって、まばらになり、その結果、銀行には支払いを迫られたり、諸商品購入のさいに振り出した手形が諸商品の転売が行なわれないうちに満期になるということになれば、ただちに恐慌が到来する。そこで強制販売、支払いをするための販売が始まる」[*2]。

マルクスは、商人資本が介在し、販売が大々的に行われ、資本主義社会に繁栄期が訪れるが、最終的には個人消費に限界づけられているという恐慌勃発の基本をここで確認する。不変資本同士の取引は、さしあたり個人消費には関係なく進行し、労働者や資本家の支出の増加とともに拡大するのだが、個人消費の落ち込みによる商人たちの還流が緩慢になれば、満期の手形を支払うことができず恐慌が勃発するのである。

つまり、「商人資本は、その自立化によって、ある限界内では再生産過程の諸制限にはかかわりなく運動するのであり、それゆえ再生産過程をその制限を越えてまでも推進する。内的依存性と外的自立性とは、商人資本をかり立てて、内的な連関が暴力的に、恐慌によって回復される点にまで到達させるのである。

恐慌がまず出現し爆発するのは、直接的消費に関係する小売業においてではなく、卸売業と、これに社会の貨幣資本を用立てる銀行業との部面においてであるという恐慌の現象はこうして生じるのである」[*3]。ここでマルクスは、商業信用と銀行信用について述べているわけではないが、商業における信用関係とそれに銀行が関与する銀行信用が、恐慌が出現する不可欠な要因であることを明らかにしている。私たちは、マルクスの指摘に従って、商業信用と銀行信用について、それはいったい何なのかについて次に論じよう。マルクスは、その点に関して、第25章「信用と架空資本」において述べている。

商業信用は、単純な商品流通において形成される商品生産者と商品取引業者たちとの間での債権・債務関係によって誕生する。つまり、商業信用において「商品は、貨幣と引き換えにではなく、一定の期限に支払うという書面による約束と引き替えに販売される」[*4]のだ。この支払い約束をまとめて手形と称する

が、この手形は、商業貨幣として流通する。そして、この商業貨幣の流通に基礎を置き、本来の信用貨幣である銀行券が出現する。そして、信用制度は、この商業信用を基礎として、もう一つの側面である利子生み資本あるいは貨幣資本（moneyed capital）の管理が、貨幣取引業として出現する。すなわち、銀行業者が出現し、貸付可能な資本を自分の手に集中し、産業資本家や商業資本家に貸し付けるのである。

　マルクスによれば、銀行が自由に処分できる貸付可能資本は、四つの方法で銀行に流れ込むという。第一は、産業資本家や商業資本家の準備金が流れ込む。「銀行は産業資本家たちの現金出納業者であるから、それぞれの生産者と商人とが準備金として保有する貨幣資本、または支払金として彼のもとに流れてくる貨幣資本が、銀行の手に集中する[*5]」という。準備金は、銀行業者の手で貸付可能な資本に転化する。商業世界の準備金は、共同の準備金となるから最小限に節約され、そうでなければ仮眠する貨幣資本が利子生み資本として機能するわけだ。第二は、貨幣資本家たちの預金として銀行に流れ込む。「銀行の貸付可能な資本は、貨幣資本家たちの預金からなるのであり、彼らは銀行にこの預金の貸し出しをゆだねるのである[*6]」。つまり、自分で資産運用を行わない金利生活者の貨幣が銀行に集中するということである。第三は、「すべての階級の貨幣貯蓄および一時的に遊休している貨幣が銀行に預けられる[*7]」。とりわけこの貨幣は、銀行が預金に利子を払うようになってから、小さな金額の貨幣が銀行にまとめられ、一つの貨幣力を形成するというのである。そして、最後に、「徐々にしか消費されないはずの収入」が、銀行に集められる。

　つづいてマルクスは、銀行による貸付がどのように行われるのかを述べる。その第一が、手形の割引による貸付である。手形割引は、マルクスが言うように「手形を満期前に貨幣に代えること」であるが、割引依頼人はこれによって、支払人に与えている商品の代金の支払い猶予を銀行に肩代わりしてもらうことになる。第二に、対人信用による直接前貸し、第三に、国庫債券やあらゆる種類の株式など利子生み証券を担保とする前貸し、とりわけ、船荷証券・倉庫証券、その他の証明済み商品所有権利証書に対して行われる前貸し、第四に、預金を超える当座貸し越し、などがあげられる。

　ところでこうした貸付は、どのような形態で与えられるのだろうか。銀行貸

付は貨幣貸付だが、常に貨幣で貸し付けられるわけではない。他の銀行宛ての手形や小切手や信用開設、最後に自己銀行券などによる。とくに自己銀行券での貸付は、素人には特に目に付くものであり、とりわけ銀行券は、ただ流通する信用章標を表すに過ぎないので、銀行業者が商売の対象にするのは信用そのものであるということが、ここで明確になるからだという。

　マルクスは次のように言う。「しかし、銀行業者は、他のあらゆる形態での信用をも取引の対象にするのであり、自分のもとに預けられた貨幣を現金で前貸しする場合でもそうである。実際には、銀行券はただ卸売業の鋳貨をなすにすぎず、銀行で主要事として重要性を持つのはつねに預金である[*8]」。銀行業者は、銀行券を発行して貸し付けることのほかに、借り手の預金口座に預金を設定して貸付を行う。マルクスは、銀行の貸付に関して、次のように言う。「前貸しは銀行券でなされ、したがって、少なくとも一時的な——すぐにふたたび消えてなくなるにしても——銀行券発行〔高〕の増加をともなうものと前提されていた。しかし、そうである必要はない。銀行は、Aに紙券を与える代わりに、帳簿信用〔帳簿上の信用貸し〕を開設することもできるのであり、したがって、この場合には、銀行の債務者であるAがその銀行の仮想の預金者になる[*9]」。すなわち、銀行は、金融仲介業の領域を超えて、信用を創造する機能を持っているということなのだ。

　こうした信用の膨張が金融危機につながるのだが、この時期の危機は、イギリス綿工業の国際貿易を通じての世界的展開とその破綻が基軸になって引き起こされたことを忘れてはならない。エンゲルスは、次のように言う。「未販売商品にたいする前貸しを受けることが容易であればあるほど、ますます、こうした前貸しが求められ、また、さしあたり商品にたいする前貸金を手に入れるためにのみ商品を製造したり、すでに製造された商品を遠方の市場に投じたりしようとする欲望がますます大きくなる。一国の全事業界がどのようにしてこうした思惑にとらわれうるか、また、やがてそれがどのようにして終わるかについては、1845-1847年のイギリスの商業史が、われわれに適切な例証を与える[*10]」としている。

　この商業史を要約すれば次の通りである。1842年末にイギリス経済は不況から脱出した。その後2年間、イギリスの工業生産物に対する外国の需要は、急

増し、1845 - 1846年は、最高の繁栄の時であった。それは、イギリスが中国とのアヘン戦争に勝利し、中国の門戸を開くのに成功していたし、インドへの製品を売り込んだからである。とりわけ綿業の興隆が著しかった。当時マンチェスターの一工場主は、エンゲルスに次のように言ったという。「生産しすぎるなどということがどうしてありえようか？　われわれは三億の人間に着せてやらなければならない」。工場主と商人たちの投機熱が充満したのだが、さらにそれに輪をかけるように「鉄道建設」の投機熱が加わった。1846年から47年にかけて鉄道に投資された資本は、7500万ポンド・スターリングだったが、それらの多くは信用に頼っていた。それほどこの時期の信用は緩んでいた。イングランド銀行の割引率は低下し、株式市場価格は上昇した。エンゲルスは、この時期の世情の雰囲気を次のように伝えている。

「なぜこの好機を見逃すのか、なぜ機敏にせいいっぱい働かないのか？　なぜ、イギリス製品を渇望している外国市場に、およそ製造できる限りのすべての商品を送らないのか？　またなぜ、製造業者自身は、二重の利得——すなわち、糸と織物との極東での販売から生じる利得と、その代わりに得た帰り荷のイギリスでの販売から生じる利得——を収めてはならないのか？　こうして、前貸しを得ての、インドと中国向けの大量委託販売の制度が生じたが、これはたちまち単に前貸しを得るためだけの委託販売制度に発展した*11」*12。

ところでこの熱狂的なブームはどのようにして終焉（しゅうえん）を迎えたのであろうか。その崩落は、1846年の凶作の結果生じた食料不足、とりわけジャガイモの輸入による対外的支払いにあった。当時、金本位制だったイギリスでは、支払いのため金の流出が引き起こされた。この金はイングランド銀行の準備金から流出したから、イングランド銀行は、金融引き締めに政策を転じざるを得なかった。1844年ピール銀行条例によって、対外的金流出分の銀行券破棄が義務付けられていたからだった。1847年1月には、まだ3〜3.5%だったイングランド銀行の割引率は、最初のパニックが勃発した4月に7%、公定最低割引率は11月には10%に急騰した。ほとんど大多数の手形は、高利でしか割り引かれず、一般には、割り引かれなくなった。一連の一流商会とおびただしい中小商会の破産が引き起こされたのだった。10月25日ピール銀行条例は、停止された。

この措置によって貨幣逼迫（ひっぱく）は去り、金融緩和が訪れた。多くの大小の商会が

倒産したが、恐慌のピークは去り、1848年中には、あの新たな事業活動が準備され、1849年の大陸の革命の矛先を挫き、50年代の未曾有(みぞう)の産業的繁栄をもたらしたが、1857年にふたたび崩落が起こったのである。

　この時期の信用と架空資本の形成は、したがって、多くは、外国貿易金融を通じての為替取引にかかわる架空資本の形成であったことがわかる。マルクスは、そのノートに次のように記している。

　「東インド取引——そこではもはや、人々は、商品が買われたから手形を振り出したのではなく、割引されうる、貨幣に換えられうる、手形を振り出すことができるようにするために諸商品を買った——における詐欺については、1847年11月24日付の『マンチェスター・ガーディアン』が次のように述べている——

　ロンドンのAは、Bを通じて、マンチェスターの製造業者Cから、東インドのDあてに船積みするための諸商品を買わせる。Bは、CによってBあてに振り出された6ヵ月払〔為替〕手形で、Cに支払う。Bも同じく、Aあての6ヵ月払手形で、〔Aから〕支払いを受ける。商品が船積みされるやいなや、Aは、送られてきた船荷証券を引き当てに、同じくDあての6ヵ月払手形を振り出す。

　『したがって、買い手も荷主もともに、彼らが現実に諸商品の支払いをする何ヵ月も前に、資金を手に入れている。しかも、これらの手形は、満期のさいに、このような長期の取引では回収のための時間を与える必要があるという口実のもとに、書き換えられるのがごく普通であった。しかし、遺憾ながら、こうした取引での損失は、この取引を縮小させることにはならず、かえってこれを拡大させることになった。当事者たちが貧しくなればなるほど、彼らにとっては、買うこと——そうすることによって新たな前貸しを受け、以前の諸投機で失われた資本をそれで埋め合わせるために買うこと——の必要が、それだけますます大きくなった。いまや、買い入れは、もはや需要供給によっては調整されなくなり、苦境におちいった商会の金融操作のもっとも重要な部分となった。しかし、これは一面にすぎない。こちら〔本国〕で工業諸商品の輸出について起こったのと同じことが、あちらでは諸生産物の買い入れおよび船積みについて起こった。自己の手形を割引してもらえるだけの十分な信用のあるインドの商会が、〔当地で〕砂糖、インディゴ、絹、または綿花を買ったのは、そ

の買入価格が最近のロンドンの価格に比べて利潤を約束したからではなく、ロンドンの商会あての以前の為替手形がまもなく満期になり、支払いがなされなければならなかったからである。船積みする砂糖一荷を買い、ロンドンの商会あての10ヵ月払手形でそれの支払いをし、船荷証券を陸路郵便でロンドンに送るほど簡単なことがあったであろうか？　その後2ヵ月もたたないうちに、これらのやっと船積みしたばかりの諸商品の船荷証券が、それゆえ諸商品そのものが、ロンバート街で担保に入れられ、ロンドンの商会は、これらの商品を引き当てに振り出された手形の満期8ヵ月前に貨幣を手に入れた。そして割引商会が、船荷証券と倉庫証券とを担保に前貸ししたり、ミンシング小路の「著名な」商会あてに振り出されたインド商会の手形を無制限に割引したりするための〔コールの〕貨幣を豊富にもっている限りでは、万事が中断も困難もなしにてきぱきと進行した[13]』」。

　この「マンチェスター・ガーディアン」の記事は、この時代の信用を通じての膨大な架空資本の形成についての貴重な一節であり、W.T.C.キングも彼の主著『ロンドン割引市場史』において、マルクスと同様に引用している[14]。すなわち、ロンドンにおける工業製品の買い手（B）と荷主（A）、前者は、製造業者Cによって振り出された為替手形、またAは、Bによって振り出された為替手形を、いずれも割引市場で割り引き、支払いをする何カ月も前に資金を手に入れることができるのである。仮に彼らが、その取引で失敗したとしても、工業製品を買い付け輸出することをやめることはないだろう。なぜなら、為替手形を低利で割り引くことが続けてできる限り、前貸しを受け、取引上の損失を、それによって償うことができるからだ。したがって、需要供給に関係なく、買い手と荷主は、工業製品を買い付け、輸出し続けることになるだろう。一方、輸入に関していえば、この「マンチェスター・ガーディアン」の記事の例では、ロンドンの商会が、砂糖、インディゴ、綿花などを輸入するのだが、それは、その輸入によって、インドの商会から送られてきたロンドン商会あての為替手形を割引市場で割り引き、資金を手に入れれば、満期になる為替手形の支払いをスムーズにおこなうことができるからである。しかし、こうした取引における信用を通じた架空資本の形成には、限界がある。いうまでもなく、世界市場における消費限界であり、低利での割引という貸付資本の供給条件によって、

この架空資本の形成はかろうじて維持されているからである。

貨幣資本と現実資本

　それでは、この貨幣資本、すなわち貸付可能資本の蓄積と現実資本の蓄積とはどのような関係にあるのだろうか。マルクスは、信用制度に関連して、われわれが考察すべき比類なき困難な問題として、第一に、貨幣資本の過剰と現実資本の過剰、そして、第二に貨幣逼迫と現実資本の欠乏、これらについて考察を進める。

　まずマルクスは、商業信用をとりあげる。既述のように商業信用とは、再生産に従事する資本家たちが相互に与え合う信用であり、手形による信用である。したがって、商業信用から発生する債権・債務関係は、資本が正常に還流することによって決済されるが、現金払いを排除することはできない。この場合、商業資本の限界は、産業家や商人たちの富、すなわち資本の還流が遅延した場合に彼らが自由に使用できる準備金である。そして、資本の還流それ自体である。したがって、この場合、貸付資本と産業資本とは、同じものである。なぜなら、貸し付けられる資本は、商品資本であり、つねに資本は再生産過程の一定の局面にあり、売買によって人の手から人の手にわたるが、その等価は、後に買い手によって支払われなければならないからである。信用の最大限度は、この場合には、産業資本の精一杯の充用である。したがって、「再生産過程が円滑に流れ、それゆえ〔資本の〕還流が確保され続ける限り、この信用は持続し膨張するのであり、そしてその膨張は、再生産過程そのものの拡張にもとづいている。還流の遅滞、市場の供給過剰、価格の下落の結果、停滞が生じるやいなや、産業資本の過剰が——といっても、産業資本が自己の諸機能を果たしえないような形態での過剰が——実存する」[*15]。となると、商業信用は収縮する。なぜなら、産業資本が遊休しており、再生産の円滑な流れへの信頼が欠如しているからであり、商業信用への需要が減少するからである。

　全産業が資本家たちと労働者たちだけで構成されており、攪乱的な価格変動もなく、空取引や投機的取引も存在しないならば、「恐慌は、ただ、さまざまな部門における生産の不均衡からと、資本家たち自身の消費と彼らの蓄積との

あいだの不均衡からのみ、説明されうるであろう」。しかし実際は、生産に投じられた諸資本の補塡(はてん)の大部分は、生産的でない諸階級の消費能力に制限されているし、労働者の消費能力にも制限があるから、「すべての現実の恐慌の究極の根拠は、依然としてつねに、資本主義的生産の衝動と対比しての、すなわち、社会の絶対的消費能力だけがその限界をなしているかのように生産諸力を発展させようとするその衝動と対比しての、大衆の貧困と消費制限である」[*16]ということになる。

しかしここに本来の貨幣信用すなわち、銀行業者たちの信用が付け加えられるとどうなるのだろうか。こうなれば、手形割引など貨幣の前貸しが商業信用に加わるから、多額の準備金も現実の還流への依存もとりあえず避けることができ、融通手形の使用などが大々的に出現すれば、事態は欺かれ、事業は、つねに崩落の直前に過度に健全に見えることになる。

ここで、1847年恐慌から57年恐慌にかけての産業循環の諸局面と貸付可能資本の蓄積について論じておくことにしよう。

〈恐慌切り抜け局面〉貸付可能な貨幣資本の増加が生じるのは、恐慌切り抜け直後の時期である。このような時期は、生産が縮小されており、諸商品の価格は、最低点に達している時期であり、企業精神もマヒしている時期である。貸付可能な貨幣資本に対する需要は、流通手段のためのものであれ、支払い手段のためのものであれ、減少し、貨幣資本は、相対的に豊富になる。新規投資はまだ問題にならない時期だ。当時、ロイヤル・バンク・オブ・リヴァプールの重役ホジスンは、1847年経済恐慌の原因を国内貨幣資本の減少から説明したが、マルクスは、「市場の膨大な供給過剰と東インド商品取引での際限のないぺてん[*17]」に求めた。

〈過度の緊張状況に先立つ繁栄局面〉しかし、産業循環が、過度な緊張前の繁栄期に到達すると、商業信用は非常に大きく拡張する。資本の還流は順調に進み、利子率は最低限より上昇はするが、依然として低い状況が続く。だから、マルクスは、「この時期こそ、低い利子率、それゆえまた貸付可能な資本の相対的な豊富さが、産業資本の現実の拡張と一致すると言える唯一の時点である。商業信用の拡張と結びついた還流の容易さと規則正しさとは、貸付資本にたいする需要の増大にもかかわらずそれの供給を確実にし、利子率の水準が上昇す

るのをさまたげる」[*18]と述べ、段々に、準備資本なしでまたは資本なしで仕事をする、貨幣信用だけに頼って操作する金儲けの騎士たちが目立つようになるといっている。

〈過度の緊張状況の局面〉いまや局面は、あらゆる形態での固定資本の大拡張と、新しい広大な企業の大量の開設が付け加わり、利子は、いまや平均の高さに上昇する。生産はいうまでもなくこの基盤の上でさらに発展する。過剰生産と思惑の時期には、生産諸力を最高度に緊張させ、ついには資本主義的諸制限を超えさせるまでになるが、事業はいつもいたって健全であり、繁忙はこのうえなく好調に続けられる。その最良の証拠としてマルクスは、「たとえば、1857年および1858年の『銀行法にかんする報告書』」をあげる、「そこではすべての銀行重役、商人たち、要するにロード・オウヴァストンを先頭とするすべての喚問された専門家が、互いに事業の繁盛と健全さとを祝福し合った——それは、1857年8月に恐慌が勃発したちょうど1ヵ月前のことであった」[*19]といっている。

〈恐慌の局面〉「再生産過程の全関連が信用に立脚しているような生産制度においては、信用が突然停止し、現金払いしか通用しなくなれば、明らかに恐慌が、支払手段にたいする猛烈な殺到が、起こらざるをえない」[*20]とマルクスは言う。したがって、経済恐慌は、すべて信用恐慌あるいは貨幣恐慌として出現するというわけだ。

しかしながらここで重要な点は、こうした経済恐慌を経験しながら、貨幣資本家たちが貸付可能資本の蓄積を強力に推し進めたという歴史的事実だろう。マルクスは次のように言っている。「貸付資本は、産業資本家と商業資本家との双方の犠牲において蓄積される。……産業循環の不景気の局面では、利子率が非常に高くなり、とくに不利な状態にある若干の事業部門ではそれが一時的に利潤をすっかりのみ込んでしまうほどのこともありうる。同時に政府証券その他の有価証券の価値は下落する。この時期こそ、貨幣資本家たちがこれらの価値減少した証券を大量に買い集めるときであり、これらの証券は、その後の諸局面で間もなくふたたびその正常な高さおよびそれ以上の価格に騰貴する。そこで、これらの証券は売りとばされ、こうして公衆の貨幣資本の一部分がわがものにされる。……そしてこの蓄積は、再生産過程の現実的拡大にともなう

信用制度のあらゆる拡張につれて、増大せざるをえないのである[*21]」と。

　マルクスは、こう言っている。「素材的富の増大につれて、貨幣資本家たちの階級は大きくなる。一方では、引退している資本家たち、すなわち金利生活者たちの数と富とが増加する。また第二には、信用制度の発展が促進され、それとともに銀行業者たち、貨幣貸付業者たち、金融業者たちなどの数が増加する。──自由に利用できる貨幣資本の発展につれて、利子生み証券、国債証券、株式などの総量が、先に述べたように増加する。しかし、それと同時に、これらの有価証券の投機取引を行なう証券取引業者たちが貨幣市場で主役を演じるので、自由に利用できる貨幣資本にたいする需要も増加する[*22]」というのだ。だから、「信用制度の発展につれて、ロンドンのような大きな集中された貨幣諸市場がつくりだされるが、それらは同時にこれらの証券の取引の中心地でもある。銀行業者たちは、これらの商人〔証券取引業者〕連中に公衆の貨幣資本を大量に用立てるのであり、こうして賭博師一味が増大する[*23]」ということになる。

1844年ピール銀行法に見るイギリスの金融制度

　当時イギリスの金融制度は、こうした賭博一味に牛耳られていた。ロンドンの大貨幣資本家は、瞬時にして貨幣市場を混乱に陥れ、小さな貨幣資本家からカネを巻き上げていたのだが、それを可能にしたのが、1844年に成立したイギリスの銀行立法だった。その銀行立法設立の理論は、通貨主義といわれる今日でいうマネタリストの考え方だった。オウヴァストンがその代表的論客の一人だが、彼によれば、「金は鋳貨にすぎず、それゆえ輸入されるすべての金は通流する貨幣を増加させ、それゆえ諸価格を騰貴させるし、輸出されるすべての金は鋳貨を減少させ、それゆえ諸価格を下落させるという前提」に立っていた。「この理論的前提は、ここでは、そのときどきに現存する金と同量の鋳貨を流通させようとする実際上の実験とな[*24]」った、とマルクスは言う。

　この理論的前提により、1844年および45年のサー・ロバート・ピールの銀行法が成立した。イギリスへの金の流出入に合わせて、金が流出した際には、イングランド銀行は、銀行券を流通から引きあげ、金が流入した際には、銀行券

を市中に投入するという行動をとった。銀行券の引きあげは、諸価格の下落にはつながらず、利子率の上昇となったし、銀行券の投入は、諸価格の騰貴に直接にはつながらず、利子率の下落となったにすぎなかったのだが、オウヴァストーンが実際に狙ったのは、金流出時に、銀行券を引きあげ、資本「不足」を創り出し、貨幣価格の上昇、すなわち利子率の引きあげによって、あらゆる種類の銀行家や貨幣資本家に豊かな収穫を与えることだった。貨幣貸付を非常に儲けの多い事業とし、逆に、勤勉な実業家には非常に悪い作用をしたのだった。

ピール銀行法によって、イングランド銀行は、発券部と銀行部に分けられた。発券部では、国債担保の1400万ポンド＋全額金属準備、この合計総額に等しい銀行券を発行する。これらの銀行券は、公衆の手元にあるのではない限り銀行部に置かれ、日常の使用に必要な少量の鋳貨とともに、銀行部の常備の準備金を形成する。金属準備を超えて1400万ポンドを限度に銀行券が発行されるから、発券部では、金属準備が流出すれば、その分の銀行券が発券部に戻って破棄され、金属準備が流入すれば、その分、銀行券が通流に入っていく。銀行部には、これらの銀行券が、公衆の手元にない限り、準備金として存在する。公衆との金と銀行券の交換は、発券部が行うが、それ以外の取引は、銀行部が行うことになった。この二つの部に分けた中央銀行システムは、イングランド銀行の理事会から、決定的瞬間に自由にできる資金の使用可能性を奪った。恐慌時に必要とされる資金は、急増するが、金流出時と重なることが多く、それは、銀行券の引き揚げになるから、発券部には、数百万の金のほかに、1400万ポンドの保証物件があるにもかかわらず、銀行部の破産という事態に直面したのだ。恐慌時に銀行法がしばしば停止されたのはそういう事情があったからだった。

準備金の分割の結果、銀行部の準備金がわずかでも減少すれば、イングランド銀行は利子率を引き上げた。だから、マルクスは、次のように言ったのだ。「さらに、集中について語ろう！　いわゆる国家的諸銀行と、それらを取り巻く大貨幣貸付業者たちおよび大高利貸したちを中心とする信用制度は、巨大な集中であって、それはこの寄生階級に、単に産業資本家たちを大量に周期的に破滅させるだけでなく、危険きわまる方法で現実の生産にも干渉する途方もない力を与える──しかもこの一味は、生産のことはなにも知らず、また生産とはなんの関係もない。1844年および1845年の法は、金融業者たちと"株式仲

買人たち"とが加わったこの盗賊どもの力が増大したことの証拠である」[25]。

2　国際貨幣恐慌の論理

国際金本位制下における為替相場

　貨幣金属の国際的運動のバロメーターは、為替相場である。マルクスの時代の為替相場は、金本位制の下で為替の取引が行われた。たとえば、ドイツがイギリスに支払うよりもイギリスがドイツに多く支払わなければならないとすると、ロンドンでは、スターリングで表示されるマルクの価格が上昇し、逆にハンブルクおよびベルリンでは、マルクで表示されるスターリング価格が下落する。ドイツに対するイギリスの支払い債務のこのような超過が、たとえば、ドイツのイギリスでの購入超過によって、ふたたび相殺されるのでなければ、ドイツ宛てのマルク建て為替のスターリング価格は、次のような点まで、すなわち、為替の代わりに金属──金貨または地金──をイギリスからドイツに送って支払いをするほうが引き合うような点まで、騰貴せざるを得ないだろう[26]。

　つまり、為替取引が逆になり、支払いが多くなると、自国通貨の相場が下がり、外貨の相場が上がる。あまり外貨が上昇すれば、高い外貨を買わずに、金を購入してそれを外国に送ったほうが安くつくから（その為替相場を金輸出点という）、外貨を買う代わりに金を買って送ることになるので、自国から金が流出することになる。逆に為替取引が順になり、自国の収入が多くなると、自国通貨の相場が上がり、外貨の相場が下落した。あまり自国通貨の相場が上昇しすぎると、外国人は、金を購入してそれを自国に送ったほうが安くつくから（その為替相場を金輸入点という）、自国通貨を買う代わりに金を買って送ることになるので、金が流入することになるのだ。

　イギリスへの貴金属の輸入が発生する時期は、恐慌後の利子率の低い局面で、イギリスからの輸出が順調に行われている時期である。しかしながら、世界市場が供給過剰で、見せかけの繁栄が信用によって維持されている時期には、利

子率は中位の高さに達する。徐々にイギリスが輸出より輸入が多くなり、過剰輸入からの支払いが支出を超えるようになり、ポンド安が金輸出点を超えて引き起こされるとイギリスからの金流出がはじまる。激しい金輸出が行われると、イングランド銀行は利子率の引き上げによって金流出を止めようとする。イギリスからの金流出がとまり、為替相場が逆転し、ポンド安からポンド高に転じ、金輸入点を超えてポンドが上昇すると、イギリスへの金流入が始まるのだが、それはちょうどイギリスの景気崩落の時期と重なるのだ。

　だから、現実の恐慌は、いつも、為替相場が反転したのちにはじめて、すなわち、貴金属の輸入がふたたび輸出より優勢になるとすぐ勃発したのだ。金流出にイングランド銀行が金利を引き上げ金準備の防衛に走る。そうすると、ポンド為替の相場が押し上げられ、ポンド高が金輸入点を超えて上昇すると、イギリスへの金流入が始まるのだが、それは同時に、逼迫を伴う経済恐慌へと突入するということになる。

信用主義から重金主義への転化

　マルクスは、だから次のように言う。「富のこうした社会的定在〔貨幣〕は、社会的富の現実的諸要素とならんで、またそれらの外部に、彼岸のものとして、物、物件、商品として、現われる。生産が円滑に流れている限り、このことは忘れられる。信用は、やはり富の社会的形態として、貨幣を駆逐してその地位を奪う。生産の社会的性格にたいする信頼こそは、諸生産物の貨幣形態を、なにか単に刹那的で観念的なものとして、単なる観念として、現われさせるのである。しかし、信用がゆらぐやいなや——そしてこの局面は近代産業の循環においていつも必然的にやってくる——、こんどはすべての現実の富が実際にかつ突然に貨幣すなわち金銀に転化されなければならない。それは気違いじみた要求であるが、しかし制度そのものから必然的に生じてくるものである」[*27]。「重金主義は本質的にカトリック的であり、信用主義は本質的にプロテスタント的である。……しかし、プロテスタントがカトリックの基礎から解放されていないように、信用主義も重金主義の基盤から解放されてはいない」[*28]。

　資本主義的生産では、貨幣が価値の自立的形態として商品に相対している。

だから、貨幣の代わりに信用が幅を利かせている間は、人々は貨幣を忘れるのだが、信用が停止すると、突然貨幣が、価値の真の定在として、絶対的に商品に相対する。貨幣を求めて商品の投げ売りが行われ、貨幣のために商品が犠牲にされる。貨幣恐慌は、現実の恐慌とはかかわりなく、またそれの激化として、不可避である。けれどもマルクスは言う。「他方では、銀行の信用がゆらいでいない限り、銀行は、このような場合には信用貨幣の増加によってパニックを緩和するが、しかし信用貨幣の引きあげによってはパニックを増加させるということは明らかである」。*29

この時代には、誤った貨幣論とオウヴァストーンなどの金融盗賊一味による利子率の引き上げによって、パニックは増幅された。しかし、今日では、マルクスの言うように、信用貨幣の増加によってパニックの緩和が行われている。当時は、金本位制だったから、金流出が起こると信用貨幣の金との交換可能性が疑われた。だから、その交換性を確保するために利子率の引き上げ、金融引き締めが行われた。今日は、金本位制ではないから、そうした金による制約からは、とりあえず自由になっているといえよう。

注

* 1 『資本論』第1分冊、233ページ。
* 2 同上、第9分冊、515〜516ページ。
* 3 同上、515ページ。
* 4 『資本論』第10分冊、681ページ。
* 5 同上、686ページ。
* 6 同上、687ページ。
* 7 同上、687ページ。
* 8 同上、688ページ。
* 9 同上、793ページ。
*10 同上、695ページ。
*11 委託販売制度とは、輸出商品の委託販売のことだが、輸出商(販売委託者、荷送り人)が外国の(販売受託者、荷受人)の倉庫に商品を発送し、一定の条件で販売を委託する制度である。すでに、イギリスでは、1825年恐慌時に

もこの制度は、綿製品の過剰生産に大きな役割を果たしていた。イギリスにおける1825年恐慌を詳細に検討された毛利健三氏は、その役割について次のように述べている。「いまや綿製品生産は現実市場の胃の腑の大きさではなく、貨幣市場の社会的資金の大きさにリンクされて律動する。こうして、委託販売制度、いっそう正確には、『委託荷にたいする前貸制度』は、貨幣市場過程とイギリス綿工業の現実的蓄積過程とをむすびあわせる一つの重要な結節点なのである」（毛利健三「1825年恐慌とイギリス綿工業――イギリス産業資本確立過程の構造分析序論――」東京大学社会科学研究所『社会科学研究』第17巻、第6号、1966年、110ページ）。

*12 『資本論』第10分冊、697ページ。
*13 同上、700〜702ページ。
*14 W.T.C.キング著、藤沢正也訳『ロンドン割引市場史』有斐閣、1960年、178ページ。
*15 『資本論』第11分冊、833ページ。
*16 同上、835ページ。
*17 同上、841ページ。
*18 同上、844ページ。
*19 同上、837ページ。
*20 同上、847ページ。
*21 同上、869〜870ページ。
*22 同上、883ページ。
*23 同上、885ページ。
*24 同上、955ページ。
*25 同上、949ページ。
*26 同上、1002ページ。
*27 同上、1000ページ。
*28 同上、1035ページ。
*29 同上、894ページ。

第2章　戦間期における世界恐慌
　　　——1929年大恐慌における金融危機の論理

1 大恐慌発生の歴史的前提

マルクス・エンゲルスと株式制度

　マルクスの時代の金融危機は、商業信用と銀行信用が基軸となって形成された架空資本が一気に崩れ恐慌になった。具体的には、1847年恐慌も1857年恐慌も、イギリスからの工業製品輸出が世界市場を満たし、過剰生産が明らかになる中での恐慌であった。その取引を媒介する貿易金融が鍵を握っていた。マルクスが言うように、世界経済恐慌は、各国が過剰輸入し過剰に輸出することに根本原因があったのであり、それを可能にしていたのが、イギリスの信用制度、すなわちイングランド銀行を頂点に、貿易為替の割引市場を通じて形成されたロンドン金融市場であった。まさにそうした貿易金融を通じて形成された膨大な架空資本がイギリスから世界に売りまくった製品の過剰を隠蔽していたのだが、金の流出を契機とする国際金本位制下における金融引き締め政策への転換が、信用の詐欺的拡大化を阻止し、製品の過剰取引を暴露した。1825年恐慌の中南米市場、1847年恐慌のインド、中国市場、そして、1857年恐慌のアメリカ市場などが、注目されたゆえんなのだ。
　しかしそうしたイギリス信用制度も19世紀中ごろを過ぎると株式制度が本格化することによって、より一層膨大な架空資本が形成され、経済恐慌もその発現形態に大きな変質が生じることになる。こうした世界経済の特質について、マルクスの遺した草稿を編集し『資本論』第3巻に、ようやくまとめ上げ、1894年に出版したエンゲルスは、マルクスの言葉を補足し、次のように述べている。「周知のように、株式会社を二乗にも三乗にもしたものを表わす新たな産業経営諸形態が発展してきた。こんにち、すべての大工業の領域で、生産は日々増大する速さをもって増加されうるが、その速さにたいして、この増加する諸生産物のための市場の拡張の絶えず増大する緩慢さが対立する。前者が数ヵ月で製造するものを、後者は数年かかってやっと吸収することができる。そ

れに加えて保護関税政策があり、これによって各工業国は、ほかの工業国、とくにイギリスにたいして門戸を閉鎖し、国内の生産能力をさらに人為的に高める。その結果は、一般的な慢性的過剰生産であり、物価の下落であり、利潤の低下、それどころか利潤のまったくの消滅である。要するに、古くから称賛されてきた競争の自由もついに行き詰まって途方にくれ、その公然たる不面目な破産を自分自身で声明しなければならない。しかも、各国において、一定部門の大産業家たちが生産調整のためのカルテルを結成することによって〔そうしなければならない〕。〔カルテル〕委員会が各企業によって生産されるべき分量を確定し、到来する注文額を究極的に配分する。個々の場合には、イギリスの鉄生産とドイツの鉄生産とのあいだでのように、一時的に国際カルテルさえできた[*1]」と。

エンゲルスは、1873年以降長引く世紀末大不況において、資本主義各国が徐々に独占資本あるいは寡占経済に移行する過程について、株式制度の普及との関連で論じた。もちろん、マルクスが株式制度について論じていなかったわけではない。マルクスは、次のように述べた。「株式会社の形成。これによって——（1）生産の規模の巨大な拡張、そして個別的諸資本にとっては不可能であった諸企業〔の出現〕。同時に、従来は政府企業であったこのような諸企業が会社企業となる。（2）それ自身社会的生産様式に立脚して生産諸手段および労働諸力の社会的集積を前提とする資本が、ここでは直接に、私的資本に対立する社会資本（直接に結合した諸個人の資本）の形態をとるのであり、このような資本の諸企業は、私的諸企業に対立する社会的諸企業として登場する。それは、資本主義的生産様式そのものの限界内での、私的所有としての資本の止揚である[*2]」。

さらにマルクスは、架空資本としての株式資本の形成について、資本還元という言葉を使って説明する。「架空資本の形成は、資本還元と呼ばれる。規則的に反復される所得は、いずれも、平均利子率に従って計算することによって、すなわち、この利子率で貸し出された資本がもたらすであろう収益として計算することによって、資本に還元される。たとえば、年々の所得＝100ポンド・スターリング、利子率＝5％であるとすれば、100ポンド・スターリングは2000ポンド・スターリングの年利子であろうし、この2000ポンド・スターリングは、

いまや、この年々の100ポンド・スターリングにたいする法律上の所有権証書の資本価値とみなされる。その場合には、この所有権証書を買う人にとっては、この年々の100ポンド・スターリングの所得は、実際に彼の投下資本に生じる5％の利子を表わす。こうして、資本の現実的価値増殖過程とのいっさいの連関は最後の痕跡にいたるまで消えうせ、資本とは自己自身で自己を増殖する自動装置であるという観念が固定する」[*3]。

そして、この所有権証書の取引をめぐる投機性についてマルクスは次のように論じた。「これらの証券の市場価値は、一部は投機的である。というのは、この市場価値は現実の所得によってのみならず、期待され、まえもって計算された所得によっても規定されるからである。しかし、現実資本の価値増殖を不変と前提するか、または、国債の場合のようになんらの資本も実存しない場合には、年収益が法律によって固定されており、またそのうえに十分に確実であると前提すれば、これらの有価証券の価格は、利子率とは逆に騰落する。利子率が5％から10％に騰貴すれば、5ポンド・スターリングの収益を保証する有価証券は、いまでは50ポンド・スターリングの資本を表わすに過ぎない。利子率が$2\frac{1}{2}$％に下がれば、この同じ有価証券は200ポンド・スターリングの資本を表わす。その価値は、つねに資本還元された収益にすぎない。すなわち、幻想的な資本にたいして現行の利子率に従って計算された収益にすぎない。したがって、貨幣市場の逼迫時には、これらの有価証券の価格は、二重に下落するであろう。なぜなら、第一には、利子率が上がるからであり、第二には、これらの証券が、換金のために大量に市場に投げ出されるからである。この価格低下は、これらの証券がその所有者に保証する収益が、国庫債券の場合のように不変であろうと、または、これらの証券が代表している現実資本の価値増殖が、産業的企業の場合のようにときによっては再生産過程の攪乱によって影響されるようなことがあろうと、それにはかかわりなく起こる。後者の場合には、前述の価値減少にさらにもう一つの価値減少がつけ加わるだけである。嵐が過ぎ去るやいなや、これらの証券は、それらが失敗した企業またはいかさま企業を表わすものでない限り、ふたたびもとの水準に騰貴する。恐慌時におけるその価値減少は、貨幣財産の集中の強力な手段として作用する」[*4]。

しかしここで注意しなければならないのは、マルクスの時代、イギリスにお

いては、たしかに株式をめぐっての投機が金融危機に深くかかわっていたことは事実だが、それが1929年のアメリカ大恐慌時のように金融危機の本質的な部分にかかわっていたわけではなかった。マルクスは、1857－58年恐慌についてのイギリス下院議会の皮相な報告書を批判した、「ニューヨーク・デイリー・トリビューン」への寄稿論文「イギリスの商業と金融」において、株式制度の国民経済への影響を次のように述べている。「これらの株式企業が諸国の国民経済に及ぼす急速に増大しつつある影響は、いくら評価してもしすぎることはありえないくらいであるが、しかし明らかにこれらの企業はまだそれ自身の適切な組織をつくりだすまでにはとてもいたっていない。これらの企業は、現代社会の生産諸力を発展させる強力なてこではあるが、まだ中世の同職団体のように、まさにみずからの組織の力によって駆逐してしまった個人的責任に代わるべき団体的良心をつくりだすまでに、まだいたっていないのである[*5]」。

アメリカの株式制度と投資銀行

ところで、1857年恐慌の発火点となったアメリカでは、株式制度を基軸とするイギリスとは異なる金融制度の構築が19世紀からなされてきた。そもそも、アメリカでは、イギリスのような商業信用から銀行信用が展開し、それを全国的に調整するイングランド銀行が形成されるような形で、すんなりと信用制度が成り立ったわけではなかった。アメリカでは、1788年に発効した合衆国憲法によって、各州が連邦政府に移譲している経済政策上の主たる権限は統一的な通貨の制定と国際貿易および州際通商の規制のみであり、銀行の規制は州の権限であるとする反連邦主義が貫かれている。したがって、預金金融機関については二元制度が採られた。州法に基づく州法銀行と1864年国法銀行法に基づく国法銀行が併存し、国法銀行は連邦政府の権限のもとに営業を行った。

この反連邦主義は、アメリカにおいて中央銀行の設立も遅らせることになる。アメリカの中央銀行システムである連邦準備制度は、20世紀に入ってから1913年連邦準備法によって設立された。全国を12の連銀区に分割し、そのそれぞれに連邦準備銀行を置くというものであり、しかも、国法銀行は連邦準備制度に加盟が義務付けられたが、州法銀行の加盟は任意であった。また、連邦準備銀

行の監督・調整機関として連邦準備局を設置し、その後1935年銀行法によって、連邦準備局は権限を強化され、連邦準備制度理事会（FRB）に再編され、今日に至っている。

　さらに、1927年マクファデン法によって、アメリカの商業銀行は、本店のある州以外には、支店を設置することが禁止され、単一銀行制度として営業が行われるという特異な構造となっていたのだ。もっとも、州法によって州際業務が認められるところから、州をまたがって銀行を設立することは可能であり、現在では単一銀行の数は少なくなっている。

　こうした事情から、アメリカの商業銀行は、家計や中小企業を対象とするローカルな取引を担う金融機関という性格が歴史的に形成されてきたといえるだろう。単一銀行制度の下では、コルレス関係（他銀行との取引関係）によって連邦レベルの全国的取引が行われた。こうした理由から、日本のようなメーンバンクシステムによって商業銀行が企業金融の中心的役割を果たすことは、アメリカの場合、そもそもなかったといっていいだろう[*6]。

　しかしそれでは、19世紀末から20世紀にかけて、生産力的にイギリスを追い抜き、世界経済に躍り出た、アメリカ経済における産業金融はどのように行われてきたのだろうか。そもそも、アメリカはイギリスの植民地だった。したがって、イギリスのマーチャント・バンカーが、アメリカ独立革命前から主としてイギリス資本のアメリカへの導入に大きな役割を果たしていた[*7]。ベアリング商会とロスチャイルド商会がそれにあたる。ベアリング商会は、1814年には、ニューヨーク並びにボストンの有力実業家 T.W. ウォードを在米エイジェントに任命して対米取引を拡大、その後も在米取引先を駆使しながら1840年代には、アメリカの主としてイギリス資本の導入に関して圧倒的地位を占めた。1830年代にアメリカ州債の海外最大取扱量を誇ったプライム・ウォード・キング商会、1847〜48年のメキシコ戦争債の最大引受業者であり、1850年代には鉄道建設ブームに州債ならびに鉄道債を発行・売り出したコーコラン・リッグス商会は、当時クラーク商会と拮抗する地位を占めたが、これら2社ともベアリング商会の取引先だった[*8]。

　ロスチャイルド商会の在米エイジェントであるオーガスト・ベルモント商会とその取引先であるウィンスロー・レーニア商会も、また、大量の州債ならびに

に鉄道証券の発行に関与し、南北戦争前にアメリカに存在した個人銀行家の中で最も重要な地位を占める業者の一つになっていたのである[*9]。

しかし、アメリカ資本主義の確立期に重要な役割を果たした投資銀行業者として忘れてならないのは、ジェイ・クック商会の興隆と破産であろう。ジェイ・クックは、1857年恐慌で破産したクラーク商会の清算業務を遂行しながら、個人として鉄道業に金融業者として関与し、南北戦争の危機せまる1861年1月1日フィラデルフィアで商会を立ち上げた。クック商会は、北軍勝利のため、南北戦争の戦費調達に大きく貢献したが、それだけではなく、1864年の国法銀行制度の成立にも積極的に参加した。その後、ジェイ・クック商会は、アメリカ最大の投機的西部開発の主軸、ノーザン・パシフィック鉄道の巨額な社債引き受けに巻き込まれて倒産し、1873年恐慌を導き出したのだった[*10]。

このジェイ・クック商会の倒産を後目(しりめ)にアメリカ投資銀行業界の主導権を握ることになるのが、1860年、ニューヨークで創業したJ. P. モルガン商会だった。モルガン商会は、国際金融業務に力を入れる外資系投資金融業者であったが、そのほかにも当時はあまり目立たなかったとはいえ、ユダヤ系ドイツ人商会として、セリグマン商会、クーン・ローブ商会、ゴールドマン・サックス商会、リーマン・ブラザーズ商会などがあった[*11]。

モルガン商会を基軸とする金融独占は、ニューヨーク金融市場に集中する豊富な貨幣資本から成り立ち、投資金融業者は、投資金融業のほかに、預金の受け入れ、銀行引受手形の発行、商業信用状の発行、商業手形の割引、外国為替取引も行っていたのである[*12]。1913年連邦議会下院銀行通貨委員会、プジョー小委員会は、金融独占を告発する報告書をまとめたが、それによれば、この金融独占の形成を促進し、実現するのに最も積極的な役割を果たしたのは、J.P. モルガン商会、ファースト・ナショナル銀行（ニューヨーク）、ナショナル・シティ銀行（ニューヨーク）、キダー・ピーボディ商会、リー・ヒギンスン商会、およびクーン・ローブ商会の六大金融業者であった[*13]。

第一次世界大戦後の世界経済

ところで、戦間期の大恐慌を論じるには、世界経済の基軸が、イギリスから

アメリカへと大きく転換し始めた事態を認識しなければならないだろう。それはいうまでもなく第一次世界大戦を契機とするパックス・ブリタニカの崩壊と債権国アメリカの登場である。アメリカ合衆国は、第一次世界大戦がはじまった1914年においても債務国だった。アメリカの対外債務は、72億ドルもあり、対外債権35ドルを差し引いても36億ドルを超える純債務を負っていたからである。第一次世界大戦という帝国主義列強間の世界領土再分割闘争が、アメリカを一気に債権国の地位へと押し上げた。世界大戦終結時におけるアメリカの国際関係を見ると、対外債務（政府・民間）は、43億7600万ドルに減少し、対外資産は政府・民間あわせ169億3800万ドルに膨れ上がっており、差し引き125億6200万ドルの純債権国になったのである。

　1914年7月、第一次世界大戦はヨーロッパで勃発した。当初アメリカは、中立の立場をとった。1917年4月6日になり、ようやくアメリカは、対独宣戦決議に基づき、イギリス、フランス、イタリアなどの協商国側につき参戦した。したがって、1914年7月から17年4月5日までの中立期には、アメリカは国家として全面的に協商国側を援助することはできなかった。

　しかしながら、この中立期には、モルガン商会が、アメリカ政府の警告にもかかわらず、イギリスならびにフランス政府の代理人として戦争遂行の軍需物資調達のため積極的に協商国側に加担したのである。モルガン商会は、1917年6月30日までの3年間に、31億ドル、アメリカの全輸出額のほぼ29％にあたる物資をイギリス、フランスに輸送したのであった。

　1915年1月1日から17年4月5日にかけて、アメリカ民間人のドル貸付額を見れば、短期・長期あわせて26億7150万ドルにのぼった。そのうち、イギリス、フランス等の協商国側へは、25億8130万ドルもの貸付が行われた（表2－1）。その借り手のほとんどは、軍需物資の調達のための各国政府機関であり、全体の83.5％を占めたのである。もちろん、交戦国は、戦費調達のためアメリカ民間人からの貸付に頼るだけではすまなかった。第一次世界大戦前、各国はアメリカ合衆国にほぼ72億ドルもの大量の投資を行っていた。だから、それら資産の売却による戦費調達が大戦勃発とともに引き起こされたのだ。そのため、ニューヨーク証券取引所は一時混乱し、ポンド相場の上昇とともにアメリカからヨーロッパへの金現送が継続した。対米投資額が最大のイギリスの場合、大蔵

表2-1 第一次世界大戦中立期アメリカ民間人の貸付額

(単位:100万ドル)

借　　手	短　期	長　期
協商国		
フランス、イギリス	2,101.6	–
ロシア、イタリア	75.0	–
カナダ（オーストラリア）	135.1	269.6
計	2,311.7	269.6
ドイツ	7.5	
ヨーロッパ中立国	7.0	5.0
南アメリカ	27.5	28.3
その他ラテン・アメリカ	6.7	-3.5
その他	7.8	3.9
合計	2,368.2	303.3

〔備考〕　この第一次世界大戦中立期とは1915年1月1日から1917年4月5日の期間。
〔出典〕　C. Lewis, *America's Stake in International Investments*, Washington,D.C.,1938, p.355.

省がイングランド銀行に指示し、ロンドンでアメリカ証券を購入し、それをニューヨーク市場で売却するという方法で戦費資金を調達したのだった。ニューヨークで換金された資金がアメリカからの物資購入に使用されたから、大戦勃発直後のような混乱は収まったが、1915年末には、米ドル証券委員会（American Dollar Securities Committee）が証券売買の責任機関となり、アメリカ証券の売却による戦費調達は本格化した。しかも、イギリス大蔵省によるアメリカ証券の売却はこの中立期に集中し、それによって、対米投資残高は急激に減少した。モルガン商会はじめアメリカ投資銀行業者による積極的なドル貸付、そして対米投資残高の急減という中立期に引き起こされたアメリカをめぐる国際貸借関係の逆転が、アメリカを債務国から債権国へと一気に転換させた要因であった。[14]

　1917年4月6日アメリカ合衆国の参戦は、アメリカの債権国としての地位を一層揺るぎないものにすることとなった。1917年4月5日までの中立期においては、民間主導の貸付とせざるを得なかったが、4月6日以降は、国家が全面的に介入し、1917年4月24日の自由貸付法（Liberty Loan Act）の制定によって、

表2-2　自由貸付法によるアメリカ合衆国政府の貸付額

(単位：100万ドル)

借　手	1917年	1918年	1919年	1920-22年	計
ベルギー	75.4	141.6	121.7	8.5	347.2
キューバ	-	10.0	-	-2.3	7.7
チェコスロヴァキア	-	5.0	49.3	7.7	62.0
フランス	1,130.0	966.4	801.0	35.9	2,933.3
イギリス	1,860.7	2,122.0	287.4	-133.6	4,136.5
ギリシャ	-	-	5.0	10.0	15.0
イタリア	400.0	776.0	444.9	27.1	1,648.0
ルーマニア	-	-	25.0	-1.8	23.2
ロシア	187.7	-	-	-	187.7
セルビア	3.0	7.8	16.0	-0.7	26.1
計	3,656.8	4,028.8	1,750.3	-49.2	9,386.7

〔備考〕　年はいずれも暦年。
〔出典〕　C. Lewis, *op. cit.*, p.362.

アメリカ連邦政府による協商国側への大々的な貸付が行われることになったからである。第一次世界大戦は、1918年11月11日休戦を迎える。しかしその後もこの法律による貸付は継続し、最後の財務省小切手が支払われたのは、1922年5月29日のことであった。同法による各国別貸付額を見れば、イギリス、フランス、イタリアの順に貸付額が大きく、1917年から22年にかけて全体の貸付額は、93億8670万ドルを記録している（表2-2）。第一次世界大戦終了直後には民間貸付が復活し、また勝利公債も発行され、アメリカの債権国としての立場は、盤石なものとなった。[*15]

しかしながら、第一次世界大戦後、世界の経済が大恐慌へと突き進む構造的不安定要因を抱え込むことになったことは、ここで特筆しなければならないだろう。その第一は、第一次産品の世界的な過剰生産が第一次世界大戦後の構造的問題となったことである。戦時期における小麦や砂糖生産への過剰投資があり、戦後の過剰生産を誘発した。戦時期のヨーロッパでの人口減少と潜在的出生率の低下が食料輸入の停滞をもたらしたし、原料節約的技術進歩が原料需要の停滞を引き起こしたなどが要因として考えられるが、大恐慌の世界的な波及に深刻な影響を与えた。だが、それについては後述する。第二が、主としてヨーロッパ諸国における失業の構造化であり、アメリカや新興工業諸国の台頭に

よる世界市場競争の激化によるヨーロッパ経済の停滞がその根底にあるといえるだろう。第三が、第一次世界大戦後の国際通貨体制の不安定化である。まず、長らく世界経済において国際通貨の地位にあったポンド・スターリングがその地位を滑り落ちた。イギリスは第一次世界大戦後、旧平価での金本位制への復帰を果たしたが、これには無理があり輸出競争力が低下し、金流出を防ぐには、ニューヨーク市場よりも金利を高く維持しなければならなくなった。金本位制に基づいて低金利で資本輸出を行うことができなくなった。ポンドは基軸通貨ではなくなったのだ。しかし、この時期、ポンドに代わってドルが基軸通貨に収まるというふうにも事は進まなかった。世界経済は、第一次世界大戦後のドイツ賠償問題という深刻な不均衡要因を抱え込むことになったからである。これが、戦後世界経済が抱えた、第四の構造的不安定要因といえるだろう。ヴェルサイユ講和会議ののち、1921年ドイツに対する賠償請求額は、1320億マルク（65億ポンド・スターリング）と決められたが、ドイツにはその支払い能力が欠けていた。賠償支払いのため、ドイツはアメリカから多額の借入をせざるを得なかった。戦勝国のイギリス、フランスなどは、アメリカへの戦時の借入をドイツの賠償金で賄うことを考えていたから、この貸借関係がうまくまわることが、戦後世界の資金循環にとって決定的だったのだ。[*16]

アメリカは、いうまでもなく戦後債権国となっていたから、イギリスに代わって世界に資本を提供する立場にあった。1920年代のアメリカ対外証券投資は、地域的にはドイツを中心とするヨーロッパ、カナダ、南米という順位になる。1920年から29年の10年間にヨーロッパには、33億5700万ドル、そのうちドイツへは、10億3700万ドルの新規対外証券投資が記録された。第一次世界大戦の敗北により賠償支払い義務を負ったドイツは、戦後の経済復興をアメリカ資本に依存せざるを得ず、多額の企業債の発行を行った。

アメリカ投資銀行業者の積極的活動、そしてかなりの高利回りに支えられて、新規外国証券投資の活発化が引き起こされた。しかし、この外国証券の発行と投機熱は1927年末までにその頂点を迎え、その後、低下の状況が継続した。すでに諸外国に対する過剰貸付、過剰負担は、中南米諸国などで問題にされるに至っていたが、1927年末頃までにオーストラリア、オランダ等において景気後退が観察され、翌28年には、ドイツ、フィンランド、ブラジルで景気後退が開

図2-1 アメリカ合衆国における有価証券発行高

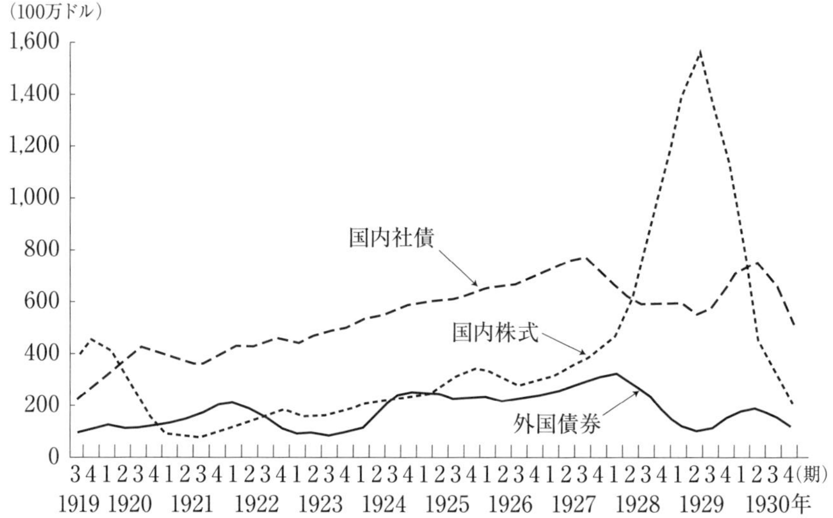

(100万ドル)

〔出典〕 H.B. Lary and Associates, *The United States in the World Economy*, 1943, p.92, chart 21.

始され、29年の初めまでには、ポーランド、カナダ、アルゼンチンと拡大の傾向を示した。

　おりしもこの時期、アメリカ株式市場において、急激な投機的現象が引き起こされるに至った。国内株式発行額は、社債市場、外債市場の停滞を後目に、1928年初頭から急上昇を開始し、1929年初頭には14億ドル台を突破、29年の中ごろまでには、16億ドル台に至る勢いになった（図2−1）。過剰貨幣資本の蓄積あるいは株式投機を生みだしやすい信用機構など、アメリカ国内における投機発生の要因は大いにあったとはいえ、この事態は、世界経済的にみて大きな問題を含んでいた。なぜなら、本来、第一次世界大戦後、資本供給国として世界経済で振る舞うべきアメリカに、逆に多くの資本が集中するという事態を生みだしたからだった。[*17]

株式市場を基軸とする信用膨張

　1929年大恐慌は、あきらかに株式制度の大々的発展と密接不可分に結び付い

ていた。証券市場を通じての貨幣資本調達こそこの時期の信用膨張の主要な側面であり、それゆえこの時期の貨幣恐慌の展開にも大きく影響したのである。マルクスの時代は、商業信用と銀行信用をベースにした貿易金融を基軸にイギリス製品を世界的に販売し、その過剰から世界恐慌が起こったものだった。しかし、アメリカのこの時期の信用膨張は、寡占企業の資本調達が行われた証券市場を基軸に展開した。とりわけ、大恐慌前夜の証券市場を巡る信用膨張はどのようなものだったのだろうか。

1927年から29年にかけて、有価証券発行高という観点から検討すれば、1927年7月、翌年8月の二度の鋭い落ち込みを経験しながら着実に増加傾向をたどっている全体傾向が明らかになる[*18]。さらに、その種類別、部門別発行高をみると、債券発行高の激減と株式発行高の急増[*19]、工業会社あるいは公益企業有価証券発行高の増加傾向[*20]と鉄道会社有価証券発行高の漸減[*21]、投資信託会社における有価証券発行高の急増という発展傾向が指摘される。「20年代後半の投機の建造物の中で最もきわだったものそしてまたそのために、普通株にたいする公衆の需要が他のいかなる考案にもまして満足させられたものは、投資信託もしくは投資会社であった」とガルブレイスが指摘したように、ここでは、とりわけ、投資信託会社の有価証券発行代価の急増が、好況末期株式投機の熱狂的進行を示唆している。

そればかりではない。有価証券発行高の急増は、有価証券価格の急騰も随伴したのであって、1927年から1929年にかけての株式価格の急騰は急テンポで進んだ。とりわけ、ニューヨーク銀行株、公益企業株式の上昇が顕著だった。それに対して、債券は、国債も含めて金利の上昇傾向の中で全般的な価格低下と、したがって、ある程度の債券利回りの上昇をもたらしたのだ。

こうした、有価証券発行と価格の動向に対して、資本の現実的蓄積は、どのような傾向を示したのだろうか。とりわけ寡占企業の資本蓄積をみてみると、第一に、その蓄積は貨幣的蓄積に対してかなりの遅れをとっていることがわかる。それは、1920年代大規模製造株式会社84社の資産および負債の動向において明瞭に立証される。1922年から29年にかけて、資本の現実的蓄積の勘定科目としての棚卸資産および固定資産勘定の増加率が、それぞれ42.8％、49.40％であったのに対して、資本の貨幣的蓄積の勘定科目としての、現金勘定、市場性

第2章 戦間期における世界恐慌 47

有価証券勘定、投資及び前貸し勘定の増加率が、それぞれ72.78％、81.38％、59.19％と顕著に大きかったことからそれは明らかとなる[*22]。こうして、現実的蓄積に対して膨大化した貨幣的蓄積は、銀行預金として信用機構の貸付可能資本に転化し、コール・ローン、タイム・ローンとして株式取引所貨幣市場(stock exchange money market)の大きな貨幣源泉を形成し、さらに重要なことは、有価証券市場の重要な投資源泉を形作り、証券投機に企業自体が積極的に乗り出していく要因となったのである。

　第二に、この時期の寡占大企業の内部留保の強固な蓄積が指摘できる。これは、1922年から29年にかけて、資本勘定における資本剰余金、利益剰余金が92.57％も上昇していることで明確に立証されるが[*23]、普通株勘定の増加にも明瞭に示されているように、証券市場を通じての貨幣資本調達も同時に行っていることは注意を要する。

　ところで、こうした膨大な貨幣資本の投資は、いかなる信用機構において可能となったのだろうか。この点に関して注意すべきは、この時期のアメリカ金融独占の特徴が、商業銀行・投資銀行・信託銀行の機能を兼ね備える兼営的銀行業務を特質としていたことだ。パーロは次のように指摘した。「1933年以前には、一流投資銀行業者は商業銀行や信託会社と有機的に結び付いていた。ふるい投資銀行商会は従来独立していた商業銀行や保険会社を買収するほか、商業銀行業務や信託活動も遂行した。大商業銀行は投資銀行の子会社を設立した」[*24]。また、ウォーターマンも次のように指摘する。「歴史的に見れば、多くの商業銀行やその関連証券会社は、投資銀行業務に参加し、長期資本調達について、金融、証券引き受け、証券分売など、あらゆる機能を営んでいた。また、多くの個人銀行業者は、投資銀行業務、預金、貸付業務を同時にいとなんでいた」[*25]。証券引き受け・発行業務を意味する投資銀行業が、短期信用供与の商業銀行および巨大な投資機関としての信託銀行と結合し、かの巨大な証券投機の基盤を形成していたのだ。

　国法銀行信託部、信託会社による工業・不動産部門への大々的投資、生命保険会社、投資信託会社、および貯蓄銀行による大々的な証券投資などによって、この時期に一大株式投機ブームが形成されていった。兼営的金融独占によって、膨大な貨幣資本が証券市場に投入され過大な信用膨張が引き起こされていった

ところに、1929年大恐慌にいたる好況期の有価証券投機の特質があったというべきだろう。

アメリカ銀行信用の諸類型——都市銀行と地方銀行

　この時期のアメリカにおける銀行信用もこの株式投資と密接不可分に関連していた。それは、主要都市（101）報告加盟銀行貸付・投資動向において、1927年1月から29年11月にかけて、証券担保貸付が最も高い貸付上昇率39.5％を示していることに表れている。証券担保貸付とは、証券市場における長期貨幣資本調達をめぐる信用膨張と関連する。すなわち、証券の発行市場における引受金融あるいは流通市場におけるブローカーズ・ローンとして証券市場における資本発行を容易にし、流通を活発にし、証券投機に積極的役割を果たすのである。アメリカ金融独占が証券の引き受け・売却を行う投資銀行業務は、商業銀行からの莫大な引受金融の導入によって可能となった。[26]

　流通市場における信用取引で重要な役割を担うブローカーズ・ローンが、株式投機の進展につれ、商業銀行以外から流入することになった事実に注目すべきである。つまり、巨大株式会社、投資信託などからの貨幣資本流入が多くを占めるに至ったのだ。[27] また、1928年後半から翌年3月にかけてブローカーズ・ローンの金利が急騰した。1929年3月、株式取引所コール・ローン（新規）利子率は、14.40％になったのである。[28] いうまでもなく、それは1928年以降の信用取引の活発化による株式価格急騰の結果であり、株式価格の急騰が金利急騰をもたらしたのだ。銀行以外からのブローカーズ・ローンの流入は、この高金利に引き寄せられたともいえるだろう。

　商業銀行では、南部、西部の諸銀行に対して、北部都市銀行の証券担保貸付額が量的にも、率的にも圧倒している事実がある。北部都市銀行、とりわけニューヨーク金融独占の絶大なる地位が確認できるのであり、寡占巨大企業の再生産の一環に組み込まれた証券市場は、こうした都市銀行を基軸とした証券担保貸付によって媒介されたのだ。

　事業信用を主体とする顧客貸付の展開をみると、証券担保貸付とは、まったく異なる傾向をみることができる。この好況過程において、顧客貸付は漸増の

傾向にあり、金利も上昇の傾向にあったが、地域別商業銀行の顧客貸付は、南部あるいは西部における諸銀行、しかも地方銀行の総貸付中に占める顧客貸付比率が、北部の諸銀行、とりわけ都市部の銀行に対して高い比率となっているのだ。南部あるいは西部、しかも地方銀行のこの高さは、これら地域の主要産業である農業、農産物加工業、繊維産業、木材加工業など、主として中小諸資本の事業資本要求の強さの表れであり、これら地域の顧客貸付利子率の高さに帰結した。それに対して北部都市銀行顧客貸付比率の低さは、これら地域の資本調達が基本的には証券市場を通じて行われていた別様の表現であり、顧客貸付市場は、それら資本にとってもはや主要な資本調達のための市場ではなくなっていたのである。

　商業手形市場 (commercial paper market) をめぐる銀行信用についてはどのようなことがいえるのだろうか。この市場は、借り手、商業手形商会 (commercial paper house)、商業銀行の三者をもって構成される。借り手の振り出す単名約束手形 (single-name promissory notes) を商業手形商会が買い取り、さらにそれを商業銀行が購入するという信用関係を基本とする。1927年1月から29年9月、10月にかけて主要商業手形（4～6カ月）の利子率は、4.25％から6.25％に上昇した[*30]。しかし、商業手形購入残高は、同期間、5億5100万ドルから2億6500万ドルに下落したのである。地域別商業手形市場での信用供与の特徴を述べると、顧客貸付とはまた違った傾向をみることができる。北部、西部、とりわけニューヨーク、ボストン、シカゴ各連銀区における中小銀行が多数を占める地方銀行によって購入されているのだ。ベックハートは、次のように述べる。「諸銀行は実際に商業手形の唯一の買い手である。そして主要な需要は、中央連邦準備市や連邦準備市の外に位置する諸銀行から来るのである。株式会社や諸個人もしばしば買うのであるが、これらの需要はとるに足らないものである。地方銀行が市場の頼みの綱である[*31]」。商業手形による借入企業は、中規模の資本を有する企業である。自己資本50万ドル以上250万ドル以下の企業が、57％を占めるのである[*32]。産業部門別にみれば、繊維、食品をはじめとする軽工業資本が多くを占めた。

　商業手形市場をめぐる資本の循環経路は、証券市場を基軸とした証券担保貸付による資本の循環経路とは異なっていた。信用供与の主体が地方銀行にあり、

さらに中小諸資本が多くを占める軽工業の資本蓄積に密接に関連していたといえるだろう。好況過程における商業手形残高低下傾向の諸要因も、停滞する中小資本の資本蓄積と関連していたというわけだ。

国際通貨になりえなかったドル

　対外金融にかかわる銀行引受手形市場の動向は、どうだったのだろうか。いうまでもなく、マルクスの時代、国際貿易金融の中心地としてロンドンの割引市場は、絶大な地位を保ったし、この貿易金融の過剰と投機化が、当時の経済恐慌展開にとって無視できない信用機構の特質であった。既述のように、第一次世界大戦後、債権国となったアメリカは、世界経済における中心国としてふるまう立場に置かれるに至った。イギリスからアメリカへの中心国の移行に伴って、国際金融センターとしてのアメリカが注目されることになったのだ。1913年連邦準備制度の確立とともに銀行引受手形市場が創設されたのは、ポンド・スターリングに替わるアメリカ・ドルを基軸とする国際貿易決済システムの形成をねらったものであった。この市場は、手形振出人、引受機関、仲介機能を果たすディーラー、銀行引受手形買入機関の四者を基本的構成者として成立する。国際貿易金融の中心をイギリスからアメリカへ移行させることを狙った市場の創設だから、連邦準備銀行が直接手形買入機関として関与する。また、ニューヨークを国際金融の中心地とするという狙いがあるから、ニューヨークの巨大銀行が主要手形引受機関を構成すると同時に手形買入機関としても機能させる。チェース・ナショナル・バンク、ギャランティ・トラスト・カンパニー、セントラル・ハノーヴァー・バンク・アンド・トラスト・カンパニーなど主要巨大銀行が手形引受機関として名を連ねた。[33]

　果たして思惑通り、ドルを国際通貨とする国際貿易金融システムがこの銀行引受手形市場の創設によって働きだしたのだろうか。まず、銀行引受手形はどのような取引を基礎として振り出されたかをみてみよう。注目すべきは、多くの貿易手形はアメリカからの輸出と輸入を基礎に振り出されたのである。1928年連銀買入手形によって検討すれば、輸出手形においては、綿花手形55.9％、穀物手形12.2％、銅手形5.8％、自動車手形4.4％、ラードおよび食肉手形1.6％、

木材手形2.5％などである。輸入手形においては、コーヒー手形17.0％、絹手形16.2％、砂糖手形9.9％、生皮手形9.7％などが多くの割合を占めた。

　この手形の構成をみる限り、アメリカ・ドルは、ポンド・スターリングに代わる国際通貨となり得ていない事実が明らかとなるだろう。国際通貨とは、第三国間の貿易取引に使用される通貨であるが、多くの貿易手形は、アメリカの輸出・輸入にかかわる手形なのだ。しかも、当時アメリカは、貿易比率の極めて低い国だった。もちろん、この1927年から29年にかけての好況過程の国際貿易の状況をトレースすれば、商品輸出は商品輸入を超え貿易黒字だった。サービス取引も、膨大な利子配当が入ったから黒字だったし、移転収支は赤字だったが、総じて、経常勘定は黒字だった。1927年から28年にかけては、資本勘定でアメリカ資本の大量の流出からアメリカからの金流出が継続した。しかし、1928年から29年にかけて長期資本輸出の鈍化に対して外国からの証券投資の増大と短期資本のアメリカへの流入が資本勘定の赤字を小さくさせ、金のアメリカへの流入が1929年には1億4300万ドルに上った。

　この時期のアメリカ貿易で特筆すべきは、総じて完成品の輸出増が記録されたが、機械、石油およびその製品、自動車およびその部品などのアメリカにおける新興産業の輸出額が急増したのに比較して、19世紀型産業としての鉄鋼諸製品、綿製品などの輸出はあまり振るわなかった。未加工原料としての原綿の輸出額は減少した。食品の小麦および小麦粉の輸出は激減した。アメリカへの輸入において、生ゴム、毛皮、葉タバコなどが減少した。食品では、砂糖、ココア豆などが減少した。また、完成品では、羊毛製品が減少、総じて、輸入額は振るわなかったといっていいだろう。こうしてアメリカをめぐるこの時期の国際経済関係をみてくると、アメリカが、マルクスの時代のイギリスのように「世界の工場」であり、「世界の銀行」であるなどとはとてもいえない状況にあったといわなければならないのである。

不穏なアメリカの国際投資状況

　むしろ大恐慌との関連でいうならば、証券市場が絡んで展開された、証券投資の状況と短期のアメリカへの資本流入に解明すべき重要なカギがあると思わ

れる。外国証券新発行額を1920年後半においてみると、27年以降年々減少の傾向にあることに注目しなければならない。1926年11億2500万ドル、27年13億3700万ドル、28年12億5100万ドル、29年6億7100万ドルだった。とりわけ、1928年から29年にかけての減少傾向を地域別に検討すると、ヨーロッパ地域が5億7450万ドルから1億7510万ドルへの69.5％の減少、ラテンアメリカ地域が3億4680万ドルから1億2450万ドルへと64.1％の減少を示した。1928年から29年10月にかけてのアメリカ国内における急激な証券投機の進行がアメリカから外国への証券投資を鈍化させた要因だった。逆に外国からアメリカへ1928年には、4億6300万ドル、1929年には、3億5800万ドルの証券投資があった。

　ここで注目すべきは、証券投資をめぐるこうした激変が、アメリカからの大量の資本輸入に依存していた諸国経済へ与えた悪影響であろう。1929年大恐慌勃発を前に不穏な事態を示しているといえる。

　しかしさらに、アメリカをめぐる短期資本の輸出入の激変が証券投資の不穏な状況に輪をかけた。アメリカへの外国からの短期資本流入は、1927年に9億3400万ドルだった。1928年には逆に1億1700万ドルの流出となったが、29年には、1億9600万ドルの流入となった。諸外国の1929年12月31日の在米短期資本残高をみてみると、アメリカ諸銀行への預金16億6200万ドル、アメリカ貨幣市場へ投資された外国資本12億800万ドルが注目されよう。外国からの短期資本は、アメリカの諸銀行への預金あるいはブローカーズ・ローンとして、1928年から29年にかけて、急速に展開した証券投機を中心とした信用膨張のもとにあった貨幣市場へ積極的に投資されたのである。

　その外国からの外国資本の流入に、アメリカ金融市場の状況が深くかかわっていたことは重要である。1927年中、連邦準備銀行は、低金利政策をとった。低金利政策と公開市場での買いオペレーションによる信用拡大政策だった。1927年前半に莫大な金流入があり、1927年後半の生産低下と商品価格低下に金融緩和政策で切り抜けようとしたからだった。

　しかし、1928年に入ると連邦準備銀行は、高金利政策と公開市場における売りオペレーションに転じた。割引利率は、1928年2月3日に4％に上昇、さらに7月13日には5％になり、それは、翌年の7月まで継続した。銀行引受手形購入利率も、28年1月に$3\frac{3}{8}$％になり、その後小刻みに上昇しながら、1929年

3月25日には$5\frac{1}{2}$%にまで上昇し、7月まで継続することとなった。[*39] 連邦準備銀行の作戦は、1927年中ごろに始まり28年初頭に激しさを増したアメリカからの金流出に対応するものだった。1928年においては、高金利下における信用膨張が、とりわけ都市銀行への手形割引の増大という形で貫徹した。[*40] 高金利下における連邦準備銀行の信用の拡大は、ニューヨークを中心とする巨大都市銀行の基本的要求を満たしたし、高金利に魅せられて世界からアメリカに長短の証券投資を引き寄せたのだった。

2　大恐慌の発生（1929年10月～30年末）

大恐慌と『資本論』の危機論理

　金融危機の論理として信用主義から重金主義への転化をその基軸に据えなければならないとするのが、本書の基本的分析視角である。しかしながら、1929年アメリカの大恐慌をこうした論理で把握することが可能なのだろうか。本書では、1929年恐慌を「恐慌の発生」「恐慌の激化」「恐慌の帰結」の三段階の分析によって明らかにするが、結論を先取りしていえば、マルクス『資本論』の危機分析の基本は、明確に貫かれているといえる。

　貨幣恐慌の本質は、第1章で詳述したように、生産の社会的性格にたいする信頼による生産物の貨幣形態の観念化、すなわち再生産過程の信用に依存する体制の発展が、現実的恐慌からくる信用の動揺・攪乱によって、一切の物的富が急速に貨幣に転換されなければならなくなる資本主義的生産における信用主義から重金主義への転化にある。こうした貨幣恐慌の本質は、1929年大恐慌においてどのような形態を通じて発現したのか。総括的に論じてみよう。

　まずマルクスの言う「本来的貨幣恐慌」が、大恐慌ではどのように展開したのだろうか。「本来的貨幣恐慌」とは、「貨幣恐慌の本来の形態」[*41] ともいわれるものであり、商品流通における信用関係、すなわち、商品取引における債権・債務関係の大規模な連鎖の発展が、現実的恐慌から起こる諸支払いの一連の実

現不能、すなわち、債権・債務関係の決済不能によって崩壊し、支払い手段を求めての激しい殺到が生じることを意味する。それは、マルクスの時代、貨幣恐慌の典型をなすものとして「本来的貨幣恐慌」と呼ばれるにふさわしいものだった。[*42] 1929年大恐慌において、「本来的貨幣恐慌」はどのように展開したのだろうか。マルクスの時代と異なって、1929年大恐慌は、産業における寡占、また金融における巨大金融機関が支配する時代に引き起こされた。金融資本の成立とその寡頭制支配のもとで、はたして、「本来的貨幣恐慌」は、引き起こされたのだろうか。また引き起こされたとして、それはどのように展開したのだろうか。

「取引所恐慌」とりわけ「証券取引所恐慌」は、一般には、1929年大恐慌のもっとも特徴的なものであり、分析のハイライトである。大恐慌を描いたシャノン[*43]やガルブレイス[*44]の書物においても、株式大崩落に読者の関心を集めていることは周知のことである。本書の分析視角からは、「証券取引所恐慌」は、架空貨幣資本の価値崩壊とそれに伴う貨幣飢饉（ききん）がいかにして引き起こされたのかが重要となる。信用の崩壊と貨幣飢饉が「取引所恐慌」によってどのように起こったのかである。すなわち、「有価証券の投機取引を行なう証券取引業者[*45]」による証券取引の具体的過程、あるいは「取引所投機[*46]」を生じさせる信用取引の過程とその崩壊が論じられなければならない。たとえば、「先物取引」から生じる「清算取引」が瓦落（がら）の時点で果たす役割などを挙げることができるだろう。[*47] 証券価格の下落に直接起因する債権・債務の決済不履行が莫大な貨幣要求をもたらすのである。「証券取引所恐慌」が貨幣恐慌の一つの形態であることの証左である。

マルクスの時代と異なって、株式制度は、19世紀末から20世紀にかけての産業の集積と集中に極めて大きな役割を果たしたのであって、とりわけ、第一次世界大戦後のアメリカ資本主義において、モルガンなどの投資銀行を基軸とする金融独占が経済の支配的な要因となったことは既述のとおりである。マルクスがいうように、現実的恐慌の基礎は、資本主義的生産の衝動に対比しての大衆の窮乏と消費制限にあり、信用に基づく売買が社会的必要をはるかに超えて膨張することにあるのだが、その信用の基軸が、マルクスの時代と異なって株式制度を通じての大膨張にあるとすれば、その崩壊は、証券取引所恐慌を通し

第2章　戦間期における世界恐慌　55

て現象するといえるだろう。アメリカにおける大恐慌の分析を試みる以下において、最終的には、アメリカが金本位制を離脱する「本位貨恐慌[*48]」に至る過程を、証券取引所恐慌を基軸に叙述を進めるのも、そうした歴史的段階を意識しているからにほかならない。

　もちろん、アメリカにおける大恐慌において、従来の貨幣恐慌と同じように、「銀行恐慌」が、深刻に展開したことはいうまでもない。最終的には、ローズヴェルト政権誕生とともに「全国銀行休業」が政策的に実施されたが、これは、まさにアメリカ銀行制度の全面的崩壊を意味していた。「銀行恐慌」を理解するには、銀行券発行あるいは預金の設定によって、「信用と資本とを創出[*49]」し、自己に無準備の債務を負うという銀行業の本質を理解することが肝要であろう。こうした「信用と資本の創出」によって、銀行資本は、「債権（手形）、国債証券（過去の資本を代表するもの）、および株式（将来の収益にたいする指図証券）から[*50]」なるまったく架空な貨幣資本に転化するのであり、「そのうえさらに、この架空な銀行業者の資本の大部分は、彼の資本を表わすものではなく、利子つきであれ、無利子であれ、彼のもとに預託されている公衆の資本を表わすものであるということがつけ加わる[*51]」のである。

　資本の再生産過程の順調な進行は、銀行におけるこうした架空資本の形成を莫大なものとする。しかし、現実的恐慌に伴う「本来的貨幣恐慌」あるいは「証券取引所恐慌」は、信用取引の崩壊から貨幣飢饉(ききん)を引き起こし、それゆえ、手形の換金化、国債、株式の投げ売り、総じて架空貨幣資本の価値破壊すなわち減価が必然化する。マルクスは、恐慌時における証券価格の下落について、次のように言う。「恐慌時または一般に事業停滞時には、商品資本は、潜勢的な貨幣資本を表わしているというその属性をいちじるしく失うのである。架空資本である利子生み証券についても、それら自身が貨幣資本として証券取引所で流通している限りでは、同じことが言える。利子の上昇につれて、これらの証券の価格は下落する。この価格は、さらに、一般的な信用欠乏——これは、これらの証券の所有者たちに、貨幣を調達するため証券を市場で大量にたたき売りすることを余儀なくする——によって、下落する。最後に、株式の場合には、その価格は、一部は、株式がその支払指図証券となっている収入の減少によって、また一部は、その株式が実にしばしば代表している企業のいかさま的

性質によって、下落する」。*52

　かくて、銀行資本の価値減価が引き起こされ、架空貨幣資本の貨幣化の困難が生じることになる。また、銀行資本の価値減価は、銀行の債務不履行を予想させ、預金者一般の銀行への不信を増幅させるだろう。預金者一般の銀行への不信は、公衆の預金取り付けを誘発し、多くの銀行が支払い不能に陥って破産する。

　ところで、1929年10月のニューヨーク証券取引所大混乱に始まるアメリカ大恐慌は、足掛け4年後の1933年3月に、全国的銀行崩壊を伴いながら金本位制の離脱を迎える。いわゆるそれがアメリカにおける「本位貨恐慌」といわれるものであるが、それに至るプロセスにおいて特筆されるべきは、金融独占組織における金融危機の阻止を試みる連邦準備銀行とフーヴァー政権の政策が引き起こした、基軸と周辺における銀行恐慌の具体的展開の違いである。すなわち、1929年10月ニューヨーク証券取引所恐慌後の連邦準備銀行の政策は、たしかに金融独占における金融危機激化を阻止する政策として一定功を奏したかに思われた。*53 しかし、中小工業資本や中小零細農業にとって大恐慌のインパクトは強烈だった。

　それは、1930年末には、地方銀行における大量の銀行破産となって現れ、さらに1931年末から1932年へと引き継がれていったのである。かたや金融独占は、連邦準備銀行の恐慌対策によって危機を乗り切ったかに思われたが、1931年9月21日イギリスの金本位制離脱を契機にアメリカを襲った金融攪乱は、従来型の恐慌切り抜け策では全く不十分であることをアメリカ・フーヴァー政権に突き付けた。かくして、1932年1月の「復興金融公社」（RFC）設立に至るのだが、そのRFCを通じての恐慌対策が、1933年3月の全国的銀行恐慌展開へとつながるのであり、そうした、大恐慌における銀行恐慌の具体的展開に分析の焦点は絞られるべきであろう。

　1929年にはじまる大恐慌は、国際的にはどのような貨幣恐慌として展開したのだろうか。第1章で述べたように、マルクスの時代、「国際貨幣恐慌」は、すべての諸国における過剰輸入・過剰輸出を要因とする各国の連続的な金流出が特徴であった。ここで重要なのは、各国からの金流出は、「世界市場恐慌」を背景としているのであり、国際貿易の過剰な展開が原因なのであり、決して

金流出が恐慌の原因ではないということである。また、金流出の順序は、恐慌の潜在的諸要因の破裂の時期を示しているに過ぎないということであろう。マルクスは、次のように言っている。「たとえばイギリスにおいて勃発した恐慌は、これらの次々の支払期限をまったく短期間のうちに圧縮する。そのときには、これらすべての国が、過剰輸出（したがって過剰生産）したと同時に過剰輸入（したがって過剰取引）したということ、すべての国で物価が騰貴し、信用が膨張しすぎたということが明らかになる。そして、すべての国で同じ崩壊が起こる。そこで、金流出の現象がすべての国に次々に現われ、それはまさにその一般性によって、（一）金流出は恐慌の単なる現象にすぎず、その原因ではないということ、（二）金流出がさまざまな国で生じる順序は、神に年貢を納める順番がいつそれらの国に回ってきたか、恐慌の期日がいつそれらの国にやってきたか、そして恐慌の潜在的諸要素がそれらの国でいつ爆発するか、を示しているだけであること、を示す」[54]。

そしてマルクスは、金の国際的移動は、その国の世界市場で果たす役目に従って各国に均衡的に配分されるとしている。すなわち、「一般的恐慌が燃え尽きてしまうやいなや、金銀はふたたび――産出諸国からの新産出貴金属の流入は別として――それがさまざまな諸国の特別の準備金として諸国に均衡状態で実存していたのと同じ割合で、配分され」[55]た、のであった。

1929年大恐慌の場合、こうしたマルクスの時代の金移動の原則がそのまま通用するとは考えにくい。なぜなら、確かにこの戦間期、金本位制が復帰したが、大恐慌のプロセスで、金は国際均衡的に配分されるのではなく、モノカルチャー農業諸国から次々と金本位制からの離脱が引き起こされていったからである。しかも、その傾向は、1931年9月のイギリス、そして1933年のアメリカというように、多くの国が為替管理体制に入り、世界経済のブロック化とともに、国際資本取引の規制がとられていったのであった。

本章では、この時期の国際貨幣恐慌をアメリカの国際収支構造の動態的分析を通じて明らかにし、戦後につながる国際経済システム形成の歴史的前提を提示してみることにしよう。

証券投機の本質とその機構

　ソヴィエトの著名なマルクス経済学者だった、E. S. ヴァルガは、1929年大恐慌の発生を見事言い当てたことで著名だが、彼は、1929年第2四半期におけるアメリカの経済情勢を分析し、次のように述べた。「現在の好景気は夏には若干衰微するだろう。その兆候はもうすでに出ている。だが、おそらく好景気は秋まで、たぶん年末まで続くだろう。だがしかし、来るべき恐慌の要素はもうすでに見えている。石油の過剰生産（生産制限協定は成功しなかった）、自動車、建築物の過剰生産、新農業恐慌（大輸出国における収穫が非常に不作でなければ）、取引所恐慌等。従来の経験によっても、おそらく非常な好景気の後には深刻な恐慌が来るものだ。いつ来るか？　それは正確には断定しえない。だが一年後より遅くはないだろう」[*56]。彼の恐慌予測は、1929年10月24日ニューヨーク株式市場大崩落となって的中した。

　だが、まずこの株式大崩落につながった株式投機がどのような仕組みで行われたのかについて具体的に論じてみることにしよう。

　このニューヨーク株式市場の熱狂を創り出した投機の手練手管は、「証拠金取引」（margin transaction）にあったことは明らかだ。米国上院議会銀行通貨委員会『証券取引所調査報告書』（Stock Exchange Practices, Report）によれば、次の通りだ。

　「証拠金購入とは、借金による証券投機である。この国における証拠金による証券購入の信用装置（credit facilities）は、他国に例をみない。近年、証拠金勘定設定のための唯一の条件は、証券購入価格のほんの一部を証券仲買業者（broker）へ供託することである。購入価格の残りは、証券仲買業者が供給するのだが、かれは、代わって銀行、株式会社、他の証券仲買業者からの貸付金を受け、この国の信用貯蔵所（credit reservoirs）に簡単に近づくことができたのだ。顧客の金融的道徳的責任は、どうでもよかった。証券仲買業者は、必要なとき、顧客を援助すべく速やかに担保を現金化する信用装置をためらわず信頼し、すべての顧客にかれの信用を貸すことを躊躇しなかった。

　証拠金取引は敏速であり、かつ証券仲買業者は、顧客の信用についての厳密

な調査などしなかった。だから、熟練と経験のなさは、すべての職業の人たちを投機的事業へ乗り出させ、巨額な損失を被るという結果になったというわけだ[*57]」。「銀行は仲買人に、仲買人は顧客に資金を供給し、そして担保は銀行に帰っていく。それは滑らかな、ほとんど自動的な流れである。証拠金──投機業者が貸付を保護するために、証券に付け加えて提供しなければならないところの、また担保証券の価格が下がり、したがって担保証券による保護が低下するような場合には、増額しなければならないところの現金──は、何の苦労もなく計算せられ、監視される[*58]」。

　この証拠金取引における信用こそ、好況期に急増をみた証券担保貸付であったことはいうまでもない。とりわけ、株式取引所貨幣市場におけるブローカーズ・ローンは、1929年7月から10月にかけて顕著に増加したが、その中でも銀行以外からの事業会社、投資信託、貿易会社、個人、外国銀行を貸し手とするブローカーズ・ディーラーズ・ローンが総額のかなりの部分を占めた[*59]。そしてさらに、1929年7月から10月中旬にかけての株式取引所コール・ローン利率の傾向的低落が確認でき[*60]、それらは、証券投機を積極的に支えるべくいかに大量の貨幣資本が株式取引所貨幣市場に流入したかを示すものだった。

　ニューヨーク株式市場は、1929年に入り、一層投機化の様相を深めた。1月から6月までは、強気市場（bull market）とはいえ比較的安定的な株価の上昇であったが、7月から9月3日にかけて株価上昇は絶頂期を迎えた。投資信託会社による有価証券発行高の急増は、顕著なものであり、1929年7月の2億2058万8000ドルから1929年9月には、5億2923万7000ドルに膨れ上がった[*61]。ニューヨーク銀行株は、1929年6月から10月にかけて、23.5％上昇、公益企業株は、1929年4月から9月にかけて、59.4％上昇、電機株は、1929年4月から8月にかけて、58.8％上昇、化学株は、1929年4月から9月にかけて、43.8％の上昇を見せた[*62]。このプロセスは会社創立、有価証券の引き受けと発行による巨額な収益の獲得であり、投資銀行業を基軸とする金融独占の証券投機を蓄積の源泉とする事態を示しているものといえる。また、この時期、証券投機の策略として多くのプールが形成された。「プールの目的は、プール構成員が、計画的に活動し証券価格を意図的に釣り上げ、株価上昇に眩惑された公衆に高く売り払い莫大な利益を上げることだ[*63]」。

ここで注目すべきは、この証券投機の真っただ中で、ニューヨーク諸銀行は、余裕のある資産状況を有し、金融危機に耐えうる流動性を維持していたことだ。ニューヨーク諸銀行は、証券担保貸付をこの証券投機真っただ中の時期に減少させていた。1929年7月3日、31億1700万ドルの証券担保貸付は、10月9日には、28億3600万ドルに減少したのである。[*64] すなわち、1929年10月株式大崩落を目前にして、証券投機に必要とされた貸付資本は、ニューヨーク諸銀行以外の国内外の遊休貨幣資本のニューヨークへの集中によって賄い、ニューヨーク市中加盟銀行の証券担保貸付は、減少したのだ。『第15次ニューヨーク連邦準備銀行年報』は次のように言う。「ニューヨーク市中銀行が連邦準備銀行からの借入を縮小したことは、幸運であった。なぜなら、株式市場の崩壊がそれとともに信用に対する緊急要求をもたらしたとき、自由に資金を貸し付けるような状況に同銀行を置いたからである[*65]」。

1929年10月証券取引所恐慌の発生

　1929年10月24日の株価大暴落が、その後の大恐慌の始まりだったということはいわば常識だが、この年の株価の動向から、大略四つの時期区分が可能である。すなわち、第一が、1929年1月から6月までで、強気市場とはいえ比較的安定的な株価上昇の時期、第二が7月から9月3日にかけてであり、株価急騰による株式投機絶頂期、第三が、9月3日以降10月半ばまでの株価動揺期、そして第四が、10月24日いわゆる「暗黒の木曜日」における瓦落、10月29日の「悲劇の火曜日」における相場下落という断続的株価崩壊現象を呈しながら、11月13日には当面の最低価格を示す時期に至る株式価格崩壊期である。[*66]

　したがって、1920年代の証券投機による株式価格の急騰は、1929年9月3日で終わったということだ。10月24日、29日の瓦落は、株式相場下降線上に現出した事態だった。いうまでもなく、株価急落の先陣を切ったのは、ニューヨーク銀行株、公益企業株であり、工業株、鉄道株の下落に対して急速な落ち込みを見せた。[*67] さらに部門別工業株式価格の急落をみると、値上がりの大きかった電機株、化学株、自動車株が、機械株、石油株、鉄鋼株にたいして急激な下落をしたことがわかる。[*68] こうした傾向は、表2-3「1929年経済部門別主要株

表2-3　1929年経済部門別主要株式会社株価動向

銘　柄	1929年の高値	1929年の安値	低落率
公益企業株	ドル	ドル	%
American Tel. & Tel	310¼	193¼	37.7
Utility Power & Light	58⅝	24⅛	58.8
National Power & Light	71¾	23	67.9
電　機　株			
Radio	114¾	26	77.3
General Electric	63¼	55¼	12.6
化　学　株			
Union Carbide & Carbon	140	59	57.9
United Carbon Co	111⅜	40½	63.6
U. S. Indus. Alcohol	243⅝	95	61.0
Columbian Carbon	344	105	69.5
Du Pont de Nemours	231	80	65.4
銅・真鍮株			
Anaconda	174⅞	67¼	61.5
Kennecott	104⅞	49⅜	52.9
自 動 車 株			
Chrysler Corp.	135	36	73.3
General	91¾	33½	63.5
Hudson	93½	38	59.4
Nash	118⅞	40	66.4
Packard	22½	13	42.2
Studebaker	98	38¼	61.0
鉄　鋼　株			
United States	261¾	150	42.7
Bethlehem	140⅜	78¼	44.3
Colorado Fuel and Iron	78½	27¾	64.6
Pressed Steel Car. pfd.	81	50	38.3
Superior	73¾	15	79.7
機　械　株			
Baldwin Locomotive	66⅝	15	77.5
International Harvester	142	65	54.2
Timken Roller Bearings	139⅜	58½	58.0
石　油　株			
Standard Oil of N. J	83	48	42.2
Standard Oil of N. Y	48½	31¾	34.5
鉄　道　株			
N. Y. Central	256½	160	37.6
Northern Pacific	118⅞	75⅛	36.8
Pennsylvania	110	72½	34.1
Union Pacific	297⅝	200	32.8
Southern Pacific	157½	105	33.3

〔出典〕D. W. Perkins, *Wall Street Panics 1813-1930*, N. Y., 1931, pp.210-214.

式会社株価動向」においても確認できる。つまり、好況期に証券投機の最も活発な対象となり証券価格が急騰した株式を先頭として崩壊過程をたどったということだ。

　有価証券市場の価格崩壊は、架空資本の強力的価値破壊であり、証券投機による兼営金融独占の証券市場を通じての蓄積過程の終焉を意味する。1929年10月に激落した普通株価格は、1930年第1四半期に一時回復を示したのだが、同年6月にかなり低落し、それ以降1932年6月まで低落を継続させた。さらに、株式発行額の激減が1929年10月以降継続しており、兼営的金融独占において投資銀行を基軸に証券発行と株価急騰によって資本蓄積を進めてきたシステムが崩壊したということになる。

　しかしながら、したたかな金融独占は、転んでもただでは起きない。株価激落の過程においても儲けをかすめ取る術にたけている。それが、株式の「空売り」(short selling) を通じての大儲けなのだ。上院議会銀行通貨委員会『証券取引所調査報告』によれば次の通りだ。「空売りとは、価格が下落することを予期し、借りた株式を先物で高いうちに売り、より下がった実物価格で売られた株式を買い戻し、株式を借りたものへ返すことで、利ザヤを稼ぐ投機業者の策略のことだ。価格下落が実現すれば空売りしたものは、販売価格より低い購買価格との差額を利潤として儲けるのである*69」。すなわち、株式価格の下落を見込み、株式を借りることによって売り払い、後に買い戻すことによってその利ザヤを稼ぐのが「空売り操作」なのである。これが、証券市場崩壊期に「取引所狼」たる金融諸資本家によって、フルに利用されることは、大いに予想されるところだ。*70

　ところで、マルクスが貨幣恐慌において論じたように、信用主義の崩壊は重金主義への転化だった。株価の崩壊は、いかなる貨幣飢饉を生じさせたのだろうか。*71 ここで想起すべきは、株式取引が「証拠金購入」によって行われていたという事実だ。そして、この証拠金取引は、株式価格の上昇によって円滑に進ませることができるのだが、株式価格の下落は、追加証拠金の必要という貨幣要求を出現させるのだ。既述のように、証拠金購入とは、一定の証拠金以外の株式買い付け金を、株式を担保とする貸付によって調達する機構だった。しかし、株式の相場変動による損失額は、証拠金から差し引かれなければならず、

第2章　戦間期における世界恐慌　63

その証拠金の残金が約定価格の一定比率(証拠金比率という)を割り込めば、その分追証といわれる証拠金の積み増し、もしくは担保の増額が要求されるのである。支払いができなければ株式を売却せざるを得ず、株式価格のさらなる下落を引き起こしていく。

かくて、1929年10月24日に始まる「証券取引所恐慌」での株式価格の崩壊が信用取引に与えた影響は大きく、株式維持のための膨大な証拠金追加要求、もしくは、担保品の価値増額の要求が出されることになり、追加証拠金の獲得の困難化は、株式の売却を余儀なくし、株式価格のさらなる低下をもたらし、証拠金勘定の清算すなわち信用取引の清算へと導いていった。こうした経緯は、マルクスが次のように言っていることを思い起こさせる。「この架空な貨幣資本は、恐慌時には非常に減少しており、それとともにその持ち主たちがそれを担保にして市場で貨幣を調達する力も非常に減少している。けれども、これらの有価証券の相場の下落は、それらが表わしている現実資本とはなんの関係もないが、それに反してその持ち主たちの支払い能力にはおおいに関係があるのである[*72]」。

「証券取引所恐慌」が引き起こした貨幣飢饉は、株価急落による証拠金請求の増加となって現れたばかりではない。それは、株式取引所貨幣市場からの貸付資本の流出となっても現れた。いまや株価崩壊によるブローカーズ・ローンの安定性への疑惑は、これら貸付資本の還流をもたらした。ブローカーズ・ローンの量は、1929年9月14億7000万ドルからこの年の11月には5億8500万ドルへと激減した[*73]。

巨大金融機関の危機回避策

だが、そうした貨幣飢饉は、なぜ金利の急騰や銀行恐慌などの金融攪乱へと連携されなかったのだろうか。『第15次ニューヨーク連邦準備銀行年報』はこの点、次のように言う。「この資金の大量の引きあげによる証券恐慌に付け加えての深刻な貨幣不足は、ニューヨーク市中銀行が、連邦準備銀行を利用できるという確信のもとに、引きあげられた資金を彼ら自身の資金に変えることを進んで行ったことと、それをなしうる能力によってのみ阻止できたのだった[*74]」

と。

　ニューヨーク市中銀行によるブローカーズ・ディーラーズ・ローンをみれば、10月23日から30日の1週間に、10億7700万ドルから20億6900億ドルへ急増している[*75]。すなわち、この危機的な時期にニューヨーク市中銀行は、大量の信用貨幣の投入によって、貨幣飢饉を緩和したのであって、「証券取引所恐慌」をそれ以上深刻な金融的攪乱へ引き入れることをさしあたり阻止したのだった。

　マルクスは言っている。「銀行の信用がゆらいでいない限り、銀行は、このような場合には信用貨幣の増加によってパニックを緩和するが、しかし信用貨幣の引きあげによってはパニックを増加させるということは明らかである」[*76]。

　ニューヨーク市中銀行は、連邦準備銀行との連携でどのようにして、金融危機の深化を阻止することを行ったのだろうか。その重要な作戦は、金融市場の緩和政策を継続的に行い、1920年代の株式中心の貸付・投資構造から債券・国債を中心とする貸付・投資構造に変化させ、巨大金融独占の流動性を維持することにあったといっていいだろう。

　まず、1929年10月以来、株式市場の全面崩壊があったとはいっても、アメリカ証券市場が全面崩壊したわけではない。なぜなら、1930年において、多くの債券がその価格を上昇させているからである。債券価格は、1929年9月から上昇し始め、30年9月に頂点を極め、ようやくその年の12月に下落を示したのだ。4％債券の額面価格に対する百分比で表すと債券価格は、1929年9月に77.23であったが、30年9月に84.26に上昇、30年12月になって、ようやく78.96に下落した[*77]。アボットは次のように言う。「1929年10月から1930年9月にかけて債券価格は上昇し、市場は強く、長期利子率は一様に低下してしまっていた。しかし、9月に信用状態は緩和し、短期利子率も低下しているにもかかわらず、債券価格は弱まり、長期利子率は上昇し始め、それは二流債券の場合は最も急速に進んでいった」[*78]。

　1930年12月の債券価格の下落においても、一流債券と二・三流債券との価格下落の格差が重要である。「最高級債券価格は、少しも価値減価を示さなかった一方、事業の将来についての一般公衆の不安とともに、多くの弱小株式会社の利益の減少は、多くの会社の債券価格の激甚な低下を伴ったのである」[*79]と『第16次ニューヨーク連邦準備銀行年報』は指摘した。

第2章　戦間期における世界恐慌　65

もっとも、こうした債券価格の低下の要因として、以上の事業活動の不活発化からする弱小株式会社の利益の減少のほかに、南アメリカの政治情勢からする外債市場の不安定化、金融諸機関による資産の現金化を図るための強制売却などがその要因として考えられる[*80]。しかし、ここで注目すべきは、債券価格下落の諸要因があったにもかかわらず、最高級債券価格は決して深刻な下落をしてはいないことだ。それは、この時期の自動車、石油、電気機械などの巨大寡占企業の資本蓄積の強力的維持が一定程度なされていることを示すものといえるだろう。

　こうした有価証券の価格動向は、その発行高の推移に影響を及ぼした。1929年から30年にかけて有価証券発行総額の減少傾向の中で、1930年前半では社債が、そしてそれ以降は国債が、その発行総額に占める比率を上昇させているのだ。有価証券発行において、国債や自治体債が優位を占めるようになるのだが、1930年末段階の有価証券市場において、優良債券および国債を中心として依然として架空貨幣資本の減価阻止が行われている事実は、この時点での「銀行恐慌」発生の特質規定にかかわるものとして興味深い。

　なぜなら、この時期において、ニューヨーク諸銀行の貸付・投資動向をみると、アメリカ全商業銀行の貸付・投資が減少傾向にあるにもかかわらず、逆に増加の傾向を示しているからだ。1929年末から30年末にかけて、ニューヨーク諸銀行貸付・投資総額は、80億100万ドルから81億6600万ドルへと増加しているのである[*81]。その増加の内実に立ち入って検討すれば、「国債投資高」と「その他有価証券投資高」が増加していることがわかる。それは、既述の有価証券市場における社債および国債の価格上昇と発行高の一定程度の維持を機構的に支え、大恐慌における寡占企業の資本蓄積を金融的に支えている姿を示しているともいえるだろう。さらに、信託銀行における投資高の推移において、投資高の上昇傾向を確認することができる。

　だとすれば、ニューヨークを中心とする金融中心地において、ニューヨーク市中銀行は、こうした投資行動によって資産流動性を維持していたのである。しかし、それでは、既述の1930年末における有価証券市場における債券価格の下落は、ニューヨーク市中銀行の資産流動性に深刻な影響を与えることはなかったのだろうか。『第16次ニューヨーク連邦準備銀行年報』は次のように指摘

する。「この地区（ニューヨーク連銀区のこと――引用者）のほとんどの諸銀行は、これらの諸展開（債券価格が低下した事実を指す――引用者）による影響を受けることはなかった。なぜなら、それら銀行の所有債券は高級な債券によって成り立っていたからである。しかし、預金に高い利子を支払わなければならない多くの小銀行は、高い利回りを持った債券を選択していたのであり、これら債券の価格低下は、多くの場合非常に困ったことになった資産の価値減価に帰結したのだった」[*82]。小銀行と債券価格低下との関連についての指摘は、その他諸々の要因とともに次に論じることになるが、ニューヨークにおける諸銀行が所有した債券が高級債券を主としていたという指摘は重要であり、1930年末の段階でニューヨークにおける巨大銀行は、こうして債券価格の低下からする資産価値減価を免れることができたのだった。

1930年末～31年初頭の銀行恐慌の発生

　もちろん、アメリカにおいてこの時期に銀行恐慌が発生しなかったわけではない。1929年から翌年10月にかけて、ひと月当たり100件以下であった銀行破産は、1930年11月には256件へと急増し、12月には352件へのぼり、翌年の１月にも198件を記録した[*83]。破産銀行預金高は、1929年から翌年の10月にかけてほとんどの月が4000万ドル以下であったが、1930年11月には１億7993万1000ドル、12月には３億7213万8000ドルになったのである[*84]。かくして、1929年10月の株式恐慌に始まる大恐慌は、1930年末になって銀行恐慌の様相を呈してきたことは明らかだが、概して破産銀行は小規模であった[*85]。
　この銀行破産の集中的展開は、中部北東諸州、中部北西諸州、南部諸州で引き起こされた。中部北東諸州282件、中部北西諸州415件、南部諸州575件、総計1272件の銀行破産は、1930年のすべての銀行破産の数1350件の94.2％にのぼる[*86]。すなわち、1930年末「銀行恐慌」は、破産件数の多さからいうと穀作あるいは棉作を中心とする農業諸州での銀行破産であった。
　だが事態はそう単純ではない。というのは、地域別破産銀行預金高をみると、破産件数ではとるに足りない北部諸州とりわけ大西洋岸中部諸州におけるそれがかなりの割合を占めるからだ。こうした事態について、連邦準備委員会

(Federal Reserve Committee) は、次のように言う。「1930～31年の破産銀行は、過去9年間の破産銀行より平均規模は大きかった。この2年間の破産件数は、過去9年間の破産件数の約2/3であったが、貸付・投資額は、過去9年間のそれを62％以上上回っていた。この2年間の破産銀行貸付・投資額の地域的な分布には顕著な対照がある。過去においては、破産銀行の総貸付・投資額のほぼ60％は、西部の穀物地域及び南東諸地域であったが、最近では、総貸付・投資額の60％は大西洋岸中部および中部北東・北西諸州である[87]」。かくて、1930年末～31年初頭の「銀行恐慌」は、農業諸州における小規模な銀行破産だけではなく、ニューヨーク、ペンシルヴァニアなどの商工業諸州においてもかなり大規模な銀行破産として展開したのだ。

A 商工業破産としての「本来的貨幣恐慌」

　大西洋岸中部・商工業地帯における銀行破産の特質とはなにか。それは明確にその地域の商工業破産と密接不可分な関連を有するということだ。1929年から31年第2四半期にかけての商工業破産の実態を検討すると、1930年1月および31年1月の二度にわたっての激化時点を検出できる。すなわち、工業破産は1930年1月に680件、31年1月に611件であった[88]。商業破産は、同じ時期1913件、2541件であった。しかしなぜこの時期に商工業破産が集中的に起こったのだろうか。すでに述べたように、1929年10月証券取引所恐慌において、深刻な貨幣飢饉が引き起こされたが、それは、ニューヨーク諸銀行による大量の信用貨幣の投入によって緩和されたのではなかったのか。このときの貨幣恐慌の激化は、鎮静化されたはずではなかったのか。

　この時期の商工業破産を経済部門別に検討すると、繊維産業、木材加工業など中小諸資本を中心に起こっていることがわかる。図2－2をみてみよう。これは1929年から31年第2四半期にかけての商業破産件数を示したものだが、やはり、消費手段取り扱いの中小商業資本が破産の中心を占めている。衣服商（closing）、家具商（household furnishings）、食品・タバコ商（foods and tobacco）であることがわかる。

　1930年初めと31年初め、すなわち、大恐慌の初期段階において、軽工業を主体とする中小諸資本の再生産・蓄積の停滞を反映しての貨幣・金融攪乱が起こ

っているということである。ここにおける商工業破産は、重化学工業を中心とする巨大寡占企業の再生産・蓄積の危機を直接反映した金融攪乱ではない。ここで明らかになるのは、商品取引による大規模な債権・債務関係の連鎖、すなわち、商業信用の連鎖が、現実的恐慌による販売不振によって、決済不可能に立ち至っている事態を示しているともいえよう。マルクスのいう「本来的貨幣恐慌」が、かつてのように全構造的に顕著な現象として現れることはないのだが、

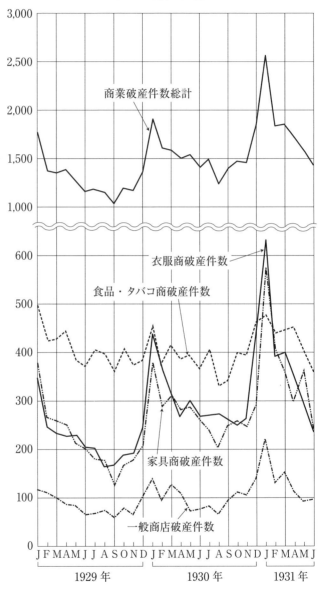

〔資料〕 U.S. Dept. of Commerce, *Survey of Current Business*, 1932, Annual Supplement, p.79, 81 より作成。

中小諸資本の破産として出現しているということだろう。

アメリカの1929年第4四半期における過剰商品の存在形態について、ヴァルガは、『世界経済年報』（世界恐慌特輯）において注目すべき論述をしている。「流通部面にある商品量が生産総量に比較して戦前より少なくなっているということは正しい。このことは、産業資本に比して商業資本の重要さが減殺されたということによって説明がつく。アメリカ合衆国の産業資本は、形式上はそうでないにしても、事実上では多くの場合完全に商業資本を駆逐して消費者と直接取引している。（煙草トラスト、自動車工場）これによって産業資本家には、市場の見渡しがきくようになり、流通部面における在荷は少なくなっている。世界経済においても種々の通信手段が完備した。すなわち、電信やラジオで意思を通じることができ、否今日既に世界のあらゆる大都市の間には電話が通じている。だから市況に通じない結果として売却できない商品在荷を堆積するという危険——マルクスの時代におけるような——は大いに減少した」というのである。

また、ヴァルガは、この時期の中小企業の破産について次のように言う。「アメリカ合衆国の資本主義は、著しく発展した独占的性質を持ち、また合衆国には金が非常に有り余っている。その結果としては、われわれは、流通部面の恐慌現象すなわち信用恐慌、銀行恐慌、貨幣恐慌は極わずかな程度で起こるに過ぎまいと信じる。いかにも中小企業の大衆的破産は起こるには起こるだろう。大衆的死滅はもう始まっている。だが多くの破産は同種大企業が破産企業を買収するという手段で内密に処理されているので、この大衆的死滅は隠蔽されている」[89]。

B 商工業地帯における銀行破産

だがそれでは、1930年12月に引き起こされた「合衆国銀行」（The Bank of United States）の倒産をどう理解するのか。この銀行の倒産は、内密に処理されるにはあまりに大きかったといわねばならない。フリードマンとシュワルツはいう。「合衆国銀行は、合衆国の歴史上その破産の時点に至るまで、かつて破産した銀行の預金規模で計るならば最大の商業銀行であった」[90]。合衆国銀行は預金額2億ドルを超す巨大銀行だった[91]。しかしながら、この銀行は、アメリ

カ金融独占の一翼を形成する銀行ではなかった。再生産過程との関連でいえば、軽工業資本や商業資本の銀行であったというのが正確な把握であろう。パーロは次のように言っている。「1920年代を通じて、軽工業資本家と商業資本家たちは、彼ら自身の大銀行業中枢を確立しようと試みた。衣料工業や不動産や、類似の部門と結びついていた人々はニューヨーク諸銀行を組織したが、これらは『新時代』をつうじてきわめて急速に成長した。これらのうちもっとも有名なのはバンク・オブ・ユナイテッド・ステーツで、その最高時における資産は3億ドルを超えた[*92]」。かくして、合衆国銀行が、いかに巨大な資産を誇っても、金融独占の仲間ではなく、金融を通じて巨大寡占企業の資本蓄積にかかわりを持つ銀行ではなかった。この銀行が、ニューヨーク手形交換所に加入させられなかった事実は、ウォールストリート金融諸資本から排除されていた事実を示すものである。

　かくして、合衆国銀行は、同行の信用状況の悪化を金融諸資本からの援助によって乗り切ることはできず、ニューヨーク州銀行監督官、ジョセフ・ブロデリックなどの努力もむなしく1930年12月11日に破産に追い込まれたのだ。「この銀行破産は、ニューヨーク市において少なくともその他10の銀行閉鎖となり、貯蓄銀行にさえ影響を与えかねない」というブロデリックの警告に対して、「その銀行閉鎖の影響は、単なる局地的なものに過ぎないであろう」とするファースト・ナショナル銀行ならびに手形交換所組合の総裁であったジャクソン・レイノルズの返答[*93]は、アメリカ金融独占の合衆国銀行破産に対する明確な対応というべきだろう。ヴァルガはいう。「銀行の救済が行われなかったのは全く次の理由からだ。すなわち、アメリカ合衆国銀行が大体貧乏人の銀行であり、その破産によって金融資本の利益が直接影響されなかったからである。他の場合、例えばキダー・ピーボディー商会が同じ時に苦境に立った際、モルガン商会とチェーズ銀行とは、その銀行を苦境から救い出すために即座に1000万ドル融通した[*94]」。

　さて、合衆国銀行の破産を含めて、1930年末から31年初頭にかけての大西洋中部・商工業諸州における銀行破産は、どのような要因によって引き起こされたのだろうか。その第一の要因は、軽工業を中心とする中小諸資本の再生産・蓄積の危機による商工業破産が地方銀行に大きな悪影響を与えたことだ。繊維、

第2章　戦間期における世界恐慌

食品、皮革など、中小資本の製品価格の下落は、寡占企業の製品価格の下落に比較して、すさまじかった。競争の激化とともに商工業破産件数も1930年1月、31年1月の時点で激増したことは既述のとおりであり、それは、地方銀行の信用の縮小に帰結した。地方銀行の「その他貸付」の項目が1929年10月4日から31年3月25日にかけて、48億4700万ドルから39億7800万ドルへと8億6900万ドルも減少したのである。こうした信用収縮について、『連邦準備局月報』は次のように述べる。「これらの縮小は、幾分破産による諸銀行の消滅に原因があるが、地方における活動的な諸銀行信用の大量的清算によって引き起こされたともいえる。これら清算には縮小した商工業活動と農産物の価格低下に一部原因のある預金の低下が反映したのである[*95]」と。しかも、この時期の地方金融市場は、ニューヨークの金融市場に比べると金利が高かった。1930年12月において、ニューヨーク市商業貸付利子率3.82％に対して、北部・東部7都市商業貸付利子率は、4.38％、南部・西部11都市商業貸付利子率は、5.01％であった[*96]。

　第二に多くの小銀行は、高利子率への対応のため、利回りの高い二流・三流の債券への投資を余儀なくされていた。かくして、それら証券の価格激落は、地方銀行を困難な状況に追い込んだ。バージェスは、次のように指摘する。「非常に高級な債券価格は、この1年（1930年を指す——引用者）大部分の間、最近における若干の低下があったものの一般的に上昇しつつあったのであり、それに対して低級債券は一般に価格は弱かったのである[*97]」。1930年末低級債券価格の激落は、この時期大西洋中部・商工業諸州における銀行破産の第二の要因といえよう。

　そして第三の要因は、この時期の不動産価格の低落だった。「高級な所有地の第一次抵当権は、その年（1930年——引用者）の諸展開によって一般的に影響されなかったが、第二次抵当権や不動産純価（real estate equities）に直接か間接か基づいている銀行貸付は、多くの場合疑わしきものとしてみなさなければならなかった」と『第16次ニューヨーク連邦準備銀行年報』が指摘しているように、この時期の商工業諸州の銀行破産の要因として不動産価格の低落もかなりの比重を占めていたといわなければならないだろう。

　こうした要因が重なって諸銀行の支払い準備が不足となり、銀行取付けを引き起こしたのだった。地方銀行の手持ち現金と連銀預け金は、1929年10月4日

から31年3月25日にかけて、9億3100万ドルから8億5500万ドルへと8.2%も減少したが、一方、ニューヨーク市中加盟銀行の現金及び連銀預け金は、逆に、同時期7億9300万ドルから8億7800万ドルへと10.7%の上昇を示し、支払い準備勘定の強化をもたらした[*98]。金融資本からの援助が期待できないこれら銀行は、破産に追い込まれることになった。

C 農業地帯における銀行破産

　中西部・南部の農業地帯における銀行破産は、明確に1920年代における農業恐慌が、大恐慌の過程で深刻化した影響によるものということができる。こうした農業地域では、主要農産物の生産高は、低下していない。過剰生産が、恐慌期にも継続して引き起こされ、農産物の過剰を一層深刻なものにしていた。1929年中頃から30年末にかけて全農産物卸売り価格は急落していったが、とりわけ、その価格下落は、中西部の穀作部門、南部の棉作部門を中心として展開されていった。それに対して、酪農および果実・野菜栽培部門の卸売価格の下落は比較的軽微であった。一例をあげれば、1929年7月から30年12月にかけて、小麦価格（No.2, red winter, シカゴ）1.334ドル／ブッシェルから0.816ドル／ブッシェルへと38.8%低下、綿花価格（中等品、ニュー・オーリンズ）0.187ドル／ポンドから0.097ドル／ポンドへと48.1%の低下に対して、牛乳（ニューヨーク）3.980ドルドル／ポンドから3.619ドル／ポンドへと9.1%の低下、チーズ（whole milk, ニューヨーク）0.233ドル／ポンドから0.193ドル／ポンドへと17.2%低下に明瞭に現れている[*99]。

　ピケットは次のように述べる。「この地域（ニューイングランドを指す——引用者）における酪農業、市場向け野菜栽培業とその他の高度に局地的な諸農業は、この国の巨大農業地帯が経験した価格下落に匹敵する価格下落を受けなかった。ニューイングランドの農業経営者の近年における経済的困難は、綿花、穀物、小麦、家畜生産者の経済的困難より比較的深刻ではなかった[*100]」。酪農製品は、その近隣の工業諸州からの需要に依存していたが、穀物生産や綿花生産は、国際的競争が激しかった。世界的な農産物過剰をもろに受けた農産物だったということが、価格激落の大きな要因だ。資本主義的大農経営は、機械を大量に投入し生産量の増大によって価格低下をカヴァーすることが一応可能であ

った。こうして、1930年段階でアメリカ農業は、激甚な国際農業恐慌の渦中にありながら、ニューイングランド農業の再生産の一応の維持とそれとは対照的な中西部・南部農業の停滞、とりわけ中小農民経営の再生産の潰滅的打撃という特徴を示しつつ展開したのだった。

　農産物価格の下落は、いうまでもなく農業経営の収入を減少させ、農業地帯の銀行の預金減少をもたらす。それが、この地域の信用逼迫の要因となる。農業地帯銀行は、中央金融市場から隔絶され、信用の拡大は基本的に当該農業地帯における預金をもってしなければならないからだ。まさしく、農業地帯における銀行にとって預金は回転資金（revolving fund）を意味したのだ。

　こうした農業地帯銀行の信用逼迫にもかかわらず、農業経営からの貸付資本要求は経営破綻を回避するために増大する。しかし、信用逼迫下で農業経営の破綻が続々と生み出されるから、それは銀行経営の悪化へと跳ね返る。それが、さらに農業経営の破綻を招くという悪循環が農業地帯に形成されたのだ。[101]

　しかし、ニューイングランド農業諸州では、中西部あるいは南部農業諸州と異なって激甚な小規模銀行の破産は発生しなかった。これは既述のようにニューイングランド農業が、中西部、南部農業のように国際的農業恐慌の荒波にさらされなかったことに求めることができよう。ピケットは次のように言う。「ニューイングランドにおいて、小銀行は近隣の諸市場を基盤とする特殊化された型の農業が発展してきた小地域に位置する。この地域における酪農業、市場向け野菜栽培業とその他の高度な局地的な農業はこの国の巨大農業地帯が経験した価格下落に匹敵する価格下落を受けなかった。この地域の経済生活はかなり高度な安定性によって特徴づけられてきている」。[102]

D　1930年末〜31年初頭の銀行恐慌の特質

　1930年末から31年初頭にかけての銀行恐慌は、中小諸資本あるいは中西部・南部農業地帯の経済危機がその根底にあった。マルクスの時代のように、その中軸的産業の過剰生産が商業取引の破綻となって、商業資本、産業資本経営を破綻に導き、それが金融部門の中枢を襲うという形で矛盾が爆発するというパターンをとらなかった。信用過程の関連で論じれば、ウォールストリートから隔絶された地方金融市場の貨幣逼迫がこの段階における商工業破産あるいは銀行

表2-4　重化学工業製品生産高

	1929年7月	1931年1月	低下率
工 業 総 合 指 数	125	82	34.4%
鉄　　　　　　鋼	149	70	53.0%
自　　動　　車	141	63	55.3%
非　鉄　金　属	127	77	39.4%
精　　製　　油	171	141	17.5%
セ　メ　ン　ト	114	85	25.4%

〔注〕　1923～25年＝100
〔資料〕　U.S. Dept. of Commerce, *Survey of Current Business*, 1932, Annual Supplement, p.11 より作成。

表2-5　重化学工業製品卸売価格

	1929年7月	1931年1月	低下率
全　　商　　品	96.5	78.2	19.0%
鉄　　　　　　鋼	97.9	85.5	12.7%
自　　動　　車	112.2	95.1	15.2%
非　鉄　金　属	105.1	69.5	33.9%
石　油　生　産　物	73.3	50.4	31.2%
セ　メ　ン　ト	94.6	90.3	4.5%
農　業　用　具	98.3	94.4	4.0%

〔注〕　1926年＝100.0
〔資料〕　U.S. Dept. of Labor, *Bulletin of the U.S. Bureau of Labor Statistics*, No.572, Wholesale Prices 1931, 1933, pp.6-8, 10 より作成。

破産の要因となったのである。

　だから、過剰生産の矛盾が経済恐慌を通して解決し、新たな循環を準備するというマルクスの時代の景気循環がここで再来しているわけではない。すなわち、アメリカ経済の基軸を形成する巨大寡占企業は、現実の蓄積過程において、生産をきわめて大幅に低落させ、労働者を徹底的に解雇し、製品価格の下落を必死に阻止することによって利潤の確保を目指す作戦をとった。信用過程にお

表2−6　重化学工業就業状況

	1929年7月	1931年1月	低下率
総　合　指　数	102.8	78.3	23.8%
鉄　　　　　鋼	101.3	77.5	23.5%
自　　動　　車	118.2	72.3	38.8%
非　鉄　金　属	101.9	69.2	32.1%
精　　製　　油	117.4	99.7	15.1%
セ　メ　ン　ト	84.4	63.7	24.5%

〔注〕　1923〜25年 =100
〔資料〕　U.S. Dept. of Commerce, *Survey of Current Business*, 1932, Annual Supplement, p.55, 57 より作成。

いては、連邦準備銀行制度をフル活用して、金融独占が盤踞するウォールストリートに金融緩和を創出し、証券市場における優良証券への投資を拡大させることで金融独占の資産流動性維持を図り、貨幣恐慌勃発を防いだのだった。

表2−4「重化学工業製品生産高」、表2−5「重化学工業製品卸売価格」、表2−6「重化学工場就業状況」の三つの表を眺めれば、この時期の主要寡占企業の恐慌切り抜け策が見えてくる。しかし、この行動が、まさに恐慌を長引かせ、ずるずると長期にわたっての再生産と資本蓄積の停滞を生み出した要因だった。なぜなら、寡占大企業は、破産しているわけではない。たとえば、当時1920年代の新興産業として時代をリードしていた自動車産業は、1929年7月から31年1月にかけて生産を55.3%低下させた。しかし価格は、同時期15.2%低下させたに過ぎない。自動車メーカーにとっては、確かに大幅な収入減であることは間違いない。だが、自動車企業が倒産したわけではない。GM、フォード、クライスラーの自動車市場の寡占状況は、きちんと維持されている。そして、自動車工場の就業状況をみれば、38.8%の低下だ。自動車労働者の大量の首切りが実行されたというわけだ。自動車産業だけではない。主力寡占企業はいずれも労働者を大量に解雇するという行動をとったのだ。当時は、失業手当もないから大量の失業者の発生は、社会の有効需要の激減をもたらす。1929年10月に始まった大恐慌は、失業者の増大という点で未曾有のものだった。

1930年3月では、失業者が325万人ないし400万人と推定されたが、1932年の3月には1125万人ないし1250万人を数えた。*103

　自動車、機械、鉄鋼などの、寡占大企業は、生産を落とし、雇用を削減し、価格の下落率を極力抑えることで倒産を防いだ。しかし、いうまでもないことだが、収益はかろうじて費用を上回っているに過ぎない。企業の資本ストックは、好況期のままだから、膨大な規模で存続している。したがって、利潤率は、極めて低い水準にとどまっているから、企業の設備投資は上昇しないし、雇用労働者は減少の一方であり、失業者が増加の一途をたどっているから、有効需要は一向に上向かない。こうした状況を何もせずに、市場メカニズムに任せるという自由放任主義をとる限り、アメリカ経済が、危機のどん底へと進むことは明らかだった。

アメリカへの金流入と農業諸国の「本位貨恐慌」

　マルクスの時代と同じく1929年大恐慌が勃発した時、世界経済は基本的に金本位制だった。アメリカに勃発した経済恐慌は世界経済的に大きな衝撃を与えたといっていいだろう。マルクスは、貨幣用金の世界的な配分について次のように言った。「一般的恐慌が燃え尽きてしまうやいなや、金銀はふたたび——産出諸国からの新産出貴金属の流入は別として——それがさまざまな諸国の特別の準備金として諸国に均衡状態で実存していたのと同じ割合で、配分される。他の事情に変わりがなければ、各国における金銀の相対的な大きさは、その国が世界市場で果たす役割によって規定されるであろう」*104と。大恐慌の終了は、しかし、マルクスの言うように、金銀をふたたび諸国に均衡状態で実存していたのと同じ割合で配分するという事態にはならなかった。大恐慌は、そもそも国際金本位制を崩壊させてしまうのだが、この1929年10月に始まる大恐慌初期段階では、どのような動きがあったのだろうか。アメリカをめぐる貨幣用金の移動についてみてみることにしよう。

　1929年10月の株式恐慌は、以前からのアメリカへの金流入を金流出に転じさせた。1927年以降アメリカで起こった証券投機の膨大な運動は、世界から貸付可能資本を集中させたから外国為替市場ではドル高の傾向が生み出され、金本

位制がとられている以上、各国からアメリカへの金流入が急速に進んだ。しかし、1929年10月の株式恐慌の勃発は、逆にそうした貸付貨幣資本の海外流出を必然化し、アメリカから金が流出した。そのアメリカからの金流出は、しかし一時的なものであり、1930年1月からはふたたびアメリカへの金流入期となり、途中、同年7月、8月の若干の金流出をみながらも、1931年6月まで、アメリカへの大幅な金流入が引き起こされるという経過をたどった。既述のように*105 1929年11月から12月にかけてのアメリカからの金流出は、同年10月「証券取引所恐慌」直後の外国貸付資本の引きあげによるものだが、ここで最も注目しなければならないのは、1930年以降31年中頃にかけての金流入の傾向である。

まずその基本的要因を国際収支の動向からみれば、第一に、アメリカからの重化学工業製品の輸出額の落ち込みは、熱帯特産品を主とする未加工原料、未加工食品の輸入額の落ち込みより小さく、貿易収支の黒字幅が堅持されていることがあげられる。恐慌勃発とともに商品輸出入は、劇的に減少した。商品輸出額は、1929年10月、5億2850万ドルを記録したのち、翌年7月には2億66809万ドルと49.5％低下し、同年10月、若干持ち直したものの1931年6月には1億8710万ドルと急落した。商品輸入額の推移も輸出額と同様であって、*106 1929年10月3億9110万ドルから翌年8月には、2億1840万ドルへと44.2％低下し、同年10月に若干持ち直したものの1931年6月には1億7350万ドルと急落した。
*107

商品輸出額で減少率の激しいものを摘記すれば、完成品における自動車、鉄鋼、綿製品、未加工原料における原綿、食品における大麦、油粕、オート麦などがあげられる。そして、完成品の自動車、鉄鋼は、輸出額以上に輸出量の減少を記録し、逆に未加工原料、食品、半製品は、輸出量の減少以上に輸出額の減少を記録している。これは、製品の独占度の高い産業部門は、輸出量を大幅に落としながら、輸出価格下落を最小限に抑え、輸出額の減少を何とか抑えようとする行動をとっていることを示すものだ。それに対して、綿工業および棉作、穀作を中心とする農業部門においては、輸出価格低落がはなはだしく、輸出量の減少を最小に抑えても輸出額の低落ははなはだしかったといえるだろう。

商品輸入額の減少率が激しいものを摘記すれば、未加工原料における生糸、生ゴム、羊毛、原綿、食品におけるコーヒー、砂糖、ココア豆、完成品におけ

る羊毛製品、綿製品、黄麻布、半成品における銅、錫、油種子、製材所諸製品があげられる。商品輸出と同様、あらゆる輸入品にわたって輸入額の減少がみられる。商品輸入量の減少はさほどでもなく、逆に葉タバコ、コーヒーなどは、輸入量を増大させたが、輸入価格の激落によって、輸入額は、輸出額以上に落ち込んだ。したがって、アメリカ貿易収支の黒字幅は、1930年において、7億2000万ドルであり、1929年黒字幅7億5800万ドルの5.0％減に過ぎなかったのだ。

アメリカへの金流入の第二の要因として、直接投資、証券投資からの収益、すなわち、利子および配当が、1930年段階になっても高水準をたどったということがあげられる。利子および配当額は、1929年8億900万ドルの黒字であったが、1930年になってもその額は、7億4500万ドルを堅持したのだ。[*108]大恐慌によってアメリカに利子・配当が流入しなくなるのは、1931年以降だった。なぜなら、その年以降、外債の支払い停止（default）が大量に引き起こされることになったからである。ミンツは次のように言う。「両大戦間期においてほとんどすべての外債支払い停止は、1931年から34年の間に、大恐慌の衝撃のもとに引き起こされた」[*109]。

そして、第三に、恐慌勃発後、短期資本の流出が継続し、1930年では、短期資本は、4億7900万ドルの赤字であったが、アメリカからの直接投資は激減し、証券投資も、1930年前半に一時発行額の上昇があったがその後低下傾向を続けたからだ。資本勘定の赤字は、外国からの証券投資や短期資本の流出効果が大きく1930年では、1929年を大幅に超える赤字を示したが、誤差脱漏を含めるとアメリカへは、3億1000万ドルの貨幣用金の流入となった。

1929年から30年にかけてのアメリカへの金流入は、1929年10月に引き起こされた株式恐慌後の貨幣飢饉を緩和し、株式混乱をそれ以上の金融危機に展開させない客観的根拠を与えたともいえよう。既述のように、株式恐慌後、アメリカ巨大金融独占は、ブローカーズ・ローンの崩壊による貨幣飢饉に積極的貸付行動をとり、危機のそれ以上の展開を阻止しようとしたし、連邦準備銀行もその行動を積極的に支えた。そうした行動が、金本位制下のアメリカにおいて可能だったのは、アメリカへの大量の金流入があったからだったことは間違いない。

しかしこのアメリカへの大量の金流入が世界経済的に与えた衝撃は、大きか

第2章　戦間期における世界恐慌　79

表2-7 アルゼン

	商品、サービスおよび金			
	商　品	利子・配当	その他サービス	金
1928～29年				
貸　　方	1,001.05	0.4	12.0	124.5
借　　方	881.7	197.5	63.0	—
差　　引	+119.35	-197.1	-51.0	+124.5
1929～30年				
貸　　方	661.3	0.5	12.0	64.0
借　　方	778.9	180.5	55.0	—
差　　引	-117.6	-180.0	-43.0	+64.0
1930～31年				
貸　　方	606.1	0.5	10.0	171.2
借　　方	546.6	163.5	40.0	0.2
差　　引	+59.5	-163.0	-30.0	+171.0

〔注〕単位は百万ペソ。（＊）は誤謬・脱漏を表す。
〔出典〕League of Nations, *Balances of Payments 1930* (The Memorandum on Trade and Balances

った。とりわけ1930年以降31年中頃にかけてのアメリカへの金流入は、ラテンアメリカ、アジア・オセアニア諸国からが圧倒的であり、1931年になるとフランス、ドイツからの流入が増加したが、ヨーロッパ諸国からは、全般的には少なかった。

　1930年、アメリカへの金流入額3億9605万4000ドルのうち、ラテンアメリカ諸国から1億6163万3000ドル、アジア・オセアニア諸国から1億8490万8000ドル、合わせて3億4654万1000ドルは、その87.5％にも上る。まさに圧倒的金流入額をこれら諸国が占めているのだ。そして、これら諸国の中でとりわけ巨額な数値を示しているのは、日本、ブラジル、アルゼンチン、中国などであった。いうまでもなく、これら諸国の外国為替相場は一様に低下し、金が大量に流出し、危機的状態が醸成されていった[110]。こうしたなかで、1929年12月アルゼンチン、1930年1月オーストラリア、1930年10月ブラジルと相次いで金本位制停止が宣言された。アルゼンチン、オーストラリアの国際収支表を手掛かりに、こ

チン国際収支表

	資　本			総　計
合　計	長　期	短　期	合　計	
1,137.95	62.6	—	62.6	1,200.55
1,142.2	11.6	11.4	23.0	1,165.2
−4.25	+51.0	−11.4	+39.6	(＊)+35.35
737.8	203.8	10.5	214.3	952.1
1,014.4	3.4	20.0	23.4	1,037.8
−276.6	+200.4	−9.5	+190.9	(＊)−85.7
787.8	59.0	50.1	109.1	896.9
750.3	67.1	40.0	107.1	857.4
+37.5	−8.1	+10.1	+2.0	(＊)+39.5

of Payments 1930: Vol, II), 1932, p.49 より作成。

れら諸国の通貨危機と金本位制停止の要因を探ってみよう。表２－７「アルゼンチン国際収支表」を時期別に検討すると、1928年から29年にかけては、商品貿易の黒字にもかかわらず、利子・配当の支払いがその黒字を超え、長期資本の輸入があまり増大せず、１億2450万ペソの金流出を記録している。1929年から30年にかけては、商品貿易が赤字に転じ、さらに追い打ちをかけるように利子・配当支払額がかなりの規模に達していながら、長期資本の大量輸入によって金流出を6400万ペソに抑えたことがわかる。1930年から31年にかけては商品貿易がかろうじて黒字、利子・配当の支払いは相変わらず多額であり、加えるに多額の長期資本輸入の下落によって、金流出は１億7100万ペソと巨額なものになっている。さらに、表２－８「オーストラリア国際収支表」をみれば、商品貿易は、恒常的に赤字であり、利子およびサービスでも支払超過額が大きく、1927年から30年にかけて多額の金流出をみている。

　アルゼンチン、オーストラリアなどの諸国からの金流出と為替危機、そして

表2-8 オーストラリア国際収支表

	商品、サービスおよび金				資本(既知)	理由不明の勘定
	商 品	利子・サービス	金	合 計	政府負債(純増加額)	
1927-28年						
貸 方	140,405	-	2,808	143,213	54,343	-
借 方	146,973	35,000	972	182,945	-	-
差 引	-6,568	-35,000	+1,836	-39,732	+54,343	+14,611
1928-29年						
貸 方	141,866	-	2,984	144,850	2,100	-
借 方	143,300	35,600	347	179,247	-	-
差 引	-1,434	-35,600	+2,637	-34,397	2,100	-32,297
1929-30年						
貸 方	98,258	-	26,869	125,127	-	-
借 方	129,255	35,200	291	164,746	-	-
差 引	-30,997	-35,200	+26,578	-39,619	-	-39,619

〔注〕 単位は千ポンド。
〔資料〕 League of Nations, *Balances of Payments 1930* (The Memorandum on Trade and Balances of Payments 1930: Vol.II), 1932, p.51 より作成。

　金本位制からの離脱という事態の基本的要因を取りまとめれば、第一に、大恐慌を契機とする世界的農業恐慌の深刻な影響であろう。農産物輸出の決定的不振による貿易バランスの不安定が、為替危機を創り出した。アルゼンチンの場合、主力輸出農産品である、小麦、亜麻の実、とうもろこし、オート麦などの価格下落による輸出額の減少である。しかし、顕著な下落を示さない工業諸国からの輸入完成品価格による輸入額によって、貿易バランスは、悪化したのだ。[111]
オーストラリアにおいても、主力輸出品である、羊毛、小麦、生皮、食肉、バターなどの価格下落が輸出不振に極めて大きく響いた。[112]
　第二は、恐慌期になってますます重圧となってかかる利子・配当支払額の累積である。それは、いうまでもなく積年の外国資本の輸入がもたらしたものだが、価格下落時の利子・配当額の実質的重圧は、相当なものになるに違いない。アルゼンチンの場合、1930年から31年にかけて、利子・配当支払は輸出額の

27.0％に達し、オーストラリアにおいても1929年に19.2％にも達したのだった。[*113]

そして第三の決定的な要因は、恐慌期における長期資本輸入の途絶だ。多くの従属的農業諸国は、帝国主義諸国の資本過剰に基づく資本輸出を自国の国際収支の重要な調整要因として組み込んでいた。しかし、恐慌期におけるアメリカをはじめとする帝国主義諸国は、資本を世界から引きあげ始め、従属的農業諸国における長期資本不足は、これら諸国からの金流出を激化させた。かくして、金本位制を停止せざるを得ない状況に追い込まれたといえる。

3　大恐慌の激化（1931年末〜32年）

1931年末金融危機の発生

1931年末においてアメリカ資本主義は、激烈な金融危機に見舞われる。一般には、大恐慌は1929年10月に始まるとされる。それは、確かにその通りなのだが、1931年末の金融危機は、29年10月の危機を上回る深刻なものだった。1929年大恐慌の勃発を言い当てたヴァルガは、アメリカでは、1931年末になって初めて信用恐慌が公然化したと言っているほどだ。「恐慌爆発の時には信用恐慌は来なかった。独占形成の高度の段階と恐慌征服の目的をもつフーヴァーの政策とは、その爆発を妨げた。信用恐慌は潜在的となり潜行的となった」[*114]「潜在的信用恐慌は、ポンドの破綻で公然たる金融恐慌に転化した。その主要指標は、一、激烈に起こっている金喪失、二、銀行からの大量的預金引き出し、三、公定割引率の二度の引き上げである」[*115] という。彼の指摘は、1931年末以前の「株式崩落」、「銀行破産」、「商工業破産」などを信用恐慌として認めないという意味では間違いだが、それほど1931年末の金融危機は深刻だったということを言っていると理解できるだろう。

1929年10月のニューヨーク証券市場の大崩落が株式恐慌であったことは、既述のとおりであり、巨大金融独占は、アメリカへの金流入という条件を生かして徹底した金融緩和政策をとり、とりわけ、優良債券への投資を基軸に資産流

動性の維持を図った。証券市場における全面的な架空貨幣資本の価値減価を債券投資によって回避したのだった。しかし、1931年末の金融危機が、ヴァルガの言うように深刻だったのは、証券市場における全面的な架空貨幣資本の崩壊が発生したからだ。すなわち、株式恐慌後一定の水準を保ってきた債券価格が、1931年末から激落化様相を呈したからだ。まさしく有価証券市場での全面的架空貨幣資本減価が引き起こされた。有価証券発行も停滞し、とりわけ、1931年10月以降、株式・社債発行額は、急激に低下することになった。[*116]

　1931年末有価証券市場においては、株式・債券の価格下落と発行額の急落に見られるように、1929年10月「証券取引所恐慌」に次ぐ深刻な市場攪乱が起こった。1929年10月における「取引所恐慌」が株式を中心とする架空貨幣資本の価値減価を意味する「株式恐慌」だったとすれば、1931年末における「取引所恐慌」は、株式・債券を含めた全面的架空貨幣資本の価値減価を意味する「証券取引所恐慌」であったといえよう。

巨大金融独占の中枢を襲う金融危機

　このアメリカの金融危機は、1931年9月21日イギリスの金本位制離脱という、ポンド体制の危機をきっかけとして引き起こされた。有価証券市場の攪乱と同時に、ニューヨーク貨幣市場に金融逼迫が出現する。すなわち、1929年10月以来金融緩慢を継続させてきたニューヨーク貨幣市場は、図2-3に示されているように、1931年9月21日以降各種利子率は急騰し始めた。株式市場タイム・ローン、3.75％（1931年2月）、同コール・ローン、2.73％（1931年12月）、ニューヨーク商業貸付利子率、4.55％（1931年11月）に上昇し、さらに、ニューヨーク連銀適格手形割引利率、同銀行引受手形購入利率も、それぞれ $3\frac{1}{2}$％（1931年10月16日）、$3\frac{1}{8}$％（1931年10月16日）になったのである。

　ところで、ここで注目すべきは、こうした金融逼迫が、ニューヨーク貨幣市場すなわち、アメリカ金融独占の中枢的貨幣市場で引き起こされていることだ。かつて、1929年10月「証券取引所恐慌」の時点においては、こうした事態は引き起こされず、逆に金融緩慢がつくられていったことと比較するとまさに対照的である。

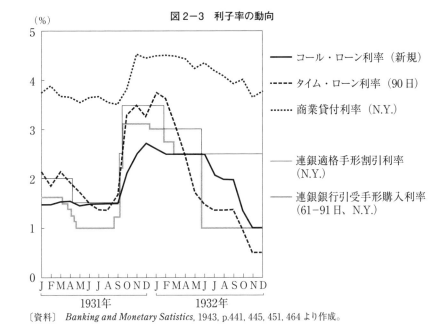

図2-3 利子率の動向

[資料] *Banking and Monetary Satistics*, 1943, p.441, 445, 451, 464 より作成。

　かくて、アメリカ金融独占の中枢部分を占めるニューヨーク諸銀行、その貸付・投資動向を検討すると、1931年第4四半期から32年第2四半期にかけて急激な低下傾向を析出しうる。すなわち、1931年3月に79億7500万ドルを示した貸付・投資額は、同年9月にかけて77億4400万ドルに漸減したが、さらにその後、1932年7月には、63億5300万ドルと急減した。[117]この架空資本の価値破壊・減価をいかに説明すべきか。[118]

　この現象の根底的要因として、1931年になって、アメリカ経済の中軸産業部門を占める重化学工業寡占大企業の資本蓄積の深刻な危機を指摘することができるだろう。重化学工業部門の寡占大企業は、生産高を急減させ、価格下落率を極力抑えるという経営戦略をとり続けた。生産を急減させる以上、雇用は極力抑える。したがって、生産と消費の矛盾を回避して、経済を回復の軌道に乗せるということにはなりにくい。セメント、石油生産物などに至っては、1932年に製品価格の上昇も記録している。

　『第17次ニューヨーク連邦準備銀行年報』はいう。「農業、工業、運送業にお

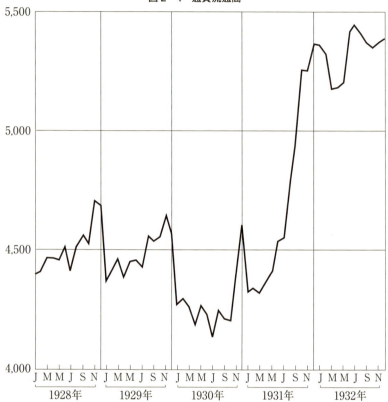

図2-4 通貨流通高

〔注〕 単位百万ドル。
〔資料〕 *Banking and Monetary Statistics*, 1943, pp.411-412より作成。

ける恐慌が銀行業に与えた影響の結果は、この年（1931年のこと——引用者）の経済動向の最も顕著な特徴であった。いたるところで、金融的諸状態は、1929年秋以降の時期を特徴づけていた商品、不動産、証券というすべての型の資産の貨幣価値における長期に継続した激烈な低下を反映した。企業利潤の引き続く大幅な縮小は、すでに延長した多くの銀行貸付の急速な回収を疑わしきものにした。短期の外国信用は、しばしば、実質的には、長期的な負債になった。証券価格の低下は、銀行が投資したものの市場価値に、等しく価値減価をもたらした。そして、これらの事実の認識は、ほとんど必然的に銀行状態の健全性に対する不安を引き起こした[119]」。

さてそれでは、この銀行の架空貨幣資本の価値減価と貨幣飢饉とはどのような連関があるのだろうか。図2－4によって、1928年から32年にかけてのアメリカ経済の通貨流通高をみると、1928年から30年にかけては、季節的変動を繰り返しつつ漸減してきた「通貨流通高」(currency in circulation) が、1931年中頃から急激に上昇したことがわかる。この通貨流通高とは、「アメリカ合衆国国庫」(United States Treasury) および「連邦準備銀行」(Federal Reserve Banks) の外で保有されている通貨を意味する。[120]

　この通貨流通高の上昇に関して重視しなければならないのは、この上昇が、流通必要貨幣量の増大によってもたらされたものではなく、大量の貨幣退蔵 (currency hoarding) によってもたらされたものであった事実である。[121] すなわち、恐慌の激化による架空貨幣資本の価値減価は、銀行資産の流動性の低下に帰結し預金取付けを誘発したのだ。「預金者が彼らの預金を要求次第現金で支払う銀行の能力を問題にするとき、彼らが銀行の状況を急激に弱体化させるほど現金を要求することはありうるのであって、これは、資産が完全に健全な多くの銀行をも閉鎖に追い込むほどのものとなることはありうる。そして、逆に銀行が彼らの預金者の安定性に確信を失うならば、銀行は主要な注意を商業社会が必要とする信用よりも、資産流動性に向けるのである。このような状況では、信用機構の正常な機能は不可能になるのであって、広範囲に広がった信頼の欠如は、悪化した諸形態をとることもありうる。こうしたことが、1931年後半の事態によって明らかとなった」[122] と『第17次ニューヨーク連邦準備銀行年報』は指摘した。

　そうした国内の信用の破綻からする貨幣飢饉は、1931年9月21日イギリスの金本位制離脱を契機として、アメリカからの大量の短期資本の流出を引きおこした。ニューヨーク貨幣市場における国際的かつ国内的貨幣追求に対して諸銀行は、従来一定の市場価値を保ってきた一流債券類も含めて大量の有価証券類を売却せざるを得ず、有価証券市場の全面的崩壊となった。「1931年の5月から9月までは諸銀行の投資はかなり安定していたが、この年の第4四半期において諸銀行は彼らの投資証券をかなりの量を売却したのである」[123] と『連邦準備月報』は指摘する。

　「したがって、貨幣市場の逼迫時には、これらの有価証券の価格は、二重に

下落するであろう。なぜなら、第一には、利子率が上がるからであり、第二には、これらの証券が、換金のために大量に市場に投げ出されるからである」とかつてマルクスが指摘した事態が1931年末アメリカの有価証券市場に出現したのだ。

　この金融逼迫は、当然にも多数の銀行破産を生み出し、現実的資本の停滞と相まって深刻な構造的危機を醸成していったが、ニューヨークの金融独占は、この危機をまず連邦準備銀行適格手形割引利率および銀行引受手形購入利率の引き上げという古典的金利政策を採用することで乗り切りを図った。ニューヨーク連銀適格手形割引利率は、1931年10月9日に$2\frac{1}{2}$％へ上昇、同月16日にはさらに$3\frac{1}{2}$％に引き上げられ、同銀行手形引受手形購入利率（61-91日）は、1931年9月25日$1\frac{1}{4}$％の後、小刻みに引き上げられ、同年10月16日に$3\frac{1}{8}$％になったのである。だがこのような連邦準備銀行の金利政策は、「国内均衡」無視、「国際均衡」の優先に帰結した19世紀通貨学派によって策定された「ピール銀行条例」によるイングランド銀行の「ねじの締め上げ」を意味したのではなかった。すなわち、1931年末の金融攪乱の時期に連邦準備銀行信用総額が急増している事実は、巨額な信用貨幣の投入を行い金融逼迫の緩和を目指す連邦準備銀行の姿を示しているといえる。連邦準備銀行の信用残高は、1931年7月には、9億5400万ドルだったが、1931年10月には20億8800万ドルに上昇した。連邦準備銀行は、高金利下における多額貸付という二面的政策をとったのであって、これはかつて、バジョットがパニックの時点で理想とする中央銀行の行動であった。

「復興金融公社」（RFC）の設立

　1929年10月の「証券取引所恐慌」は、ニューヨーク市中銀行の株式取引所貨幣市場への巨額な信用貨幣の投入と連邦準備銀行による積極的金融緩和政策により一応乗り切ることができたが、1931年末金融攪乱は、連邦準備銀行の高金利下の多額の貸付をもってしても、貨幣恐慌激化を食い止めることができなかった。1931年10月13日「全米信用公社」（National Credit Corporation）が設立されたが、これは資金的にも組織的にも脆弱であり、貨幣恐慌激化阻止の役割

を果たせず、新たな公的機関の設置が焦眉の急となった。

　かくて、1932年1月に「復興金融公社」(RFC: Reconstruction Finance Corporation) が設立され、同年2月には、「グラス・スティーガル法」(Glass-Steagall Act) 制定という新たな恐慌切り抜け策が展開されることになった。「復興金融公社」は、1932年1月22日、金融機関へ緊急の便宜を与え、農業、商業、工業への金融的援助を目的とした「復興金融公社法」(Reconstruction Finance Corporation Act) の制定によって設立された。また、「グラス・スティーガル法」は、同年2月27日「連邦準備法」(Federal Reserve Act) の改正法案として制定された。ここでは、これらによってアメリカ資本主義にいかなる新たな貸付貨幣資本の循環過程が組み込まれたかという観点から論じてみよう。

　まずRFCは、「まったくの政府機関である[*128]」という事実だ。すなわちRFCは、5億ドルの資本を全額政府出資で獲得し[*129]、加えて15億ドルを限度として[*130]、公社自らの手形、社債、その他有価証券を発行することができ、それらは完全かつ無条件に連邦政府によって元金、利子とも保証されているのである。こうして、全額政府出資と政府保証債の売却によって得た巨額な貸付貨幣資本をRFCは、恐慌激化によって困窮している銀行をはじめ多くの経済諸部門へ直接貸し付けていった。かくて、RFC設立によって、従来とは異質な貸付貨幣資本の循環経路、すなわち、有価証券市場を媒介して獲得された貸付貨幣資本がRFCという国家機関から各種経済部門へと流出する経路を析出することができるのである。

　一方、RFC設立に遅れること1カ月の緊急法案として制定された「グラス・スティーガル法」は、次の二点、すなわち、連邦準備銀行の加盟銀行に対する貸出規定において、加盟銀行が適格証券 (eligible paper) を所有しない場合でも貸出を受けることが可能となった点、そして、連邦準備券発行規定において適格手形の代わりに政府証券をもってすることが適法とされた点によって、連邦準備銀行の信用創造機能を高め、貨幣恐慌時点における巨額の金喪失とかつまたそれと同時に出現する貨幣要求にも応じる体制を確立した。そしてとりわけ、「グラス・スティーガル法」は、政府証券の積極的買いオペレーション政策による貸付貨幣資本の積極的創造を可能としたのであり、RFC設立による従来と異質な貨幣資本の循環経路も、究極的にはこの法律によってはじめて

第2章　戦間期における世界恐慌　89

その実体的基礎を与えられることになった。

当時、この「グラス・スティーガル法」制定後の過程をもってインフレ過程を辿っているとする見解が流布された[*131]。しかし、ここでの問題は、インフレーションというよりは、RFCとグラス・スティーガル法によって貸付貨幣資本の循環経路が、兌換制下において新たに定置されたという事実であり、銀行券それ自体の価値への不信が一般公衆に広がることになった点は、注意されるべきである。

巨大金融独占援助機関としてのRFC

フーヴァー大統領は、RFC設立にあたって、次のような声明を出した。「RFCは、農業および工業のデフレーションを阻止し、人々を正常な仕事に復帰させて雇用を増大させることを目的とするものである。それは、大企業、大銀行の援助を目的として創設されるのではない。大企業、大銀行は、自身で十分に面倒を見ることができる。RFCは、小銀行、小金融機関を支える目的で創設されるのである」[*132]と。表2－9「復興金融公社貸付額」を見てその実態を検証しよう。この表は、1932年2月2日から同じ年12月31日までの貸付承認額、貸付額、返済額と1932年12月31日における未済額、つまり貸付残高を機関別に表したものだ。まず貸付額の相当な額は、銀行および信託会社になされていることがわかる。第二に、農業金融会社、地方農業金融会社、家畜金融会社等、農業経営と直接関連している金融機関への貸付は極めてわずかであるということがわかる。そして最後に、鉄道会社に対する貸付額が、銀行、信託会社への貸付額に次いで第二位を占めていることがわかる。

すなわち、農業経営と直接関連する諸機関へは、あわせて2063万9093.54ドルで総額のわずか1.4％だ。銀行および信託会社への貸付は、8億5088万2060.02ドルで総額の59.6％を占める。RFCは、農業諸部門への貸付は少なく、銀行あるいは信託会社への貸付が中心となっているのだ。その貸付の中心となった銀行について立ち入って検討すると、10万人以上の人口規模を持つ都市における銀行が、全融資額の58.0％を占め、人口規模5000人以下の田舎の銀行には、12.6％の融資にしか過ぎないことがわかる。RFCは、明確に中都市あるい

表 2-9 復興金融公社貸付額

	承認額 (1932.2.2- 12.31)	貸付額 (1932.2.2- 12.31)	返済額 (1932.2.2- 12.31)	未済額 (1932.12.31)
銀行および信託会社	949,858,000.09	850,882,060.02	256,284,353.11	594,597,706.91
建設貸付組合	99,780,044.75	93,933,114.67	9,683,776.91	84,249,337.76
保険会社	83,048,931.66	68,037,618.92	5,588,738.52	62,448,880.40
不動産金融会社	93,761,902.61	88,332,020.39	11,290,207.36	77,041,813.03
信用組合	472,446.00	440,098.00	8,838.00	431,260.00
連邦土地銀行	29,000,000.00	18,500,000.00	—	18,500,000.00
株式土地銀行	6,297,000.00	2,527,845.62	62,544.32	2,465,301.30
農業金融会社	3,619,850.98	3,456,627.33	1,082,310.40	2,374,316.93
地方農業金融会社	7,285,972.50	5,372,062.60	655.03	5,371,407.57
家畜金融会社	13,145,602.85	11,810,403.61	4,066,791.16	7,743,612.45
鉄道（破産管財人を含む）	337,435,093.00	284,311,271.48	11,839,562.71	272,471,708.77
合計	1,623,704,844.44	1,427,603,122.64	299,907,777.52	1,127,695,345.12

〔注〕 単位はドル。復興金融会社法第5条（sec.5 of the Reconstruction Finance Corporation act）による貸付額。
〔資料〕 *The Commercial and Financial Chronicle*, Feb.11, 1933, p.952 より作成。

は大都市の銀行を対象として融資が行われていたことがわかる。鉄道会社への貸付額2億8431万1271.48ドルが運輸部門の巨大企業への融資であり、間接的に銀行資本の援助であることを理解すれば、「RFCは、小銀行、小金融機関を支える目的で創設されるのである」とするフーヴァー大統領の声明にもかかわらず、それは、巨大金融独占を主軸とする大資本を救済することを目的として創設されたことがわかる。RFC創設と「グラス・スティーガル法」は、従来型の危機切り抜け策の限界を乗り越える国家を動員した政策であったのだ。連邦準備銀行による積極的な買いオペレーションを前提にした巨額な国債発行とニューヨークを中心とする巨大諸銀行の国債投資額急増による架空貨幣資本減

表2−10 地帯別銀行破産概況

		1930年			破産件数	
		破産件数		破産銀行預金高		
			%		%		%
北部	ニューイングランド諸州	11	0.8	23,953	2.9	33	1.4
	大西洋岸中部諸州	30	2.2	248,832	29.7	230	10.0
	中部北東諸州	282	20.9	142,626	17.0	610	26.6
	中部北西諸州	415	30.7	88,365	10.6	717	31.3
南部	大西洋岸南部諸州	223	16.5	130,766	15.6	263	11.5
	中部南東諸州	152	11.3	121,088	14.5	150	6.5
	中部南西諸州	200	14.8	63,052	7.5	174	7.6
西部	山地諸州	25	1.9	7,614	0.9	62	2.7
	太平洋岸諸州	12	0.9	10,800	1.3	54	2.4
	総計	1,350	100.0	837,096	100.0	2,293	100.0

〔注〕 預金高の単位は千ドル。
〔資料〕 *Federal Reserve Bulletin*, Vol. 23, No.9, Sept., 1937, P.868, 873 より作成。

価阻止とRFCによる直接貸付による危機脱出策であったといえるだろう。

1931年末〜32年銀行恐慌の発生

　1931年末から32年初頭にかけて、銀行破産は集中的に起こった。すなわち、1931年7月に100件を下回っていた銀行破産は、9月に300件を超え、10月には実に522件と、1930年12月における352件を大きく上回り、11月にいったん沈静化したものの1931年12月、翌年の1月には300件を超える集中的銀行破産となった。また、1932年3月から5月にかけて銀行破産は100件以下と鎮静化した

1931年 破産銀行預金高		1932年 破産件数		破産銀行預金高	
	%		%		%
117,038	6.9	9	0.6	63,285	9.0
436,716	25.8	60	4.1	80,622	11.4
627,412	37.1	457	31.5	227,514	32.2
190,081	11.3	445	30.6	124,001	17.6
138,587	8.2	109	7.5	62,639	8.9
57,970	3.4	96	6.6	23,040	3.3
69,263	4.1	94	6.5	23,123	3.3
19,909	1.2	96	6.6	49,998	7.1
33,256	2.0	87	6.0	51,966	7.2
1,690,232	100.0	1,453	100.0	706,188	100.0

が、6月には再び100件を超え151件に達し、1931年末の銀行破産と比べると少ないがRFCの設立以降の銀行破産の上昇であった[133]。

破産銀行預金高も当然ながら1931年末〜32年初頭と1932年6月に集中し、1931年10月には、4億7138万ドル、1932年6月には1億ドルを超す数値を示した[134]。

1930年末の銀行破産に比較すると破産件数、破産預金高のみならず破産銀行の規模の点でも拡大化していることが注目されるが、1932年の破産銀行の規模は、極小化した。

表2-10「地帯別銀行破産概況」を手掛かりに、この期の銀行破産の特徴を明らかにすると次のことがわかる。1930年末銀行恐慌では、既述のように地域的には、大西洋岸中部・商工業地帯と中西部・南部の農業地帯での銀行破産という二つのタイプが指摘され、さらに、商工業破産としての「本来的貨幣恐慌」に原因を発する「中小商工型」銀行恐慌と、農業恐慌に原因を発する「中西部・南部農業型」銀行恐慌という二つのタイプの貨幣恐慌が析出された。

1931年末から32年初頭にかけては、北部とりわけ中部北東諸州を中心として銀行破産が急増していることが特徴だ。1930年に比較して全地帯的に破産件数、破産銀行預金が急増しているが、なかでも、中部北東諸州の破産件数、破産銀

行預金高が、1930年から31年にかけてそれぞれ282件から610件（116.3％増）、1億4262万6000ドルから6億2741万2000ドル（339.9％増）へと上昇した。大西洋岸中部諸州においても、同時期30件から230件（666.7％増）、2億4883万2000ドルから4億3671万6000ドル（75.5％増）へと急増しているのに対して、南部全体では、銀行破産件数が575件から587年（2.1％増）、破産銀行預金高が3億1490万6000ドルから2億6582万ドルへと微増あるいは減少していることが特徴だ。

つまり、1931年末銀行破産の特徴は、1930年末銀行破産と同じように、大西洋岸中部の「中小商工型」銀行恐慌と「中西部・南部農業型」銀行恐慌という二つのタイプの貨幣恐慌が検出されるものの、1931年においては、その比重を南部における銀行破産から北部とりわけ中部北東諸州を中心とする銀行破産へと移動させていることが注目されるだろう。

A　北東部諸州における銀行破産の激化

1931年末から1932年においても商工業破産は、継続的に引き起こされていることが注目されなければならない。商工業破産として出現する「本来的貨幣恐慌」はRFCの設立や「グラス・スティーガル法」による国家による貸付貨幣資本の投入によっては、防ぐことはできなかった。いや、既述のようにRFCは、小企業や小銀行の救済を目的とするといいながら、大銀行や大資本への貨幣資本投入だったのだから、商工業破産をそもそも阻止する意図はなかったのかもしれない。

この時期の商工業破産の内実を探ると、まず工業破産は、繊維工業を中心とするものだったことがわかる。繊維工業破産は1931年末から急増し始め、1932年1月に133件を示した後、若干減少しつつ、同年5月には145件と1929年恐慌中最も激烈な破産件数を示した。この月、工業破産件数に占める繊維工業破産は、21.6％にも上った。次いで、木材加工業、金属・機械工業、食品・タバコ工業がかなりの破産件数を示した。総じて軽工業を中心とする中小工業資本の破産が特徴だ。そして、商業破産を図2－5「商業破産件数」によって、検討すれば、1932年1月では、衣服商破産が最も多く、さらに食品・タバコ商、家具商破産もこの時期の重要な部分を占め、工業破産の部門との連携を保ってい

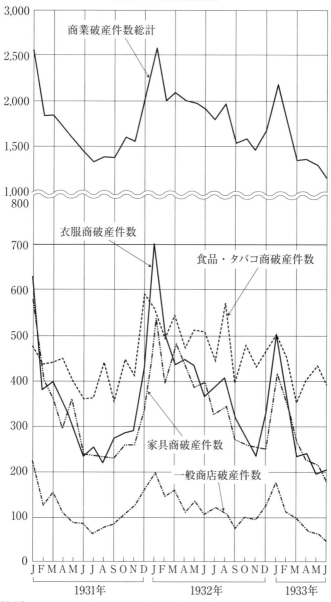

図2-5 商業破産件数

〔資料〕 U.S. Dept. of Commerce, *Survey of Current Business*, 1932, Annual Supplement, p.79, 81; Vol.13, No. 1, Jan., 1933, p.31; Vol.13, No.12, Dec., 1933, p.31 より作成。

るのは興味深い。

　こうして、1931年末から1932年にかけての恐慌激化過程の商工業破産は、軽工業部門を中心とする中小資本の破産が多くを占めたことがわかる。この時期の商工業破産が「中小商工型」であるという事実は、G. C. ミーンズによる1931年末における39産業部門にわたる334の巨大会社の「流動資産」と「流動負債」の比率の実証的分析によっても裏付けられる。彼は言う、「1932年の初頭までは、それゆえ、大会社は全体として1926年から28年と同様健全な状況であり、一部のある産業、会社が不満足なもしくは実際上金融的困難な状態にあった」。したがって、この恐慌激化過程での商工業破産は、マルクスの言う「本来的貨幣恐慌」であり、恐慌初期段階の商工業破産の延長線上に属する特質を有していたといっていいだろう。

　北東部諸州・商工業地帯における1931年末から初頭にかけての銀行破産は、「この時から新局面における信用恐慌の時期が画される」とグルヴィッチが言ったように激甚な様相を呈した。この信用恐慌の激しさは、巨大金融独占の架空貨幣資本の激烈なる価値減価がその背景にあり、激烈な貨幣退蔵を伴っていた。巨大寡占企業は、生産高を激減させながら、製品価格の下落をなるべく抑える経営戦略に出た。労働者は徹底的に解雇するから、失業者とともに国民経済的に有効需要が回復することはなかった。株価・社債価格の激落と発行額の減少は、金融中心地の巨大銀行の貸付・投資額の縮小、すなわち、架空貨幣資本価値の減価を引き起こしたというわけだ。中小諸資本は、製品価格が減少するも、寡占大企業と異なって、激烈な企業間競争の故、生産高を激減させるわけにはいかない。まさしく、生きるか死ぬかの過当競争が繰り広げられ、企業の破産件数はうなぎのぼりだ。中小資本の消滅の危機の連続は、その地域の中小銀行の貸付・投資も縮小し、総じて全般的な流動性危機が引き起こされる。かくして銀行状態の健全性への不信は、多くの大衆をして銀行取り付けに走らせる。これがこの時期の銀行破産の急増の要因だが、それにイギリスの金本位制離脱、不換紙幣制への移行が、アメリカからの金流出を深刻なものとした。

　既述のように、以上の信用危機・貨幣飢饉は、ニューヨークを中心とする巨大銀行資本の有価証券売却による資産の貨幣化の実現と連邦準備銀行の信用政策によって回避が試みられた。また、1931年1月のRFCの創設と2月の「グ

ラス・スティーガル法」制定は、そうした従来の方法ではどうにも防ぎきれないほどの激甚さをもって展開した貨幣恐慌を国家的な措置によって救済する仕組みの構築だった。

　商工業地帯の銀行恐慌は、銀行資本から見た場合、どのような要因によって引き起こされたのだろうか。まず、有価証券市場、とりわけ債券市場の崩壊が与えた影響である。恐慌の初発段階から多くの銀行資本は、有価証券市場とりわけ債券市場との連携を強め、貸付額の縮小傾向とは逆に、債券投資の増大によって架空貨幣資本の価値を維持してきた。しかしながら、経済恐慌の深化は、債券価格の下落を引き起こし、銀行の資産の流動性悪化は、1931年末から一般公衆による預金取り付けを誘発した。大量の資産の貨幣化が巨大銀行をも含めて行われ、貨幣退蔵が引き起こされた。こうして、優良債券も含めて債券市場の全面的崩壊という事態に立ち至った。ゴールドシュミットは、次のように指摘する。「債券価値の低下、それは都市不動産債券の分野では、1929年に開始され、1931年が終わるまでには、外債、土地銀行債券の低下にまで達し、全銀行構造を危うくし始めた。とりわけそれは、一流債券が最も激烈に影響を受けた瞬間から巨大都市銀行を著しく危険な状況に陥れ始めた。1931年中頃から32年中頃にかけて鉄道債券は、その市場価値の36％近くを失い、公益事業債券は27％、工業債券は22％、外債は45％、それぞれ価値を失い、アメリカ合衆国政府証券でさえ10％の価値を失ったのである」[*137]。

　ここでは、恐慌勃発以降、価格が安定している一流債券への投資によって資産流動性維持を図ってきた巨大銀行が、債券投げ売りの状況下での債券市場の崩壊によって深刻な影響を受け始めた指摘が重要だろう。1931年末銀行破産が1930年末銀行破産に比較して破産規模の上で格段の深刻さを示し、破産主要地帯が南部から北部、とりわけ中部北東諸州大西洋岸中部諸州へと移動していることの一つの要因をここに見ることができる。

　だが注意されたい。一流債券価格の低落が銀行構造の危機を深刻化させたといっても、既述のように巨大金融独占に位置する諸銀行は、RFCと「グラス・スティーガル法」制定による国家諸措置によりその危機を回避していたのであって、破産した銀行は、中小資本と結びつきの深い中小銀行が多くを占めたのだ。ニューヨーク市中加盟銀行の投資額は、1931年9月29日には、30億3200万

ドルもあったが、12月31日には、26億9700万ドルに減少してしまう。しかしその後、1932年12月31日には、その投資額を37億8900万ドルにまで増加させているからだ。それに対して、地方加盟銀行は、1931年9月29日、投資額は、46億600万ドルもあったのだが、32年12月31日には、41億1400万ドルに低下させている。

さて、1931年から32年にかけての商工業地帯における銀行破産の第二の要因は、都市不動産担保貸付の流動性の低下である。都市不動産担保貸付は、1920年代の建設活動の活発化とともに商業銀行貸付の重要な一部門として位置づけられた。しかし、大恐慌勃発とともに訪れた建設活動の低下は、都市不動産担保貸付によって、投機的建設ブームに深くかかわっていた諸銀行の困難を深刻化させていった。とりわけ、1931年になると「多くの都市銀行が投資不動産金融へ深く巻き込まれ、この状態が破綻した時、大々的な銀行破産は不可避となった」のである。1931年から32年にかけての商工業地帯での銀行破産の要因として、都市不動産担保貸付の破綻が指摘されるゆえんである。この時期、北東部諸州・商工業地帯における銀行破産の主要地域は、シカゴだった。その主要因も都市不動産担保貸付の破綻であった。

だがここで注目すべきは、北東部諸州・商工業地帯での諸銀行の多くは、規模からいえば、中程度の銀行であったということだ。しかも、都市不動産担保貸付は、ニューヨーク市においては、地方銀行など中小銀行が行っているに過ぎなかったという指摘もなされているように、寡占大企業を媒介する貨幣市場では決してなかったのだ。ベーレンズは、次のように言う。「商業銀行を全体としてみると、住宅用不動産担保貸付は、総資産の5.5％に上った。その比率は、中規模の銀行が最も大きく、それより小さい銀行あるいは大きな銀行よりも、200万ドルから2500万ドルの預金規模の銀行のほうが、投資住宅用担保の形をとった資産の比率はかなり大きかった」と。

かくて、1931年末から32年にかけての商工業地帯の銀行破産の第二の要因も巨大金融独占の諸銀行にとっては決して重大な問題とはならなかったのであった。

B 農業地帯の銀行破産の激化

1931年末～32年初頭にかけての銀行破産の中心が、農業諸州から離れたと

はいっても、とうもろこしや養豚地帯としての中部北東諸州や中部北西諸州、また棉作地帯としての南部諸州において、鎮静化したわけではなかった。1931年銀行破産が30年と同程度に引き起こされているし、RFC設立後の1932年1月以降も銀行破産は継続した。

1931年以降農業恐慌の激化が農業地帯の銀行に大きな影響を与えた。恐慌初期段階では、ニューイングランド農業は大きく農業恐慌の影響を受けなかったが次第に穀物、綿花のみならず全農産物の過剰と価格激落ということとなった。農家収入の激減と銀行への借入金返済の不能は、農業地帯銀行の経営困難に直結する。連邦準備銀行からの借入金が少なく、中央金融市場から隔絶された農業地帯における銀行は、国債投資による銀行資本の価値減価の阻止という手段もとれず破産に追い込まれたのだ。[※142]

1931年6月30日から34年12月31日にかけて、全米農場担保貸付総額は9億4517万2000ドルから4億9884万ドルへと47.2％も減少したが、中部北東・中部北西諸州は、同時期それを上回る59.2％もの減少率を示したのであった。したがって、これら地域の銀行破産がより深刻に引き起こされた要因ともいえる。

巨額な投資を必要とする農業経営になれば、当然ながら銀行信用の利用が拡大する。五大湖地方、とうもろこし地帯、大穀作地帯の農業経営の銀行に依存する比率が高いのはそのためだ。農業経営にとって負債は、価格上昇期には、農業経営の拡大再生産に重要な役割を果たすが、価格激落期には、逆に大きな負担となる。農業恐慌激化からする農家収入の激減は、銀行への利子支払い・税金の支払いを困難にし、銀行による抵当権取り戻し権排除、すなわち担保の没収が行使されていった。だが、いうまでもないことだが、銀行にとって没収担保物件の価格が低下していれば、銀行の資産流動性を保つことは不可能だ。したがって、農業用土地建物価格の動向が銀行の運命を左右する。表2－11「農業用土地建物価格」によれば、興味深い事実が明らかとなる。第一に、1920年から30年にかけて、ニューイングランド諸州と大西洋岸中部諸州の価格上昇に対するそれ以外の諸州の価格下落、とりわけ、中部北東諸州と中部北西諸州の顕著な価格下落、第二に、1930年から35年までのすべての州における価格下落、これである。第一の事実は、農業恐慌は、資本主義的農業が高度に発達しているニューイングランドと大西洋岸中部諸州においては軽微であったと

表2−11　農業用土地建物価値

		1920年	1925年	1930年	1935年
北部	ニューイングランド諸州	65.5	70.0	86.0	76.7
	大西洋岸中部諸州	84.7	93.0	107.3	77.3
	中部北東諸州	120.2	93.6	81.4	55.0
	中部北西諸州	98.0	67.9	58.7	35.3
南部	大西洋岸南部諸州	57.4	54.6	54.8	36.8
	中部南東諸州	46.0	34.8	36.8	24.3
	中部南西諸州	41.3	33.5	36.3	22.5
西部	山地諸州	32.6	21.0	21.0	15.0
	太平洋岸諸州	74.7	72.3	69.0	46.7

〔注〕1エーカー当りの価格。単位はドル。
〔出典〕T. J. Pressly and W. H. Scofield ed., *Farm Real Estate Values in the United States by Counties, 1850-1959*, Seattle, 1965 の該当箇所より抽出作成。

いう、その格差的展開を明らかにしているし、第二の事実は、すべての地域で農業恐慌の深刻な展開が看取されるということだ。S. C. リーは、イリノイ州での特殊研究ではあるが、「農業用不動産価格に対する負債の比率が高まれば高まるほど、抵当権取り戻し権排除の数は多くなる[143]」と結論した。恐慌激化過程の全農業地帯における農業経営と銀行との関係を示唆しているものとして興味深い。農業経営破綻と農業地帯の諸銀行の大量破産とには、密接な関係が存在したのだ。

C　1931年〜32年銀行破産の特質

　1931年末〜32年銀行恐慌は、1930年末のそれに比較し、格段に深刻化した。それは銀行破産の中心地帯が中西部・南部農業地帯から北東部商工業地帯へと移行したことに表れた。しかしながらここで注意しなければならないのは、この危機は、アメリカ巨大寡占企業の再生産・蓄積の恐慌激化による危機的状況とイギリスの金本位制離脱を契機とする構造的な信用崩壊と貨幣飢饉によって引き起こされた事実である。有価証券市場は全面的崩壊状況となり、優良債券

投資によって資産流動性維持を保ってきた、ニューヨーク巨大金融独占を直撃したのだ。だから、19世紀以来金融危機脱出の伝統的金融政策では防ぎきれない深刻さがあり、フーヴァー政権は、RFCの創設と「グラス・スティーガル法」の制定によって、危機脱出を試みた。ニューヨーク巨大金融独占が一つとして破産の憂き目にあわなかったのは、こうした、国家的な諸措置によって金融危機を脱出することに成功したからである。しかし、これは、ニューヨークを中心とする巨大金融独占の話である。それから疎外された弱小金融機関は、引き続く恐慌激化によって、多くが破産したのである。

国際貨幣恐慌の深刻化

 アメリカ資本主義が1931年末に金融危機に襲われた事実は既述のとおりだが、それは、急速な金流出を伴う、「ドル危機」(Dollar Crisis)を意味した。もちろん、アメリカは、イギリス、ドイツと異なり、対外短期負債を2倍も上回る金準備を蔵していたから、1931年末「ドル危機」は、この年の11月の初めには、ドルの完全な信頼を取り戻すことで終息するのだが、この国際貨幣恐慌は、いかにして起こったのだろうか。
 表2-12「国際収支表」を手掛かりに、1930年から32年における変化の概要を把握すれば、とりあえず、次の特徴が明らかになる。第一に経常勘定で顕著に受け取り超過額が縮小していること、第二に、資本勘定において31年の外国からの短期資本の流出が顕著であり、支払い超過が継続しており、総合収支上、30年の受け取り超過は、31年で一転して支払い超過に変化していることだ。したがって、貨幣用金の移動は、31年で1億3300万ドルの流出を記録した。もっとも、1932年では、少額ではあるが、30年同様の貨幣用金の流入が記録された。
 経常勘定における受け取り超過の顕著な縮小は、貿易収支の黒字幅の縮小が大きく影響しているといえるだろう。この黒字幅の縮小の最も大きな要因は、商品輸出の不振である。この時期、完成品輸出の主力であった、重化学工業製品の輸出が、輸出額、輸出量とも激減した。軽工業製品、農産物輸出も、輸出量の一定程度の維持をはかったとはいうものの、輸出価格の激落の影響は、あ

表 2-12　国際収支表

	1930年	1931年	1932年
Ⅰ　経　常　勘　定			
A　商　品　貿　易			
輸　　　　　出	3,929	2,494	1,667
輸　　　　　入	3,104	2,120	1,343
残　　　高	+825	+374	+324
B　サービス取引			
運　　　　　輸	−152	−119	−84
旅　　　　　費	−334	−247	−194
利子および配当	+745	+546	+392
軍　事　費　用	−49	−48	−47
他　の　取　引	−3	+10	+16
残　　　高	+207	+142	+83
C　移　転　収　支			
民　　　　　間	−306	−279	−217
政　　　　　府	−36	−40	−21
残　　　高	−342	−319	−238
経常勘定残高	+690	+197	+169
Ⅱ　資　本　勘　定			
A　長　期　資　本			
直　接　投　資	−294	−222	−16
アメリカからの証券投資	−70	+350	+267
外国からの証券投資	+66	+66	−26
残　　　高	−298	+194	+225
B　短　期　資　本			
アメリカからの短期資本	−191	+628	+227
外国からの短期資本	−288	−1,265	−673
残　　　高	−479	−637	−446
C　アメリカ政府の投資	+77	+14	+26
資　本　勘　定　残　高	−700	−429	−195
Ⅲ　金　移　動			
貸幣用金移動	−310	+133	−53
Ⅳ　誤　謬・脱　漏	+320	+99	+79

〔注〕単位は百万ドル。資本の流出はマイナスで示してある。ただし、貸幣用金移動は流入がマイナスと表示される。
〔出典〕U. S. Dept. of Commerce, *Historical Statistics of the United States, Colonial Times to 1957*, p.562, 564 より作成。

まりにも大きく、輸出額の激減となった。商品輸入をみてみれば、熱帯特産品を主体とする未加工原料、未加工食品の輸入額の下落が、輸入品価格の激落とともに引き起こされている。これが、「モノカルチャー型産業構造」を有する農業諸国の経済停滞とこれら諸国の「本位貨恐慌」の促進要因となっていたことは、恐慌勃発時からの傾向だが、この恐慌激化過程では、完成品輸入額の減少も重要であり、それは主としてヨーロッパ諸国からの軽工業製品輸入にあった。

　こうした、国際貿易の急速な崩壊には、この時期の世界的な保護貿易主義が少なからず影響を与えていたことを忘れてはならないだろう。アメリカの場合、1930年に制定された「スムート・ホーレー関税法」(Smoot-Hawley Tariff Act of 1930) がその嚆矢となった。この関税法は、1922年関税法の輸入関税率を大幅に超える高率関税法であり、合衆国関税委員会（United States Tariff Commission）によれば、平均従価率（average ad valorem rates）は、化学薬品、油絵具、ペンキが29.2％から31.4％へ、ガラス器が45.6％から53.6％へ、農産品および食料が19.8％から33.6％へ、綿製品が40.3％から46.4％へ、羊毛および羊毛製品が49.5％から59.8％へとなった。[*146]

　このアメリカの高率保護関税は、各国の反発を招いた。イギリスは、1931年11月に「異常輸入関税法」(Abnormal Importations [Customs Duties] Act) を制定させ、1931年12月には、「園芸品緊急関税法」(Horticultural Products [Emergency Customs Duties] Act)、さらに1932年3月には、「輸入税法」(Import Duties Act) を制定させて従来のイギリス関税政策から保護主義的政策へと決定的な転換を図った。イギリスの通商政策は、すでに1915年の「マッケナ関税」(McKenna Duties) によって保護関税政策へと舵を切っていたが、大恐慌を契機に決定的な保護貿易主義へと傾き、1931年9月21日の金本位制離脱、1932年オタワ協定（Ottawa Agreement）による英帝国内特恵通商政策へと急進したのだった。それは世界経済の解体を意味するブロック経済化を各国に先駆けて指し示すものだった。

　「スムート・ホーレー関税法」に対するフランスにおける保護貿易主義は、単に関税率の引き上げのみならず、1931年7月には、「輸入割当制」の採用となり、行政命令によるより直接的な貿易統制という形となって展開した。

第2章　戦間期における世界恐慌

表2−13 外国新資本発行額

1931年		9月	50,000	5月	0
1月	132,000	10月	0	6月	0
2月	4,300	11月	0	7月	0
3月	13,185	12月	0	8月	2,000
4月	17,793	1932年		9月	20,000
5月	10,144	1月	0	10月	4,015
6月	26,300	2月	0	11月	0
7月	0	3月	0	12月	0
8月	0	4月	0		

〔注〕 単位は千ドル。
〔資料〕 U.S. Dept. of Commerce, *Survey of Current Business*, 1932, Annual Supplement, p.95; 1936, Supplement, p.59 より作成。

　アメリカの経常勘定黒字幅の縮小の第二の要因は、直接投資及び証券投資からの収益としての利子・配当が、恐慌激化過程による資本輸出の停滞と「支払不履行」（default）によって、激減したことがあげられるだろう。1930年においては、7億4500万ドルの利子および配当の受け取り超過が記録されたが、1931年には、5億4600万ドルに縮小した。1932年にはさらに3億9200万ドルに縮小した。運輸・旅費等その他のサービス取引の支払い超過があまり減少しなかったこともこの時期の経常勘定の黒字幅の縮小にある程度の影響を与えたといえるだろう。「支払い不履行」は、「モノカルチャー型産業構造」を有する農業諸国において展開され、恐慌の激化とともにヨーロッパを中心とする資本主義諸国に拡大した。

　こうした、経常取引勘定の1931年から32年にかけての黒字幅の縮小に対して、資本勘定では、まず長期資本のアメリカへの引きあげが急速に進んだ。アメリカからの直接投資は、減少しながらも流出を続けたが、証券投資は、アメリカに引きあげられた。アメリカからの証券投資は、1930年には7000万ドルの流出だったが、翌1931年には、逆に3億5000万ドルの流入、1932年にもその傾向は続き、2億6700万ドルの流入となった。表2−13により、外国新資本発行額によって、証券投資の実態を検討すれば、1931年とりわけその後半から1932年に

かけては、新資本発行額はゼロだ。もちろんそれはひとりアメリカだけではなく、イギリス、フランス、オランダ等主要債権国の一般的傾向だったが、注目すべきは、これら諸国が資本輸出を停止しただけではなく、資本輸入国に転じていることだ。これは、債務の償還、あるいは外国証券の売却による資本引きあげを意味した。

アメリカへの資本の還流は、「世界的ドル不足」を引き起したことは明らかだった。世界経済とりわけアメリカと密接な経済的連携を有する諸国経済や国際収支に与えた影響は大きかった。表2-14によって、恐慌激化過程における国別外国証券発行額をみれば、1931年から32年にかけての決定的縮小が明らかとなる。ドイツ、カナダ、アルゼンチンがとりわけその資本発行額の縮小の影響は大きかった。

だが、この時期の資本勘定取引において、国際貨幣恐慌と関連して動いた勘定は、短期資本の勘定であった。1931年に激しさを増したヨーロッパにおける金融恐慌は、アメリカ短期資本の本国への引きあげを引き起こした。1931年5月オーストリアのクレジット・アンシュタルト銀行の崩壊に端を発した貨幣恐慌は、引き続きオーストリアと密接な経済関係を有していたドイツにおける激しい貨幣恐慌となって拡大していった。アメリカの短期信用のほぼ40％は、ドイツに存在した。[*147] その凍結を恐れ、大量の短期資本がドイツから引きあげられることになった。ヨーロッパのみならず、恐慌の初期段階からすでに経済的困難に見舞われ、この段階において外国短期資本の凍結、あるいは平価切り下げの状態を呈していいたラテンアメリカ諸国からもアメリカの短期資本は引きあげられた。[*148] かくして国際収支表、短期資本の項目、アメリカからの短期資本は、1930年1億9100万ドルの流出だったが、31年になると逆に、6億2800万ドルの流入、すなわち短期資本の引きあげが起こっており、さらに32年になっても2億2700万ドルの引きあげが記録された。

外国からの短期資本が、恐慌激化過程で急速に引きあげられていった事実は、1931年末「ドル危機」を論じる場合、欠くことができない。このアメリカからの外国短期資本の引きあげは、1931年9月21日イギリスにおける金本位制の停止による不換紙幣制への移行、さらにはポンド・スターリングの平価切り下げというイギリスにおける鋭いポンド・スターリングの「本位貨恐慌」をきっか

表2-14 外国証券国別発行額 (1930-32年)

	1930年	1931年	1932年
ヨーロッパ			
オーストリア	25.00	-	-
フィンランド	8.00	-	-
フランス	0.15	-	-
ドイツ	166.82	-	14.52
イタリア	16.16	-	-
ノルウェー	9.09	-	-
合　計	225.22	-	14.52
アジアおよびオセアニア			
オーストラリア	22.50	-	-
ハワイ	1.50	5.00	-
日本	50.00	19.73	-
フィリピン	2.75	-	-
合　計	76.75	24.73	-
北アメリカ			
カナダ	331.73	178.97	73.37
ニューファンドランド	2.06	-	-
合　計	333.79	178.97	73.37
ラテン・アメリカ			
アルゼンチン	161.96	-	-
ブラジル	30.00	-	-
チリ	21.43	-	-
コロンビア	0.50	-	-
キューバ	31.60	3.00	-
プエルト・リコ	4.65	0.50	-
ウルグアイ	8.26	-	-
ヴェネズエラ	0.70	-	-
合　計	259.10	3.50	-
総　計	894.86	207.20	87.89

〔注〕 単位は百万ドル。いずれも名目額。
〔資料〕 League of Nations, *Balances of Payments 1931 and 1932, including an Analysis of Capital Movements up to September 1933*, Geneva, pp.185-186 より作成。

表2-15 諸外国への短期負債

	1931年8月5日	1931年9月16日	1931年11月4日	1932年5月11日	1932年7月13日	1932年11月30日
イギリス	104.6	153.1	117.9	196.8	94.5	155.1
フランス	749.9	685.3	596.1	303.8	57.2	67.6
オランダ	118.7	111.9	44.8	29.2	18.5	15.0
スイス	230.7	233.2	79.5	99.7	83.1	73.7
ドイツ	50.7	82.8	38.0	35.4	30.4	31.5
イタリア	80.7	73.9	46.0	24.2	22.2	40.4
その他ヨーロッパ諸国	203.0	239.0	109.8	62.1	56.3	75.5
ヨーロッパ合計	1,538.3	1,579.3	1,031.9	751.2	362.2	458.8
カナダ	151.1	146.4	157.3	110.2	97.3	154.3
ラテン・アメリカ	151.3	142.5	117.6	105.3	95.4	120.7
極東	51.4	49.3	43.5	42.9	33.4	48.9
その他諸国	28.1	27.8	28.0	12.5	11.0	13.0
総計	1,920.2	1,945.3	1,378.3	1,022.0	599.3	795.7

〔注〕 単位は百万ドル。ニューヨーク諸銀行報告による。
〔資料〕 H.B. Lary and Associates, *The United States in the World Economy*, Economic Series No.23, Wash., D.C., 1943, p.119 より作成。

けに引き起こされたものだった。国際収支表、短期資本の項目、外国からの短期資本をみれば、1930年20億8800万ドルに過ぎなかった外国短期資本の引きあげは、31年になると12億6500万ドルに膨れ上がった。さらに1932年においても6億7300万ドルの引きあげを記録している。

　表2-15「諸外国への短期負債」をみると、オランダ、スイス、フランス、イギリス等、ヨーロッパ諸国への流出が主流であることがわかる。これらは、短期資本の流出入が、アメリカ、ヨーロッパなどの発達した資本主義諸国間を右往左往することを示すものとして興味深い。こうした短期資本の激しい動きは、1931年9月21日イギリスの金本位制離脱によって決定的になりつつあった世界的平価切り下げ競争を狙っての利ザヤ稼ぎ、いわゆる「ホット・マネー」(hot money) を通じての外国為替投機の時代を予兆するものだった。

表2−16 貨幣用金ストック額

1931年		9月	4,741	5月	4,152
1月	4,643	10月	4,292	6月	3,919
2月	4,665	11月	4,414	7月	3,977
3月	4,697	12月	4,460	8月	4,088
4月	4,726	1932年		9月	4,193
5月	4,798	1月	4,416	10月	4,264
6月	4,956	2月	4,354	11月	4,340
7月	4,949	3月	4,390	12月	4,513
8月	4,995	4月	4,367		

〔注〕 単位は百万ドル。いずれも月末の金額。
〔資料〕 *Federal Reserve Bulletin*, Vol.19, No.2, Feb., 1933, p.71 より作成。

　貨幣用金ストックは、アメリカにおいてどのような動きをしたのだろうか。表2−16「貨幣用金ストック額」によって、1931年から32年にかけての動向を検討すると、1931年9月及び10月と32年1月から6月にかけての減少が指摘される。1929年に開始された大恐慌において初めての大規模な金流出を1931年9月から10月及び翌年の前半に経験し、アメリカ貨幣用金ストック額は、1931年8月末から32年6月にかけて49億9500万ドルから39億1900万ドルへと21.5％の減少となった。それは、国際貨幣恐慌のアメリカ資本主義における激烈な展開を示しているものといえる。

　それでは、こうしたアメリカからの金流出は、世界経済的にはどのような連関を有したのだろうか。表2−17「国別・時期別金移動額」によって検討すると、カナダ、ラテンアメリカ、アジア・オセアニアの諸国との間では、1931年、32年のいずれの年においてもアメリカへの金輸入が金輸出を凌駕しているが、ヨーロッパ諸国とでは、金輸出額が金輸入額を圧倒しているという事実である。1931年における金輸入の実に86.6％、32年の65.7％までもが、カナダ、ラテンアメリカ、アジア・オセアニアの諸国からである。また、1931年の金輸出の97.0％、32年の99.7％までもがヨーロッパ諸国へなされていることにそれは端的に示されている。すなわち、大恐慌の初期段階において典型的にみられたラ

表2−17 国別・時期別金移動額

	1931年		1932年	
	輸入	輸出	輸入	輸出
ヨーロッパ				
ベルギー	24	15,607	1,031	83,602
イギリス	7,015	219	68,718	15,132
フランス	19,394	363,908	16,649	458,298
ドイツ	37,073	1,047	382	13,738
オランダ	−	50,327	18,690	115,277
ポルトガル	−	2,088	−	2,386
スイス	55	19,823	287	118,560
合計	63,561	453,019	105,757	806,993
北アメリカ				
カナダ	81,252	116	64,757	184
合計	81,252	116	64,757	184
ラテン・アメリカ				
中央アメリカ	1,090	100	1,392	3
メキシコ	25,319	3,052	20,407	320
アルゼンチン	141,263	−	13,000	9
コロンビア	15,116	−	3,242	−
エクアドル	1,015	−	1,053	1,660
ペルー	7,522	1,082	3,242	126
ウルグアイ	6,080	−	4,384	−
ヴェネズエラ	1,073	52	1,770	−
合計	198,478	4,286	48,490	2,118
アジア・オセアニア				
中国・ホンコン	34,323	83	39,044	−
インド	8,064	−	26,596	−
オランダ領東インド	4,870	−	2,901	−
日本	199,328	42	49,720	−
フィリピン	3,740	−	7,052	−
合計	250,325	125	125,313	−
その他全諸国	18,558	9,247	18,999	233
総計	612,174	466,793	363,316	809,528

〔注〕単位は千ドル。
〔出典〕*Federal Reserve Bulletin* Vol. 18, No. 2, Feb., 1932, p. 102;Vol. 19, No. 2, Feb., 1933, p.71 より作成。

テンアメリカあるいはアジア・オセアニアの「モノカルチャー型産業構造」の特質を有する農業諸国からアメリカへの金流出、それが恐慌激化段階においても継続しているという事実であり、こうした諸国の「本位貨恐慌」、為替相場の下落が依然として進行していることが理解されよう。[*149]

だが、恐慌激化過程において最も注目すべきは、ヨーロッパ諸国との金をめぐる激しい動向である。表2-17によって明らかなように、その中でもとりわけフランスへの金流出が激しく引き起こされている。[*150] こうした動向を生み出す契機は、ヨーロッパ諸国自身とりわけドイツ、イギリスをめぐる貨幣恐慌の展開にあった。ここでは、ドイツ、イギリスの国際収支表を手掛かりに、両国で引き起こされた激烈な国際貨幣恐慌についてその要因を探ってみることにしよう。

イギリスに先立ち、ドイツは1931年夏に激しい貨幣恐慌に襲われた。第一次世界大戦に敗北したドイツは、戦後構造的に脆弱な対外依存的性格を有することになった。すなわち、敗戦帝国主義としてのドイツは、多額の賠償金の支払いを強要され、国内経済の疲弊は輸出産業の興隆を遅らせ、恒常的輸入超過の事態を呈した。したがって、その支払い超過は、大量の資本輸入とりわけアメリカ資本の輸入をもって初めて帳尻を合わせることができたのである。[*151]

ドイツにおける貨幣恐慌は、オーストリアのクレジット・アンシュタルト銀行の崩壊に引き続き展開され、1931年7月13日の全ドイツ銀行の支払い停止（general banking moratorium）宣言をもって頂点に達した。それは、巨額なドイツからの資本逃避によって深刻化した。表2-17をみると、1931年ドイツからの金輸入額は、3707万3000ドルに達している。そのドイツからの資本流出は、貨幣恐慌展開による資本凍結を恐れた資本逃避によってますます巨額化した。

ドイツにおける鋭い貨幣恐慌は、その約2カ月後、ロンドンからの大量の外国残高（foreign balances）の引きあげ という事態に発展した。イギリスは、1931年9月21日、金兌換を停止するのだが、この「本位貨恐慌」は、どのようにして引き起こされたのであろうか。ここでは、イギリスが敗戦帝国主義のドイツとは異なり、依然として「植民地的帝国主義」[*152]の特質を有していたことが指摘されなければならない。商品貿易、資本輸出入の支払い超過を海運業収入および海外投資収入によって帳尻を合わせるという構造がそれであった。しか

表2-18　連合王国国際収支表

	1930年	1931年	1932年
経 常 勘 定			
商 品 貿 易			
輸　　　　入	1,053	870	710
輸　　　　出	666	461	422
残　　　　高	-387	-408	-287
海 運 業 純 収 入	105	80	70
海 外 投 資 純 収 入	220	170	150
そ の 他 収 入	89	54	16
経 常 勘 定 残 高	27	-104	-51
資 本 勘 定			
長 期 資 本 純 移 動	-19	+1	+21
短 期 資 本 純 移 動	-1	-91	-56
資 本 勘 定 残 高	-20	-90	-35
差 引 勘 定	+7	-194	-86

〔注〕単位は百万ポンド。
〔出典〕P. T. Ellsworth, *The International Economy, Its Structure and Operation*, N. Y., 1950, p.516 より作成。

し、表2-18「連合王国国際収支表」を見ると、その構造が、大恐慌によって崩れたことが理解できるだろう。第一に、1930年から31年にかけて商品貿易の赤字が輸出の不振により、一段と大規模になった。第二に、海運業収入及び海外投資収入が減少し、商品貿易の赤字をその黒字でカヴァーできなくなっていることが読み取れる。したがって、資本勘定において長期資本が極めて少額ではあるが流入を示しているのだが、短期資本の流出によって、総合収支は大幅な支払い超過を示すことになったのである。つまり、外国残高（foreign balances）の引きあげは、イギリスの金本位制離脱へのファイナル・ブローとなった。

1931末、アメリカにおける金融危機の深化は、こうした世界経済的連関の下で展開したのであった。

4　大恐慌の帰結（1933年3月）

1933年3月「全国銀行休業」の発生

　1933年3月4日、ニューディールの実施を約束したフランクリン・D・ローズヴェルトが共和党フーヴァー大統領に代わり政権を樹立した。ローズヴェルト大統領の最初の仕事は、3月5日に、翌日6日から4日間の全国銀行休業の声明を出すことであった。また、同月9日緊急銀行法案の議会上程となり、それは8時間足らずという異例の速さで立法化された。ところでこの銀行休業は、公式には「休日」（holiday）と呼ばれてはいるのだが、実際には、「全滅」（holocaust）と呼ばれるのが適切であろうとバランタインは指摘している。つまり、アメリカは、1933年3月に全国銀行恐慌の発生による全面的な銀行崩壊に直面したのである。
　1933年3月の全面的銀行崩壊は、1932年10月以降激烈さを増した銀行破産のまさに頂点に位置した。銀行破産件数は、1932年9月には、67件となり沈静化したが、翌月の10月には100を超える件数となり、一路1933年3月の全国銀行恐慌へと突き進んだのだ。まず、1932年10月31日ネバダ州銀行休業に端を発し、33年2月4日ルイジアナ州銀行休業に至る中小商工業破産を背景に持つ銀行恐慌が起こったが、それに次いで1933年2月14日ミシガン州銀行休業から3月4日ニューヨーク州銀行休業、さらには連邦準備銀行休業へと展開する巨大寡占企業の資本蓄積の停滞を背景にする銀行恐慌につながった。1932年10月31日ネバダ州銀行休業以降、33年2月4日ルイジアナ州銀行休業に至る銀行破産がいずれも地方銀行を中心としたものであり、ルイジアナ州銀行休業への展開に際しても、東部の指導的銀行業者たちは、「事態は地方的なもので、遅かれ早かれ鎮静化するだろう」と楽観的にみていた。

しかし、事態は急変する。1933年2月14日ミシガン州銀行休業あたりから、アメリカの銀行恐慌は、巨大金融独占の中枢に向かって深刻に展開し始めたのである。そしてついに、3月4日には、連邦準備銀行を含めての全国的銀行崩壊に突入する。連邦準備銀行は、ドルと金との交換停止、すなわち、金本位制の停止を行うことになった。それは、1931年末の規模をはるかに超える貨幣退蔵現象が起こったからだった。通貨流通高は、1933年1月53億5800万ドルから、同年2月62億5800万ドルへと急上昇した。この通貨流通高の急増は、「流通必要貨幣量」が1929年大恐慌中最低を示しているときのものであり、増加のほとんどが貨幣退蔵を意味したといって間違いはない。[*156] そしてさらに、その貨幣退蔵は、金貨への追求となった。バランタインは次のように言う。「以前の困難は、銀行預金を現金に換えることを熱望するパニックを伴っていたが、今回は現金を金に変えるという、より深刻なものであって、それはその時金がドルとの交換によって後になるより、より多く獲得されるという確信によるものだった」[*157]。すなわち、金兌換の停止によるドルの平価切り下げを見越した銀行預金の金への転換の大量出現が、この時期の貨幣退蔵が「金恐慌」（gold crisis）となった原因であった。

　かつて、マルクスは次のように述べた。「恐慌時には、すべての手形、有価証券、商品を一挙に同時に銀行貨幣に換えるべきであり、またさらにこの銀行貨幣のすべてを金と交換可能にすべきであるという要求が現われる」[*158]。「重金主義は本質的にカトリック的であり、信用主義は本質的にプロテスタント的である。……（中略）……しかし、プロテスタントがカトリックの基礎から解放されていないように、信用主義も重金主義の基盤から解放されてはいない」[*159]。

全国銀行崩壊の基本的要因

　ところで、この信用主義から重金主義へのグロテスクな形での転換は、大恐慌の底入れ後の回復過程上に発生した。それはいったいなぜだったのか、その基本的要因を検討しよう。

　この点の解明にあたって、まず指摘しなければならないのは、この時期の有価証券市場が国債を中心とする市場に決定的に転換したということだ。1932年

から33年にかけての有価証券価格を検討すると、公益企業株、ニューヨーク銀行株が比較的高水準を保っているとはいっても、株式価格は総じて低価格だった。債券市場も工業債券、鉄道二流債券価格はいずれも株式価格と同様あるいはそれ以上に低下傾向を強めた。そうした状況下で国債価格のみが1932年を通じて上昇し、1933年3月に若干低下してはいるものの、終始高価格を保っていた。そうした各種証券価格の動向は、有価証券発行動向にも明瞭に反映しているのであり、州債、都市債券発行も低落化傾向をたどる中で、国債発行高は、恐慌激化過程、不況過程を通じて一貫して増加傾向にある。合衆国債券月末残高が、1932年1月175億1500万ドルから、同年10月204億8500万ドルへと増加した後、若干停滞しながらも33年11月には231億6100万ドルへと32年1月に比較して32.2％もの発行残高の増加を示している。[*160]

巨大金融独占の牙城、ニューヨークの諸銀行における大量の架空貨幣資本の蓄積は、現実資本の再生産・蓄積の進行に基づくものではなく、「信用制度のなかで起こる歪曲の完成」としての国債という貨幣資本の蓄積を意味しているのであった。マルクスは次のように言っている。「国債という形態での資本の蓄積は、すでに明らかにしたように、租税額のうちからある金額を自分のために先取りする権利を与えられている国家の債権者たちという一階級の増大以外のなにものも意味しない。諸債務の蓄積でさえ資本の蓄積として現われうるというこれらの事実には、信用制度のなかで起こる歪曲の完成が見られる」[*161]。

これらのことは、ニューヨーク諸銀行の貸付額が1932年から33年にかけていずれも低落傾向を辿っているのに対して、有価証券投資高とりわけ国債投資高が急上昇していることに明瞭に現れている。国債投資高は、1932年2月15億2100万ドルから、33年1月25億7500万ドルへと69.3％の増加を示しているのである。[*162] この時期の有価証券市場における合衆国債券は、ニューヨークを中心とする巨大金融独占の投資対象となり、合衆国債券の高価格は、巨大金融独占の恐慌激化による架空貨幣資本の価値減価を阻止する重要な役割を果たしていた。国債による有価証券市場とニューヨーク諸銀行との連携が形成されていたのだ。

だがそれだけではない。連邦準備銀行信用残高を検討すると、1932年から33年初頭にかけて加盟銀行への手形割引高、銀行引受手形購入残高がいずれも減少傾向にあるのに対して、国債購入残高のみが急上昇している。企業・商業活

動の落ち込みは当然、手形割引高の減少、すなわち、商業信用に基づく銀行信用の低下を引き起こすし、世界貿易の激減は、貿易手形の発行を抑え、銀行引受手形購入残高の減少につながる。こうした民間の経済活動の不振からする銀行による信用創造活動は、減少の一途を辿ったのだが、それを国家が救済すべく経済に深く介入し、多額の借入を銀行から行い、連邦準備銀行も加盟銀行からその多額の国債を購入し、信用を供与したのであった。連邦準備銀行による信用貨幣の創造が、金本位制下において急増したことになる。

　フーヴァー政権下においてとられた恐慌切り抜け策が、ここに深くかかわっていることに注意しなければならない。すなわち、1932年1月に創設された「復興金融公社」（RFC）と2月に制定された「グラス・スティーガル法」がそれである。既述のように、RFCは、銀行等恐慌で困難に陥った経済機関に資金投入して救済を図るものだったが、その資金は、国債発行によるものだった。また、「グラス・スティーガル法」は、国債を担保として連邦準備銀行が信用貨幣を創出することができる法であった。もちろん当時は、均衡財政こそが景気回復の要石であるという経済思想が主流であった。均衡予算は、債権国としてのアメリカにとってドルの安定を維持することが有利であることからも、さらに健全で、正常に機能する資本主義にとって、安定した金本位制が必要であるという点からも求められたのである。

　しかし、現実のアメリカ経済では、連邦財政の赤字が、大恐慌の激化とともに巨額化した。連邦政府財政状況は、1930会計年度（1929年7月～1930年6月）まで巨額の余剰（surplus）を示していたが、1931会計年度（1930年7月～1931年6月）を機に赤字に転じた。1932会計年度（1931年7月～1932年6月）は、26億165万2000ドル、1933会計年度（1932年7月～1933年6月）は36億2963万2000ドルの赤字だった。連邦政府負債をみれば、1929年から1933年にかけて、連邦政府経常収入額が、48.4％も減少しているのに対して、連邦負債総計は、28.2％も増大しているのだ。

　こうして、「信用制度の歪曲の完成」である国債による架空貨幣資本蓄積が急増したのだ。この「歪曲」は正されなければならない。おりしも、1933年1月に、今まで不明であったRFCの貸付内容が公表された。新しく3月に政権を樹立するローズヴェルト大統領が、「ドルの平価切り下げを行うのではない

か」という風評が高まったのは偶然ではない。こうして、1933年2月14日ミシガン州銀行休業にはじまる、巨大金融独占を巻き込む金融危機は、深刻な「金恐慌」を伴ったのだ。

1933年3月「本位貨恐慌」の発生

　アメリカの「本位貨恐慌」、すなわち、金本位制からの離脱は、1933年3月5日に発表され翌日6日から4日間の全国銀行休業とともに布告された、輸出及び国内の使用のための金銀引き出し禁止及びイヤーマーク禁止に始まった。[*163]
この布告は、1917年10月6日に発布された対敵通商禁止条例に基づくものだったが、同年4月20日、財務長官が承諾した外国政府、外国中央銀行、国際決済銀行を除き、対外勘定決済のため正貨をイヤーマークし、または金証券を輸出することを厳禁するという大統領布告によって決定づけられ、さらに5月12日、農業調整法へのトーマス修正条項において、金ドルの量目を定める権限が大統領に与えられることにより、最終的に確定された。[*164] こうして、ドルは不換紙幣になり、ドル相場は、動揺にさらされることになった。[*165]
　ところで、以上のアメリカの金兌換停止は、全国銀行崩壊という激烈な貨幣恐慌の帰結として引き起こされたものの、ローズヴェルト政権には、世界経済上の関連で明確な目標が存在していた。すなわち、イギリスも含めた多くの諸国が金兌換を停止して、平価切り下げが行われるこの段階では、アメリカの貿易上の不利を免れることはどうしてもできない。だから、ドルの金兌換停止によって、ドル相場の動揺を引き起こし、ドル相場を引き下げることで、輸出市場の維持をはかり、さらにはドルの平価切り下げによって、国内物価の引き上げを引き起こすことが目標とされた。しかし、事態はそう簡単なものではなかった。ドル相場の下落は、アメリカ国際収支が黒字のため、金買入価格引き上げ政策によって、1933年3月の兌換停止までは、金1オンスは、20.67ドルであったのを、1934年1月末には金1オンスを35ドルまで引き上げ、同じことだが、ドル相場の引き下げを実現した。[*166] しかし、ドルの平価切り下げによっては、即物価の上昇を実現することはできなかったのである。[*167] こうしたドルの価値減価は、大量の短期資本のアメリカからの流出を引き起こした。1933年でアメリ

カからの貨幣用金の流出は、1億3100万ドルに上った。それは、ローズヴェルト政権にとって好ましいことではなかった。かくして、1934年1月30日「金準備法」（Gold Standard Act）によって、ドルの金量を約41％引き下げ、純金1トロイオンスを35ドルとすることが確定されたのだった[*168]。

　だが注意されたい。この「金準備法」は、純金1トロイオンスを35ドルと規定したのだが、それはかつての金兌換制、すなわち金本位制の復活を意味するものではない。すなわち、アメリカにおいて、「金貨は今後鋳造され、流通されることはできず」（「金準備法」第5条）[*169]、「いかなる通貨も金に兌換されることはできない」（「金準備法」第6条）[*170]と定めたからである。ただアメリカは、金ブロック諸国との為替相場で、ドル価値が下落し、金輸出点に達した時は、いつでも、1オンスを35ドルと交換し、金を外国中央銀行へ売却すると声明した。つまり、対外的には、金1オンスが35ドルと等しいという関係が確定することになった。したがって、フランスをはじめとする金ブロック諸国が金本位制を維持していた1936年9月までは、アメリカは金ブロック諸国を介して、対外的には金本位制を事実上維持していたということになる[*171]。しかしながら、金ブロック崩壊後は、各国通貨当局に対してのみ、その保有するドルと引き換えに金1オンスを35ドルで交換し、金を売却することとなった。

　アメリカのドルは、対内的には、金量が確定しない通貨となったが、対外的な為替相場の基準に関しては、金1オンスを35ドルとする金量の確定が行われた[*172]。こうした1934年「金準備法」によるドルの価値安定を背景として、1934年以降、アメリカ国際収支は、年々その黒字幅を大きくし、大量の金がアメリカに集中した。これが、1944年ブレトンウッズ協定による国際通貨基金（IMF）体制成立の歴史的前提となったことはいうまでもない。

世界経済の崩壊とブロック経済

　大恐慌の激化から回復にかけて、アメリカ経済は、どのように世界経済と関係を持ったのか。国際貿易は、1932年以降徐々に回復の傾向にあり、おおむね、貿易黒字を計上したが、1935年には輸入の増加によって、一時国際貿易は赤字となった。経常勘定は、国際貿易の関係がそのまま反映され、1932年から34年

にかけて黒字額を増やしたが、35年には、赤字となった。

　さらに、地域別に検討すると、1930年代アメリカ国際貿易の基本的特徴を一言で述べれば、ヨーロッパ諸国との貿易は縮小したが、南北アメリカ地域での貿易は拡大した。また、機械、石油、自動車、鉄鋼など大恐慌下で深刻な事態に陥った製品輸出がようやく回復の兆しを見せたのだ。さらに輸入では、工業原料の輸入が顕著な増加を見せた。

　ヨーロッパ諸国との貿易関係の減少は、アメリカの1930年「スムート・ホーリー関税法」による超保護関税が招いたヨーロッパ諸国による報復措置の結果ともいえるだろう。イギリスは、1932年7月「オタワ協定」による英帝国内特恵通商政策によって「イギリス帝国ブロック」を形成した。ドイツは、ナチスが政権を奪取後、一段と強められた「広域経済圏」の形成の下で、ブロック化を強めた。アメリカは、こうしたヨーロッパ中心のブロック経済から締め出され、対ヨーロッパ貿易の比率を相対的に低下させることになったのだ。

　また、南北アメリカ諸国との貿易比率の相対的上昇は、アメリカ自身が、かつての超保護関税政策を自由主義的通商政策に改めた、1934年6月「互恵通商協定法」[173]の成立によって可能となった事態といえそうだ。「1930年関税法の修正法」として成立したこの法は、アメリカ貿易の自由主義的転換であり、ローズヴェルト政権が、フーヴァー政権と異なる階級的基盤に支えられて成立した事実を示すものだが、この法によって、互恵通商協定は、1939年11月までに20カ国と締結され、アメリカ貿易の60％近くがその協定法の下で行われることになったのであり、主としてアテンアメリカ諸国を中心として形成された。[174]

　こうしたアメリカ貿易の1930年代の特徴に対して、アメリカの資本勘定は、どのような動きを示したのだろうか。長期の資本勘定をまず見れば、大恐慌の激化とともに、アメリカからの直接投資は激減したが、大きな変動は、1932年以降の証券投資に見られたといっていいだろう。国際収支表を見ると、とりわけ、1934年、35年における長期証券投資の流入が継続した。この期間大量の証券投資のアメリカへの流入は、外国資本新発行額の激減と外国からの多額の資本償還によって引き起こされた。外国資本新発行による資本流出額は、1932年いずれも1億ドルに及ばない低レベルだった。しかし、外国からの資本償還額は、1937年まで、1億ドルをはるかに超える数値を示し、総体としてかなりの

資本流入を示した。外国資本新発行額減少は、この時期に広範囲に引き起こされた外債支払い停止（defaults）による投資家の海外投資への嫌悪感が大きく影響していたといえるだろう。[*175]

　以上のアメリカの証券投資に対して外国からの証券投資は、この時期にどのような動きを示したのだろうか。アメリカ有価証券の外国人による購入は、1935年から36年にかけて13億500万ドルから26億8500万ドルと急増し、それと同時に外国人による売買額も増加したが、差引純売買額は、1936年に最高の6億ドルを示した。そうした外国からの多額の証券投資は、ブルームフィールドが指摘しているように、1935年から37年にかけてのアメリカ有価証券市場の投機的発展が寄与しているが、アメリカは、1930年代に長期資本の決定的な輸入国に転じてしまったのである。[*176]

　アメリカをめぐる短期資本の動きは、大恐慌の過程からその脱出過程にかけて、劇的に変化する。1932年、33年において、外国からの短期資本は、大量にアメリカから引きあげられた。1932年6億7300万ドル、1933年4億5400万ドルの流出であり、大恐慌の深刻化に伴うドル価値の不安定化が、急速に外国短期資本をアメリカから流出させたといえよう。しかし、1934年1月の金1トロイオンス＝35ドルという「金準備法」によるドルの金平価の設定は、ドル価値の安定化をもたらし、今度は逆に諸外国からアメリカへの短期資本の大量の流入となったのだった。1934年1億2600万ドルの短期資本のアメリカへの流入は、翌年35年には、6億4800万ドルへと急増した。とりわけ、フランスをはじめとする金ブロック諸国からの集中が際立った特徴となったのだった。

注
* 1　『資本論』第10分冊、758〜759ページ。
* 2　同上、756〜757ページ。
* 3　『資本論』第11分冊、806〜807ページ。
* 4　同上、808〜809ページ。
* 5　マルクス「イギリスの商業と金融」『マルクス・エンゲルス全集』第12巻、大月書店、1964年、546ページ。

＊6 拙著『新自由主義と金融覇権』大月書店、2016年、137ページ。
＊7 マーチャント・バンカーは、ロンドンに店舗を構えて、国際資本移動の仲介業務を行う金融業者のことだが、長期の国際資本移動は、公債などの証券発行の請負、また短期の国際資本移動として、貿易金融とりわけ手形引受業務の供与に従事する。前者の業務に力を置いた業者として、ロスチャイルド商会、後者の業務に力を入れた業者として、ブラウン商会が代表格としてあげられる。詳細は、神武庸四郎・萩原伸次郎著『西洋経済史』有斐閣、1989年、第4章を参照のこと。
＊8 鈴木圭介編『アメリカ経済史Ⅱ』東京大学出版会、1988年、140～141ページ。
＊9 同上、141ページ。
＊10 同上、137～138ページ。
＊11 同上、142～143ページ。
＊12 同上、333ページ。
＊13 同上、336ページ。
＊14 神武庸四郎・萩原伸次郎著『西洋経済史』有斐閣、1989年、171～174ページ。
＊15 同上、175～176ページ。
＊16 同上、138～143ページ。
＊17 同上、179～181ページ。
＊18 有価証券発行総額、9億4136万1000ドル（1927.1）→16億1690万ドル（1929.9）。U. S. Department of Commerce, *Survey of Current Business*, 1932, Annual Supplement, p.93.
＊19 債券発行高、8億3047万8000ドル（1927.1）→ 3億3107万8000ドル（1929.9）株式発行高、1億1089万1000ドル→12億6588万7000ドル（1929.9）。*Ibid.*, p.95.
＊20 工業会社有価証券発行高、1億7693万8000ドル（1927.1）→ 3億3107万8000ドル（1929.9）。公益企業有価証券発行高、3億1008万4000ドル（1927.1）→ 3億8029万1000ドル（1929.9）。*Ibid.*, p.93.
＊21 鉄道会社有価証券発行高、8023万4000ドル（1927年平均月額）→6810万ドル（1929年平均月額）。*Ibid.*, p.93.
＊22 *Ibid.*, p.591より算出。

*23　*Ibid.*, p.591より算出。

*24　V・パーロ著、浅尾孝訳『最高の金融帝国』合同出版、1958年、86ページ。

*25　M.H.ウォーターマン著、志村嘉一訳『アメリカの資本市場』東洋経済新報社、1965年、70ページ。

*26　投資銀行業務と商業銀行との密接な関係は、以下に詳しい。U. S. Congress Senate Committee on Banking and Currency, *Stock Exchange Practices*, Report of the Committee on Banking and Currency pursuant to Senate Resolution84, Washington, D. C., 1934（以下 *Stock Exchange Practices*, Report と略示する）pp.155-229. 投資銀行が引受証券を手持ちするために、証券担保貸付を利用したという事実についての指摘は、小野英祐著『両大戦間におけるアメリカの短期金融機関』お茶の水書房、1970年、52ページ。

*27　ベックハートによるブローカーズ・ローンの源泉についての推定値、株式会社20億2100万ドル、諸個人7億2500万ドル、投資信託5億800万ドル、外国諸銀行3億6200万ドル（1929年9月18日）。B. H. Beckhart ed., *The New York Money Market*, vol. 3, N. Y., 1932, p.168. 銀行経由のみならず、こうした貨幣資本が、直接株式ブローカーに貸し付けられたことの指摘は、*Stock Exchange Practices*, Report, 1934, pp.14-16.

*28　The Board of Governors of the Federal Reserve System, *Banking and Monetary Statistics*, 1943, p.456.

*29　Beckhart ed., *op. cit.*, p.215.

*30　*Banking and Monetary Statistics*, 1943, p.450.

*31　Beckhart ed., *op. cit.*, p.234.

*32　*Ibid.*, p.227.

*33　*Ibid.*, p.301.

*34　*Ibid.*, p.353.

*35　*Ibid.*, p.353.

*36　*Federal Reserve Bulletin*, Vol.17, No.2, Feb., 1931, p.67.

*37　*Federal Reserve Bulletin*, Vol.15, No.2, Feb., 1929, p.115.

*38　League of Nations, *Balances of Payments 1930*（The Memorandum on Trade and Balances of Payments 1930: Vol. Ⅱ）, 1932, p.181.

*39　*Banking and Monetary Statistics*, 1943, pp.440-441, 444-445.

*40　*Federal Reserve Bulletin*, Vol.15, No.1, Jan., 1929, p.12.

*41　マルクス著、時永淑訳『剰余価値学説史』Ⅱ、『マルクス・エンゲルス全集』第26巻、第2分冊、大月書店、1970年、695ページ。

*42　「本来的貨幣恐慌」についての、より具体的展開として、マルクス著、高木幸二郎監訳『経済学批判要綱』第5分冊、大月書店、1959年、991-993ページを参照のこと。

*43　D. A. シャノン編、玉野井芳郎・清水知久訳『大恐慌』中公新書、1963年。

*44　J. K. ガルブレイス著、小原敬士訳『大恐慌』徳間書店、1971年。

*45　マルクスは証券取引業者について次のように言う。「素材的富の増大につれて、貨幣資本家たちの階級は大きくなる。一方では、引退している資本家たち、すなわち金利生活者たちの数と富とが増加する。また第二には、信用制度の発展が促進され、それとともに銀行業者たち、貨幣貸付業者たち、金融業者たちなどの数が増加する。――自由に利用できる貨幣資本の発展につれて、利子生み証券、国債証券、株式などの総量が、先に述べたように増加する。しかし、それと同時に、これらの有価証券の投機取引を行なう証券取引業者たちが貨幣市場で主役を演じるので、自由に利用できる貨幣資本にたいする需要も増加する」(『資本論』第11分冊、883ページ)。

*46　マルクスは、取引所投機について、次のように言う。「そして信用は、この少数者にますます純然たる山師の性格を与える。所有はここでは株式の形態で実存するので、所有の運動および移転は取引所投機の純然たる結果となるのであり、そこでは小魚たちは鮫たちにのみ込まれ、羊たちは取引所狼たちにのみ込まれる」(『資本論』第10分冊、762ページ)。

*47　清算取引など、総じて証券取引所と投機との関連については、R. ヒルファーディング著、林要訳『金融資本論』大月書店、1961年、第8章を参照。

*48　「本位貨恐慌」とは、信用貨幣の金への兌換要求による金枯渇が引き起こす中央銀行の兌換停止を意味する。ところで、マルクスは、「国内では、こんにちすでに金属貨幣が必要でないということは、非常の場合にはいつでも、いわゆる国家的諸銀行の現金支払停止〔銀行券の金属貨幣との兌換停止〕が唯一の救済策としてとられるということによって証明されている」(『資本論』第11分冊、894ページ)と述べた。

*49　同上、944ページ。

*50　同上、811ページ。

*51　同上、812ページ。

*52　同上、853〜54ページ。
*53　マルクスは、中央銀行による貨幣恐慌緩和政策について次のように述べた。「銀行の信用がゆらいでいない限り、銀行は、このような場合には信用貨幣の増加によってパニックを緩和するが、しかし信用貨幣の引きあげによってはパニックを増加させるということは明らかである」（同上、894ページ）。
*54　同上、851〜852ページ。
*55　同上、994ページ。
*56　ヴァルガ、経済批判会訳『世界経済年報』（6）、叢文閣、1929年、169〜170ページ。
*57　*Stock Exchange Practices*, Report, 1934, p.9.
*58　J. K. ガルブレイス、前掲、80ページ。
*59　1929年10月においてブローカーズ・ディーラーズ・ローン総額64億9800万ドルのうち、銀行以外からの金額は、36億200万ドル、総額の55.4％を占めた。*Federal Reserve Bulletin*, Vol.15,No.12, December 1929, p.783.
*60　株式取引所コール・ローン利子率は、1929年7月、9.41％の後、同年10月、6.10％へと低下した。Ibid., p.780.
*61　U. S. Department of Commerce, *Survey of Current Business*, 1932, Annual Supplement, p.93.
*62　*Federal Reserve Bulletin*, Vol.16, No.5, May 1930, p.284.
*63　*Stock Exchange Practices*, Report, 1934, p.31.
*64　*Banking and Monetary Statistics*, 1943, p.174.
*65　*Fifteenth Annual Report of the Federal Reserve Bank of New York*, N. Y., 1930, p.7.
*66　ヴァルガ、経済批判会訳『世界経済年報』（6）、叢文閣、1929年、169〜170ページ。
*67　U. S. Department of Commerce, *op. cit.*, p.103.
*68　*Federal Reserve Bulletin*, Vol.16, No.5, May 1930, p.284.
*69　*Stock Exchange Practices*, Report, 1934, pp.50-51.
*70　たとえば、ウィギン（A. H. Wiggin）による1929年9月23日から11月4日にかけてのチェイズ・ナショナル銀行株にたいする空売り操作を想起せよ。ガルブレイス、前掲、228〜229ページ。なお詳しくは、*Stock Exchange Practices*, Report, 1934, pp.188-189.

*71 「証券取引所恐慌」が貨幣恐慌の一形態であり、証券価格の下落と同時に貨幣飢饉を引き起こす点については、建部正義「貨幣恐慌とケインズ的『管理通貨制度』」『経済』No.95、1972年3月、101ページ。

*72 『資本論』第11分冊、854ページ。

*73 *Federal Reserve Bulletin*, Vol.16, No.1, Jan., 1930, p.13.

*74 *Fifteenth Annual Report of the Federal Reserve Bank of New York*, N.Y., 1930, p.8.

*75 *Federal Reserve Bulletin*, Vol. 16, No. 1, Jan., 1930, p.13.

*76 『資本論』第11分冊、894ページ。

*77 U.S. Department of Commerce, *op. cit.*, p.97.

*78 C.C. Abbott, *The New York Bond Market, 1920-1930*, Cambridge, 1937, p.140.

*79 *Sixteenth Annual Report of the Federal Reserve Bank of New York*, For the Year Ended December 31, 1930, N. Y., 1931, p.6.

*80 Abbott, *op. cit.*, p.140.

*81 *Banking and Monetary Statistics*, 1943, pp.174-175.

*82 *Sixteenth Annual Report of the Federal Reserve Bank of New York*, N.Y., 1931, pp.6-7.

*83 *Federal Reserve Bulletin*, Vol.23, No.9, Sept., 1937, p.907.

*84 *Ibid.*, p.909.

*85 これら銀行破産の集中的発生をフリードマン＝シュワルツは、「第1次銀行恐慌」(First Banking Crisis) と命名した。M. Friedman and A. J. Schwartz, *A Monetary History of the United States*, 1867-1960, Princeton, 1963, pp.308-313.

*86 *Federal Reserve Bulletin*, Vol.23, No.9, Sept., 1937, p.868. また、フリードマン＝シュワルツは、次のように言う。「銀行破産、それらは、とりわけミズーリ、インディアナ、イリノイ、アイオワ、アーカンソー、ノース・カロライナにおいて顕著であり、その結果、広範な要求払い及び定期預金の通貨への転換と少ない規模ではあるが郵便貯金への転換へと導いた」(Friedman and Schwartz, *op. cit.*, p.308)

*87 Report of the Federal Reserve Committee on Branch, Group, and Chain Banking, *Bank Suspension in the United States 1892-1931*, pp.41-42.

* 88　U. S. Department of Commerce, *op. cit.*, p.79.
* 89　ヴァルガ、経済批判会訳『世界経済年報』（8）、叢文閣、1930年、56ページ。
* 90　Friedman and Schwartz, *op. cit.*, p.309-310.
* 91　西川純子「1920年代アメリカにおける金融機関の集中」『社会科学研究』第24巻、第3号、1973年、101ページ。
* 92　パーロ、前掲訳書、226ページ。
* 93　Friedman and Schwarz, *op. cit.*, p. 310.
* 94　ヴァルガ、前掲訳書、151ページ。
* 95　*Federal Reserve Bulletin,* Vol.17, No.2, February 1931, p.56.
* 96　*Banking and Monetary Statistics,* 1943, p.464.
* 97　W. R. Burgess, "The Money Market in 1930," in *Review of Economic Statistics,* Vol.13, No.1, Feb., 1931, p.23.
* 98　*Banking and Monetary Statistics,* 1943, p.80, 98.
* 99　U. S. Department of Labor, Bulletin of the U. S. Bureau of Labor Statistics, No.521, *Wholesale Prices 1929,* pp.19-20; No.543, *Wholesale Prices 1930,* p.42,44,48.
* 100　R.R. Pickett, "The Size of Failed National Banks," in *Journal of Business,* Vol. Ⅶ, No.1, January, 1934, p.37.
* 101　N.J. Wall, "Agricultural Loans of Commercial Banks," in *Federal Reserve Bulletin,* Vol.22, No.4, April, 1936, pp.228-234.
* 102　Pickett, *op. cit.*, p.37.
* 103　シャノン編、前掲訳書を参照のこと。
* 104　『資本論』第11分冊、994ページ。
* 105　*Federal Reserve Bulletin,* Vol.17, No.4, April 1931, p.187; Vol.17, No. 8, August 1931, p.441.
* 106　U. S. Department of Commerce, *Statistical Abstract of the United States* 1932, p.430.
* 107　*Loc. cit.*
* 108　U. S. Department of Commerce, *Historical Statistics of the United States, Colonial Times to 1957,* p.562, 565.
* 109　I. Mintz, *Deterioration in the Quality of Foreign Investment,* The

Brookings Institution, Washington, D. C., 1938, p.29.
* 110 日本の場合、円の急落は、1930年1月の「金解禁」（金本位制への復帰）に伴う為替投機に大きな要因があった。詳しくは、長幸男著『昭和恐慌』岩波新書、1973年、111～142ページ。また、アルゼンチンの場合、1929年1月95.7650セント／ペソから1931年6月70.2524セント／ペソ、ブラジルの場合、1929年2月11.9171セント／milreisから1931年6月7.4991セント／milreisへと自国通貨の為替相場を低落させた（*Banking and Monetary Statistics*, 1943, p.662,664）
* 111 L. Smith, "The Suspension of the Gold Standard in Raw Material Countries," *American Economic Review*, Vol.24, No.3, September 1934, p.435.
* 112 *Ibid.*, p.443.
* 113 *Ibid.*, p.444.
* 114 ヴァルガ、経済批判会訳『世界経済年報』（15）、叢文閣、1932年、61ページ。
* 115 同上訳書、65ページ。
* 116 全債券価格は、1926年を100として、80.99（1931.7）から53.23（1931.12）に落ち込んだ（U. S. Department of Commerce, *Survey of Current Business*, 1932, Annual Supplement, p.51）。資本発行総額、7億100万ドル（1931.9）から7100万ドル（1932.4）（*Federal Reserve Bulletin*, Vol.18, No.1, Jan., 1932, p.18; Vol.19, No.1, Jan., 1933, p.21）
* 117 *Banking and Monetary Statistics*, 1943, pp.176-177.
* 118 本書ではいうまでもなく、「架空資本」を信用制度が創り出す様々な形態での架空資本という意味で使用している。詳細は、三宅義夫著『マルクス信用論体系』日本評論社、1970年、68～72ページ参照。
* 119 Federal Reserve Agent Second Federal Reserve District, *Seventeenth Annual Report of the Federal Reserve Bank of New York*, for the Year Ended December 31, 1931, N. Y., 1932, p.5.
* 120 J. B. Hubbard, "Hoarding and the Expansion of Currency in Circulation," in *Review of Economic Statistics*, Vol. 14, No.1, Feb., 1932, p.30.
* 121 1931年後半の流通必要貨幣量の減少という事実については、W. R. Burgess, *The Reserve Banks and the Money Market*, Revised Edition, N.

Y., and London, 1936, p.82.
* 122　Seventeenth Annual Report, *op. cit.*, p.6.
* 123　*Federal Reserve Bulletin,* Vol.18, No.1, Jan., 1932, p.2. その他、この時の有価証券売却の事実については、Burgess, *op. cit.*, p.286; Friedman and Schwartz, *op. cit.*, p.318.
* 124　『資本論』第11分冊、809ページ。
* 125　同上、946ページ。「イングランド銀行が逼迫期に俗にいうネジを締めるとすれば、すなわちすでに平均以上に高い利子率をさらに高くするとすれば、それは業界の一大事である」とマルクスは言った。
* 126　*Federal Reserve Bulletin,* Vol.18, No.4, April 1932, p.229.
* 127　「非常に高い利子率でもって非常に多額の貸付をなすことが、国内的流出にかてて加えて対外的流出の行われるという、金融市場の最悪の症状に対する最良の療法である」(W・バジョット著、宇野弘蔵訳『ロンバート街』岩波文庫、1938年、67ページ)。
* 128　M. Nadler and J. I. Bogen, *The Banking Crisis, The End of an Epoch,* N. Y., 1933, p.107.
* 129　これは、「一般基金」から払い込まれることで賄われた。A. H. ハンセン著、都留重人訳『財政政策と景気循環』日本評論社、1950年、222ページ。
* 130　1932年7月21日、「緊急救済及び建設法」によって、この額は、33億ドルに引き上げられた。*Federal Reserve Bulletin,* Vol.18, No.8, August, 1932, p.473.
* 131　グルヴィッチ、経済批判会訳『金融市場の世界的動揺』叢文閣、1933年、97～98ページ。その他同様の見解は、経済批判会訳『国際信用恐慌——インフレーションへの途』叢文閣、1932年、239～240ページ。
* 132　*Federal Reserve Bulletin,* Vol.18, No.2, Feb., 1932, p.89.
* 133　*Federal Reserve Bulletin,* Vol.23, No.9, Sept., 1937, p.907.
* 134　*Ibid.*, p.909.
* 135　詳細は、E. Clark ed., *The Internal Debts of the United States,* N.Y., 1933, pp.199-200を参照。
* 136　A. E. グルヴィッチ「アメリカ合衆国における現在の信用恐慌の特質について」経済批判会訳『金融市場の世界的動揺』叢文閣、1933年、74ページ。
* 137　R.W. Goldschmidt, *The Changing Structure of American Banking,*

London, Routledge, 1933, p. 106.
*138 *Banking and Monetary Statistics*, p.80.
*139 *Ibid.*, p.98.
*140 The Brookings Institution, *The Recovery Problems in the United States*, Washington, D.C., 1936, p.53.
*141 C. F. Behrens, *Commercial Bank Activities in Urban Mortgage Financing*, N.B.E.R., N. Y., 1952, p.28.
*142 N. J. Wall, "Agricultural Loans of Commercial Banks," in *Federal Reserve Bulletin*, Vol.22, No.4, April 1936, pp.231-232.
*143 S. C. Lee, *Farm Mortgage Credit in Relation to the Transfer of Farm Land with Special Reference to Illinois, 1910-1932*, Tientsin, China, 1933, p.16.
*144 P. Einzig, *The Tragedy of the Pound*, London, 1932, p.134; do., *Foreign Balances*, London, 1938, p.35.
*145 P. Einzig, The Tragedy of the Pound, *op. cit.*, p. 136.
*146 F.W. Taussig, *The Tariff History of the United States*, Eighth Edition, N. Y., London, 1931, pp.518-519; P. W. Bidwell, *Our Trade with Britain, Bases for a Reciprocal Tariff Agreement*, N. Y., 1938, p.23.
*147 H. B. Lary and Associates, *The United States in the World Economy*, Economic Series No.23, Washington, D. C., 1943, p.118.
*148 Loc. cit.
*149 詳しくは、エム・ボルトニク「植民地及び半植民地諸国に於ける信用＝貨幣恐慌」経済批判会訳編『金融市場の世界的動揺』叢文閣、1933年、所収を参照。
*150 P. Einzig, *The Tragedy of the Pound, London,* 1932, pp.138-140; M. Nadler and J. I. Bogen, *op. cit.*, pp.88-90; 経済批判会訳編、前掲訳書、231-239ページ。
*151 The Royal Institute of International Affairs, *The Problem of International Investment*, London, N. Y., Toronto, 1937, pp. 234-239.
*152 レーニン「資本主義の最高の段階としての帝国主義」『レーニン全集』第22巻、大月書店、1957年、280ページ。
*153 A. M. Schlesinger, Jr., *The Coming of the New Deal*, Houghton Mifflin,

Boston, 1959, pp.4-8.
* 154　A. A. Ballantine, "When All the Banks Closed," in *Harvard Business Review,* Vol. 26, No.2, Mar., 1948, p.129.
* 155　Nadler and Bogen, *op. cit.,* p.142.
* 156　W. R. Burgess, *The Reserve Banks and the Money Market,* Revised Edition, N. Y. and London, 1936, p.82.
* 157　Ballantine, *op. cit.,* p.135. そのほかこうした金流出については、Federal Reserve Agent of Second Federal Reserve District, *Nineteenth Annual Report of the Federal Reserve Bank of New York, For the Year Ended December 31, 1933,* N. Y., 1934, pp.6-7.
* 158　『資本論』第11分冊、1002ページ。
* 159　同上、1035ページ。
* 160　*Federal Reserve Bulletin,* Vol.19, No.12, Dec., 1933, p.750.
* 161　『資本論』第11分冊823ページ。
* 162　*Banking and Monetary Statistics,* 1943, pp.177-178.
* 163　P. A. Samuelson and H. E. Krooss ed., *Documentary History of Banking and Currency in the United States,* Vol. 4, N.Y., Toronto, London, Sydney, 1969, p.2695.
* 164　*Ibid.,* p.2717.
* 165　*Ibid.,* p.2719-2722.
* 166　政府の金買入価格の引き上げが、いかにしてドル相場の下落につながるのかについての理論的説明は、三宅義夫著『金』岩波新書、1968年、125ページ。
* 167　同上、127～128ページ。
* 168　1934年1月「金準備法」についての詳細は、Samuelson and Krooss ed., *op. cit.,* pp. 2793-2802.
* 169　Samuelson and Krooss ed., *op. cit.,* p.2797.
* 170　*Loc. cit.*
* 171　詳しくは、桑野仁著『国際金融論研究』(改訂版)法政大学出版局、1969年、132ページ。
* 172　三宅義夫、前掲、124ページ。
* 173　同法については、さしあたり、F. B. Sayre, *The Protection of American*

  Export Trade, Chicago-Illinois, 1939, pp.29ff: J. D. Larkin, *Trade Agreements, A Study in Democratic Methods,* N. Y., 1940, pp.5-8.

*174 M. S. Gordon, *Barriers to World Trade, A Study of Recent Commercial Policy,* N. Y., 1941, p.394.

*175 A. I. Bloomfield, *Capital Imports and the American Balance of Payments 1934-39, A Study in Abnormal International Capital Transfers,* N. Y., 1950, pp.110-111.

*176 *Ibid.,* pp.90ff.

第3章 パックス・アメリカーナと金融危機の鎮静化
──J.M. ケインズと戦後ニューディール体制の時代

1　ケインズ主義的財政・金融政策の確立
　　　──戦後ニューディール体制の歴史的意義

　マルクスが論じた世界経済における金融危機の勃発は、1929年大恐慌に至るまで、様々な様相を呈しながら、周期的かつ循環的に引き起こされてきた。しかし、第二次世界大戦後、少なくとも、1971年8月15日、ニクソン政権による金とドルとの交換停止、1973年の固定相場制の崩壊に至るまで、こうした金融危機の勃発は、鳴りを潜めたことはだれしも認めるところであろう。なぜそうした事態が起こったのだろうか。

　それは、マルクスが指摘した「大金融業者と株式仲買人たち」の力の封じ込めに成功したからだと私は考える。戦後のアメリカ経済において金融危機が鳴りを潜めたのは、ローズヴェルト政権による金融封じ込め政策が功を奏したからだった。

　ローズヴェルト政権では、経済政策の立案の中心は、財務省にあり、「死体置き場のヘンリー」（Henry the Morgue）とローズヴェルト大統領から綽名（あだな）されたヘンリー・モーゲンソーが財務長官の任についた。モーゲンソーは、世界経済の中心をロンドンとニューヨークの金融市場からアメリカ財務省に移すことに心血を注いだ。かれは、高利貸を国際金融の神殿からたたき出すことを試みる。ニューディール政策の目的は、金融資本を「経済の主人」から「経済の召使」へと貶（おとし）めることだった。[*1]

　この金融の召使化が着々と実行されていったことは特筆されてよい。1933年グラス・スティーガル銀行法は、商業銀行と投資関連会社を構造的に切り離し、1935年銀行法では、通貨信用の中央集権的管理を強め、経済運営にあたって、財務省と連邦準備制度との密接な協調関係を築くことが目指されたが、その内実は、財務省のケインズ的財政政策に連邦準備制度を従属させることだった。

　第二次世界大戦後のアメリカの巨大産業企業は、金融利害から自由になった。ジョン・ケネス・ガルブレイスは、戦後アメリカ巨大産業企業が、金融利害から自由になったということの具体的事実について、次のように述べている。

「現代法人企業において株主の支配力が失われたこと、業績の順調な法人企業では、経営陣の地位が極めて強固であること、銀行家の社会的魅力は次第に弱まりつつあること、アメリカがウォール・ストリートによって支配されているなどと言えば奇妙に感ぜられること、産業界での人材探求が精力的に行われるようになったこと、教育および教育界の威信が新しく高まった等、がそれである[*2]」。

また、ポール・バランとポール・スウィージーも次のように言っている。「投資銀行業者の権力は、創立当時や最初の成長段階の初期における株式会社の、外部金融にたいする緊切な必要が基礎になっていた。その後、独占利潤の豊かな収穫を刈り取った巨大会社が、しだいに、内部的に調達された資金によって、その資金需要をまかなうことができることに気づくとともに、このような必要はなくなり、あるいはまったく消滅した。……かくして、比較的大きな株式会社は、しだいに銀行業者からも、有力な株主からもますます独立するようになり、したがって、その政策は、ある団体の利害に属するよりもむしろ、ますます大きな程度で、それぞれ自己の利害に結びつけられるようになった[*3]」。

そうした巨大企業には、三つの特徴があるとアルフレッド・アイクナーは言う。第一が、経営の所有からの分離である。この点に関しては、すでに1930年代、アドルフ・バーリとガーディナー・ミーンズが明らかにしていた[*4]。彼らは、現代株式会社の支配は今や株主から経営陣に移っているというのである。株主は名義上、その企業の所有者であっても、巨大株式会社が成功裏に運営されるには有能な専門的経営者が必要になるというわけである。だから、株式会社の事実上の決定権は、最高経営責任者（CEO）などから構成される経営幹部グループに移行し、分散し、指導力を欠く株主たちは、受動的な金利生活者に成り下がってしまったということになる[*5]。

第二は、複数工場の操業と操業にあたっての固定的技術係数である。アイクナーによれば、巨大企業の総生産能力は、多くの工場から形成されているが、資本設備の効率運転のための原材料の分量や機械を運転するための効率的人員配置は、長期はともかく短期には技術工学的に決定されているというのである。だから、従来の新古典派経済学が当然としてきたU字型費用曲線による最適化理論は通用しない。実際の企業にとって重要なのは、水平に伸びた費用曲線部

分であり、いかなる需要にも対応できる生産能力が必要とされたのである。[*6]

　第三は、寡占企業であるということである。巨大企業は、彼らの生産物を市場に単純に投げ出したりはしないのである。彼らは、市場規模を考慮しながら、目標利潤率を実現できる価格設定を行い、販売活動に従事するのである。[*7] いわゆる「管理価格」といわれるものである。企業が市場メカニズムに依存し、どんな価格が得られようがその産出物を市場に供給し、市場に価格決定を任せるということはしないのである。

　こうした巨大企業が支配する世界経済では、銀行が依然として産業と関連を有していようがいまいが、金融は、巨大企業の資本蓄積を支える控えめな役割を担わせられていたことは間違いない。アメリカにおけるその構造を私は、戦後「ケインズ連合」と命名した。「ケインズ連合」とは、生産的投資に利害を有する生産階級の連合である。具体的には、アメリカにおける支配的な寡占資本階級と労働者階級との広範な連携であり、その基礎には、寡占市場から生じる超過利潤と組織労働者の相対的高賃金があった。[*8]

戦後の国際通商・金融システムとJ. M. ケインズ

　ところで、戦後金融危機鎮静化の国際的要因はどこにあったのだろうか。私は、それを国際投機資本の封じ込めに成功した、戦後の国際通商ならびに国際金融システムの実現に求めたい。この国際経済システムは、第二次世界大戦後、1973年まで機能したのだった。

　戦後のこのシステムは、マクロ経済的安定を国際貿易の活発化によって実現しようとした。それは、GATT（関税及び貿易に関する一般協定）前文を読めば一目瞭然であろう。そこには次のように記されているからだ。「貿易および経済の分野における締約国間の関係が、生活水準を高め、完全雇用並びに高度のかつ着実に増加する実質所得および有効需要を確保し、世界の資源の完全な利用を発展させ、並びに貨物の生産および交換を拡大する方向に向けられるべきであることを認め、関税その他の貿易障壁を実質的に軽減し、および国際通商における差別待遇を廃止するための相互的かつ互恵的な取極めを締結することにより、これらの目的に寄与することを希望して、それぞれの代表者を通じて

次のとおり、協定した[*9]」とあるからだ。

　この前文が、ケインズ主義に基づいていることは明らかであろう。つまり、ケインズは、各国がその自主性に基づいて、完全雇用を実現すべく、財政・金融政策を展開し、投資の活発化をおこなえば、世界貿易は拡大され、世界のGDP（国内総生産）水準の上昇とともに世界的失業の深刻化は防ぐことができるとしたからだ。ケインズは、主著『雇用・利子および貨幣の一般理論』において、次のように言っている。「もし諸国民が国内政策によって完全雇用を実現できるようになるならば（そのうえ、もし彼らが人口趨勢においても均衡を達成することができるならば、と付け加えなければならない）、一国の利益が隣国の不利益になると考えられるような重要な経済諸力は必ずしも存在しないのである。適当な条件のもとで国際分業や国際貸付が行われる余地は依然としてある。しかし、一国が他国から買おうと欲するものに対して支払いをする必要からではなく、貿易収支を自国に有利にするように収支の均衡を覆そうとする明白な目的をもって、自国商品を他国に強制したり、隣国の売り込みを撃退しなければならない差し迫った動機はもはや存在しなくなるであろう[*10]」。

　こうした世界経済は、ケインズにとっていわばその理想郷であった。だから、ケインズは言った。「これらの思想の実現は夢のような希望であろうか」と。しかし、ケインズは、彼の考えを「夢のような希望」に終わらせることなく、第二次世界大戦後の国際通貨体制づくりに最後の情熱を注ぐのである。イギリス政府が、ケインズをケンブリッジの象牙の塔から呼び起こし、大蔵大臣顧問として、戦後国際通貨システムの作成に当たらせることとなったからであった。

　周知のように、戦後国際通貨体制は、アメリカのホワイト案を基にして、IMF（国際通貨基金）に結実する。新しい決済通貨バンコール（bancor）に基づく国際清算同盟（International Clearing Union）の実現をもとめたケインズにしてみれば、その実際の結末は不満足であったに違いない。しかし、国際投機資本の封じ込めに成功したという点では、ケインズの考えをかなり取り入れたシステムづくりであったといえるだろう。IMFは、国際資本取引の自由に関しては極めて慎重であった。国際資本取引の自由には、資本の投機的移転や資本逃避を容認する危険があったからだ。ケインズは、経常取引から生じる均衡をもたらす短期的資本移動と不均衡を助長する恐れのある投機的短期資本を峻

別し、後者の規制を国際貿易の発展のため主張したのだ。経常取引の自由を目標とするIMFの仕組みは、国際貿易を促進するための措置だった。

IMFは、だから金本位制でも金為替本位制でもなかった。第1章において詳述したように、金本位制のもとでは、各国の通貨は、民間レベルにおいて金の一定量と交換が可能だった。自国通貨と外国通貨との交換は、この金との交換比率、すなわち、金平価が基準であった。外国通貨との交換は自由であったから、外国為替相場は、この金平価を基準に金の輸送費を考慮した、金輸入点、金輸出点の狭い範囲に安定していた。もし、自国の支払い差額が順、つまり受け取り超過になれば、自国通貨の交換比率が上昇する。それが、金輸入点を超えれば、支払いをする外国人は、高い自国通貨を買わずに、金を購入し、それを送って支払いを行うから、自国に金が流入した。逆に、自国の支払い差額が逆、つまり支払い超過となれば、外国通貨の交換比率が上昇する。それが金輸出点を超えて上昇すれば、高い外国通貨を買わずに、金を購入し、それを外国に送って支払いをするから、自国から外国へ金が流出したのである。しかしこれは、既述のようにマルクスの生きていた時代の話である。

ケインズ主義的に考案されたIMFは、金本位制をとらず、国民通貨と金との民間レベルにおける自由な交換を成立させなかった。貴金属によって国民経済の経済政策、とりわけ完全雇用政策が制約を受けるという金本位制の硬直性からの脱却が目指されたからであった。したがって、国民通貨相互の交換は、全面的自由から制限されたものまで、いろいろな制度設計が可能だった。また、その交換比率も為替相場の動向に完全に委ねる変動相場制から固定相場制まで、様々なやり方が想定されたのだった。[*11]

IMFは、国民通貨相互の交換について、貿易などの経常的支払いの制限を禁止することに重点を置き、第8条に加盟国は原則として経常的支払いに制限を課してはならないと定めた。また、為替の交換比率については、固定相場制を採用した。これは、相場の変動を利用して投機的収益をあげることを目的とする「投機的投資家」の出現を阻止する装置だったのである。これらは、いずれもケインズ的理想を実践に移したものだったといっていいだろう。ケインズは、投機の危険性について次のように述べた。「投機家は、企業の着実な流れに浮かぶ泡沫としてならば、なんの害も与えないであろう。しかし、企業が投

機の渦巻きの中の泡沫となると、事態は重大である。一国の資本発展が賭博場の副産物となった場合には、仕事はうまくいきそうにない」[*12]。

　IMF協定は、第4条で「各加盟国の通貨の平価は、共通尺度たる金により、または1944年7月1日現在の量目及び純分を有する合衆国のドルにより表示する」とした。金1オンスを35ドルとし、また各国通貨とドルとの交換比率（平価）は、一旦登録されるとその後変更されるには、IMFの承認が必要とされたのであり、通貨の為替変動においては、平価の上下1％の範囲内に維持することが義務付けられた。各国の通貨が金とのリンクがあるような表現をとっており、IMFは、金本位制あるいは金為替本位制であるとする議論があったが、それは間違っている。なぜなら、ドルと金との交換は、民間には許されてはおらず、金輸入点、金輸出点に基づく金移動が存在しないからである。それゆえ、IMFは、固定相場制をとると宣言したのである。金本位制をとるならば、固定相場制を採用するということをあえて言う必要はないのである。

　ただ、アメリカ通貨当局は、IMF加盟各国が、彼らの所有するドル債権の金との交換を要求した場合、金1トロイオンスを35ドルで交換すると約束したのである。これは、アメリカが世界の国際取引に必要とする以上のドルを供給した場合、各国通貨当局は、そのドルを金と交換ができるからアメリカの国際的信用創造に対して金との交換により縛りをかけたともいえるだろう。ドル供給は、基本的には、経常取引を円滑に進めるためのものであって、国際資本取引を自由に進めるためのものではもちろんなかったのである。したがって後述するこの時期の「ドル危機」は、戦後ニューディール体制下における「信用主義から重金主義への転化」の現象形態ともいえるだろう。縛りを乗り越えてアメリカが、ドルによる信用創造を過剰なまでに展開した場合、その信用は、金への交換という形で、ドルに対する信用危機が引き起こされるわけだ。これは、戦後ニューディール体制下の貨幣恐慌の現れといえるだろう。

戦後アメリカの連邦財政支出

　戦後アメリカの連邦財政とりわけ連邦経費は、戦費の削減により当然にも縮減した。1945年連邦総経費987億300万ドルが、48年には337億9100万ドルへと

実に65.8%もの減少を示したからだ。[*13]アメリカ国家財政を歴史的脈絡の中で概観すると、連邦経費と州政府・地方政府を合わせた地方経費との間で、特徴的な数量関係が見いだせる。すなわち、戦争という非常時を除けば、国家経費のかなりの部分は、地方経費で占められ、連邦経費が国家経費に恒常的に定着するのは、1930年代後半以降という事実である。

連邦政府による財政政策の劇的転換は、1935年初めのローズヴェルト大統領の予算教書によって明らかにされた。すなわち、資本活動の不活発化を財政政策によって補正するという「補正的」(compensatory) 財政政策への転換であり、「資本活動が不活発かつ失業が高水準の時は、政府支出が重要となる」という見解が、1935年初めの予算教書において明らかにされたからだ。[*14]この1935年における補正的財政政策への転換は、アメリカ経済政策史上重要な意義を有する。なぜなら、これ以前の財政政策は、「呼び水」(pump-priming) 政策と称されたものであり、補正的財政政策とは決定的にその質を異にするからだ。すなわち、呼び水政策とは、現下の経済制度に全面的信頼を置き、政府支出を一時的な景気回復手段とするものであったが、この補正的財政政策は、公共投資が民間投資の減退を補正するように利用されうるとするものであり、経済統制の恒常的手段として財政政策を受け入れたのである。[*15]

もっとも、この政策転換によって、アメリカ連邦財政支出が劇的に上昇したというわけではない。時の財務長官ヘンリー・モーゲンソーは、財政均衡論者だったし、政権内部での激烈な財政支出をめぐる対立が続いた。しかし1937年経済恐慌後、国家の有効需要の一方的注入がなされることになり、連邦政府の財政構造は恒常的赤字財政となった。[*16]

アメリカの戦争準備が急速に進行するのは、1938年以降だった。1938年1月28日、ローズヴェルト大統領は、8億8000万ドルにも上る海軍拡張計画を議会に提出し、戦艦、空母、駆逐艦など総計71隻に上る海軍力の増強政策をすすめた。

アメリカ国民経済における連邦財政の重要性は、第二次世界大戦期に急速に高まった。アメリカ議会上下両院合同経済委員会におけるトレスコットの主張にあるように「1930年代の連邦機能の著しい拡張は、連邦経費の非常なる増加をともなうものではなかった」[*17]からだ。ニューディールは、制度的側面におい

て数々の改革をもたらしたものの、量的意味における連邦政府の経済への介入は、第二次世界大戦とともに定着し、戦後一時緩和されたものの「冷戦」体制の展開とともに再び構造化した。すなわち、国民総生産に占める連邦政府の財貨・サービス購入額は、1929年において1.2％であったが、戦後段階でほぼ10％程度の高い比率を示しているからだ。[*18]

戦後の連邦経費を主要種別に概観すると、最も際立った特徴は、軍事関連経費の大きさにある。国防費、国際関係・金融費、宇宙開発・技術費、退役軍人給付・サービス費の合計を軍事関連経費とみなし、総経費に占めるその比率を算出すると、平時である1948年、56年、62年において、それぞれ69.2％、67.2％、58.5％もの数値を示している。[*19] 戦前においても、軍事関連経費は、連邦経費の重要な項目であった。しかし、戦時を除けば連邦経費の50％を超えることはなかった。[*20]

戦後アメリカの軍事関連経費の膨張は、「社会主義世界体制」の形成、旧植民地体制の崩壊とともに現れた世界資本主義諸国の危機の深化によるといえるだろう。アメリカは、世界のいかなる地域の「社会主義化」もアメリカへの「侵略」ととらえ、アメリカ国家主権への侵害と理解したのだ。だから、そうした侵略には、自国の国家経費をもってその利害を守護しなければならないと考えた。国防総省による次の陳述は、戦後アメリカの軍事行動の基本を隠すことなく示している。

「西ヨーロッパは、われわれの国家利益にとって依然として特別に重要な地域である。そして、われわれは、その地域をアメリカ合衆国と同条件で防衛援助することを約束する。西ヨーロッパは、自由世界の最も重要な中心であり、それゆえその喪失は、アメリカ合衆国の安全を危うくし、世界の力の均衡を根底から覆すことになるだろう。イランから朝鮮にかけての弓形の一帯は、支配諸要素が不均衡な地域である。ここでは、起こりうる脅威は、中華人民共和国であり、その支配力は今後何年にもわたって危機の源泉となるだろう」。[*21]

こうしてアメリカは、戦後一貫して自国の国家利益から世界の資本主義諸国の擁護に向けてまさに言葉通り世界的に行動を起こすことになった。ヨーロッパにおいては、NATO（North Atlantic Treaty Organization）、中東においてはCENTO（Central Treaty Organization）、東南アジアでは、SEATO（Southeast

Asia Treaty Organization)、日本、韓国、台湾、フィリピンとは、それぞれに相互安全保障条約、ラテン・アメリカ諸国とはリオ条約（Rio Treaty）を締結し、こうして軍事条約は世界に広がっていった。[*22]

ところで、アメリカには戦後三つの軍事的優位があったとされる。第一が、世界で唯一の原子爆弾を保有しかつその使用能力を日本で示していたこと、第二が、作戦における強力な軍事的諸力を保有していたこと、第三に、戦争遂行のためのずば抜けた経済力を保有していたこと、である[*23]。こうした諸力を背景に、戦後いち早くアメリカは、トルーマン・ドクトリンのもとに同盟諸国網の構築を開始し、「社会主義」ブロック周辺諸国へ防衛援助を行うこととなった。[*24] 1950年朝鮮戦争勃発時には、戦争遂行能力をいかんなく発揮することになった。

だが一方、1949年にソ連の原爆保有が確認され、57年の大陸間弾道弾の実験成功、人工衛星スプートニク第1号、第2号打ち上げ成功は、アメリカ当局者に核ミサイル攻撃に対する「抑止力」の形成を急務とさせた。これが第二期アイゼンハワー政権の軍事戦略を規定していくこととなる。

ローウェンは次のように指摘した。「われわれがソ連の戦略核空軍形成の発端の重要性を認識する以前から、彼らは水爆、近代的ジェット爆撃機、そして長距離ロケットを確保したのである」[*25]。「アメリカ合衆国軍事政策の要諦は、侵略者への核報復（nuclear attack）という脅威によって、わが国への直接的核攻撃を抑止することである」[*26]。もちろん、その「抑止力」とは、核攻撃に備える戦略核兵力（strategic nuclear force）の増強を意味する[*27]。こうして、アメリカは、国防費の約4分の1、年間100億ドルを超す費用をこの「抑止力」すなわち、戦略核兵器に配分することとなった。[*28]

こうしたアメリカの軍事戦略は、当然にもNATOの軍事戦略を規定した。NATOは当初、第二次世界大戦の戦略をそのまま引き継ぐ二重戦略（dual strategy）を採用した。あの、ナチをフランスから追い払い連合国を勝利に導いたノルマンディ上陸大作戦に見られたように、侵略軍に対する地上での戦闘と同時に、戦略爆撃機による敵地への直接攻撃というのがそれだ。しかし、既述のアメリカの軍事戦略は、これに重大な変更を加えた。すなわち、「核抑止力」に全面的に依存する戦略体系への変更だ。ソ連の心臓部への核攻撃という脅威による戦略体系であり、それは、それゆえ地上防衛諸力の軽減を意味した。[*29]

さらに、アメリカは、イランから東南アジア、そして日本という諸国の防衛にもこの「核抑止力」に依存する戦略体系を採用した。「われわれは、核による脅威を中国による侵略に対して使用してきている。中国はいまだ核兵器を保有していないゆえ、この政策はソ連に対して使用するよりも危険性がすくない」[30]とローウェンは指摘した。

　以上のアメリカ軍事戦略は、アイゼンハワー政権の緊縮財政方針の下でたてられた。すなわち、核爆弾とミサイルを中軸とする「核抑止力」に依存する軍事戦略は、通常兵器による局地戦争の可能性を否定したのだ。第二次世界大戦や朝鮮戦争型の否定を意味する、このニュールック戦略と呼ばれた方針[31]は、核ミサイルの兵器体系を完成させることにより、軍事経費の削減に寄与するはずだった。たしかに、朝鮮戦争休戦後、アメリカにおける軍事費は、縮減している。だが、1957年におけるソ連による大陸間弾道ロケットの実験成功、人工衛星スプートニク打ち上げ成功は、ソ連の軍事力の優位を世界にまざまざと見せつけた。アメリカ連邦予算の組み方がこの事件によって大いに影響されたのは疑いようがない。1957年11月21日、合同経済委員会、財政政策小員会において、ウェスト・ヴァージニア大学経済学・財政学教授レオ・フィッシュマンは、次のように述べている。「最近の出来事、とりわけスプートニク第1号、第2号打ち上げ成功は、わが国の国家安全保障費のあらゆる面での削減をまったくありえないものとするだろう。たしかに、それどころか国家安全保障費が増加することは大いにあり得ることだ。これが事実なのであり、国家安全保障費の増加がわが国の経済に大きな負担となることを政策立案者が恐れる必要は何もない」[32]。この公聴会とその参加者の報告をもとに、『経済成長と安定のための連邦支出政策報告書』が提出され、そこでもソ連の科学・技術進歩によるチャレンジに対応すべく、国防努力をすべきことが連邦支出政策の基本として次のように強調されている。「今後何年かにおいて、われわれの国防効率の上昇は、おそらく国防費の上昇に帰結する」[33]。「国防支出の高水準の見込みは、これらの要求を満たす経済能力について何の問題も起こさない」[34]。

　こうして、1950年代末から軍需のミサイル化が引き起こされ、軍需産業への有効需要が増加された。

戦後アメリカの連邦財政収入——ケインズ税制の特質

　戦後アメリカの連邦経費を支えた連邦収入は、どのような特徴を有したのか。まず、戦後連邦経費は、連邦政府による個人所得税の徴収によって可能となった事実を指摘しなければならない。アメリカの個人所得税は、1913年に憲法上初めて認められた。それ以前、個人所得税は、国家による個人の所有権への侵害であり、憲法違反という判断が下されてきた。しかし、個人所得税による税の徴収が、法人所得税、内国消費税、関税を上回ったのは、第二次世界大戦期のことだった。

　1940年から44年にかけて毎年のように改定された「歳入法」においては、個人所得税の免税点の切り下げと税率の引き上げが行われた。1940年の免税点は、たとえば、既婚者（扶養家族なし）2000ドル、独身800ドルに切り下げられたが、44年にそれは、それぞれ1000ドル、500ドルにさらに引き下げられた。[*35] 免税点の引き下げは、当然のことながら所得税申告件数の激増をもたらした。1940年の所得税申告件数は、750万5000件であったが、44年にそれは4235万4000件となった。[*36] そして、免税点の切り下げと同時に税率の引き上げが行われた。一例をあげれば、独身、所得3000ドルの者は、1940年に税率2.8％だったが、44年には実に19.5％もの税率が課せられることになった。既婚者（扶養家族なし）、所得5000ドルの場合、同じ時期2.2％から19.5％に上昇したのだ。こうして、連邦政府個人所得税は、1940年の9億5900万ドルから44年の197億100万ドルへと急上昇を記録することになった。[*37]

　ところでここで注意しなければならないのは、この事態が戦争期の特殊状況に基づくとはいえ、それが戦後税制に引き継がれ、アメリカ型ケインズ税制として定着したことである。第二次世界大戦後、かなりの物価騰貴から名目所得の上昇が引き起こされたにもかかわらず、それに見合った免税点の引き上げは行われなかった。1948年から69年まで、連邦個人所得税免税点は、およそ20年間にわたって据え置かれたままだった。[*38]

　したがって、連邦個人所得税申告件数は、戦中から戦後にかけて激増することになった。1936年〜40年にかけて申告件数は、年平均410万3473件であった

が、66～70年にかけては、年平均5994万1897件と実に14.6倍にも増加しているのである[*39]。そして、連邦個人所得税率をみれば、戦後における税の高率化と所得に応じた、応能負担の税の累進課税化が進行したことが理解できる[*40]。これはまさしく、アメリカにおけるケインズ税制の展開だった。ケインズ税制は、国民経済に政府部門を定着させ、連邦政府の意識的な財政運営を個人所得税において支える体制を創出したのだ。過度の貯蓄とその結果としての貨幣退蔵がデフレをもたらし、所得の不平等な分配が不況を導き出したというケインズ主義の認識は、累進課税によって高額所得者から税を取り、かれらの限界消費性向を高め、民間の過度の貯蓄形成を防ぎ、この税収を基とする財政支出政策によって、経済の完全雇用を実現するというのがその意図するところだった。また、経済が完全雇用でない場合には、赤字財政をいとわず積極的に財政支出を行うべきだとした。

　また、第二次世界大戦期に急激に高まった法人所得税は、戦後どのような事態になったのか。1944年において147億3700万ドル、連邦政府一般収入の30.3％を占めたことに見られるように[*41]、法人所得税率は、戦時に急激に上昇したことは明らかだ。とりわけ、戦時における超過利潤税（excess profits tax）の占める割合は非常に高く、一時廃止されたものの、朝鮮戦争期に復活し、戦後の税収においてもかなりの役割を果たしてきた。だが、法人所得税の一般収入に占める割合は、朝鮮戦争休戦以降、低下傾向にあるといっていい。すなわち、1953年に212億3800万ドル、連邦政府一般収入の30.9％を占めていたものが、62年には、205億2300万ドル、22.3％に実額・比率とも低下しているからだ[*42]。個人所得税と異なり、企業に対しては、減税政策が戦後展開されたといえるだろう。

　戦時に急増した国債は、戦後どうなったのだろうか。第二次世界大戦時に国債が戦費の調達に果たした役割は大きかった。1942年から45年にかけて連邦財政は大赤字だった。だから、国債は、アメリカの戦争遂行にとって不可欠な資金調達手段であった。国債残高は、戦時に急増し、その残高は空前の規模に膨れ上がった。連邦負債総残高2710億ドル（1946年末）、対GNP比率130％がそれを如実に示している[*43]。

　もちろん、第二次世界大戦直後は、国債の果たした役割は大きくはない。な

第3章　パックス・アメリカーナと金融危機の鎮静化　143

ぜなら、戦中・戦後にかけてのインフレーションの激化は、これ以上の国債発行による財政収入を許さなかったからだ。1947年、48年には、かなりの額の連邦財政黒字を記録することとなった。だから、連邦負債総残高は、1946年をピークに一時は減少傾向を示した。

しかし、「冷戦」体制に起因する軍事戦略は、こうした傾向を全く戦後の一時的現象としてしまった。とりわけ、朝鮮戦争勃発による国防費の急増は、歳入不足を深刻にし、連邦政府は国債発行による資金調達に頼ることとなった。1955年には、連邦負債総残高は2744億ドルに達した。アイゼンハワー政権は、基本的に財政均衡主義をとり、1956、57会計年度では、財政黒字を出すまでに至るが、結局、戦後17年間を全体としてみれば、財政赤字の傾向が強く、62年に連邦負債総残高は3029億ドルに達した。

戦後金融政策と国債

戦後ケインズ財政は、連邦財政規模の恒常的肥大化をもたらした。と同時に、国債の多額の累積を金融市場にもたらした。国債は戦後金融政策の確立にあたってどのような役割を果たしたのだろうか。

国債について、若干の歴史的変遷を検討すれば、国債市場は、当然のことながら財務省の借入要求に基づく歴史的過程から形成されてきた。国債規模が現在のように大きくない時代、その取引はニューヨーク株式取引所の競売市場（organized auction market）で十分だった。しかし、南北戦争直後や第一次世界大戦直後という国債取引が活発な時期には、それは専門証券ディーラー（specialized security dealers firms）あるいは、いくつかの銀行で構成された寡占的な顧客市場（negotiated market）において取引されることになった。国債に対する安定的かつ継続的市場を提供するにはこの方式が最も有効だったからだ。したがって、第二次世界大戦後においては、国債取引はディーラー市場でそのほとんどが取引されるという事態となった。[*44] 国債ディーラー市場は、財務省の資金需要の実現、高度に流動的・市場性豊かな債券の実現、公開市場政策の役割という三つの使命を持った戦後の重要な金融市場に成長したのだ。[*45]

この国債ディーラー市場について、より具体的に検討しよう。まず、ディー

表 3-1　政府証券ディーラー（1959 年）

銀行ディーラー
1. Bankers Trust Co.
2. Chemical Bank New York Trust Co.
3. Continental Illinois National Bank & Trust Co.（Chicago）
4. First National Bank of Chicago
5. Morgan Guaranty Trust Co.

非銀行ディーラー
1. Bartow, Leeds & Co.
2. Briggs, Schaedle & Co., Inc.
3. C.F. Childs & Co., Inc.
4. C.J. Devin & Co.
5. Discount Corp.
6. First Boston Corp.
7. Aubrey G. Lanston & Co.
8. New York Hanseatic Corp.
9. Wm. E. Pollock & Co., Inc.
10. Chas. E. Quincey & Co.
11. D.W. Rich & Co., Inc.
12. Salomon Bros. & Hutzler

〔出所〕　U.S. Congress, Joint Economic Committee, *A Study of the Dealer Market for Federal Government Securities*, U.S.G.P.O., Washington, D.C., 1960, p.2. より作成。

ラーは、財務省証券の新発行を引き受け、公開市場における活発な売買をする機能を有するが、その数は多くはなく、1959年時点で、主要銀行はじめ17の金融機関が国債ディーラーとして認められていた（表3-1）。この表を見てわかることは、国債ディーラーを営む銀行はいずれもアメリカ巨大銀行であることだ。[46] したがって、ここからも戦後アメリカ資本主義における国債市場の枢要な位置が改めて確認されるが、しかも、この市場で取引の集中化が引き起こされていた。1958年時点において、国債取引は3大ディーラーに41.8％、8大ディーラーになるとその82.1％が集中したのだった。[47]

こうした国債はどの機関の投資対象となったのだろうか。1946年から59年にかけての連邦政府債機関別所有状況を検討すると、まず、生命保険会社、相互

貯蓄銀行が、あわせて364億ドルから193億ドルへと投資を急減させている。第二に、それに代わって政府機関信託基金、州地方政府あわせて、同じ時期に365億ドルから729億ドルへと投資額をほぼ倍増させている。そして、第三に、連邦準備制度、商業銀行、個人、株式会社は、その国債投資の増減を繰り返している[*48]。

　生命保険会社、相互貯蓄銀行が国債投資を減少させたのは、ひとえに戦後それも1950年代の景気高揚が原因だ。なぜなら、景気高揚に伴う本格的設備投資の増大は、各企業にかなりの規模の資本需要を生み出し、生命保険会社、相互貯蓄銀行がそれに積極的に対応したからだ。「戦後を特徴づけた強力な民間からの資金需要に応えて、これら２金融機関は、彼らの資金をより利益の大きい民間投資へ振り向けるべく、政府債券の着実な現金化を図ったのである。相互貯蓄銀行の場合は、抵当貸付であり、生命保険会社の場合は、会社債券・抵当貸付であった」[*49]。政府信託基金、州地方政府退職基金の安全な資産運用の道として国債投資が選択されたのだ。

　ところで、連邦準備制度と商業銀行の国債保有状況は、何を意味するのか。ここで注目すべきは、２金融機関の保有する連邦債の果たす金融的役割だ。つまり、ここに蓄積された国債は、連邦準備銀行の信用調整手段として、とりわけ戦後重要な役割を果たすことになった。よく知られているように連邦準備銀行による代表的な金融調整手段として、公開市場操作、再割引率操作、預金準備率の変更の三つがあげられる[*50]。戦後、公開市場操作が最も基本的な金融調整手段となったのは、以上述べた国債の累積がその現実的基盤になったからだ。こうして、国債ディーラー市場は、アメリカ有価証券市場の最大の構成要素に成長した。1958年における国債ディーラー市場の取引額1760億ドルは、同時期のニューヨーク株式市場の株式・社債取引額の実に５倍以上の数値を示した[*51]。

戦後金融政策の確定──1951年「アコード」の経済政策的意義

　戦後アメリカにおける金融政策の確定は、1951年３月の財務省と連邦準備制度理事会による「アコード」（accord: 合意）にあるといわれる。戦後、財務省の国債管理の都合から低金利の維持を義務付けられ、財務省に従属的立場にあ

った連邦準備銀行が、その独自性を確立したのが、「アコード」なるものの実態だといわれるからだ。したがって、その「アコード」がアメリカ金融政策史上いかなる経済的意義を有するかを明らかにするには、その歴史的前提を検討しなければならない。

　一般に低金利政策は資本のコスト効果から投資に促進的役割を果たすとされる。だが、1930年代大恐慌は、長期の不況過程を伴い、この金融政策の無能ぶりをあきらかにしたことは、第2章において詳述した。巨大寡占企業の過剰生産から引き起こされた再生産過程の攪乱(かくらん)・停滞を、低金利という金融的措置によって回復に導くことはできなかった。既述のように、1935年のローズヴェルト大統領の予算教書による補正的財政政策の転換によって、アメリカ経済は、ようやく本格的な回復の軌道に乗った。こうして、金融政策に代わり有効需要を創出し生産を活発化させる財政政策が重視され、それは、ケインズ経済学という理論的支柱を得る中で定着していった。第二次世界大戦において、連邦財政規模は膨大になり、しかもその収入をかなりの国債で調達するという構造を生み出していった。既述のように、1946年末には、連邦負債総残高は、2710億ドル、対GNP比率130％になり、国民総生産を上回る事態となった。

　ところでこの過程は、財政政策に対する金融政策のまったくの従属化を意味した。アメリカ経済政策の基本は、財務省が策定し、連邦準備銀行はそれに付き従う行動をとることがマリナー・エクルズ連銀議長の下で展開したのだ。すなわち、連邦準備銀行は、戦中、財務省の国債発行を助け、積極的買いオペレーションで応えた。1941年1月において、連邦準備銀行の国債保有額は、21億8400万ドルだったが、45年8月には、225億3000万ドルに膨れ上がっていた[*52]。この積極的な買いオペレーションは、戦時中に諸々の統制によって抑えられていた物価を戦争終了とともに上昇させ、急激なインフレーションを導き出した。だが、連邦準備銀行は、戦後の段階においても、国債の価格支持、すなわち低利回りの維持による国債費用の削減という財務省の国債管理政策に従属し、戦後インフレは、容易に終息はしなかった。1950年の朝鮮戦争の勃発は、景気高揚を一気に導出し、各金融機関は、国債を売却してまで、信用拡大を図ろうとしたが、連邦準備銀行は、国債価格維持のため市中の売りに受動的に買わざるを得ず、インフレに拍車をかけるばかりだった。こうした過程に財政政策は無

第3章　パックス・アメリカーナと金融危機の鎮静化　147

力である。事実、アメリカ連邦財政は、1946年に178億9900万ドルを記録したが、その後、黒字基調が続いた。たしかに黒字幅は小さかったし、かつ黒字転化の時期が遅かったとはいっても、戦後財政黒字が、インフレ終息に効果がなかったことは明らかだった。[*53]

こうして、戦後、金融政策の「復活」が声高に叫ばれることになった。デフレ期には、それを克服する政策として、金融緩和政策は無力だったが、インフレ期には、それを抑制する政策として、財政黒字政策は、無力なのだ。アメリカ議会では、1949年にダグラス委員会、パットマン委員会の２つの小委員会が設置され、連邦準備銀行制度創設時における全国通貨委員会（National Monetary Commission）以来の規模での広範な調査が行われた。[*54]ダグラス委員会は、最終報告書における貨幣・負債管理政策の項で次のように進言した。「財政政策と協力して採用される適切・柔軟・強力な金融政策は、雇用法の諸目的を達成するために用いられる主要方法のひとつであるべきだ」[*55]。そしてさらにこの報告書は、その金融政策によって連邦財政にかなりのコストがかかり、財務省の国債新発行・借換発行にとって不都合になってもやむを得ないとした。[*56]

朝鮮戦争勃発にともなうインフレの進行は、低利借換を主張する財務省とインフレ抑制から金利引き上げを狙う連邦準備制度理事会との決定的対立をもたらした。[*57]だが、この対立は、1951年３月４日、財務省と連邦準備制度理事会の声明によって終止符が打たれる。「両者は、政府の資金調達を成功裏に行い、同時に公債の換金化を極力抑えるという共通目的をいっそうすすめるための国債管理と金融政策について完全な合意（accord）に達した」[*58]。公債換金化を極力抑えるという合意において最も重要な点は、連邦準備銀行が公開市場において、高い釘づけ価格による国債購入をとりやめたということだ。戦中戦後にかけて展開された連邦準備制度の財務省への従属は、ここにおいて終止符が打たれた。貨幣及び金融政策の「ルネッサンス」[*59]あるいは、金融政策の「復活」[*60]（revival）といわれるゆえんだ。

ところでこの「アコード」は、アメリカ金融政策史上いかなる位置を占めるのだろうか。まず、その金融政策の「復活」をより具体的レベル、すなわち金融政策の手段という側面から検討しよう。

すでに述べたように、連邦準備銀行の信用統制手段には、預金準備率の変更、

公開市場操作、再割引率の変更、直接統制などが考えられる。マルクスの時代、資本主義の古典的な段階では、再割引率の変更が中央銀行の基本的信用調節手段だった。商業信用による手形を銀行が割り引き、さらにそれを、中央銀行が再割引するというのが当時の主要な金融統制手段だった。1844年ピール銀行条例によって、恐慌期の金流出に対してイングランド銀行が採用した再割引率の引き上げは、いわゆる「イングランド銀行のねじの締め上げ」として、金融危機を一層深刻にしたことは、すでに第1章で詳述した。だが、戦後のアメリカでは、このような再割引率の変更による信用調整機能は無力化した。戦争直後の物価騰貴のなかで、連邦準備銀行は何度か再割引率の引き上げによって信用統制を試みたが、累積国債の換金化による信用膨張を再割引率の引き上げで阻止はできず、物価騰貴は継続したのだ。こうして、連邦準備銀行の信用調整手段として、公開市場操作によるハイパワード・マネー（ベース・マネーともいう）の調整機能が重視されるに至った。国債の累積とそれに伴う国債市場の形成が、公開市場操作を戦後アメリカの信用調整手段の基本とする現実的基盤となった点は既述のとおりだが、ここではさらに、公開市場操作が信用調整手段の中心的手段になり、金融政策と財政政策との連携が密接不可分のものになったことの確認が肝要だ。

1951年3月に成立した「アコード」のアメリカ金融政策史上の意義を結論的にいえば、この「合意」によって、戦時金融政策が終了し、それに代わる戦後アメリカ金融政策の確定がなされたということである。この「合意」成立直後、マリナー・エクルズに代わり、連邦準備制度理事会議長に就任したウィリアム・マーチンは、連邦準備制度理事会が戦争中、利回りの固定という点から国債価格の高位安定に取り組み、それがインフレ要因を生み出したことを指摘したのち、その政策は、戦後も1951年3月まで基本的に踏襲されたことを確認している。「金融史において、この合意は画期的なものであった。連邦準備制度は、政府債市場の固定価格維持から手を引き、貨幣量について、その影響力を再び取り戻した」のである。

だがここで注意すべきは、この「合意」は、単なる金融政策の復権を意味するのではないということだ。この「合意」は、戦後において経済的安定をめざした財政・金融政策の協調体制を意味していたのだ。金融政策の「復活」の理

論的支柱であったとされるダグラス委員会報告においても、経済状況に応じた柔軟な財政政策が進言されているのであり、硬直的な均衡財政主義が目指されたわけでは決してない。*65「1946年雇用法」(Employment Act of 1946) に規定された経済諸目的を財政・金融政策の柔軟な運用によって達成すべきことが、1951年の時点で確定されたとすることができるだろう。*66 その意味で、1951年3月の「アコード」は、画期的なものだった。

2　1957年～58年経済恐慌と寡占企業
——金融危機なき経済恐慌はどのように起こったのか

　1957年9月に発生した1957～58年経済恐慌は、戦後アメリカに引き起こされた本格的な経済恐慌であった。しかしこの経済恐慌では、巨大寡占企業の設備投資の減少、生産の減少、労働者の解雇による失業率の上昇が起こったものの、かつての恐慌のように鋭い金融危機を伴ってはおらず、また物価が低落せず逆に上昇するという有様だった。*67
　まさしくこれは、戦後形成されたニューディール体制下における経済恐慌の変容ということができる。どのような事情でこうした事態が生み出されたのか、まず、その好況過程からその特質を検討してみることにしよう。

寡占的市場構造と好況過程（1955年～57年8月）

　好況過程はいつ開始されたのか。「産業循環の一局面としての好況を、新投資、とくにⅠ部門（資本財生産部門——引用者）の新投資によって主導されて『Ⅰ部門の不均等的拡大』が急速に進展する過程であると規定」*68 すれば、それは、1955年から57年8月までと論定できる。1955年において、経済回復過程を牽引した2大消費セクターの住宅・自動車部門がその生産のピークを迎え、循環の頓挫が懸念されていたにもかかわらず、それに代わって資本財セクターへの商品需要が新生産設備の生産増加と価格の上昇を生み出し、57年第3四半期までの循環をリードしたからである。アメリカの主力企業は、長期の景気高揚

への期待、減価償却基金の蓄積、新技術への競争圧力、これらへ対応すべく新鋭生産設備投資の飛躍的な充実を図ったのだ。[*69]

この好況過程の循環的需要増大は、この時期の機械生産部門に最も大きな影響を与えた。まず、この時期の機械価格上昇の要因が、循環的好況からの需要増大にあったという認識が必要だ。注文に応じることのできなかった機械類の価額は、1954年12月の137億ドルから57年2月には202億ドルに膨れ上がり、新注文額は55年2月から56年12月にかけて、その売上額を超えたのである。1955年第2四半期に開始された在庫蓄積の増加も、57年第3四半期まで継続的に上昇した。[*70]

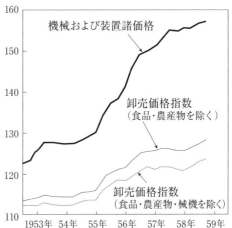

図3-1 工業製品価格と比較した機械価格

〔注〕1947～49年＝100とした指数。
〔出典〕Thomas A. Wilson, *An Analysis of the Inflation in Machinery Prices* (Study Paper No.3), Materials Prepared in Connection with the Study of Employment, Growth and Price Levels for Consideration by the Joint Economic Committee, Congress of the United States, U. S. G. P. O., Washington, D.C., 1959, p.48.

第二に、こうした循環的好況から生じた機械需要は、工業製品一般の価格上昇率に比較して機械価格の上昇率の高さを生み出した。1954年から55年第1四半期にかけて比較的安定的であった機械価格は、55年4月1日から上昇し始め56年11月まで急上昇したのち、57年11月まで低率ながらも上昇を続けた。食品・農産物を除く商品卸売価格は、しかし、1955年6月から上昇を開始したものの、上昇率は緩やかであった（図3-1）。この趨勢は、いかに資本財部門のなかで機械生産部門が循環的高揚の中心的役割を果たしているかがわかる。

したがって、第三に、この循環過程において、製造業部門全体の設備投資の上昇に対し、機械部門、とりわけ非電気機械部門の設備投資額の上昇が際立っていたという傾向をみることができる。全循環のピークからこの循環のピークまでの設備投資額の比率を検討すれば、製造業部門全体が1.34であるのに対して、非電気機械部門は、1.60であり、機械工業全体でも1.47の数値を記録して

表3-2　部門別設備投資の循環ピーク値比較

	製造業	主要金属工業	鋼業	電気機械工業	非電気機械工業	機械工業(全体)
四半期別最高値／四半期別最高値 (1956～57年)　(1952～53年)	1.37	1.32	1.18	1.27	1.53	1.43
年別最高値／年別最高値 (1956～57年)　(1952～53年)	1.34	1.25	1.14	1.27	1.60	1.47
1956～57年値／1952～53年値	1.31	1.16	1.10	1.40	1.57	1.51

〔出典〕　Wilson, *op. cit.*, p.46.

表3-3　産業部門別生産能力および生産高

産業部門	生産能力1) (1950年12月=100)		生産高 (1947～49年=100)		変化率 (1955～57年、%)	
	1955年	1957年	1955年	1957年2) 第3四半期	生産能力	生産高
鉄　　　　　鋼	121	132	138	129	+9.1	-6.5
非　鉄　金　属	149	170	143	137	+14.1	-4.2
非　電　気　機　械	142	171	135	151	+20.4	+11.9
電　気　機　械	156	185	194	213	+18.6	+9.8
自動車、トラック、部品	146	168	153	129	+15.1	-15.7
その他の輸送器械	188	220	272	345	+17.0	+26.8
化学および関連製品	147	170	167	185	+15.6	+10.8
パルプおよび紙	130	146	149	154 3)	+12.3	+3.4
ゴ　ム　製　品	132	146	143	138	+10.6	-3.5
石、粘土およびガラス	124	140	149	158	+12.9	+6.0
石　油　精　製 4)	124	134	135	142	+8.1	+5.2
食品および飲み物	116	127	129	113	+9.5	+3.7
繊　維　製　品	114	124	127	101	+8.8	-5.6
全　製　造　業	130	146	140	147	+12.3	+5.0

〔注〕　1）　年末・年始の平均値。
　　　　2）　季節調整済。
　　　　3）　年平均値。
　　　　4）　生産高は石油および石炭製品。

〔出典〕　Charles L. Schultze, *Recent Inflation in the United States* (Study Paper No.1), Materials Prepared in Connection with the Study of Employment, Growth, and Price Levels for Consideration by the Joint Economic Committee, Congress of the United States, U.S.G.P.O., Washington, D.C., 1959, p.101.

いるからにほかならない（表3-2）。こうして、1955年以降の好況過程において、資本財部門とりわけ機械部門を主導とする再生産過程の活況がアメリカ経済に訪れたのである。

この1955年から57年にかけての非電気機械部門を先頭とする設備投資の積極的展開は、資本の生産能力の増大をもたらしながらも、同時に生産高の増大とのギャップを拡大していく。産業部門別にその過剰生産能力の実態を検討すると次のことが理解できる。

まず、この好況過程で最も生産能力を拡張した部門は、非電気機械部門であり、20.4％の上昇率を示し、生産高も同時に11.9％と二桁の上昇率を示した。循環をリードした部門であり、設備投資による生産能力の拡張とともに、機械の需要増に基づき生産の増加も顕著であった。

だが第二に、鉄鋼および非鉄金属部門は、資本の生産能力をそれぞれ9.1％、14.1％と増加させながら、生産高は同時期においてそれぞれ-6.5％、-4.2％と減少させているのである。また、自動車部門も、資本の生産能力を15.1％も増加させながら、生産高は-15.7％と減少させている。繊維部門も同様の傾向を示した（表3-3）。すなわち、1955年からの好況過程において、機械部門が先頭となって産業諸部門の全再生産過程をリードしてはいるものの、自動車・繊維などの消費財生産部門では、はや過剰生産が明確になり生産高を減少させているのであり、消費財部門と資本財部門とりわけ機械部門との対照的動向が注目される。

独占段階の好況過程における設備投資の特徴について、北原勇氏は、次のような注目すべき指摘をしている。「独占段階では、独占部門において固定資本の巨大化を中心に設備拡張投資の規模がいちじるしく巨大化しているうえ、ひとたび設備拡張競争がはじまると、巨大独占諸企業は生産能力過剰化が明白に予想されるもとでもシェア確保のために設備投資拡張を強行しようとする傾向にある（このことは一層活発な設備需要を通じて発展を倍加・促進し、一時的には生産能力過剰化を緩和する作用をもつ）ので設備拡張投資が群生し、Ⅰ部門を中心として設備拡張投資の誘発によって急速な『Ⅰ部門の不均等的拡大』が促される傾向は、競争段階より一層強い」[71]。

だが、なぜこうした設備投資の拡張競争が可能だったのだろうか。ここで注

表3−4 製造業諸費用変化

	1953年	1957年	変化率 (1953〜57年、%)
製造業総所得	168.8	197.4	16.9
賃 金 支 払	163.6	178.3	9.0
固 定 費			
労 働 費	179.5	252.3	40.6
減価償却費	226.8	335.3	47.8

〔注〕　1947年＝100とした指数。
〔出所〕　Schultze, *op. cit.*, p.82, より作成。

 目されるべきは、寡占的市場構造の下で展開した基軸的産業の資本蓄積の在り方だ。景気拡大過程で資本財部門の設備投資が積極化し、生産能力が拡大することは既述のとおりだが、このプロセスは、寡占産業における固定費比率の上昇をもたらした。
 機械部門をとって説明しよう。この部門の資本設備の拡張は、従来の機械設備と性格を異にし、自動制御装置を内包するいわゆるオートメーション技術に基づくものだった。この技術に基づく投資は、まず資本の労働力構成を劇的に変化させた。戦後の技術改良は、単位生産あたりの労働の必要性を減少させたばかりか、使用労働の質を変化させた。生産方法のオートメーション、管理機能の機械化、事務所会計機能の機械化、これらの発展は、監督・操作・保守における専門的・半専門的職員を必要としたのであり、可変費としての労務費に対して固定費としての労務費の比率を高めたのだ。[72]
 さらに、オートメーション技術に基づく機械設備への投資は、固定資本の比率も高め、製造業費用における減価償却の比率を上昇させた。表3−4によれば、以上で述べた事実が裏付けられる。すなわち、1953年から57年にかけて製造業所得は16.9％の伸びであったが、賃金支払いは高々9％の伸びにすぎず、固定費の伸びが著しく、減価償却費が、47.8％、固定労務費が40.6％もの伸びを示したのである。したがって、1950年代後半の製造業固定費（FC）の伸び率は当然、生産高（$q_{fc}u$）[73]の伸び率を超えていたと推論して誤りはない。単位生産当たりの可変費（AVC）が変化しないと仮定すれば、単位生産当たりの

表3-5 製品別卸売物価指数

	1953年	1958年10月	変化率
			%
管 理 価 格			
鋼（完成品・半成品）	137.2	188.2	+37
機 械、自 動 車	123.0	149.9	+22
各 種 鋼 製 品	123.4	148.8	+21
ゴ ム 製 品	125.0	146.1	+17
非 金 属 鉱 物	118.2	136.7	+16
パルプ・紙製品	116.1	131.9	+14
タバコ、びん入飲物	115.4	128.8	+12
非 鉄 金 属 製 品	123.4	130.2	+6
混 合 価 格			
家具・耐久家庭用品	114.2	123.0	+8
化 学 関 連 製 品	105.7	110.2	+4
燃 料	109.5	113.0	+3
競 争 価 格			
加 工 食 品	109.6	110.0	+5
皮 革 製 品	98.5	101.4	+3
木 材・木 製 品	120.2	120.8	+0.5
繊 維 製 品	97.3	93.2	-4
農 産 物	97.0	92.3	-5
そ の 他 製 品	97.8	91.2	-7
全 卸 売 物 価 指 数	110.1	119.0	+8.1

〔注〕1947～49年＝100とした指数。
〔出典〕U. S. Congress, Senate, Committee on the Judiciary, Hearings before the Subcommittee on Antitrust and Monopoly, *Administered Prices* (Part 9 Administered Price Inflation; Alternative Public Policies), U. S. G. P. O., Washington, D.C., 1959, pp.4755-4756, より作成。

固定費 $\left(\dfrac{FC}{q_{fc}u}\right)$ の上昇は、寡占市場における価格設定にフルコスト原則が適用され、一定のマークアップ率（θ'）が維持されれば、当然ながら製品の価格（p）上昇に帰結するだろう。

数式で表せば、$p = (1+\theta')\left(AVC + \dfrac{FC}{q_{fc}u}\right)$ であり、$\dfrac{\Delta FC}{FC} > \dfrac{\Delta q_{fc}u}{q_{fc}u}$ とな

るから、$\frac{FC}{q_{fc}u}$ は上昇し、したがって p も上昇することとなるのである。

　事実、時期は若干ずれるが、1953年から58年10月までの製品別卸売物価指数を検討すると、製品市場の相違を反映した物価動向の明確な違いが明らかとなる（表3-5）。すなわち、鉄鋼、機械、自動車、各種鉄鋼製品などの管理価格は、鋼（完成品、半製品）の37％増を筆頭にタバコ、びん入り飲み物に至るまでいずれも全卸売物価指数8.1％を上回っているのだが、繊維製品、農産物などの競争価格は、逆に－4％、－5％の価格低下を記録しているのである。

　ところで、寡占企業のマークアップ率は、目標利潤率（r_s）を実現することを目的として設定されるから、$\theta' = \frac{r_s v}{u_s - r_s v}$ と表すことができる[*74]。$v = \frac{K}{q_{fc}}$ は総資本額（K）をフル操業での生産高（q_{fc}）で割った資本係数、u_s は標準操業度であり、これを用いて、寡占企業の価格設定方程式を表せば、

$$p = \left(1 + \frac{r_s v}{u_s - r_s v}\right) UC$$

となり、この式を r_s で解けば、

$$r_s = \left(\frac{p - UC}{p}\right) u_s \left(\frac{q_{fc}}{K}\right)$$

となる。

　すなわち、目標利潤率＝売上利益率×標準操業度×資本係数の逆数となる。

　したがって、寡占企業は、一旦価格を設定すれば、短期的には、操業度を上げることにより利潤率を上昇させることができる。また操業度の維持が可能であれば、一定程度の利潤率を確保することは可能となる。企業の操業度、すなわち製品の売り上げが企業利潤の決定要因だったということになる。

　だから、この時期のアメリカ巨大寡占企業の設備投資は、製品売上高期待成長率の上昇が投資需要増加の最も大きな要因となったのだ。そして、企業貯蓄の増加傾向がこの投資需要を基本的に賄った。もちろん、巨大金融機関が景気高揚から生み出される膨大な資本需要に応えたことは事実だが、基本的には、巨大寡占企業が、巨額な内部資金をその設備投資に使用する戦後ニューディール体制下で資本蓄積は進んだ[*75]。

寡占的市場構造と恐慌過程（1957年9月〜58年4月）

　好況過程が資本財部門の新投資を基軸に展開している以上、経済恐慌は、その資本財部門の新投資の下落という現象を通じて引き起こされる。基底に生産と消費の矛盾があり、新投資の下落は、製品売上高期待成長率の上昇を望めず、期待利潤率が低下するという事態は、総資本額の過剰というシグナルを経営者に送っているわけだから、新設備投資の下落が引き起こされるのである。

　北原勇氏は、独占段階の全般的過剰生産恐慌の発生について次のように述べる。「独占部門では、シェア獲得のため各独占企業による設備投資拡張、あるいは生産能力を拡大する新生産方法導入と結びついた更新投資が相次いで生じた後、かなりの『余裕能力』と過剰生産能力を持った各独占企業のもとで、設備拡張投資の中断が生じ、一方の供給のみが増大する状態が出現するという特徴がある。これらによって、一方的需要総額が一方的供給総額を上回る関係から、一方的供給総額が一方的需要総額を上回る関係へと転じ、全般的過剰生産の爆発をみることとなろう」[*76]。

　1955年から57年にかけての好況過程において、住宅建設、自動車生産という消費財セクターの主要部門の過剰生産能力の形成にもかかわらず、機械部門を先頭とする資本財セクターの積極的資本蓄積によって、景気高揚が牽引された事実は既述のとおりだ。しかし、その機械部門においても、非電気機械部門では、新規注文は、1956年末がピークであり、それ以降落ち始めた。こうして、1956年末に生産のピークを迎えた産業部門に引き続いて、1957年第4四半期には、消費財、生産財の多くの部門で生産・販売額を急激に減少させることとなった。この生産高の落ち込みは、全産業部門に及んだ。実質国民総生産、工業生産高、耐久財生産高、いずれの指標をとってもほぼ1958年第2四半期まで落ち込みは続き、民間労働力失業率も1958年8月に最高となったのであって、この期間は、明確に恐慌局面とすることができるだろう。

　ポール・A・サムエルソンは、1958年4月28日の上下両院合同経済委員会財政政策小委員会で次のように証言した。「現在の景気の落ち込みは、戦後の三つの景気の後退のうち最悪のものであります。すでに、生産、雇用、そして所

得は、1953〜54年の景気後退以上のものになっております。落ち込みの底はまだ見えず、経済は、1958年の第2四半期においてもなお下降を続けているのであります。……この現在の景気後退の最も明白な原因は、企業の設備投資支出の深刻な落ち込みなのであります」[*77]。

巨大寡占企業において過剰生産能力が形成されながら経済好況が継続するメカニズムは既述のとおりだが、それではなぜそのメカニズムが永久に続かず、恐慌局面に反転するのだろうか。

既述のように巨大寡占企業の価格決定方式と利潤率方程式は以下のとおりである。

$$p = (1 + \theta')UC \quad UC = \left(AVC + \frac{FC}{q_{fc}u}\right)$$

$$r = \left(\frac{p - UC}{p}\right) u \left(\frac{q_{fc}}{K}\right)$$

好況過程における新型設備投資の継続は固定資本比率を上昇させ、生産資本内部の固定費（FC）としての賃金ならびに減価償却費の比率を上昇させる。企業の操業度（u）も上昇し、生産高（$q_{fc}u$）も上昇するが、固定費の伸び率が生産高の伸び率を上回るから、製品単位当たりの固定費 $\left(\dfrac{FC}{q_{fc}u}\right)$ が上昇し、フルコスト原則によるマークアップ比率（θ'）の維持は、製品価格（p）を上昇させる。しかし、効率的資本投資によって、資本係数の逆数 $\left(\dfrac{q_{fc}}{K}\right)$ が上昇し、企業の操業度（u）も維持できれば、売上利益率 $\left(\dfrac{p - UC}{p}\right)$ 一定のもとで、企業利潤率（r）は上昇する。これが好況過程で、企業が新設備投資を継続させる論理だった。

しかし、好況末期となると、市場の拡大は、製品価格の上昇の影響も受け、生産能力の上昇と歩調を合わせて企業操業度を維持することが難しくなってくる。したがって、企業操業度が急速に減少し始めると企業利潤率は下落を開始する。企業利潤率の下落とともに、企業投資が減退するのである。

こうして、投資が投資を呼ぶ拡大過程は終焉し、たとえ、企業が売上利益

表3-6 U.S. スティール社の営業内容

年	利潤 Π	売上高 Z	総資本 K	売上利益率 $\dfrac{\Pi}{Z}$	売上高・資本比率 $\dfrac{Z}{K}$	利潤率 r
1953	873.1	3,861.0	3,885.2	0.226	0.994	0.225
1954	729.1	3,250.4	4,064.7	0.224	0.800	0.179
1955	1,127.6	4,097.7	4,183.7	0.275	0.979	0.270
1956	1,060.5	4,228.9	4,162.7	0.251	1.016	0.225
1957	1,227.6	4,413.8	4,611.2	0.278	0.957	0.266
1958	898.0	3,472.1	4,529.9	0.259	0.766	0.198
1959	788.0	3,643.0	4,703.6	0.216	0.775	0.167
1960	907.3	3,698.5	5,095.7	0.245	0.726	0.178
1961	691.4	3,336.5	5,469.7	0.207	0.610	0.126

〔注〕 単位は100万ドル。
〔出典〕 *Sixty-fourth Annual Report*, United States Steel Corporation, New York and Pittsburgh, 1965, p.29, より作成。

率を一定に保つことができたとしても企業売上高（Z）の急減は、企業の操業度を減少させ、企業利潤率の急減が引き起こされるのである。

したがって、恐慌過程で、巨大寡占企業においては、企業設備操業度の低下、労働者の解雇による労務費の節約、製品単位当たりの固定費の上昇による製品価格の上昇、売上利益率の一定の確保にもかかわらず、企業利潤率の低下が引き起こされることが予想される。資本財部門の重要な産業としての鉄鋼業を取り上げてみよう。まず、アメリカの鋼生産能力と生産高を検討すると、1955年から58年にかけて、生産能力は1億1500万トンから1億3100万トンに上昇しているが、生産高は、1億600万トンから7700万トンへと減少し、企業操業度は、92％から59％に激落している。[*78]一方、労務費をU.S.スティールの営業内容からみると、1957年の18億6200万ドルから58年には、14億8850万ドルへと20％もの減少を示した。[*79]鉄鋼製品の価格（鋼塊・鋳物1トン当たり）は、1957年から59年にかけて131.0ドルから149.3ドルへと14.0％の上昇を示した。[*79]表3-6は、U.S.スティールの営業内容から、売上利益率、企業利潤率を私が算定したものだが、好況期と恐慌期・不況期の売上利益率と利潤率の動きの相違を実証している。すなわち、1955年から57年にかけて売上高、利潤ともに、順調に伸びを

示し、それゆえ、売上利益率と企業利潤率の高位安定をみることができる。しかし、恐慌・不況期の1958年から1961年にかけては、売上高、利潤とも低迷し、売上利益率は高位を保っているとはいえ総資本が急増し、利潤率の低迷をもたらしていることがわかる。

寡占的市場構造と不況過程（1958年5月〜60年末）

　1957〜58年経済恐慌の場合、実質GNP統計でみると、1958年4月で底を打った後、59年末まで回復を示し、その後また61年初めにかけて低落するという傾向をみることができる。それゆえ、実質GNPの連続二つの四半期における後退をリセッションと定義する全米経済研究所（NBER: National Bureau of Economic Research, Inc.）は、1957〜58年リセッションと1960年リセッションという二つのリセッションという見方をしている。[*80]

　しかしながら、新投資を基軸に資本財部門の不均等的発展を好況過程のメルクマールにする本書では、1958年5月から60年末にかけての時期を基本的に不況過程として分析する。というのは、1958年5月からの回復過程に果たした新資本投資の役割は、否定的にとらえざるを得ないからだ。寡占経済における経済恐慌を象徴するかのように、その後の不況過程は約3年の長期間となった。寡占経済における不況過程が、長い停滞的局面をもつのはどのような理由からなのだろうか。

　巨大寡占企業に蓄積された総資本が価値減価を受けずに資本として機能していることから生じる企業利潤率の低迷が長期の不況過程をつくり出している大きな理由である。マルクスの時代、恐慌過程で企業は倒産し、資本の破壊が広範囲に引き起こされた。資本の価値破壊が行われ、新たな産業循環が不況過程において開始されるというのが、一般に起こったことだった。しかし、寡占経済になると、不況期に企業は操業度を落として、生産額が低迷するにもかかわらず、売上利益率は、安定的に保たれるから、営業損失を出しているわけではない。総資本の規模は、好況期の大規模な資本蓄積によって大きくなっているから、企業利潤率は低迷し、新たな設備投資が引き起こされるというわけでもない。したがって、好況過程が訪れるということにはならず、ぐずぐずした不

況過程がいつまでも続くというわけだ。

　1950年代の景気高揚期に、巨大寡占企業が積極的に設備拡張投資を行い生産能力の拡大を図ってきたことは、すでに述べた。1953年から57年にかけて生産能力拡大率30％を超える産業部門は、電気機械の41.2％を筆頭として非電気機械の35.7％、運輸機器（自動車を除く）37.5％、化学関連製品32.8％であり、これらの産業はいずれも寡占的市場構造の下で資本蓄積を展開させた。

　したがって、好況期に膨大な設備を抱えたこれら企業は、恐慌期には生産高が低落し、製品単位当たりの固定費の増大によるコストプッシュによって価格を上昇させ、売上利益率を維持する戦略に出たのだ。事実、1957年から58年にかけての価格変化率を産業別にみてみると、電気機械10.3％、非電気機械2.7％、運輸機器0.8％といずれも上昇を示し、化学関連製品が1.2％の低下を示しているに過ぎない[81]。だが、この戦略が功を奏し既述の鉄鋼業のように売上利益率が安定的であったとしても、売上自体が低迷し、企業の設備稼働率が急減しているので、利潤率は低迷せざるを得ないのである。この企業利潤率の低さが、企業が生産を継続させながらも、積極的な投資戦略によって経済を不況局面から回復へと転換するのを妨げ、寡占企業の支配する経済の不況局面を長期化させる要因なのである。好況局面への転換を寡占企業自体の蓄積運動のみに依存することの限界がここに現れている。

　この長期にわたる企業利潤率の低迷は明らかに、膨大に蓄積された資本ストックが価値破壊されずに機能しているということに原因がある。そして、この資本ストックから生じる減価償却費は、不況にもかかわらず、製品価格の上昇をつくり出しているのだ。固定費としての労務費が労働者の解雇により節約されたとしても、固定設備における減価償却費は、設備の廃棄処分が行われない限り、不況期の価格上昇の要因となる。

　キーフォーヴァー委員会が自動車産業の独占問題を論じ、「したがって、自動車生産が縮小すればするほど、これら固定費にかかる生産台数が少なくなり、それゆえ1台当たりの固定費は高まる[82]」としたのは、不況期におけるコストアップ要因としての固定費を問題にしたのだ。固定設備の加速度償却による設備更新の促進が、企業利潤率を引き上げ、設備投資需要を創出するために求められているのである。

アイゼンハワー政権の景気政策

A 「判断ミス」の金融・財政政策（1957年9月～58年4月）

　アイゼンハワーは、1952年の大統領選で勝利し、1953年1月から2期8年、1961年1月まで政権を担当した。この時期は、ローズヴェルト政権の誕生によって、アメリカ経済にニューディール体制が形成された後、戦後、「米ソ冷戦」が激しさを加える中で、財政均衡主義と金融政策主導の経済政策が実施されることが企てられた。反ケインズ主義がその意味するところだが、具体的にその政策はどのように実施されたのか。

　1951年財務省と連邦準備制度理事会との「合意」（accord）によって、戦中戦後財務省に従属し続けた連邦準備制度が、財務省からの自立化を実現したことは既述のとおりだが、連邦準備制度は、1953年、公開市場操作の対象証券を短期の財務省証券に限るというビルズ・オンリー政策によって、さらに一層その自立性を高め、市場メカニズムに信頼を置く経済政策への転換を図った。アイゼンハワー政権期の経済政策は、「鉄鋼とモルガン」に象徴されるかつての巨大金融独占の中軸的勢力に沿った政策体系をめざしたといっていいだろう。

　既述のように、1950年代後半、アメリカ巨大寡占企業の行動様式は、製品価格の上昇を引き起こしていたが、連邦準備制度理事会やアイゼンハワー政権は、企業活動の自由放任が政策としての基軸であり、財政・金融政策による積極的介入は行わなかった。1957年6月上院財政委員会の公聴会で、ウィリアム上院議員の「インフレ抑制に税制手段で臨むべきではない」とする主張に、財務長官ジョージ・ハンフリーは、肯定的な回答をしたし、連邦準備制度理事会は、1956年5月から8月にかけて金融緩和政策をとったものの、1955年初頭以降、基本的には緊縮的な措置をとり続けた。とりわけ、1956年から57年にかけては、物価上昇に金融当局がどのように対処するのかがその主要課題となった。既述のように、アメリカ巨大寡占企業は、生産能力以下の操業を続け、売上利益率の維持から、製品価格の上昇を引き起こしていたが、連邦準備制度理事会は、需要要因が物価上昇の基本だとする誤った見解をとり、需要抑制こそが物価上昇を抑える手段であるという姿勢を崩さなかった。連邦準備制度理事会議長ウ

ィリアム・マーチンは、1957年8月、上院財政委員会で次のように証言している。「われわれの現下の問題は、過剰支出であります。利用可能な貯蓄に比べてあまりに過剰な支出が問題なのであります」。また、1956年12月、上下両院合同経済委員会経済安定小委員会において、マーチンは、「諸君、おわかりのように、インフレーションは需要から引き起こされるのであり、コストから引き起こされるのではありません」という、現実無視の頓珍漢な伝統的ディマンドプル説を披露したのである。[*84]

　こうした立場を堅持した連邦準備制度理事会は、資本財投資を基軸とする好況局面がすでに1957年初頭において終焉（しゅうえん）していたにもかかわらず、制限的な金融政策をとっており、その姿勢を恐慌勃発後の57年10月に至っても崩そうとはせず、57年11月15日になって、ようやく同年8月に引き上げた連邦準備銀行再割引率（加盟銀行貸付金利）を0.5％引き下げ3.0％とした。[*85]

　政権の政策担当者の経済認識も至って楽観的であり、大統領が1957年11月13日にオクラホマ市で演説し、連邦財政において民生用支出を抑えても軍事支出を増強すべきであり、そのため少々の財政赤字はやむを得ないとしたのは、ソ連のスプートニク打ち上げ成功に刺激を受けた政治的・軍事的要請によるものだった。

　1958年の財政演説ならびに、経済恐慌の深刻化が懸念される、同年1月に発表された『大統領経済報告』においても、アイゼンハワー政権は、極めて楽観的な経済把握をしており、調整は短期で済みまもなく経済拡大がはじまるだろうとした。「新設備投資支出の落ち込みが他のもろもろの投資支出全体の上昇を抑えるとしても、これは、必要とされる、より拡大的な軍事調達支出および州・地方政府支出の増加によって相殺されることが予想される。……これらのことを考えると企業活動の停滞は長引くことはないだろうし、経済成長は長い中断を経験することなく復活できる」[*86]。すなわち、アイゼンハワー政権は、連邦政府の特別の行動なしに経済は回復するだろうし、景気の落ち込みに対して、消費を維持する自動安定装置に依存し、在庫投資を急激に減少させ、在庫整理に片が付けば生産はまたもとのレベルに戻るだろうと考えたのだ。企業による固定資本投資の落ち込みの影響は、州・地方政府の支出増加によって相殺されることが期待できるし、とりわけ、道路建設、軍事支出増、住宅建設の増加が

予想されるとした。

　連邦政府が特別な措置をせずとも経済回復が行われるとしたのに対して、連邦議会は、景気の落ち込みへ積極的な対応を始めた。減税と様々な項目の財政支出増加が要求された。議会で広範囲に支持された連邦支出増加政策は、上述のように1958年1月に出された『大統領経済報告』においても主張されたが、減税政策は、ダグラス上院議員、また議会の外では、アーサー・バーンズなどの積極的支持をえながらも、減税による消費支出効果への疑問や税収減少への恐れ、また、連邦政府による経済への積極介入を疑問視する時の財務省当局によって、実現することはなかった。

　しかし、経済の急速な落ち込みを目の当たりにして、連邦政府は、たとえ経済の自動回復機能に信頼を寄せるとはいっても、連邦財政支出に積極姿勢を示し、議会も、1958年7月1日に始まる59会計年度で本来支出されるべき8億2000万ドルの支出を、58会計年度において直ちに行うべきことを58年4月21日に承認した。もちろん、連邦政府の財政支出に関する考えは、あくまで自律的景気回復に期待を寄せるものだったから、1958年6月に経済が回復の傾向を顕著にするや、議会の財政支出増加要求に大統領が拒否権を発動するようになった。また、財政均衡を主張する下院共和党と南部民主党の保守連合は、景気落ち込み下で上昇傾向を示した財政支出を極力抑える行動に出た。

B　緊縮的金融・財政政策によって「Ⅴ字型回復」(1958年5月〜59年末) は
　　停滞局面 (1960年〜60年末) へ

　こうした事態が続く中、連邦財政支出は、国防、労働、社会福祉、農業をはじめとして恐慌対策的支出が上昇し、1958年において当初の予測を超えて増加し、59年1月の予測では、58年1月の予測値に比較して、総額69億3700万ドルもの支出増が、58年5月からの経済回復とともに、59会計年度 (1958年7月〜59年6月) において見込まれることとなった。しかも、税収は、経済恐慌の影響で、1958年1月の見込み値を64億ドルも下回り、59会計年度では、当初5億ドルの黒字を見込んでいたのだが、推定赤字129億ドルとなって、アイゼンハワー大統領は、59年7月1日に計画されていた法人所得税および消費税減税を延期すると提案せざるを得なくなった。[*87]

1957〜58年経済恐慌は、一般に急激に展開し、急激に回復を示したＶ字型恐慌であったといわれる。全米経済研究所が、1957〜58年リセッションと1960年リセッションの二つの景気の落ち込みとして事態をとらえていたことはすでに述べた。工業生産高は1958年4月に底をつき、季節調整済み工業生産高で58年12月にすでに57年9月の水準を回復し、59年3月には前循環のピークを超えた。実質GNP（国民総生産）でみると、1958年第4四半期にわずかながら前循環のピーク57年第3四半期を超えたのである。こうした指標をみる限り、1957〜58年経済恐慌は、58年末、あるいは59年までに完全に克服されたかに見える。

　しかし、ここで雇用状況をみると、生産高の上昇にもかかわらず、依然として高失業率が継続していることが注目されなければならない。失業率は、1959年5〜6月において、民間労働力の4.9％を記録し、それは、1957年中頃の失業率に比較し格段に高かったのだ。それだけではない。回復をしたとされる実質GNPの中身を検討すると、需要増加は主として、消費、在庫蓄積、住宅建設と政府による財・サービスの購入からのもであり、企業による設備投資がこの回復をリードしたのではなかったことがわかる。設備投資の大幅な減少という典型的な恐慌過程を示した後、1959年の回復過程、とりわけ、その年の後半には、急激な設備投資の上昇がみられたのだが、59年末においてもいまだ企業設備投資は、57年のピークを下回っていた。

　こうした事態が引き起こされた要因を辿るとそこにアイゼンハワー政権の経済政策が大きくかかわっていたことがわかる。つまり、この政権の経済政策担当者は、回復が開始されてからたった3カ月で刺激的な経済政策から中立的なそれへと変更し、1958年末にはすでに抑制的な政策へと転換したからである。1958年6月に経済の回復が顕著になるや、大統領が議会の支出関連法案に拒否権を行使した点は既述のとおりだが、金融政策の要となる連邦準備制度理事会は、57年11月以来の金融緩和政策を転換させ、58年8月から9月にかけて、連邦準備銀行の再割引率を引き上げ、さらに10月から11月にかけて再び上昇させたのだった。11月初めまでに国債利回りは、1957年10月の水準まで上がり、1959年になって金融政策はいよいよ引き締め気味の状況が続くことになった。再割引率は、59年3月、そして再び5月末に上昇し、9月には、4％になった。これはかつて、景気上昇期に引き締め政策を採用するのが遅れ、インフレ再燃

を引き起こしたとする教訓からの政策だったが、この時期の製品価格の上昇は、すでに述べたように、巨大寡占企業の操業度調整から引き起こされたものであって、過度な信用の注入によって引き起こされたものでは決してなかったことを考えると、診断を誤った金融引き締めへの転換であり、これによって、製品物価が抑えられなかったことは明らかだった。

　しかしこの政策をアイゼンハワー政権は、全面的に支持し、財政の緊縮政策を通してこれを強化することを試みた。1958年は中間選挙の年だった。アイゼンハワーは、積極的財政支出政策を支持する民主党議員候補を激しく攻撃したが、選挙民の受け入れるところとはならなかった。この選挙では、上下両院で共和党勢力は、1938年以来最低の人数に落ち込んだ。とりわけ、緊縮財政を主張する右翼的共和党議員は、軒並み落選の憂き目にあった。

　選挙後のアイゼンハワー政権の課題は、議会で勢力を伸ばした民主党勢力が強力に主張する財政支出政策をいかに阻止するかに置かれた。政策担当者は、経済回復の足取りは堅く、政府が積極的政策を展開せずとも回復は継続するだろうと考えたのだ。したがって、1959年初めに提出された60会計年度（1959年7月～1960年6月）連邦予算では、均衡予算が目指され、歳入771億ドル、歳出770億ドルで1億ドルの余剰が出ることが見積もられた。ただし、実際の財政余剰は、2億6000万ドルであって、この財政余剰は、1958年5月から59年末までの景気回復を完全に失速させ、60年初めから再び経済的停滞の局面が支配することになった。

　この緊縮的財政政策は、1958年にとられた恐慌対策的な失業手当の延長をカットした。また、農産物の価格支持も期待できなくなった。選挙後の大統領は、議会の財政支出増加法案に対し、拒否権の行使によって臨むことを覚悟し、また、議会の保守派連合は、たとえ議会に財政支出派が多くを占めたとしても、大統領の拒否権を支える3分の1以上の数は、確保していたのだ。連邦職員の給与増加法案、農村電化のための支出について農務長官の権限を抑える法案など、三つの法案に対する大統領の拒否権が覆されたに過ぎなかった。

C　アイゼンハワー政権の景気政策の特質

　アイゼンハワー政権の景気政策は、明確に緊縮的経済政策といっていいだろ

う。1950年代後半の景気高揚期においても、緊縮的財政・金融政策がとられたし、57年において経済恐慌が明確になった時点においても、積極的財政・金融政策に転じたのは、ほんの一時期に過ぎなかった。あとは、議会との対立を含みつつも緊縮的な政策に徹したのだった。

こうした行動をとらせた背景に、好況期、恐慌期、不況期を問わず一貫して展開した物価上昇があったことは否めないが、その物価上昇の要因について政策担当者たちが、誤った判断をしていたことも明らかだった。主要寡占企業が操業度を落とし、生産高を減少させた1957年9月から58年5月の景気後退の底にかけて、消費者物価指数が2.1％も上昇したのだ。これは、マーチン連銀議長が、1957年8月、上院財政委員会でいったような「過剰支出が問題だ」などでは断じてなく、需要減が問題なのであり、それに対する寡占企業の操業度調整による製品価格の上昇が問題だったのだ。

この時期の共和党政権の経済政策の特質は、根拠のない「民間経済の内的回復力への信頼」にあったことは紛れもない事実であり、それゆえ、彼らは、連邦政府による経済介入を極力回避したのだった。*88

また、国際収支危機、より正確に表現すれば、経常収支黒字をはるかに超える資本流出によって生じる「ドル弱体化」、それを恐れ、積極的財政政策を採用しなかったという事情も考慮する必要があろう。1957年7月にハンフリーを引き継ぎ財務長官に就任したロバート・アンダーソンは、1959会計年度の「健全財政政策」(sound fiscal policies) をとった重要な理由の一つとして、アメリカの国外における「威信」(prestige) をあげている。ドルの国際的威信のために、国内経済の資本蓄積促進政策が阻止されたのだった。

ケネディ政権の景気政策

A 景気政策の理論――「完全雇用財政均衡」論とは何か

1961年に誕生したケネディ政権は、アイゼンハワー政権とは全く異なる経済政策体系を持っていた。政権誕生とともに大統領経済諮問委員会委員長の任についたウォルター・ヘラーは、彼らが展開した経済政策の諸目的がかつての経済政策とは根本的に異なることを明らかにし、彼らの経済政策は、新経済学

（New Economics）の創造というよりは、むしろジョン・メイナード・ケインズが30年前に砲撃の火ぶたを切って開始したケインズ革命（Keynesian Revolution）の完成であるという点を明確にした。[*89]

ヘラーは、アイゼンハワー政権期の経済政策を批判的に次のように要約した。第一に、景気政策にかかわるもので、彼らの政策は、経済の巨大な潜在成長能力をいかに実現するかではなく、景気循環の波動の大きさをいかに小さくするかに目標が置かれた。第二に、彼らの経済政策は、「雇用法」において明確に規定された、雇用の数量的目標や生産高の目標を規定する標準的な手段を欠いており、第三に、インフレ諸力が消滅したにもかかわらず、継続するインフレへの恐怖は、1950年代末の緊縮的な経済政策の保持をもたらしていたのである。[*90]

それでは、「ケインズ革命の完成」と自らの経済政策を特徴づけたケネディ政権の経済政策の基本的特徴はどこにあったのだろうか。彼らの政策とアイゼンハワー政権の政策との決定的な違いは、彼らの政策が自由主義的経済の内的バイタリティを信頼するという考え方を拒否し、政府機能の積極的介入によって、現実の経済成長能力を高めることができるとするケインズ主義的経済観に基づいていたということである。とりわけ、財政政策によって、経済をコントロールできるとする発想は、1962年1月の大統領経済報告において、「完全雇用財政均衡」という斬新なアイディアに結実し、その後の経済成長政策を規定することになった。

まず、「完全雇用財政」とはなにか。ヘラーは次のように言う。「安定化政策を再びつくるのにあたって、われわれの財政政策の目標を、生産高の『完全』あるいは、『高』雇用水準、すなわち、4％失業率でのGNP水準にあわせて計算しなおさなければならない。そこでの目標は、各年や循環をとおした財政均衡ではなく、完全雇用での財政均衡でなければならない」。[*91]

ここで明確なように、完全雇用財政とは、単年度の実際の財政赤字や黒字をいうのではないということである。経済がもし完全雇用で動いていたならば存在したであろう財政赤字・黒字あるいは財政均衡を推計することが重要となる。完全雇用財政の財政赤字・黒字とは、実際の財政状況を指しているのではなく、あくまでも仮定上の概念であるという認識が必要となる。完全雇用財政の実態を推計するには、第一に完全雇用水準での生産高を推計しなければならない。

第二に、その完全雇用生産高での連邦財政支出と収入を推計し、完全雇用財政の収支を推計する。したがって、ある時点で提起される連邦財政支出計画が適切か否かは、その時の財政状況を踏まえて判断されるのではない。経済が完全雇用になると想定されたときの財政状況を踏まえて判断されるのだ。こうした武器を用いてケネディ政権下のケインジアンたちは、どのような政策を立案したのだろうか。

　1961年1月、ケネディ政権と大統領経済諮問委員会委員たちの直面した経済政策的課題は、1957～58年経済恐慌から完全には立ち直ってはいないアメリカ経済の停滞を回復に導くことであった。アイゼンハワー政権時代から失業率は、4.9％の水準だったが、経済安定化政策の目標値4.0％からすれば、かなり高く、1961年2月の政権発足時の失業率は、8.1％もの高率だった。[*92] 1962年大統領経済諮問委員会報告で彼らは、1955年中ごろ以降、現実の生産高成長率が潜在的生産高成長率よりもかなり低くなっている事実を問題とした。1961年において、現実の生産高成長の潜在的成長に対する遅れはほぼ400億ドルだった。もし、61年において、完全雇用が実現されていたとすれば、この数値の財サービスは生産されていただろうと彼らは言う。[*93] 経済諮問委員会の1955年以降の潜在的生産高の計算は単純であり、55年中頃の現実のGNP成長率である3.25％から3.5％の数値を傾向として採用した。1955年は失業率が4％以下であるし、現実の生産高が潜在的生産高に等しい基準年としてふさわしいものだったからだ。潜在的生産高の成長率を計測するにあたって、経済諮問委員会は、潜在的労働力の成長率、労働生産性の年上昇率、そして、年間労働時間の下降傾向などを計算に入れた。

　1960年代初頭の経済諮問委員会の経済分析にとって、この現実の生産高と潜在的生産高とのギャップという概念は、極めて重要なものだった。1955年以降のこのギャップの広がりを彼らは、ケインジアンらしく、財政支出の停滞によって説明した。経済諮問委員会は、完全雇用水準で拡張できなかった経済状況を主として個人消費や民間投資の不足によって説明するのではなく、すべての面にわたっての需要水準に影響を与えたきわめて制限的な連邦財政制度の役割に求めた。そこで使われた分析手段こそ、上述の完全雇用財政の考え方にほかならなかった。1962年大統領経済報告は、「4％失業率水準という完全雇用状

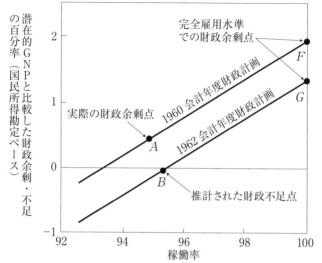

図3-2 財政余剰・不足の経済活動水準への影響

〔注〕 稼働率＝〔現実のGNP／潜在的GNP〕×100。
〔出典〕 *Economic Report of the President*, U.S.G.P.O., Washington, D.C., 1962, p.79.

況の下で、現段階の財政計画によっては、連邦財政の大幅な黒字が生み出され、それゆえ、より積極的な減税計画と財政支出計画が必要とされる」としたのだ。

実際に、1962年大統領経済報告に掲載された図3-2を説明することによって、ケネディ政権の減税と財政支出政策の提案根拠を論じてみよう。この図では、現実のGNPの対潜在的GNP比が、稼働率と銘打たれ、横軸にあらわされている。したがって、稼働率100％が完全雇用水準である。潜在的GNPは、4％の失業率水準によって計算されたという事実を想起してほしい。したがって、現実のGNPと潜在的GNPが等しい100のところでは、経済は完全雇用の下で動いているのである。一方、縦軸は、連邦財政黒字および赤字を潜在的GNPに対する百分率で表現している。この図では、2本の直線が右上がりに描かれている。上の線は、1960会計年度（1959年7月～1960年6月）の連邦政府の税・財政支出計画を示し、下の線は、62会計年度（1961年7月～1962年6月）のそれを示している。これらの直線は、いずれも右上がりに描かれているが、稼働率が上がり、経済が完全雇用に近づけば税収が上がり、財政赤字は減少し、財政黒字は増加するからである。直線の傾きは、その年度の税率と財政支出水準によって異なる。税率を高くし、また、財政支出を控えれば、その年の直線の傾きは、急になるだろうし、税率を引き下げ、財政支出を増加させれば、その年の直線

の傾きは、なだらかになるだろう。注意すべきは、この図によって、稼働率がどの水準で決まるかを説明しているわけではないということである。仮にこの水準で決まったならば、この年度の財政支出計画と税率によって、財政赤字や黒字がどう変化するかを示したものに過ぎない。

さて、以上の説明から財政の意図的な操作、すなわち、財政支出水準の変化や税率の変化によって、直線を上下にシフトさせることは明らかであろう。財政支出水準の上昇および税率の減少は、直線を下に押し下げ、一時的に財政赤字が増加し、また、黒字が減少するが、稼働率が上昇すれば、それらは、その年の直線のなだらかな傾きにそって、財政赤字は解消の方向へ、財政黒字は増加することになるだろう。その逆に、財政支出水準を低下させ、税率を上昇させれば、直線は、上に押し上げられ、一時的に財政赤字は、減少し、また、黒字が増加し、稼働率が上昇すれば、それらは、その年の直線の急な傾きにそって、財政赤字は解消の方向へ、財政黒字は増加することになるだろう。

図3-2のA点は、1960会計年度で実際に起こった経済の稼働率のもとでの財政黒字を示している。また、B点は、1962年1月の段階で予想した62年の財政状況である。いずれも完全雇用水準の経済活動では、大幅な財政黒字が計上されている（F点、G点）。これらは、完全雇用水準での財政均衡をめざすケネディ政権としては、大幅な減税と財政支出水準上昇の理論的根拠になったのである。

B 軍事ケインズ主義の確立

「完全雇用財政均衡」論にもとづくケネディ政権の財政政策は、現実の連邦財政が赤字であっても、経済が不完全雇用の事態にあれば、積極的財政政策が許容された。完全雇用での連邦財政の均衡を目指すのであるから、積極的財政政策によって、アメリカ経済のマクロの稼働率を100％に持ち込み、財政を均衡させればいいのである。ウォルター・ヘラーがまとめた、1960年後半から65年後半にかけての、完全雇用財政均衡を達成すべく実施された実際の減税と政府支出の増加によれば、連邦財政支出において最も大きな支出増加を記録したのが、国防および宇宙開発費用だった（表3-7）。

ここで、注目しなければならないのは、アメリカにおける財政支出政策は、

ケネディ政権において軍事的色彩を強めたことだ。私は、この時期にアメリカ財政における軍事ケインズ主義の確立がなされたと理解する。なぜなら、連邦経費の軍事関連経費が、戦後本格的に膨張し始めたのは、ケネディ政権期だった。この時期にアメリカ軍事戦略の再度の転換がなされたからだ。1962会計年度において、国防費は朝鮮戦争期のそれを超え、ついに510億9700万ドルとなった。就任早々のケネディ大統領が国防省に対して、戦略的必要を満たすための「軍事組織」（force structure）の開発を、財政シーリングを負わせず、かつ効率的にという条件付きで命じた結果がこの国防費の膨張だった[*94]。共産圏封じ込め政策に照応するアメリカの戦略プログラムの完成だと、この軍事戦略はいわれるのだが、いったい何を意味するのだろうか[*95]。

　この軍事戦略は、アイゼンハワー期の「核抑止力」に依存する世界戦争にのみ対応する戦略とは異なる。すなわち、局地戦争から世界戦争に至るあらゆる脅威に対応する新戦略を意味した[*96]。この新戦略の立案者は、「社会主義の野望は世界的であり、ソ連のフルシチョフも述べているように、戦争には、世界戦争、局地戦争、国民解放戦争などのようにさまざまなものが現実的にありうるのであって、そのあらゆる戦争に対してアメリカが積極的に対応しなければ、世界資本主義の体制維持は不可能になり、それはアメリカの国家利益に反する」と考えたのだ[*97]。こうして、軍事予算の組み方も従来の部局別予算に代わって、戦略任務別軍事予算方式が導入されることとなった。「戦略任務別軍事経費」（表3－8）によって、その特徴を若干検討しよう。

　戦略報復部隊費用、本土対空・対ミサイル防衛部隊費用は、いずれも全面核戦争を想定した軍事経費である。すなわち、戦略報告部隊は、長距離の戦略的任務を有する部隊であり、タイタン、アトラス、ミニットマン、ポラリスなどのミサイルと核爆弾搭載爆撃機をもって構成される。そのなかでも、大陸間弾道ミサイル（ICBM）とポラリス型ミサイル（潜水艦搭載）による装備が急激に上昇している[*98]。対空・対ミサイル本土防衛部隊は、逆に、アメリカ本土を攻撃する敵部隊を発見し、確認し、追跡し、破壊する部隊であり、ミサイル兵器、警戒連絡システムおよび付属施設を包括する。アメリカ本土に対する戦略的脅威は、有人爆撃機から大陸間弾道ミサイル、潜水艦発射ミサイル（submarine-launched missiles）に重点が移動し、それらに対する防衛が焦眉の急になって

表3-7 財政配当の諸形態 (1960~65年)

減税		支出増加	
個人所得税	11	国防および宇宙開発支出	11
法人税	6	個人移転支出	9
消費税	2	国庫補助金	5
給与税（増税）	-3	利子および補助金支出	4
		国内非国防支出	3
純減税額	16	支出増加額	32

〔注〕 単位は10億ドル。
〔出典〕 Walter W.Heller, *New Dimensions of Political Economy*, Harvard University Press, Cambridge, Mass., 1967, p.71.

表3-8 戦略任務別軍事経費

費目 \ 会計年度	1962	1963	1964（見積り）
戦略報復部隊	9.1 (17.9)	8.5 (16.0)	7.2 (13.6)
本土対空・対ミサイル防衛部隊	2.1 (4.1)	1.9 (3.6)	1.9 (3.6)
全般目的部隊	17.5 (34.4)	18.1 (34.2)	18.3 (34.6)
空輸および海上輸送部隊	1.2 (2.4)	1.4 (2.6)	1.4 (2.6)
増援および護衛部隊	1.8 (3.5)	2.0 (3.8)	2.0 (3.8)
研究開発	4.3 (8.5)	5.5 (10.4)	5.7 (10.8)
全般的予備隊	12.7 (25.0)	13.8 (26.0)	14.5 (27.4)
民間防衛	0.3 (0.6)	0.2 (0.4)	0.3 (0.6)
軍事援助	1.8 (3.5)	1.6 (3.0)	1.6 (3.0)
計	50.8 (100)	53.0 (100)	52.9 (100)

〔注〕 単位は10億ドル、カッコ内は％。
〔出典〕 U.S. Congress, Joint Economic Committee, Staff Materials and other Submissions, *The United States Balance of Payments Perspective and Policies*, U.S.G.P.O., Washington, D.C., 1963, p.89, より作成。

いる。[99]

　全面核戦争を想定した以上の軍事経費に対し、全般目的部隊経費は、全面核戦争以外のすべてにかかわるものである。陸軍戦闘部隊、海軍・海兵部隊、戦略空軍部隊がそれにかかわる。陸軍には、特殊ゲリラ戦用部隊が含まれ、空軍には、戦術戦闘機、ミサイルなどが配備される。[100]

空輸および海上輸送部隊はこの全般目的部隊に直接かかわるのであり、戦闘部隊の全世界的な配置を効果的に行うことがその直接的任務である[101]。
　以上、戦略任務別軍事経費の主要項目を説明したが、表３－８を見て直ちにわかることは、戦略部隊から戦術部隊へと重点の移動が企図されていることである。すなわち、戦略報復部隊、本土対空・対ミサイル防衛部隊の軍事経費は、1962年から64年にかけて、合計112億ドルから91億ドルへと減少が予測されているのに対して、全般目的部隊、空輸および海上輸送部隊の軍事費は、同時期合計187億ドルから197億ドルへと上昇傾向が見積もられているからだ。
　戦術部隊の充実ぶりを次に若干披露しよう。まず、陸軍においては、戦闘即応師団の増強と特殊部隊の再編・強化である。戦闘即応部隊は、1964年度までに16師団に増強され、組織的柔軟性、非核火力、機動性の増強がはかられる。特別部隊は、特殊ゲリラ戦用部隊の再編・強化であり、６特別部隊の編成が計画された。海軍においても緊急事態に対応可能な各種戦艦の配備が計画され、空軍においても戦闘機、偵察機、戦術ミサイルなど、地上戦闘の陸軍部隊を支援する体制づくりに主眼が置かれることになった[102]。
　こうして、アメリカ国防省は、次のように宣言することができたのである。「現在の戦略、部隊性格、部隊水準におけるアメリカ合衆国の軍事計画は、わが国へのあらゆる軍事的脅威に対応することを、かつてより一層可能としたのは当然のことである[103]」。だがそれは、軍事関連経費の膨張に一層拍車をかけ、アメリカ軍事経費は、ますます体制維持的国家経費の性格を強めるものとなった。まさしく、それは軍事ケインズ主義の確立だった。

C　減税政策と金融政策

　ウォルター・ヘラーによれば、ケネディ大統領は、景気回復が一時頓挫したあとの1962年６月ごろまでには、本格的に減税政策を決断したという[104]。事実、ケネディ政権による個人及び法人所得税に対する減税政策は大幅なものであり、1963年の税制改革についての特別教書において、それは発表され明確にされた。だがしかし、それは議会の受け入れるところとはならず、彼の暗殺後、後を引き継いだジョンソン政権の下で、1964年１月に再び提起され、今度は極めてスピーディーに同年２月16日に1964年歳入法として成立したのであった。1965年

大統領経済報告において、64、65年の総減税額は、個人所得税110億ドル、法人所得税30億ドルと推定された。[105]既出のように、ウォルター・ヘラーが示した完全雇用財政均衡を達成すべく展開された実際の財政配当表（表３－７）によれば、減税で160億ドル、財政支出で320億ドル、合わせて480億ドルが配当された。

　財政支出は、既述の軍事ケインズ主義のもと国防宇宙開発を軸として展開されたが、減税政策を含めて、完全雇用財政均衡論に基づく財政政策はどのような効果を生み出したのか。まず、現実のGNPと潜在的GNPとのギャップが縮まったことは事実として指摘されなければならない。1961年第１四半期におけるギャップは、500億ドルもあったが、65年第１四半期には、それは100億ドルに減少した。失業率は、1965年末には4.1％に低下し、66年には、民間労働力失業率は、3.8％の低失業率を記録した。第二に、この財政政策によって、GNPの増加は極めて顕著になった。1964年の１年で前年のGNP増加額323億ドルを上回る429億ドルの増加を示した。1966年大統領経済諮問委員会年次報告は、次のように述べた。「1965年初めまで、減税によって年率200億ドル以上の消費支出、投資支出の上昇をつくりだした。積年の減税効果によって、1965年末までに300億ドルに達する消費、投資支出の増加を生み出した[106]」。そして第三に、1964年末から1965年末にかけて、1964年歳入法、1965年消費減税法の成立による減税法の成立にもかかわらず、連邦収入は960億ドルも増加したのだ。この事実は、財政支出や減税が経済成長を刺激することに成功すれば、収入の減少ではなく増加をうみだす、という大統領経済諮問委員会の主張を裏付けるものとなった。経済に潜在的成長能力がある場合には、有効需要がGNPを決定するという、ケインズ的経済観が経済政策に見事に適用された時代だった。

　アイゼンハワー政権期の経済政策が、基本的には市場経済の内的バイタリティに期待し、財政政策については、景気の波動を穏やかにする財政政策に徹したことは既述のとおりだ。金融政策は、金融市場の自由な市場メカニズムに絶大な信頼を置く政策であり、意識的な緩和政策は、インフレを引き起こすとしてとらなかったし、インフレによる「ドル弱体化」を恐れていたといえるだろう。

　そうした政策に対して、1961年にケインズ革命の完成を目指したケネディ政

権の経済政策は、どのように評価されるべきなのだろうか。まず、ケネディ政権の経済政策は、有効需要を注入することによって経済成長を図ろうとするケインズ政策であったことは明確だが、寡占企業の資本過剰による経済停滞に対し、企業減税と投資減税によって経済回復に導く政策であったことである。既述のように、1960年から65年にかけて法人所得税60億ドルの減税が実施されたが、ケネディ政権には、投資減税による企業投資の活発化を図るという政策が存在し、そのなかでも最も重要な施策は、1961年4月に提案され、62年に実施された設備投資への減税30億ドルであった。

これに加えて、ジョンソン政権期には、1964年に実施された法人税率引き下げによる30億ドルの減税があり、投資に対する税額控除（investment tax credit）、より自由な減価償却（more liberal depreciation）、そしてより低率の法人税率（lower corporate tax rates）は、いずれも企業の蓄積基金の充実に役立ったといえるだろう。それらの施策が、投資計画の収益性増加とキャッシュ・フローの拡充につながり、投資に対して直接的刺激を与えたことは容易に想像できる。[*107]寡占企業の支配的な経済不況期では、多くの寡占企業は、生産減と膨大な資本設備から生じる固定費の上昇を価格に転嫁し、かろうじて売上利益率を維持していたが、利潤率の低迷はいかんとも仕方がなかった。1957～58年経済恐慌は、恐慌期に物価が上昇した歴史上初めての恐慌だったが、膨大な過剰資本設備の存在が、不況を長引かせていたのだ。3年にわたる長期の経済低迷期となっていた。

ケネディ・ジョンソン政権期の財政支出と減税政策が、旧設備の廃棄を促進し、設備投資の活発化、期待利潤率の上昇によるいっそうの設備投資の拡大を促したことはいうまでもない。

ところで、第二に、以上の投資促進策を積極的に支えたケネディ政権期の金融政策には是非とも触れておかなければならない。周知のように、アイゼンハワー政権期の金融政策は、金融市場の自由な市場メカニズムに依存するという、ビルズ・オンリー政策だった。1951年、財務省と連邦準備制度理事会との「アコード」によって確立された財政政策と金融政策との協調を、さらに一歩、金融政策の自立性に傾かせ、連邦準備銀行の公開市場操作の対象を短期の国債に限るというのがビルズ・オンリー政策の意味するものだった。しかし、ケネデ

ィ政権は、1961年、国際収支危機と投資活動の不活発という事態を金融政策的に乗り切るため、マネタリー・ツイスト（monetary "twist"）という政策を採用した。この政策は、新設備投資を積極的に進めるために長期の資金コスト（長期金利）を下げる一方、国際収支危機に対応するため短期資本の対外流出阻止を目的として短期の資金コスト（短期金利）を上昇させるというまさに、「ねじれた」（twist）金融政策だった。

　アイゼンハワー政権末期、1960年において、景気は停滞的となり金融の緩和状況が進みつつあったが、それが大量の民間短期資本の流出を生み出し、金融緩和政策に一定の歯止めをかけた。もちろん、この事態は、長期資本コストの低減にも限界を画したのであり、設備投資を積極的に展開させる政策としては負の効果をもたらした。1961年1月に成立したケネディ政権は、経済的停滞とドルの信頼を揺るがす危機に直面し、それは、金融緩和政策に対する阻止要因となった。

　1961年2月2日、ケネディ大統領は、その経済教書で、「国際収支に直接影響を与える短期利子率の低下を阻止する一方、国内経済の回復を促進する長期金利を低下させるべく資本市場に信用フローを増加させること」の重要性を強調した[108]。こうした政策転換は、連邦準備制度理事会の公開市場操作ならびに財務省の国債管理政策の新展開によって可能となった。連邦準備銀行は、短期財務省証券を売り、また、3年から6年の長期国債の購入によって、商業銀行のマネタリー・ベース増加の新たな政策を実施した。満期1年以上の国債の連邦準備銀行による購入は、1961年で29億ドルに及び、財務省も満期10年以上の国債の購入を行った。こうした直接的行動によって、長期金利の利回りは、1961年5月まで低下し、2月に始まった景気回復によってようやくそれ以降徐々に上昇を開始したのだった[109]。

　この金融政策が、経済停滞に陥っている企業の設備投資を、資金コストの低減によって活性化させようとする作戦であったことは間違いなく、企業減税と同様、利潤率の低迷に苦しむアメリカ寡占企業の資本蓄積を政策的にバックアップするケインズ政策の実践であった。

3　国際収支危機とケネディ政権
　　──1960年「ドル危機」と金価格高騰

　1957〜58年経済恐慌は、確かに金融危機を伴って展開した経済危機ではなかった。戦後ニューディール体制によって、金融の封じ込めが功を奏していたからだというのが、私の考えだが、ケネディ政権、ジョンソン政権という民主党政権期に、戦後ニューディール体制が揺さぶられ始める。どのような要因によって、揺さぶられ始めるのか。それは、国際収支危機という現象によって、戦後IMF体制、すなわち、アメリカの金ドル交換に基づく固定相場制が、揺さぶられ始めるのである。

国際収支危機とは何か

　この時期の国際収支危機とはいかなるものなのか。1962年12月26日、上下両院合同経済委員会に提出されたアメリカの国際収支についての報告書は、1958年から深刻となったその問題について、次のように言っている。「少なくとも、1950年から57年まで、年平均13億ドルにおよぶアメリカの適度な国際収支赤字は望ましいものとされた。というのは、諸外国の貨幣準備において金を補足するものとしてドルを供給したからである。しかしながら、1958年から61年の4年間にかけて年間赤字は巨額なものとなり、アメリカの国際収支赤字は、136億ドルに上った。この時期に外国通貨当局は、ドル保有を35億ドルも増加させた。そして彼らは、急速にそのドルを金に換えたのである。その結果、アメリカの金保有額は、1957年末のほぼ230億ドルから61年末の170億ドルへと落ち込んだのである。今年は、その赤字はほぼ20億ドルと見積もられており、かなり改善しているといえるがまだ満足のいく水準とはなっていない」[*110]。

　いうまでもなく、戦後IMF体制では、ドルが国際通貨として使われた。戦争直後は、各国はドル不足に陥ったから、アメリカからのドル供給は、各国の国際支払い準備として必要不可欠なものだった。もし、アメリカが貿易黒字を

続け、経常収支も黒字を続け、資本輸出を通じてドルを供給しなかったならば、各国はアメリカにドル支払いを続け、最終的に各国には国際支払い手段がなくなってしまうから、国際取引ができなくなる。したがって、アメリカは、少なくとも各国からの経常収支の黒字分を通じてのドルの吸い上げ分は、ドルを供給する必要があったわけだ。アメリカは、国際貿易が発展し各国のドル準備の必要が大きくなるのに応じて、長期短期の資本輸出を通じてドルを供給し続けたのである。まさに『報告』がいうように、諸外国の貨幣準備において金を補足するものとしてドルを供給したのだった。しかし、その金額があまりに多くなると外国通貨当局は、それを金に交換し始める。戦後IMFでは、外国通貨当局には、金1オンスを35ドルで交換するとアメリカが、約束したからだ。したがって、アメリカの長期短期の資本輸出を通じたドル供給があまりに多くなると、各国通貨当局のドル保有額が、アメリカの保有する金保有額を超えるという事態が起こる。事実、1961年末、アメリカの対外短期債務額は、225億3300万ドルとなり[111]、この国の金保有額170億ドルをはるかに超えるに至ったのだ。つまり、1オンス35ドルという公定レートでの金とドルとの交換の不可能性を示すものだった。これは、金価格の上昇、ドルの対外的金量の切り下げを予想させるものだった。事実、この時期のアメリカ国際収支危機は、ロンドン自由金市場での金価格高騰となって現れた。

　1954年3月に戦後ロンドンの自由金市場は再開されたが、1957年初頭にかけて、金1オンスのフィクシング価格は、公定レートの35ドルを割り込み34.90ドルを下回る水準にまでになった。だが、それ以降、上昇傾向が継続し、とりわけ60年10月18日を過ぎると急激な上昇傾向を辿ることになった。1960年10月20日には、フィクシング価格は、36.55ドルをつけるに至り、価格は凧糸が切れた状態となり、アメリカの買い手が市場に登場するに及んで一時は、1オンス40ドルを記録するに至った。これがこの時期の金価格のピークであり、その後4日間、価格は36ドルと39ドルの間を上下したのち、10月27日には、35.71ドルまで下がったのだ。年明け早々に再び上昇の傾向を示した金価格に対して、アメリカ財務省はアメリカ人が合衆国外で金を所有することを禁じ、1961年6月1日までに金を処分しなければならないと発表した。1961年3月の段階で、ソ連の金売りがはじまり、5月10日までに金価格はようやく35.06ドルまで下

がったのだった。[112]

　ところで、こうした金価格高騰という「ドル危機」は、経常収支黒字幅を大きく超える資本輸出によるアメリカの対外短期債務の累積が引き起こしたと一般的には理解できるとして、しかしなぜ、こうした事態が1960年に起こったのだろうか。

　まず、1958～59年にかけてアメリカ貿易の黒字幅が急激に縮減したことがあげられる。1954年以降アメリカの商品輸出は順調に伸びを示したのだが、1957～58年恐慌時に大きく落ち込んだ。しかし、輸入の落ち込みは、それに比較して軽微であり、59年には前年と比較して輸入額は増加したのだった。1957年から58年にかけて輸出の落ち込みの激しい商品は、鉄鋼製品、石油製品、原綿、石炭、鉄鋼原材料、銅およびその合金であり、この６品目で落ち込みの60％を占めた。[113]一方、輸入は、1953年から59年にかけて継続的に上昇したが、この時期の42億ドルの上昇のうち、73.2％が次の７品目によって占められていた。すなわち、自動車（部品を含む）、石油製品、繊維製品、電気機械、鉄鋼製品、食肉、鉄鉱石であり、総額30億8600万ドルに上った。[114]もちろん、アメリカは、現在のような貿易赤字国に転落したわけではない。だがしかし、この時期の国際収支危機をつくりだした基本的要因の一つが、国際競争の激しさからマーケット・シェアの後退を余儀なくされたアメリカ輸出の不振にあったことは事実だ。すなわち、1954～58年にかけて輸出市場において深刻な落ち込みをみせたアメリカの産業は、当時の主力産業である、自動車、鉄鋼、そして航空機であった。[115]

　アメリカ貿易の黒字幅の縮減があったこの時期においても、アメリカ経常収支はもちろん黒字だったが、経常収支における移転収支項目の赤字については、述べておく必要がある。第二次世界大戦後、海外軍事支出と経済援助による赤字は、大幅な貿易黒字が形成されたときにおいても、経常収支がさほど大きな黒字を計上しなかった理由だが、とりわけ、海外軍事支出は大きな赤字項目だった。海外軍事支出の国際収支上の影響は、軍需品および軍需サービス輸出を差し引いて考察しなければならないが、その海外軍事支出の大きな項目の第一は、アメリカ軍の海外軍事施設維持に必要とされる諸製品の輸入だ。いずれもこれらは、第三国からの海外調達になる。そして、第二の項目は、主として人

件費として支払われる軍隊支出であり、海外軍事支出は、国際収支のマイナス要因となった。

　これに対して、経済援助の国際収支への効果は、同じ移転収支項目ではあるが、軍事支出とは異なる側面を持った。というのは、この経済援助が、アメリカからの農産品の輸出やその他製品サービスの輸出の資金に使われたとすれば、その国際収支への影響は、プラス・マイナス・ゼロだからである。したがって、その援助資金が第三国からの製品輸入に使われれば使われるほどアメリカからの輸出拡大には結びつかず、国際収支にとっては、マイナス効果になる。

　もちろん、経常収支を考察する場合、貿易外収支の動き、とりわけ、投資収益の項目が重要だ。当時の国際収支は、貿易収支にサービス貿易は入っていなかったから、国際的サービス取引は、貿易外収支で勘定されたが、投資収益の項目は、貿易外収支の中心的項目だった。第二次世界大戦後アメリカは、世界の銀行として諸外国への貸付を行ったが、1956年以降、民間直接投資を軸とする資本輸出が本格的に展開し始め巨額化する。したがって、1955年までの時期は、この投資収益効果を考慮すれば、資本輸出は、アメリカ国際収支にとってプラスの効果を持ったといえるだろう。しかし、1956年以降は、この投資収益効果を入れたとしても、アメリカからの資本輸出は、国際収支にマイナスの影響を与えたといえるだろう。

　1957～58年経済恐慌は、貿易収支の黒字幅を縮小し、投資収益などの貿易外収支、海外軍事支出など移転収支の赤字の増大は、アメリカの経常収支黒字幅を縮小したのだが、アメリカからの資本輸出はその黒字幅を大きく超えて増大し、世界各国に膨大なドルの短期債権が蓄積されることになり、アメリカの金保有額を超えたのだ。アメリカ通貨当局が各国通貨当局へ、ドルと金との交換を約束している以上、自由市場の金価格が上昇し、かつ、各国がドル債権を金に交換しようとしたのは、まさに、合理的な経済行動であったといえるだろう。

楽観的な国際収支危機対策論

　1961年に誕生した民主党ケネディ政権の直面した経済政策上の重要課題の一つに、この国際収支危機に対する克服策を検討し、実施に移すことがあった。大統領就任間もない、1961年2月6日、ケネディ大統領は、国際収支に関する特別教書を議会に送った。そのなかで、大統領は、経済政策を策定するにあたって、国際収支の重要性を強調した。ケネディ政権期の国際収支危機に対する政策理念はどのように形成されたのだろうか。

　1962年12月、上下両院合同経済委員会に提出された小委員会報告における国際収支危機の認識とその対策についてみてみよう。この報告では、「大西洋同盟」（Atlantic Alliance）あるいは「大西洋パートナーシップ」（Atlantic Partnership）を基軸とする国際収支危機対応策が検討されていた。すなわち、「最大限雇用および成長の国内的諸目的と整合的なアメリカ国際収支政策」と題する報告書は、ドルの強さは究極にはそのもととなるアメリカ経済の強さと成長にかかっていると確信し、西ヨーロッパ諸国との同盟関係強化のもとでのアメリカ国際収支危機切り抜け策を提案しているのだ。[116] 同報告書で提言された諸勧告を検討することによって、この時期に提案された国際収支対策の理念について明らかにしよう。

　まずこの勧告の中で注目すべきは、上述したように、「大西洋同盟」あるいは、「大西洋パートナーシップ」と称されるアメリカ合衆国と西ヨーロッパとの協力関係において、国際競争力の強化が論じられている。国際金融史家フレッド・ブロックは、1958年から63年にかけてのアメリカ政府の国際金融政策について、かなり楽観的な見方が支配した時期であると規定し、その理由として、アメリカ政府の経済政策担当者たちが、ヨーロッパ同盟諸国との関係で、比較的軽い程度の調整により、アメリカの国際収支危機は、克服できるとみなしていたと指摘した。[117]

　この報告は、国際収支危機の克服策としていくつか勧告をしたのだが、その中でもっとも重視されたのが、西ヨーロッパ諸国との協調による「覇権維持コスト」の削減であり、EC共同市場の関税の引き下げによるアメリカ製品の売

り込み増加であった。アメリカ国際収支危機の最大の要因の一つとして、海外軍事支出と経済援助があげられた点については、すでに指摘した。同報告は、その勧告の第一に、アメリカは、西ヨーロッパ同盟諸国から「自由世界の相互防衛」のための費用負担を確保し、さらに発展途上国への経済援助をさせるべきであることをあげ、第二に、アメリカはEC諸国との交渉に臨み関税を引き下げさせることにより、貿易黒字の拡大を図るべきと主張した[118]。そして、第三の勧告として、アメリカは、国際収支を不安定化する短期資本の投機的動きを封じ、また、より構造的要因から生じる赤字を一時的にファイナンスする支払い協定を、主要工業諸国で締結することを提案した。この報告の勧告のなかで、注目すべきは、第四の勧告として、アメリカはドルを切り下げるべきではないが、同時に貨幣準備として保有されているドルの全般的金保証も提供するべきではないとしたことである。また第五に、ドル・ポンドに追加し、世界貨幣システムを補強すべく強い通貨の多角的使用協定をアメリカが率先してリーダーシップをとって確立すべきとし、国際通貨準備としての金への依存を軽減すべきとした[119]。これらの勧告は、ケネディ政権下で開始された完全雇用政策と経済成長政策に矛盾する国際収支問題の解決策を指示し、さらに統合化に向かう世界経済において長期にわたってコミットしていくアメリカの政策を示したものだった。

　一般に、この時期のアメリカの政策立案者の国際収支危機対策の理念は、楽観的な情勢判断で形成された。その最も典型的な例が、アメリカ政府の要請によってブルッキングズ研究所が1962年に取り組み、63年に結論がだされた、1968年アメリカ国際収支の見通しであった。ケネディ大統領が、大統領経済諮問委員会、財務省、および予算局に今後6年間の国際収支の見通しの評価を依頼したのだ。諮問委員会は、その2機関と協議し、ブルッキングズ研究所にその研究の依頼を行った。仕事は、1962年早春に始まり、政策問題に関する最終章を除いて63年の1月に完成し、経済諮問委員会に提出されたのである[120]。この研究は、ウォルター・サラントを中心とする著名な経済学者6名によって行われた。ウォルター・サラントは、その結論について、1963年7月29日の合同経済委員会において、次のように述べている。「われわれは、基本的諸力の働きで1968年までに20億ドル近くの基礎収支の黒字をつくりだすことができると結

論付けたが、それは、1961〜62年平均の基礎収支赤字15億ドルに比べれば34億ドルもの改善である。この改善は、主として財・サービス純輸出の増加によるものであり、そこには、民間海外直接投資からのかなりの所得増加を含んでいる。この基礎収支黒字の増加は軍事支出の減少と民間長期資本流出の幾分少なめの減少によって、より強化されている。だが、海外援助の支出増加によってそれは部分的に相殺されているのである」と。[*121]

　基礎収支の黒字とは、経常収支の黒字幅以内に資本収支の長期純資本の流出が収まることを意味する。この国際収支の改善がもたらされるには、大きくいって二つの仮定が必要とされた。その第一が、アメリカの輸出企業の競争力の改善であり、それは、西ヨーロッパとりわけ大陸ヨーロッパの価格および費用水準がアメリカと比較して、より上昇するという仮定に基づくものだった。大陸ヨーロッパの労働供給は、アメリカと比較して制限されており、労働賃金の上昇は、単位製品当たりの労働コストを高め、結果として輸出製品価格の上昇に帰結するという見通しだった。そして、第二が過去から現在に至る国際長期投資にかかわる純収入が相当上昇するだろうという仮定である。長期純資本輸出は鈍化するだろうが、投資所得の上昇が引き起こされるだろうという見通しである。

　基礎収支改善という結論を導くには、これら二つの仮定に、さらに海外軍事支出の削減が付け加えられなければならないが、こうした諸条件は、EEC（ヨーロッパ経済共同体）結成による輸出マイナス効果や海外援助の増加傾向があったとしても、アメリカ経常収支の改善という結論を導くには十分な条件であった。[*122] 経常収支の黒字が大きくなれば、長期純資本輸出の鈍化によって、基礎収支は改善されるはずだ。

国際収支危機対策の実際

A　財務長官ディロンのケインズ主義的主張

　この時期のアメリカ国際収支危機に対する政策理念は、基本的にはかなり楽観的に考察されていた。ケネディ政権は、実際にはどのような国際収支改善策をとったのだろうか。ここで指摘すべきは、ケネディ政権下での国際収支改善

策は、明確にケインズ主義的経済政策によるものだったということである。すなわち、国内投資を活発化させる減税政策、財政支出政策、金融緩和政策によって、不完全雇用下にあるアメリカ経済を活性化させ、これら有効需要政策によってアメリカ産業の国際競争力をつけ、輸出増進による国際収支の改善を図るという戦略だった。この点を1963年7月8日に、財務長官ダグラス・ディロンが上下両院合同経済委員会で行った証言をもとに確かめてみよう。

　ダグラス・ディロンは、ケネディ政権の国際収支問題に対する基本的アプローチと哲学について次のように述べている。「われわれは、わが国における失業の減少とより急速な経済成長の必要性を明確に認識しなければならない。わが国を含む多くの諸国の利害からして、国際貿易は制限されるのではなく拡大されなければならない。そして、われわれは、世界のリーダーという中心的責任を放棄することはできない。この責任は、安定した防衛の維持、見捨てられた諸国への開発援助、資本移動の自由、国際通貨システムの強化というやり方で、われわれの仕事を指揮するためのものだ」[*123]。ディロンは、国際収支危機における対応策の基本として、失業の減少と経済成長という国内的課題を放棄するのではなく、まさにその課題を達成することで国際貿易を拡大し、アメリカの世界に対する覇権を維持することを宣言したのだ。

　したがって、こうした基本的考えからは、従来、国際収支危機に対して各国がとってきた政策、すなわち通貨の切り下げ、輸入制限、為替統制、利子率の引き上げ、消費制限のための信用制限、そして国際社会への干渉政策の放棄、これらは断じて行わないということになる。いうまでもなく、この時期のアメリカの経済政策は、ケインズ的に考案されていた。ケインズによれば、国家の政策として、利子率を低くし、財政支出政策による有効需要の注入によって企業の操業度を高め、企業の投資活動を活発にし、失業者を解消し、国内における個人消費、企業投資、政府支出を活発にし、資源の有効利用を図ることは、世界貿易を活発にするという観点からも望まれたのだ。なぜなら、個人消費、企業投資、政府支出にはふつう輸入が含まれるから、これら内需を拡大する政策をすべての国が同時に行えば、すべての国の輸入が増加し、それはとりもなおさず、すべての国の輸出が増加することになるのだ。こうなれば、「国際貿易は現在みられるような姿ではなくなり、相互利益の条件の下で喜んで行われ

る財貨およびサービスの自由な交換となるであろう」とケインズは言った。[*124]

　ディロンが主張したのは、次の4点だった。第一に、満足できるわれわれの国際収支は、新しい市場誘因・機会へのわれわれ民間人と企業による自由で積極的な対応とその数知れないほどの取引による実質的調整として実現されなければならない。第二に、これら市場における必要な調整は、まず適切な財政・金融環境、効果的な政府の貿易振興プログラム、そして、価格と費用の安定を維持しようとする確固とした規律によってサポートされなければならない。第三に、これら市場調整の完全な便益は何年も年月がかかるゆえ、直接的行政行動に依存する対外的支払いの削減、とりわけ、防衛と援助の領域における効果的削減が必要とされる。そして、第四に、長期的プログラムが根付く間、当面の事態に対処する手段として、われわれは、改善された支払いシステム、国際準備通貨としてのドルの役割、そして整合性のあるやり方でわれわれの国際収支赤字の十分なファイナンスを保証する積極的かつまたバラエティに富んだ手段を講じなければならない。[*125]すなわち、ディロンは、国際収支危機を克服するには、防衛費や経済援助費用の削減や危機に対する当面の対策が必要だとしながらも、その基本を政府の積極的プログラムによるアメリカ企業の輸出競争力の回復にかけたのだ。

　以上の基本的観点から、ディロンは、1962年歳入法によって導入された投資税額控除（investment tax credit）と減価償却方式の自由化と近代化が、アメリカ製造業の国際競争力上の地位を向上させるインセンティブを与えたことの重要性を認識し、さらなるケインズ主義的改革の重要性を力説した。すなわち、「われわれは、戦時税率の束縛から解放されなければならない。その税率は、もとはといえば、戦時および戦後初期において超過需要を抑制し、強度なインフレ圧力を除去するために導入されたものであった。大統領は、100万ドルの個人及び法人所得税の純減税を提起したが、この減税が戦時税率からの解放を遂行するであろう。この減税は、われわれの国内生産における雇用の成長を増加させる鍵となると同時に、われわれの国際収支赤字を除去することに直接にかかわるものである」[*126]と指摘した。

　ここで注目すべきは、ディロンが、当時のアメリカ経済を、資源は遊休し、労働力は不完全雇用の状況にあり、それらは、ケインズ主義的税制の導入によ

って改善できると認識していたと同時に、アメリカ国際収支赤字の改善もできうると主張していたことだ。もちろん、国内の経済成長がどのような要因によって増進されようが、それによって、生産過程で必要とされる財需要の増加や所得増加から生み出される輸入の増加が引き起こされ、諸外国における外需の増大が、アメリカの輸出を増加させない限り、アメリカの貿易バランスには負の要因となることは明らかだ。しかし、ディロンは、減税による刺激は、新型の現代的機械の導入による費用削減になり、拡大する経済は、新製品および新製造過程への良好な環境を提供し、結果としてそれらは、アメリカ製造業の外国市場ばかりではなく、まさに外国との競争が熾烈な国内市場での失地挽回にも役立つだろうと考えた。

　しかもこの減税によって、ディロンは、対外資本輸出の縮減を期待したのだ。なぜなら、減税によって、アメリカ国内における投資環境の改善が図られると考えたからだ。減税によって、アメリカ企業は国外に投資するより、国内に投資することに利益を感じるだろうし、国外からアメリカに証券投資も活発になるだろうと期待したのだ。すでに、1962年秋に制定された歳入法で規定された投資税額控除は、国内投資にのみ適用されたのであり、海外投資の税制上の有利さを減少させるものであったが、この63年に提起されたディロンによる減税は、より一層国内および国外投資の税制上の位置を平準化するものになると力説した[*127]。しかも、経済が不完全雇用の状況にあり、減税がインフレ傾向を生み出さない以上、この時期に国際収支上の立場から金融引き締め政策に転換することは、消費を減退させ、反インフレ政策となり不適切であると主張した。

　もちろんこうした減税政策は、賃金・価格の安定性を前提にして成り立つ議論だ。したがって、現実の経済成長率が潜在的経済成長率に近づくにつれ、賃金・物価の長期的動向を評価する適切なベンチマークとして、経済諮問委員会が開発した賃金・物価のガイドポストが強調されなければならないとした。しかも、こうした政策によってアメリカ企業の国際競争力が改善したとしても、それが貿易収支黒字の拡大に結びつかなければ意味がない。だから、アメリカ政府は、輸出拡大のために情報の提供、公的援助、輸出金融など様々な手段をとるべきであり、そのことによって、アメリカ国際収支は長期的にはバランスを回復することが可能であると論じた[*128]。

さて、以上のように、この時期のケネディ政権の国際収支危機に対する長期的政策はケインズ主義的政策だった。すなわち、ケネディ政権が実際に展開しようとした政策は、貿易・輸出中心の政策であり、直接投資は第三世界における開発を目的とするためにかぎり公的に奨励された[129]。したがって、この政策は、当時、戦後ニューディール体制の下で重要な産業的基盤を形成しながらも、外国企業と熾烈な競争への対応として、積極的に多国籍化の道を選択しつつあった巨大輸出寡占企業の新企業戦略と矛盾する側面を持っていた。この時期の巨大輸出寡占企業は、現地生産・現地販売によって製品市場の確保を目指して多くがヨーロッパ市場へ進出を行っていたが、その矛盾は、すでに1962年歳入法の成立をめぐって明らかとなっていた。どのような点が問題とされたのだろうか。

B　1962年歳入法と巨大輸出寡占企業の抵抗

　1962年歳入法は、もともとは、1961年4月29日に議会に上程されたものだったが、それには、次の二本柱があった。第一が、国内投資の促進を図る国内設備投資に対する投資税額控除であり、第二の柱は、直接投資の抑制を狙った海外法人所得税の納税猶予の廃止だった。この二つの柱は、ケネディ大統領自らが強調したように、別個のものではなく一揃いの政策体系であり、国際収支危機の原因が、国内経済の不振による輸出競争力の低下にあると考えたからだった。「世界市場で価格競争をしうる財を供給するダイナミックな経済こそドルの強さを維持するものである」という信念に基づいた政策提起だったことがそれを物語っている[130]。

　だがそれゆえにまた、直接投資の抑制を狙った海外法人所得税の納税猶予（tax deferral）の廃止という政策は、多国籍化による世界市場シェアの維持を新戦略とした巨大輸出寡占企業の資本蓄積にとって深刻な意味をもった。海外法人所得の納税猶予とは、アメリカ海外子会社の本国への所得税支払いは、所得が親会社への利益として合衆国に送金される時点まで納税を猶予されるという制度だった。それが廃止されると、海外子会社の未配当の利潤は、これらが現実にアメリカの親会社によって受け取られるか否かに関係なく、アメリカの株主に配当して分配されたものとみなされ課税されることとなる[131]。

したがって、多国籍化を図るこの時期のアメリカ主力企業は、懸命にこの支払い猶予廃止に反対の論陣を張ったのだ。彼らの主張は、この納税猶予は、アメリカ企業がヨーロッパ企業、日本企業と国際的に競争していくのに不可欠の条件であり、その廃止は、アメリカ企業の海外子会社が他国企業と競争するうえで不利になり、ひいてはアメリカの海外投資収益の長期的な現象につながることになるというものだった。また、現地企業は、現地国の税制に従うのだから、納税猶予の廃止は、結果として二重課税になり、外国企業と比較してアメリカ企業の成長が遅れることになるだろうとした。

財務長官ディロンらの政策担当者が、納税猶予は国内製造業者には許されていない特権であり、それゆえ不公正な競争をもたらすと指摘したのに対して、海外直接投資に利害を有する企業側は、納税猶予の廃止は、国内製造業者が、不公正な競争を国内において強いられているということを前提にのみ正当化されると反対に切り返した。アメリカ国際商業会議所協議会は、「納税猶予によってアメリカ企業の海外子会社は、西ヨーロッパ諸国の競争相手とほぼ互角に営業した。というのは、かれらは、その納税猶予によって現地企業の内部留保から多額の投資部分を調達しえたからだ」[*132]と指摘した。

国内投資減税と海外子会社法人所得納税猶予の廃止というすぐれて国内企業の競争力強化を狙ったこれらの法案は、この時期に市場の確保をヨーロッパへの直接投資の強化によって果たそうとしていた巨大輸出寡占企業の利害と真っ向から対立した。ケネディ政権の政策担当者たちは、ディロンらを除けば、いわゆる学界からのエコノミストたちで構成されていた。この時期の資本輸出が国際収支に与えた影響は、投資収益の効果を入れたとしても全体としてマイナスであった。したがって、国際収支危機への対策を講じなければならない、その時点において、直接投資を抑制しようとする彼らの政策は決して間違っていたわけではない。

この時期の直接投資抑制策は、アメリカがいまだ成熟債権国となっていない段階、すなわち貿易収支赤字ではなく黒字であり、海外投資収益によって、経常収支を黒字に保っていたわけではない段階の政策だった。しかし、この時期、戦後ニューディール体制を支え、ケネディ政権の政治基盤を形成してきた巨大輸出寡占企業は、従来の戦略、すなわち輸出拡大による世界市場確保から、現

地生産・現地販売による市場確保へとその企業戦略を急激に転換しようとしていた。こうして、アメリカ政策当局は、法案の修正を迫られ、1962年に歳入法が成立した時には、海外子会社法人所得税納税猶予の廃止という法案は、「納税回避」(tax haven) 活動によるアメリカ企業海外子会社法人所得への直接課税制度となり、当初の直接投資規制政策から比べるとかなり矮小化されたものとなった。財務長官ディロンは、1963年7月8日、合衆国議会上下両院合同経済委員会の公聴会で次のように証言せざるを得なかった。「1962年歳入法においては、納税回避を目的とするタックス・ヘイブンの利用に関して大打撃を与えるべく法律を大幅に改正しました。それが国際収支上あるいは税収上、どの程度の結果をもたらすかは、にわかに判断のつきかねるところではありますが、新しい子会社を納税回避諸国へ設立する動機は減少することは確実でありましょう」[*133]。

C 1962年通商拡大法の成立

　1962年歳入法の成立をめぐる過程で、予期せぬ産業界からの猛反発を経験したケネディ政権は、すぐさまその政策を直接投資抑制策から貿易黒字拡大策へと転換させ、1962年6月に期限切れになる互恵通商協定法に代わる通商拡大法を成立させるべく努力した。いわば、直接投資抑制策で亀裂の入った戦後ニューディール体制の結束を強化すべく、通商拡大法の成立を1962年最大の経済政策的課題と位置づけたのだった。

　ケネディ政権は、発足当初から貿易政策を重要課題の一つとして取り上げてきた。輸出の増加は、外国の需要に依存する以上、国際的な自由貿易政策は、外国市場の開放という点からも重視された。ケネディ政権がこの時、最も脅威と感じたのは、1958年1月1日、ローマ条約によって成立したフランス、西ドイツ、イタリア、ベルギー、オランダ、ルクセンブルク6カ国からなる欧州共同体の存在だった。下院議員ヘイル・ボッグズを委員長とする対外経済政策小委員会が、1962年1月17日に合衆国議会上下両院合同経済会議に提出した報告書『1960年代の対外経済政策』においても、まさにこの点を明確に読み取ることができる。

　報告はまず、「第1部　決定の時期」と題し、1962年においてアメリカ議会

は、1934年の互恵通商協定法以来、最も重要な対外経済政策の決定に直面するとし、それが、ヨーロッパにおける EEC のもたらしたものであることを指摘した。[*134] そして、「第2部 不活動の諸結果」で、このヨーロッパにおける共同市場の形成は、アメリカの輸出に深刻な脅威となると警告した。[*135]「もし、われわれが貿易政策について何もしないとすれば、共同市場の創設に端を発するアメリカ製品輸出に対する差別の種は根付き成長するだろう。時間がたてば、この構造化された差別は、ヨーロッパにおける保護主義という新たな既得権益に導くだろう。1960年における西ヨーロッパへのアメリカの輸出は、60億ドル以上に上り、われわれの総輸出の3分の1になる。共同市場をめぐる関税障壁の低下を実現するため何もやらなければ、アメリカ産業は、共同市場における利害関係を維持することはおろか、それを拡大することもできなくなるだろう」[*136]。

かくて、同報告は、「第3部 1960年代の対外経済政策の諸目的」において、「共同市場の発展が世界貿易システム構造全体の根底的な変化をもたらす」との認識を示し、「アメリカは、その圧倒的な技術的優位性を誇る広範な製品において、関税およびその他の貿易障壁の完全な廃止によって共同市場と互角に渡り合う地位を占めるべきだろう」[*137]と主張した。

ケネディ大統領は、こうした報告を受け、1961年1月25日に通商拡大法 (Trade Expansion Act) を議会に送り、その成立を狙った。この法案では、自由貿易反対派を考慮し、外国貿易政策についての特別教書を、もちろん付けていた。大統領は、五つの根本的に新しい画期的な展開を考慮し、アメリカは新しい貿易イニシャティブを発揮しなければならないとした。その五つの展開とは、①ヨーロッパ共同市場の成長、②国際収支への増大する圧迫、③経済成長を加速する必要、④共産圏からの援助と貿易攻勢、⑤日本および発展途上国との貿易拡大の必要性、以上だった。この自由貿易主義の追求というケネディ政権の姿勢は、直接投資の抑制をめぐって亀裂の入った戦後ニューディール体制を再度結束させるのにこれ以上のものはなかった。

というのは、すでにアメリカ商業会議所 (United States Chamber of Commerce)、経済発展委員会 (Committee for Economic Development)、アメリカ労働総同盟産別会議 (American Federation of Labor and Congress of Industrial Organization)、アメリカ・ファーム・ビューロー連合 (American Farm Bureau Federation)、

というアメリカ合衆国の主要企業・労働・農業の諸組織は、いずれもさらなる自由貿易政策の必要を説き、大統領にこの政策を遂行するための十分な権限を与える意見を表明していたからだ。

ヘイル・ボッグスを委員長とする対外経済政策小委員会は、1961年12月4日から2週間にわたって公聴会を開催した。アメリカ商業会議所からの意見陳述をしたA.B. スパーボ（A.B. Sparboe）は、「アメリカ通商政策は、わが政府に世界貿易の障壁を引き下げさせるために有効な協定を行う交渉権限を与えるべきである[*138]」と指摘した。アメリカ財界の有力組織の一つ、経済発展委員会は、シアーズ・ローバック社（Sears, Roebuck & Co.）のT.V. ハウザーを通じて、「アメリカ合衆国は、西ヨーロッパ諸国、日本による国際貿易上の一般的関税・非関税障壁について引き下げや廃止をさせるべく緊急に働きかけるべきである[*139]」と発言していた。

一方、労働側は、アメリカ労働総同盟産別会議を代表してバート・シードマンが、貿易自由化をすすめなかった場合のアメリカの国益という観点から陳述した。すなわち彼は、1960年代という新しい情勢の下でアメリカは新しい貿易政策を必要としているとし、もし貿易自由化のために精力的努力をしなかったならば、第一に、西ヨーロッパ、日本の市場閉鎖によって輸出機会の大幅な喪失を味わうだろうし、第二に、アメリカは、自由世界における経済的決定を行うにあたって影響力を減退させ、その結果、第三に、いつかは自由世界における政治的リーダーシップの弱体化をもたらすことになるだろうと警告した。[*140]

また、アメリカ農業の利益を、ハーバート・ハリスは、極めて率直に述べている。すなわち、「世界貿易の拡張は、全アメリカ経済に利益となるが、とりわけアメリカ農業にとっては重要である。アメリカは、世界最大の農産物輸出国であり、世界農業総輸出の5分の1を供給している。需要は増加しつつあり機会は拡大しつつあり、アメリカ農業者はそこに参加の用意がある[*141]」。

もちろん、自由貿易政策の新展開は、アメリカ主力産業の利害すなわち世界市場を蓄積基盤とする巨大輸出寡占企業の利害に基づいていたことは間違いない。したがって、輸出・輸入双方に利害関係を持つ会員が相半ばする組織である全米製造業者協会（National Association of Manufacturers）は、ケネディ政権の提起する通商拡大法については、中立の立場をとった。また、輸入増大で被

害を受けると予想される諸産業や伝統的に自由貿易に反対するグループは、当然ながら法案に反対であった。アメリカ保護関税同盟（American Protective Tariff League）として、1885年に創設された貿易関係会議（Trade Relations Council）は、保護主義的グループであったが、1920年代に名称をアメリカ関税同盟（American Tarif League）と改称した。この組織は、保護主義的貿易政策に利益を有する企業家、事業者団体、そして、農業者のグループから成り立っていた。

通商拡大法は、1962年6月27日下院に送られ、賛成298、反対125で可決された後、9月14日に上院財政委員会において、保護主義的な修正もなく、17対0で承認された。繊維、石炭、木材という産業グループが一致して反対すれば、法案の成立は危ぶまれたのだが、上院において成立した時、繊維産業家たちが一致して反対したという事実はなく、繊維産業の80％を組織しているアメリカ綿工業協会（American Cotton Manufacturers Institute）は、積極的に法案を支持したのだ。もちろん、こうした事態が起こったことにはそれなりに理由があった。

というのは、ケネディ政権は、1961年5月2日の段階で、すでに繊維産業援助のプログラムを明らかにしており、その計画には、繊維の輸入数量制限という考えはなかったものの、輸出自主規制をさせるべく各国と交渉に入ること、またEEC諸国への繊維製品の売り込みに道を開くこと、これらが約束されていたのだ。GATT主催で1961年7月17日に開催された16カ国繊維会議においては、その交渉がかなり難航したとはいえ、アメリカへの2年間にわたる繊維製品輸入の凍結と、その後年々5％ずつのみの輸入増大を繊維製品輸出国に約束させていたのだ。したがって、アメリカ綿工業家協会は、1962年3月の段階ですでに、ケネディ政権によって提起されていた通商拡大法への積極的支持にまわっていたのである。

上院は、9月19日、同法案を通過させたが、ケネディ大統領は同日、同法を1934年の互恵通商協定法以来最強の通商法であると述べ、共同市場諸国や世界各国との密接な、そして協調的な貿易関係をこの法律によって築けるとしたのだった。

D 1964年金利平衡税制の成立

　ケネディ政権は、1962年において無事通商拡大法を成立させ、企業減税を実現することによる国内投資優先策によって、国際収支危機を克服する戦略を着実に実行できるかに思われたが、時がたつにつれ証券投資の急増による長短の資本流出が深刻になるに至った。1963年の夏、アメリカ国内でのかつてない規模の外国証券の新発行が明確になるにつれ、政府当局の関心はおのずと証券投資に集中せざるを得なくなった。1962年に外国証券の発行額は前年の約2倍、10億ドルを超え、63年には、その前半ですでに10億ドルに達し、さらに近い将来日本あるいは西ヨーロッパ諸国によって新たな証券の発行が計画されているといわれた。[*142]

　ケネディ政権は、1963年7月18日、議会に金利平衡税（Interest Equalization Tax）の制定を提起したが、それは既述の海外子会社所得税支払猶予の廃止に現れたような直接投資抑制策ではなかった。金利平衡税は、アメリカで販売される外国株式および外国債券の新発行に課税する制度であったが、新発行証券は、主として投資銀行や商業銀行が購入し、アメリカ国際収支上の赤字要因となっていた。金利平衡税は、外国株式への投資には15％の税を課した。外国債券への投資には、満期の相違によって3年物債券の2.75％から28.5年物債券の15％まで、税率が段階的に上昇した。すなわち、金利平衡税は、外国株式、外国債券を発行するアメリカ合衆国対外貸付機関に課され、それら機関は課税を外国の借り手に転嫁すべく高率において証券発行を行うことで、資本流出の減少を狙ったのだ。アメリカで債券を発行する借り手は、アメリカ国内の支配的な利子率よりほぼ1％高い利子率で借りることになり、それは平均するとヨーロッパの金利とほぼ同じとなった。アメリカとヨーロッパにおいてほぼ同じ水準か、アメリカでより高めの利子率になることで、アメリカ政府は、長期証券投資の抑制を狙ったのだ。[*143]

　ところでこの金利平衡税の導入をめぐって注目すべきは、海外子会社所得税支払猶予廃止政策と異なり、1964年9月に遡及的に成立し、最終的に廃止されたのが74年1月だったことだ。すなわち、証券投資の抑制は、確かに投資銀行などの金融機関の利益には反するものの、直接投資抑制策とは異なり、戦後ニューディール体制の基盤をなした巨大寡占企業の資本蓄積には直接かかわるも

のではなく、それら産業からの猛烈な反対運動は起こらなかったのである。た とえばアメリカ多国籍企業の利害を代表するアメリカ国際商業会議所（United States Council of the International Chamber of Commerce）は、1964年7月には 前言を翻し、金利平衡税反対の立場をとったものの、63年8月の時点では、金 利平衡税には中立の立場をとっていた。その点では、全米製造業者協会も同様 であり、終始この金利平衡税制には中立の立場を崩さず、また、アメリカ商業 会議所は、賛成の立場をとった。[*144]

輸出産業も含めてアメリカ国内に産業基盤を有する企業は、金利平衡税によ って一向にその蓄積に影響が出るとは思えず、猛烈に反対する立場をとらなか った。しかし、対外証券投資に利害を有する金融機関や株式ブローカーが反対 の立場をとったのは当然であった。アメリカ主要投資銀行で構成される投資銀 行協会（Investment Bankers Association）は、金利平衡税は国際収支危機を緩 和させるには役に立たず、また長期的には、海外からの証券投資利益を減少さ せることによりアメリカ国際収支にとってマイナスの要因となるであろうと主 張した。投資銀行協会は、アメリカが世界資本市場として長期資本輸出の中心 的役割をはたし続けることを願ったのだ。彼らは、金利平衡税が世界の証券投 資センターとしてのニューヨークの役割を減殺することを恐れたのだ。[*145]

だが、この金利平衡税が、当時急速に多国籍化を果たしつつあったアメリカ 主力企業の猛反対にあわず成立し、1973年まで存続したという事実は、特筆さ れるべきことである。国際経済政策協会（International Economic Policy Association）は、アメリカ主力多国籍企業から成り立つ団体であった。[*146]この協 会は、金利平衡税が協会構成メンバーの利害に直接関係せず、どのような場合 においても、それは資本流出を防ぐ有効な手段とはなり得ないだろうとみてい たのであり、直接投資抑制策の前兆だとすれば好ましくないという程度の反応 であった。[*147]すなわち、国内市場に蓄積を依存する諸産業は当然のことながら、 またこの時期に積極的に対外直接投資を展開しつつあったアメリカ企業も対外 証券投資の規制に関してはあえて反対の立場をとらなかったのだ。金利平衡税 が、投資銀行・商業銀行の執拗な阻止運動にもかかわらず存続できたのは、戦 後のアメリカ経済において、ニューディール期において実施された金融封じ込 めによって、金融利害がいまだアメリカの政治経済において主導権を取り返せ

ない状況にあったことを物語っているといえよう。ここに1960年代前半において、矛盾をはらみながらも最高潮を迎える戦後ニューディール体制の経済政策、とりわけその対外経済政策の基軸を見いだすことは容易である。

4　国際収支危機とジョンソン政権
——1967年「ドル危機」と金プール協定の破綻

　1960年、ロンドン自由金市場での金価格高騰が、この時期におけるアメリカ国際収支危機の現象形態だった。戦後IMF体制においては、既述のように、民間市場で、ドルと金との交換を許さず、各国通貨当局に対してのみアメリカは、ドルと金との交換を約束した。したがって、戦後IMF体制は、金本位制でも金為替本位制でもなかったから、あえて固定相場制として、国際資本取引、とりわけ短期的投機資本取引を厳重な規制の下に置き、ドルを国際通貨とする国際体制を維持してきたのだった。国内の経済システムにおいても、金融機関の行動と組織は、巨大寡占企業の政治支配によって、押さえつけられ、信用の膨張から金融危機が勃発するということは起こらなくなった。しかし、アメリカは、戦後世界支配におけるドルの国際的流出を必然化させ、各国に膨大なドル債権を蓄積させた。それは、1947年の冷戦勃発を機に、世界的な軍事支配を企図するドルの国際的支出であり、また、アメリカ企業による対外進出であった。アメリカの金保有額が、この軍事支出と企業の対外進出によって、世界に蓄積されたドル債権額を下回れば、各国通貨当局は、その債権を金に交換要求するのは当然であった。いわば、戦後アメリカのドルによる対外的信用主義の膨張が、各国通貨当局の重金主義的行動によって制約を受けるというのがこの時期のアメリカ国際収支危機の意味するものであった。

　ところで、1967年に引き起こされ最終的には1971年8月15日の金とドルとの交換停止に至るアメリカ国際収支危機は、イギリスのポンド切り下げ発表をきっかけとする67～68年における深刻なゴールド・ラッシュがその始まりだった。

国際収支危機の深刻化

　1967年11月14日、イギリス政府は、前月10月の貿易収支が記録的な赤字になったことを明らかにした。それは、60年代に断続的に引き起こされてきたポンド・スターリング危機を極めて深刻なものとし、11月18日、イギリス政府はポンドの14.3％の切り下げ、すなわち1ポンド2.80ドルから2.40ドルへのIMF公定レートの切り下げを発表した。連鎖的なドルへの波及を恐れたアメリカ大統領リンドン・ジョンソンは、同日、アメリカが1トロイオンス35ドルで金を売却するという約束を再確認するとの声明を発表したが、その思惑に反し、ロンドン自由金市場での金需要は増加し、1960年のゴールド・ラッシュの再来を思わせる事態となった[*148]。ただ、今回の事態が1960年のゴールド・ラッシュと異なるのは、アメリカを含む先進8カ国が「金プール協定」を結んでおり、金1トロイオンス35ドルの公定レートを維持すべく8カ国による金市場介入が行われていたことにある。すでに金プール8カ国による金市場介入は、1967年のポンド切り下げ以前から行われており、10月までに4億ドルを超えて金が売られていた[*149]。

　ポンド切り下げ後、金価格急騰を恐れたアメリカ当局は、11月26日にフランスを除く金プール協定参加国の中央銀行総裁とフランクフルトで会談し、金売却の継続とその価格維持を行うことを約束し、必死で金価格維持に取り組んだ。11月だけで、金プール協定に基づき8億ドル以上の金が売却され、アメリカ政府は、時間に間に合わせるために、金輸送に米軍機を使用したほどであった[*150]。1967年だけでアメリカの金準備は、11億7000万ドル減少し、そのうち第4四半期だけで10億1500万ドルもの金が減少したのだった[*151]。

　こうした懸命な努力で、金需要は鎮静化に向かった自由市場ではあったが、1968年2月28日のアメリカ上院議員ジェイコブ・ジェイヴィッツの刺激的発言、「アメリカは、金ドル交換を停止し、金プールを廃止すべきである」をきっかけとして、3月初めから投機筋の買いが大量に入り、あたかも市場は、ゴールド・ラッシュの観を呈した。金プールの売りは、3月8日の1日で1億8000万ドルにも上り、ついにイングランド銀行は、3月15日、ロンドン自由金市場の

閉鎖を決定した。ポンド切り下げ時の1967年11月から68年3月15日の市場閉鎖まで、金プールは30億ドルの金を売却し、そのうちアメリカによる売却分は、22億ドルだった。[153]

ロンドン金市場閉鎖後、金プール7カ国（フランスは欠席）の中央銀行総裁は、1968年3月16日、ワシントンで会議を開催し、翌17日にコミュニケを発表した。コミュニケは、各国によるIMF協定諸条項のもとで現行の為替相場の協力的維持を確認し、次のように述べた。「中央銀行総裁らは、公的所有の金は、通貨当局間のトランスファーに影響を与えるためにのみ今後は使用されるべきであると信じる。したがって、それゆえ、金プール諸国はもはやロンドン金市場やその他のいかなる金市場にも金を供給しないと決定した」[154]。すなわち、1968年3月17日をもって金プール協定は破棄され、自由金市場における金価格は市場の需給関係に任され、金1トロイオンス35ドルは、通貨当局間のみの公定レートとなったのである。いわゆる、金の「二重価格制」（two-tier system）である。

1967〜68年におけるアメリカの大量の金喪失は、イギリスのポンド切り下げをきっかけとするものだったが、その基本要因は、アメリカ国際収支赤字の深刻化にあった。ブルッキングズ研究所の楽観的な国際収支見通しとは異なり、実際に引き起こされた事態は、アメリカからの長期・短期資本の連年の流出であって、諸外国の持つドルの短期債権は、アメリカ所有の金保有額をはるかに超えた。アメリカ貿易収支は、60年代後半になるとその黒字が急速に縮小した。アメリカ貿易赤字は、1971年に記録され、70年代後半以降今日まで継続しているが、民間貿易収支だけを取り出してみると、もうすでに68年に赤字に転じている。

フレッド・ブロックによれば、アメリカ総貿易は、1968年に6億3500万ドルの黒字を記録したが、アメリカ政府の経済援助などによる政府輸出33億4600万ドルを差し引けば、27億1100万ドルの貿易赤字を記録することになる。しかも、ここで注目すべきは資本財貿易収支の大幅黒字に対して、消費財貿易収支の赤字が1960年代後半に深刻になり、自動車貿易も68年から輸入超過になり、年々その額は拡大してきている事実だ。[155]

国際収支の改善がもたらされると予測したブルッキングズ研究所による報告

は、アメリカ国内企業の競争力の回復を前提としていた。しかし実際に引き起こされた事態は、繊維製品をはじめとする大量の消費財の輸入だった。自動車をはじめとする巨大輸出寡占企業の輸出代替的直接投資が急速に展開し、アメリカからの自動車輸出は急減した。資本財貿易収支の大幅黒字もその内実を検討すると、経済援助などによる政府輸出がかなりの比率を占めていることが看取され、純粋にアメリカ企業の国際競争力の強化の結果ではないことがわかる。さらに、1960年代後半から燃料を含む原材料、化学製品を含む基礎的工業製品の輸入が増大し、アメリカ貿易赤字の一角を占めるまで成長してきたことは注目されるべきであろう。[*156]

ここで、1967～68年国際収支危機のより直接的要因としてヴェトナム戦争による国際収支の悪化があったことは重要だ。この点も、1963年1月に公表されたブルッキングズ研究所の報告においては、「大西洋パートナーシップ」（Atlantic Partnership）に基づく覇権維持コストのバードン・シェアリングによって、アメリカが負担する海外軍事支出は、1968年までに大幅に削減されるはずだった。しかし事態は逆の方向に進んだのだ。

ダッドリーとパッセルの推計によれば、ヴェトナム戦争が1967年国際収支に与えた赤字要因としての影響は、ほぼ40億ドルにのぼる。彼らは、ヴェトナム戦争が国際収支に与えた影響を三つの要因に分解し、それぞれについて統計的推計を行った。その第一は、直接的海外軍事支出、第二が軍需製品生産のための原材料・中間財への輸入支出、そして第三が、軍需生産が輸出に与える間接的悪影響であった。直接的海外軍事支出16億ドル、軍需生産用原材料・中間財輸入11.2億ドル、そして、貿易への間接的悪影響12.9億ドル、あわせて40.1億ドルが国際収支へのマイナス要因とされた。[*157] 1967年のアメリカの国際収支は、流動性ベースで35億ドル7100万ドルの赤字だったから、もしヴェトナム戦争がなかったとすれば、67年のアメリカ国際収支は黒字を記録したはずだ。[*158]

こうしたヴェトナム戦争の直接・間接の影響がアメリカ国際収支の赤字を深刻にし、1967～68年のゴールド・ラッシュを引き起こした基本的要因だった事実は、時の政策担当者たちも熟知していたはずだ。しかし、1968年1月にジョンソン政権が発表した国際収支危機対策は、強制的直接投資抑制策であった。

ジョンソン政権の直接投資抑制策

　1968年1月1日、ジョンソン大統領は、1917年の対敵通商法（Trading with the Enemy Act of 1917）第5条b項に基づき、行政命令第11-387号を発令し、資本輸出の強制的規制に乗り出した。というのは、アメリカ大統領には、国家緊急時に国家利益を最優先させ金融取引を規制する権限が与えられていたからである。この海外直接投資プログラムと呼ばれる政策は、1965年に始まる商務省による3年間にわたる自主的資本輸出規制を受け、新規資本流出を全面的に禁止する条項を含む強制的な直接投資抑制策だった。

　そしてさらに、国際収支危機に対応しドル信認を回復するため、以下に掲げる6項目の政策も付け加えたのである。その第一は、従来から連邦準備制度理事会によって行われてきた銀行とその他金融機関に対する自主的信用抑制プログラムの一層の強化、第二に、重要性の低いアメリカ人海外旅行の2年間にわたる自主規制、第三に、アメリカ証券・軍事物資の同盟国による買い付けの促進、政府職員の海外駐在数の削減などによる国際収支改善策が提起された。また、第四に、長期にわたる輸出促進の努力、第五に、アメリカ製品輸出への非関税障壁の打破、そして第六に、対米資本輸出ならびにアメリカ旅行の促進を謳ったのだ。[159] すなわち、それは、戦後アメリカの野放図なドルの対外的信用膨張を改め、海外からのドル引きあげ作戦ともとれる政策の発表であった。そして、それはいうまでもなく、戦後IMF体制の下で、1オンス35ドルというドルと金との交換を各国通貨当局との約束している以上、その体制の維持のためには、アメリカがやらねばならない対外的ドル散布の抑制であったともいえるだろう。

　もちろん、ジョンソン政権の国際収支危機対策の中心課題は、アメリカからの直接投資の抑制による国際収支の改善であり、1967年の直接投資フロー・レベルに比較し、10億ドルの削減が目指された。対外直接投資規制（Forign Direct Investment Regulations）によれば、直接投資者を海外関連企業株式ならびに利潤に10％以上の利害を有するものと規定し、直接投資規制あるいは対外投資局によって、一般的に認められた直接投資フロー額以内に年間投資額を制

限することとなった。また、月末の海外流動バランスは、最低レベル２万5000ドルとなり1965〜66年平均ベースに縮減されることが規定され、それら取引は、対外直接投資局に報告することが必要となった。アメリカ企業が海外で持つ流動バランスの縮減は、直接投資者による通貨投機の機会を減少させ、国際収支の改善にも役立つことが期待されたのだ。[*160]

　このジョンソン政権の直接投資抑制策は、世界を三つの地域に区分し、最も規制の緩いスケジュールＡ諸国から、規制の最も厳しいスケジュールＣ諸国、そしてその中間のスケジュールＢ諸国まで、明確な直接投資基準を設けて規制した点に従来の規制策とは全く異なる特徴があった。

　すなわち、発展途上諸国で構成されるスケジュールＡ諸国では、1965〜66年を基準とする平均直接投資額の110％までが許可されるということになった。日本、産油諸国、イギリス、オーストラリア、ニュージーランドなどが占めるＢ諸国では、65〜66年を基準とする平均直接投資額の65％まで許可されることになった。そして、大陸ヨーロッパ諸国が中心のスケジュールＣ諸国では、直接投資目的のいかなる資本移動も対外借入額を超えては禁止されることとなり、現地での再投資額も1965〜66年の平均年直接投資額の34％か、現収益に64〜66年の平均再投資収益率を掛けた金額以内に抑えられることになったのである。

　一見するとこれらの直接投資抑制策は、1961年にケネディ政権によって提起されたが、主力企業の猛烈な反対で成立をみなかった直接投資抑制策と同種の政策かと思われる。また、単純に判断すると、直接投資の流れを先進資本主義国から発展途上国へと変化させるのが目的だったとも考えられる。単に量的規制のみならず方向づけられた直接投資規制というジョンソン大統領のドル防衛策の本質把握は、それなりに説得性がありそうな解釈ではある。[*161]

　ここで明確にしておくべきは、ジョンソン政権のこの直接投資抑制策は、海外直接投資収益の増加を図ることによる国際収支改善策であった事実だ。ケネディ政権の政策は、直接投資を抑制し、国内投資を積極的に進め輸出を拡大することによる国際収支改善策だったのだが、ジョンソン政権の政策は、すでに展開しているアメリカ多国籍企業の活動を前提にして、その収益を本国アメリカに還流させることによる国際収支改善策だった。

直接投資抑制策をＡ、Ｂ、Ｃとスケジュールごとに分けた背景には、直接投資フローに対し、その収益の還流の地域的相違があった。すなわち、1960年代に入り、アメリカ多国籍企業の世界的な展開が活発になるにつれ、直接投資フローに対して、そのアメリカへの収益の還流は増加し、全世界的には還流額が流出フロー額を上回ることになった。しかしながら、その還流額には、地域的に大きな相違があった。西ヨーロッパ諸国は、直接投資フローが、その収益の還流額に比較して極端に大きかったのだが、逆に、発展途上国は、収益の還流額に比較して、直接投資フローは、小さかった。たとえば、1964年において、西ヨーロッパでは、直接投資純流出額12億1200万ドルに対して、所得受取額は５億9600万ドルに過ぎなかったが、発展途上諸国では、直接投資純流出額５億7000万ドルに対して、所得受取額は22億7100万ドルであった[*162]。したがって、投資収益を増加させることによる国際収支改善策を目標とすれば、発展途上国には、直接投資規制が緩やかで、西ヨーロッパに対しては、それが極めて厳しくなったのは当然だった。

　ここで注意しなければならないのは、ジョンソン政権の直接投資抑制策は、多国籍活動の規制ではなく、むしろ世界的な多国籍活動の活発化から多くの収益をアメリカに還流させようとする政策だったことだ[*163]。対外直接投資局は、この点について次のように言っている。「海外の総投資活動（gross investment activities）は、これらの活動が外国での資金調達によって行われる限り制限されるべきではない。このプログラムが総投資活動の禁止を目的としているという誤解があるので、このプログラムの真の目的を心に留め明確にしておくことは重要である[*164]」。すなわち、ジョンソン政権の政策は、海外での資金調達による多国籍活動を積極的に奨励しているのであり、アメリカからの資金の持ち出しは、国際収支の悪化をもたらすから、規制をかけなければならないとしたのだ。

　対外直接投資局による直接投資の定義は、海外関連諸会社への直接投資者による純資本移動額に収益の再投資を加え、さらに対外借り入れ分も付け加えるというものだ。しかし、同局による規制対象の直接投資は、純資本移動額と収益の再投資から対外借り入れ分を控除した金額となる。したがって、ジョンソン政権の政策は、海外における長期資金の借入の奨励となり、多くの多国籍企

表3-9 対外直接投資局へ報告された直接投資取引

	1965年	1966年	1967年	1968年
スケジュールA				
純資本流出 (1)	803	827	693	874
収益の再投資 (2)	387	457	416	548
対外借入れ (3)	13	27	26	587
直接投資 (1)+(2)+(3)	1,203	1,311	1,135	2,009
規制対象の直接投資 (1)+(2)−(3)	1,177	1,257	1,083	835
スケジュールB				
純資本流出 (1)	1,001	1,061	1,228	729
収益の再投資 (2)	488	366	320	497
対外借入れ (3)	31	171	161	629
直接投資 (1)+(2)+(3)	1,520	1,598	1,709	1,855
規制対象の直接投資 (1)+(2)−(3)	1,458	1,256	1,387	597
スケジュールC				
純資本流出 (1)	1,297	1,564	1,406	658
収益の再投資 (2)	172	270	216	267
対外借入れ (3)	60	440	355	945
直接投資 (1)+(2)+(3)	1,529	2,274	1,977	1,870
規制対象の直接投資 (1)+(2)−(3)	1,409	1,394	1,267	−20
全スケジュール総計(カナダを除く)				
純資本流出 (1)	3,101	3,452	3,327	2,261
収益の再投資 (2)	1,047	1,093	952	1,312
対外借入れ (3)	104	638	542	2,161
直接投資 (1)+(2)+(3)	4,252	5,183	4,821	5,734
規制対象の直接投資 (1)+(2)−(3)	4,044	3,907	3,737	1,412

〔注〕　単位は100万ドル。資料をもとに著者が組み替えた。
〔出典〕　Office of Foreign Investment, Dept. of Commerce, "Regulation of Foreign Direct Investment," in Commission on International Trade and Investment Policy, *United States International Economic Policy in an Interdependent World*, Compendium of Papers, Vol.1, U.S.G.P.O., Washington, D.C., 1971, pp.133-134.

業は、海外での資本調達を試みることになった。アメリカ企業の現地関連会社は、1960年代後半において本国親会社の資金供給から脱却し、一段と現地における資金調達を強める傾向になったのであり、ジョンソン政権の政策はこの傾向に一層拍車をかけることになったといっていいだろう。また、そうした資金

調達を可能にした制度的要因こそ、1965年にアメリカ商業銀行の国際貸付に金利平衡税が適用され、自主的対外貸付規制がかけられることに端を発する商業銀行の多国籍銀行化の進展と、それに伴って形成されたユーロダラー市場の存在だった。[*165]

ジョンソン政権の政策は、この段階のアメリカ多国籍企業の資金調達構造を前提にした、海外投資収益の最大還流を目的とした政策であり、総投資活動の抑制を狙ったものではなかった。「対外直接投資局へ報告された直接投資報告」（表3－9）を検討すると、1968年1月のジョンソン政権の政策が直接投資取引にどのように影響したかがわかる。

まず、対外直接投資局の指摘にある通り、ジョンソン政権の直接投資抑制策は、総投資活動の抑制が狙いではなく、アメリカからの直接投資フローと海外利益の再投資の抑制を狙ったものだった。したがって、海外長期借入を含めると全体として1968年以降、むしろ直接投資取引が活発化している。すなわち、A、B、Cのすべてのスケジュール諸国において、海外直接投資を含めた投資額は、67年から68年にかけて、48億2100万ドルから57億3400万ドルへと増加している。もちろん、地域別にみれば、大陸ヨーロッパ諸国で構成されているスケジュールC諸国が減少し、スケジュールB、スケジュールAの順に高くなってはいるが、注目すべきは、いずれの地域においても対外長期借入額が急上昇し、金額ではとりわけ、スケジュールC諸国が最も多くその借り入れに依存していることがわかる。この借り入れは、いうまでもなくユーロダラー市場からが多くを占めるのであって、スケジュールC諸国では、1968年において、純資本流出額と再投資額をはるかに上回る長期資本調達を実現したのである。

アメリカ多国籍企業が初期的段階から成熟段階に入り、本国親会社からの資金調達に依存する状態を抜け出し、資金の現地調達とりわけアメリカ商業銀行の対外貸付の抑制とともに発達したユーロダラー市場に依存する態勢ができつつあるのを前提に、ジョンソン政権は、スケジュールC諸国を中心とする直接投資フローと現地利益の再投資の抑制に乗り出したのだ。直接投資フローに対して現地利益の本国還流比率が最も低いのがスケジュールC諸国だったからだ。現地利益の本国還流が直接投資フローを大幅に上回る発展途上諸国がスケジュールA諸国として直接投資規制が最も緩かったのは、現地利益の本国還流を狙

ったジョンソン政権の国際収支危機対策を明確に示すものとして興味深い。すなわち、この政策は、ケネディ政権期のディロン財務長官らの、新技術に基づく国内投資を活発にし、輸出産業の国際競争力を強化させることによって国際収支の改善を図るというケインズ主義的経済政策から計画されたものではなく、アメリカ企業の多国籍化を前提として、その収益の本国還流を最大限実現しようとするものだったからだ。

　ケネディ政権期に企てられた直接投資抑制策が、多国籍化を積極的に進めようと戦略転換をし始めていた巨大輸出寡占企業を中心とする勢力に葬り去られた事実は、既述のとおりだが、この時期のジョンソン政権の政策が多国籍企業側から問題にされ、最終的には、共和党ニクソン政権下で資本移動の完全に自由な体制が実現されたのはなぜなのか。表3－9に明示されているように、ジョンソン政権の直接投資抑制策は、アメリカ多国籍企業に対外長期借入額の膨大化をもたらした。とりわけ、大陸ヨーロッパを中心とするスケジュールC諸国では、純資本流出と収益の再投資が厳しく制限されたため、多国籍企業は直接投資の多くを現地借入に依存した。1968年において、純資本流出および収益の再投資額あわせて9億2500万ドルに対して、長期対外借入額が9億4500万ドルもあり、規制対象下の直接投資フローは、2000万ドルのマイナスだった。

　ジェームズ・ホーレイは次のように言う。「資本規制の後、アメリカ多国籍企業は、ヨーロッパ投資を継続することができた。その理由の多くはユーロカレンシー制度の存在と成長にあり、そのシステムにおけるアメリカ多国籍銀行の拡大した役割がそれを可能にした」[166]。多国籍企業によるユーロダラー借入の全容把握は困難だが、1967年から71年にかけてアメリカ多国籍企業関連会社は、長短合わせて負債を94億ドルから149億ドルにへと増加させたが、その多くはユーロダラー市場からの借入によるものだった[167]。こうしたユーロダラー市場からの大量の借入によって、アメリカ多国籍企業は、ジョンソン政権による直接投資規制にもめげず国際的活動を行うことができたが、また一方でこうしたユーロダラー市場からの大量の借入は、多国籍企業の財務上の悪化をもたらした。つまり、企業総資産に対して負債の急増がもたらされたのだ。膨大な借越し（debt overhang）が企業経営にとって問題にされるに至った。いうまでもなく、企業の貸付資本への過度の依存は、かれらが海外事業活動を拡大するにあたっ

て、大きな制約条件となる。こうした事実は、とりわけスケジュールＣ諸国におけるアメリカ多国籍企業の経営上の特質に顕著に現れた。アメリカ多国籍企業関連会社の年間設備投資支出が、1968年においてスケジュールＣ諸国で減少したのだ。スケジュールＡ、Ｂ諸国で増加しているのと比較すると、スケジュールＣ諸国の設備投資支出の減少は、企業側のプログラムへの積極的順応を示すものだが、同時にこのプログラムが総直接投資活動の規制を目的としないとはいうものの、企業のユーロダラー市場への依存を強め、海外投資活動への一定の規制となったことを示すものだった[*168]。ジョンソン政権による直接投資規制策がケネディ政権期のケインズ的経済政策とは全く異なる政策的含意をもっていたにもかかわらず、多国籍企業の利害と明確に対立する要因をはらんでいた。アメリカ多国籍企業は、あくまでも対外直接投資規制の撤廃と自由な企業活動の保障を要求することになるのである。

戦後ニューディール体制の崩壊

　ジョンソン政権の直接投資抑制策に対して、共和党ニクソンは、1968年の大統領選挙期間中、「できるかぎり早い時期に自滅的な海外投資規制を取り除くべき」というゴットフリード・ハーバラーの助言を受け入れ、多国籍企業側に立った政策立案を約束した。ニクソンの大統領就任で、ビジネス側は早期の直接投資規制の撤廃を期待したことはいうまでもない[*169]。もちろん、規制は大統領就任とともに撤廃されたわけではない。民主党支配下の下院外交委員会では、対外経済政策小委員会に権限が与えられ、アメリカ対外直接投資規制の即時撤廃を求めるいくつかの決議に関して、公聴会がもたれることになった。

　公聴会は、1969年３月26日から５月１日まで行われた。企業側から、化学製造業協会（Manufacturing Chemists Association）、オキシデンタル石油会社、ユナイティド・フルーツ社、アメリカ・ゼネコン連合（Associated General Contractors America）、全米貿易政策委員会（Committee for a National Trade Policy）、全米製造業者協会（National Association of Manufacturers）、アメリカ商業会議所（United States Chamber of Commerce）のスポークスマンたちはいずれも規制に反対の論陣を張った。４月４日、ニクソン大統領の規制緩和策の

発表後においては、その政策の手ぬるさを指摘する論調が主流を占めた。[170]

一方、直接投資規制を支持する重要な証言は、AFL・CIO法律部門責任者アンドリュー・ビーミラーによって、5月1日の最終日になされた。かれは、AFL・CIO法律部門の責任者らしく、組織労働者の立場から直接投資規制の必要性を訴えた。戦後ニューディール体制の一翼をなした組織的労働者は、アメリカ多国籍企業の行動様式に明確に批判的態度をとることになり、ここに、戦後築かれ1960年代前半に最高潮を迎えた戦後ニューディール体制は、資本と労働間の矛盾の激化からその危機的状況を迎えることになる。[171]

AFL・CIO研究部門責任者ナサニエル・ゴールドフィンガーは、国際貿易投資政策委員会（Commission on International Trade and Investment Policy）に提出した論文で、多国籍企業批判を展開した。アメリカ多国籍企業の経営陣が企業の多国籍化によって、アメリカの技術を外国に移転し、アメリカ人の雇用機会を輸出することは、企業レベルでみれば合理的な判断だとしても、アメリカ国民のレベルからみれば賢明とはいえないのであり、国民に責任を果たすべきアメリカ政府は、したがって、アメリカ企業サイドに立った政策判断をすべきではないと、次のように主張した——まず、アメリカ政府は、企業が海外子会社を設立し、あるいは営業する場合に関税あるいは税制の優遇措置によって援助・奨励することをやめるべきだ。第二に、企業が海外活動のために行うアメリカからの資本流出を管理し、抑えるべきだ。第三に、アメリカ多国籍企業の規制を行うべきだ。第四に、適切な国際機関において世界貿易における国際的公正労働基準の確立を急ぐべきだ。そして、第五に、さまざまな種類の製品がアメリカに輸入されるのを規制すべきだ。なぜなら、急増する輸入が、アメリカの生産と雇用を奪いつつあるからだ。[172]

これらゴールドフィンガーの要求が、労働者サイドに立ったケインズ主義であることは容易に理解できるだろう。かつて、ケネディ政権は、1962年歳入法の当初の理念において、企業の多国籍化を抑制することによる国内投資の活発化と輸出増強政策を立案したことがあった。この政策が、当時積極的に多国籍化を図り、世界市場競争の激化に対応しようとしていた巨大輸出寡占企業の利害と真っ向から対立し、ケネディ政権がその理念の大幅な修正をせざるを得なかった事情についてはすでに詳述した。このゴールドフィンガーの主張が、大

統領ニクソンによって1970年5月21日創設された国際貿易投資政策委員会における労働者側の代表見解として述べられている点に注目しなければならない。すなわち、この時期はジョンソン政権に代わり共和党ニクソン政権が誕生し、基本的には「自滅的な海外投資規制を取り除く」という路線がすでに定着していたからだ。事実、国際貿易投資政策委員会の基本路線は、明確に海外投資規制撤廃の論旨で貫かれていたからである。「委員会は、たとえ、アメリカ企業の海外投資活動の自由が、たまたま生産と雇用の移動に関連しているとしても、その自由は維持されるべきであると信じる。海外投資を規制することは、好ましいことではなくかつ効率的でもない」[*173]と論じられていた。戦後ニューディール体制の崩壊は、ニクソン政権とともに不可避となった。

注

*1 Richard N. Gardner, *Sterling-Dollar Diplomacy, The Origins and the Prospects of Our International Economic Order*, McGraw-Hill Book Company, New York, 1969, p.76.

*2 J. K. ガルブレイス著、都留重人監訳『新しい産業国家』第二版、河出書房新社、1972年、85ページ。

*3 P. A. バラン、P. M. スウィージー著、小原敬士訳『独占資本』岩波書店、1967年、23〜24ページ。

*4 A. A. バーリ、G. C. ミーンズ著、北島忠男訳『近代株式会社と私有財産』文雅堂書店、1958年を参照。

*5 A. S. アイクナー著、川口弘監訳『巨大企業と寡占——マクロ動学のミクロ的基礎』日本経済評論社、1983年、41ページ。

*6 同上、55〜67ページ。

*7 同上、68ページ。

*8 拙著『アメリカ経済政策史——戦後「ケインズ連合」の興亡』有斐閣、1996年、64ページ。

*9 「関税及び貿易に関する一般協定」(山本草二ほか編『国際条約集』有斐閣、1996年)、352ページ。

*10 J.M. ケインズ著、塩野谷祐一訳『雇用・利子および貨幣の一般理論』東

洋経済新報社、1995年、385ページ。
* 11　三宅義夫著『金』岩波新書、1968年、7ページ。
* 12　ケインズ前掲訳書、157ページ。
* 13　U. S. Treasury Department, *Annual Report of the Secretary of Treasury on the State of the Finances, 1950,* U. S. G. O. P., Washington, D. C., 1950, p.481より算出。
* 14　A.E. Burns and D.S.Watson, *Government Spending and Economic Expansion, American Council on Public Affairs,* Washington, D.C., 1940, p.56.
* 15　A. H. Hansen, *Fiscal Policy and Business Cycles,* W. W. Norton, New York, 1941, p.263.
* 16　1937年恐慌後の財政支出をめぐる「バランサーズ」と「スペンダーズ」との対立、そして後者の勝利についての事情は、平井規之著『大恐慌とアメリカ財政政策の展開』岩波書店、1988年、144～156ページ。
* 17　U. S. Congress, Joint Economic Committee, Papers Submitted by Panelists Appearing before the Subcomittee on Fiscal Policy, *Federal Expanditure Policy for Economic Growth and Stability,* U.S.G.P.O., Washington, D.C., 1957, p.67.
* 18　*Economic Report of the President,* U.S.G.P.O., Washington, D.C., 1961, p.127より算出。
* 19　U. S. Dept. of Commerce, *Historical Statistics of the United States: Colonial Times to 1970,* U.S.G.P.O., Washington, D.C., 1975, p.1116より算出。
* 20　*Ibid.,* p.1115.
* 21　U.S.Congress, Joint Economic Committee, Staff Materials and other Submissions, *The United States Balance of Payments: Perspectives and Policies,* U.S.G.O.P, Wasahington, D.C., 1963, p.83.
* 22　*Ibid.,* p84.
* 23　U. S. Congress, Joint Economic Committee, Study of Employment, *Growth, and Price Levels, National Security and the American Economy in the 1960's*（Study Paper No.18），U.S.G.P.O., Washington, D.C., 1960, p.20.
* 24　*Ibid.,* p.21.
* 25　*Ibid.,* p.24.

*26 *Ibid.*, p.9.

*27 *Loc.cit.*

*28 *Ibid.*, p.13. 1959会計年度（1958年7月～1959年6月）における軍需品購入額のうち、航空機64億8704万3000ドル、誘導ミサイル・システム44億9034万ドル、エレクトロニクス・通信設備24億7417万1000ドル、合計134億5155万4000ドルが以上の事実を裏付けている（U. S. Congress, Joint Economic Committee, Hearings before the Subcommittee on Defense Procurement, *Impact of Defense Procurement,* U.S.G.P.O., Washington, D.C., 1960, p.303 exhibit 1）．

*29 U. S. Congress, Joint Economic Committee, Study of Employment, Growth and Price Levels, *op.cit.*, p.17.

*30 *Ibid.*, pp.18-19.

*31 田中慎次郎「現代の戦争」岩波講座『現代7』岩波書店、1963年、19ページ。

*32 U.S.Congress, Joint Economic Committee, Hearings before the Subcommittee on Fiscal Policy, *Federal Expenditure Policy for Economic Growth and Stability,* U.S.G.P., Washington,D.C., 1958, p.342.

*33 U. S. Congress, Joint Economic Committee, Report of the Subcommittee on Fiscal Policy, *Federal Expenditure Policy for Economic Growth and Stability,* U.S.G.P.O., Washington, D.C., 1958, p.2.

*34 *Ibid.*, p.3.

*35 P. Studenski and H.E.Krooss, *Financial History of the United States,* McGraw-Hill, New York, 1963, pp.438, 448 table 83.

*36 U.S.Dept. of Commerce, *Statistical Abstract of the United States,* U.S.G.P.O., Washington,D.C., 1950, p.321.

*37 U.S.Dept. of Commerce, *Historical Statistics of the United States: Colonial Times to 1970,* U.S.G.P.O., Washington,D.C., 1975, pp.1121-1122.

*38 *Ibid.*, p.1095.

*39 *Ibid.*, p.1110.

*40 *Ibid.*, p.1111-1112.

*41 *Ibid.*, p.1121-1122.

*42 *Loc.cit.*

*43 Studenski and Krooss, op. cit., p. 224, 1105より算出。
*44 U.S.Congress, Joint Economic Committee, A Study of the Dealer Market for Federal Government Securities, U.S.G.O.P., Washington,D.C., 1960, p.49.
*45 Ibid., p.50.
*46 1967年時点で預金額を判断すると、Bankers Trust Co.が全国第7位、Chemical Bank New York Trust Co.が同第6位、Continental Illinois National Bank & Trust Co.が同第8位、First National Bank of Chicago同第10位、Morgan Guaranty Trust Co.同第5位といずれも巨大銀行だ。詳細は、House of Representatives, Committee on Banking and Currency, Staff Report for the Subcommittee on Domestic Finance, Commercial Banks and their Trust Activities: Emerging Influence on the American Economy, Vol.1, U.S.G.P.O., Washington, D.C., 1968, p.79, table13.
*47 U.S.Congress, Joint Economic Committee, op.cit., p.67, table Ⅳ-8
*48 U. S. Congress, Joint Economic Committee, Study of Employment,Growth, and Price Levels, Debt Management in theUnited States, U.S.G.P.O., Washington, D.C., 1960, pp.18,34.
*49 Ibid., p.35.
*50 詳細は、Board of Governors of the Federal Reserve System, The Federal Reserve System; Purposes and Functions, Publications Services, Washington, D.C., 1963, chap 3.
*51 U. S. Congress, Joint Economic Committee, A Study of the Dealer market for Federal Government Securities, U.S.G.O.P., Washington, D.C., 1960, p.68.
*52 Banking Monetary Statistics, 1941-1970, Publishing Services, Board of Governors of the Federal Reserve System, Washington, D.C., 1976, p.485.
*53 "Monagers of the Dollar," in Fortune, Vol.45, No.2, February 1952, p.90.
*54 G.L.Bach, "The Economics and Politics of Money," in Harvard Business Review, Vo.31, No.2, March/April 1953, p.84.
*55 U.S.Congress, Joint Economic Committee on theEconomic Report, Report of the Subcommittee on Monetary, Credit, and Fiscal Policies, Monetary, Credit, and Fiscal Policies, U.S.G.P.O., Washington, D.C., 1950, p.17.
*56 Loc.cit.

＊57　詳しくは、伊東政吉『アメリカの金融政策』岩波書店、1966年、22ページ以下。；小原敬士「マリナー・エックルズと連邦準備制度」金融経済研究所『金融経済』第16号、1952年10月、53ページ以下。
＊58　U.S.Congress, Senate, Report of the Committee on Banking and Currency, *Federal Reserve Policy and Economic Stability 1951-57*, U.S.G.P.O., Washington, D.C., 1958, p.3.
＊59　Bach, *op. cit.*, p.84.
＊60　R.V.Rosa, "The Revival of the Monetary Policy," in *Review of Ecomonics and Statistics*, Vol.33, No.1, February 1951.
＊61　Bach, *op.cit.*, p.89.
＊62　「連邦準備制度による公開市場操作は、明らかに貨幣・信用政策の主要な道具である」（Rosa, *op.cit.*, p.34）；Bach, *op.cit.*, p.89参照。
＊63　W.M.Martin, Jr., "The Transition to Free Markets," in *Federal Reserve Bulletin*, Vol.39, No.4, April 1953, p.330.
＊64　*Loc.cit.*
＊65　U.S.Congress, Joint Committee on the Economic Report, Report of the Subcommittee on Monetary, Credit, and Fiscal Policies, *op. cit.*, p.11 ff.
＊66　「財政。金融政策は、適切な経済安定を達成する二つの主要手段であり、それらは、相互に用いられるべきである」（"Managers of the Dollar," in *Fortune*, Vol.45, No.2, February, 1952, p.89）。「連邦政府は、財政政策と金融政策の両者をインフレと不許を緩和するために活発に用いること、この両者は、一体となって経済的不安定と闘うための主要手段となるべきこと、この二つの提案は、この二つの小委員会（ダグラス委員会とパットマン委員会）において同意されかつ広範な証言によって認められた」（Bach, *op.cit.*, p.86）。なお、1946年「雇用法」の成立過程の詳細な分析は、平井規之著『大恐慌とアメリカ財政政策の展開』岩波書店、1988年、第5章。
＊67　独占体の操業度調整による価格維持が、1957～58年恐慌の価格硬直性を生み出したとする日本における先駆的研究は、平井規之「1957～58年恐慌と価格の下方硬直性」一橋大学経済研究所『経済研究』第24巻、第4号、1973年10月である。
＊68　井村喜代子著『恐慌・産業循環の理論』有斐閣、1973年、208ページ。
＊69　*Economic Report of the President*, January 23, U.S.G.P.O., Washington,

D.C., 1957, p.21.
* 70　Thomas A. Wilson, *An Analysis of the Inflation in Machinery Prices* (Study Paper No.3), Materials prepared in Connection with the Study of Employment, Growth, and Prices Levels for Consideration by the Joint Economic Committee, Congress of the United States, September 1959, p.84.
* 71　北原勇著『独占資本主義の理論』有斐閣、1977年、303ページ。
* 72　Charles L. Schultze, *Recent Inflation in the United States* (Study Paper No.1), Materials prepared in connection with the Study of Employment, Growth, and Prices Levels for consideration by the Joint Economic Committee, Congress of the United States, September 1959, p.84.
* 73　q_{fc} は、企業の操業度100％での生産額であり、u は、企業の操業度である。
* 74　マークアップ率（θ'）は目標利潤額（Π_s）を、標準生産額（q_s）から目標利潤額（Π_s）を差し引いた標準生産費（$q_s - \Pi_s$）で割った値になるので、$\dfrac{\Pi_s}{q_s - \Pi_s}$ であり、$\Pi_s = r_s K$、$q_s = q_{fc} u_s$ だから $\dfrac{r_s K}{q_{fc} u_s - r_s K}$ となり、分母・分子を q_{fc} で割れば $v = \dfrac{K}{q_{fc}}$ だから $\dfrac{r_s v}{u_s - r_s v}$ になるのである。
* 75　この点の理論的説明は、拙著『世界経済と企業行動』大月書店、2005年、85〜89ページ。
* 76　北原、前掲書、303ページ。
* 77　U.S.Congress, Joint Economic Committee, Hearings before the Subcommittee on Fiscal Policy, *Fiscal Policy Implications of the Current Economic Outlook*, U.S.G.P.O., Washington, D.C., 1958, p.29.
* 78　U. S. Congress, Senate, Committee on the Judiciary, Hearings before the Subcommittee on Antitrust and Monopoly, *Economic Concentration,* Part 7, U.S.G.P.O., Washington, D.C., 1968, p.3811.
* 79　*Sixty-fourth Annual Report,* United States Steel Corporation, New York and Pittsburgh, 1965, pp.28-29.
* 80　たとえば、R.J. Gordon, *The American Business Cycles: Continuity and Change,* University of Chicago Press, Chicago and London, 1986, p.41 fig.1.1.

＊81　Charles L. Schultze and Joseph L. Tryon, *Prices and Costs in Manufacturing Industries* (Study Paper No.17), Materials Prepared in Connection with the Study of Employment, Growth, and Price Levels for Consideration by the Joint Economic Committee, Congress of the United States, January 25, 1960, p.49.

＊82　U.S.Congress Senate, Committee on the Judiciary, Report of the Subcomittee on Antitrust and Monopoly, *Administered Prices* (Part 6 Automobiles), U. S. G. O. P., Washington, D. C., 1958, p.2.

＊83　A. E. Holmans, *United States Fiscal Policy 1946-1959: Its Contribution to Economic Stability*, Oxford University Press, London, 1961, pp.267-268.

＊84　*Ibid.*, pp.270-271.

＊85　*Banking Monetary Statistics, 1941-1970*, Publications Services, Board of Governors of the Fedral Reserve System, Washington, D.C., 1976, p.667.

＊86　*Economic Report of the President*, U.S.G.P.O., Washington, D.C., 1958, p.50.

＊87　1959会計年度の実際の財政赤字は、128億5500万ドルだった。

＊88　Holmans, *op.cit.*, p.293.

＊89　Walter W. Heller, *New Dimensions of Political Economy*, Harvard University Press, Cambridge, Mass., 1967, p.2.

＊90　*Ibid.*, pp.28-29.

＊91　*Ibid.*, p. 66.

＊92　Erwin C. Hargrove and Samuel A. Morley eds., *The President and the Council of Economic Advisers: Inteviews with CEA Chairmen*, Westview Press, Bloulder, Colo., 1984, p.168. 経済諮問委員会委員長ヘラーの直面した経済政策的課題の具体的な点については、*Ibid.*, p.163 ff.

＊93　*Economic Report of the President*, U.S.G.P.O., Washinton, D.C., p.51.

＊94　U.S.Congress, Joint Economic Committee, Staff Materials and other Submissions, *The United States Balance of Payments: Perspective and Policies*, U.S.G.P.O., Washington, D.C., p.85.

＊95　田中、前掲論文、32ページ。

＊96　U.S.Congress, Joint Economic Committee, Staff Materials and other Submissions, *op. cit.*, p.86.

* 97　*Ibid.*, p.78-79.
* 98　*Ibid.*, p.86.
* 99　*Ibid.*, p.87.
* 100　*Loc. cit.*
* 101　*Ibid.*, p.88.
* 102　*Ibid.*, p.87-88.
* 103　*Ibid.*, p.89.
* 104　Heller, *op.cit.*, p.33.
* 105　*Economic Report of the President,* 1965, p.65.
* 106　*Economic Report of the President,* 1966, p.34.
* 107　Heller, *op.cit.*, p.74.
* 108　*Economic Report of the President,* U.S.G.P.O., Washington, D.C., p.86.
* 109　*Ibid.*, pp.86-88.
* 110　U.S.Congress, Joint Economic Committee, Report of the Subcommittee on International Exchange and Payments, *U.S. Payments Policies Consistent with Domestic Objectives of Maximum Employment and Growth,* U.S.G.P.O., Washington, D.C., 1962, p.3.
* 111　*Federal Reserve Bulletin,* Vol.51, No.3, March 1965, p.498.
* 112　Bank for International Settlements, *Thirty-first Annual Report: 1st April 1960-31st March 1961, Basle, 1961,* pp.132-133.
* 113　N.S.Fatami, et.al., *The Dollar Crisis: The United States Balance of Payments and Dollar Stability,* Fairleigh Dickinson University Press, 1963, p.29.
* 114　*Ibid.*, p39.
* 115　*Ibid.*, p.45.
* 116　U.S.Congress, Joint Economic Committee, Report of the Subcommittee on International Exchange and Payments, *op. cit.*, p.4. なお不人気な政策とはいえ、国際収支問題の解決のためにアメリカの金利を上げるという提案は、同報告の追加的見解として、プレスコット・ブッシュ（Prescott Bush）によって主張されている。詳細は、Ibid., p.11.
* 117　F.L.Block, *The Origins of International Economic Disorder: A Study of United States International Monetary Policy from World War II to the*

Present, University of California Press, Berkeley, Los Angeles, London, 1977, p.166.
*118 U.S.Congress, Joint Economic Committee, Report of the Subcommittee on International Exchange and Payments, *op. cit.,* p.6.
*119 *Ibid.,* pp.8-9.
*120 U.S.Congress, Hearings before the Joint Economic Committee, *The United States Balance of Payments*（Part 2, Outlook for United States Balance of Payments）, U.S.G.P.O.,Washington, D.C., p.220.
*121 *Ibid.,* p.237.
*122 *Ibid.,* p.239.
*123 U.S.Congress, Hearings before the Joint Economic Committee, *The United States Balance of Payments*（Part 1, Current Problems and Policies）, U.S.G.P.O., Washington, D.C., p.17.
*124 J.M.ケインズ著、塩野谷祐一訳『雇用・利子および貨幣の一般理論』東洋経済新報社、1995年、385ページ。
*125 U. S. Congress, *op. cit.,* p.17.
*126 *Ibid.,* p.18.
*127 *Ibid.,* pp.18-19.
*128 *Ibid.,* pp.19-20.
*129 この時期の低開発国に対する対外経済政策をめぐる議論は、たとえば、上下両院合同経済委員会、対外経済政策小委員会の依頼で取り組まれたレイモンド・マイクセルとロバート・アレンによる研究報告書を参照。U.S.Congress, Joint Economic Committee, A Study Paper for the Subcommittee on Foreign Economic Policy, *Economic Policies Toward Less Developed Countries,* U.S.G.P.O., Washington, D.C., 1961.
*130 "Mr. Kennedy and the Dollar," in *Banker,* March 1961, p.157.
*131 James P. Hawley, *Dollar & Borders: U.S.Government Attempts to Restrict Capital Flows, 1960-1980,* M.E.Sharpe, Armonk, N.Y., 1987, p.22.
*132 *Ibid.,* pp.28-29.
*133 U.S.Congress, Hearings before the Joint Economic Committee, *op. cit.,* p.19.
*134 U.S.Congress, Joint Economic Committee, Report of the Subcommittee

on Foreign Economic Policy, *Foreign Economic Policy for the 1960's,* U.S.G.P.O., Washington, D.C., 1962, p.7.
* 135　*Ibid.,* p.14.
* 136　*Ibid.,* pp. 14-15.
* 137　*Ibid.,* p.20.
* 138　U.S.Congress, Joint Economic Committee, Hearings before the Subcommittee of Foreign Economic Policy, *Foreign Economic Policy for the 1960's,* U.S.G.P.O., Washington, D.C., 1962, p.265.
* 139　*Ibid.,* p.252.
* 140　*Ibid.,* pp.312-313.
* 141　*Loc cit.*
* 142　Henry G. Aubrey, *The Dollar in World Affairs: An Essay in Interantional Financial Policy,* Harper & Row, New York, 1964, p.53.
* 143　James P. Hawley, *Dollars & Borders: U. S. Government Attempts to Restrict Capital Flows,* 1960-1980, M.E.Sharpe, Armonk, N.Y., 1987, pp.46-47; John Reardon, *America and the Multinational Corporation: The History of a Troubled Partnership,* Praeger, Westport, Conn., 1992, p.74.
* 144　Hawley, *op. cit.,* p.54.
* 145　*Ibid.,* p.55.
* 146　国際経済政策協会を構成している主力企業の1社当たり平均資産額は1970年代において約22億ドルであり、『フォーチュン』誌の500企業のほぼ37番目にランクされる (*Ibid.,* p.57)
* 147　*Ibid.,* p.58.
* 148　1964年から68年にかけての断続的なポンド危機については、Robert Solomon, *The International Monetary System, 1945-1976: An Insider's View,* Harper & Row, New York, 1977, Chap. V. また1967年におきた国際金融上の諸事件について、当事者からみた叙述は、*Ibid.,* p.343.
* 149　*Ibid.,* p.114.
* 150　*Ibid.,* p.117.
* 151　Bank for International Settlement, *Thirty-Eighth Annual Report: 1st April 1967-31st March 1968,* Basle, 1968, p.122.
* 152　Solomon, *op. cit.,* p.117.

*153 1968年末アメリカ合衆国の金準備額は、108億9000万ドルへと減少した。詳細は、Bank for International Settlements, *Thirty-Ninth Annual Report: 1st April 1968-31st March 1969*, Basle, 1969, p.108を参照。

*154 *Federal Reserve Bulletin*, Vol. 54, No.3, March 1968, p.254. なお、金プール7カ国とは、ベルギー、西ドイツ、イタリア、オランダ、スイス、イギリス、アメリカ合衆国である。

*155 F.L.Block, *The Origins of International Economic Disorder : A Study of the United States International Monetary Policy from World War II to the Present*, University of California, Berkley, Los Angeles, London, 1977, p.145.

*156 *Ibid.*, p.148.

*157 Leonard Dudley and Peter Passell, "The War in Vietnam and the United States Balance of Payments," in *Review of Economics and Statistics*, Vol. 50. No.4, November 1968, p.442.

*158 Walther Lederer and Evelyn M. Parrish, "The U.S.Balance of Payments: Fourth Quarter and Year 1968," in *Survey of Current Business*, Vo.49, No.3, March 1969, p.34.

*159 Office of Foreign Investment, Dept. of Commerce, *Regulation of Foreign Direct Investment Policy, United States International Economic Policy in an Interdependent World*, Compendium of Papers, Vol.1, U.S.G.P.O., Wasgington, D.C., 1971, p.113.

*160 *Ibid.*, p.115.

*161 たとえば、宮崎義一氏は、この直接投資抑制策の本質を次のように把握した。「要するにジョンソン大統領のドル防衛策は、はじめて多国籍企業の行動の規制にふみきったが、単に量的規制に量的規制にとどまらずいわば、"方向づけられた規制"であって、西欧を中心とするスケジュールC地域に比較すると日本、オーストラリアなどを含むスケジュールB地域に寛大であり、さらに、低開発国のすべてを含むスケジュールA地域には一層寛大で、その意味では、C→B→Aの方向に直接投資の向きを変えることを意図した規制といってもさしつかえないだろう」(宮崎義一著『現代資本主義と多国籍企業』岩波書店、1982年、232ページ)。

*162 Hawley, *op. cit.*, p.70 table1を参照。

*163 *Ibid.*, p.91.

*164 Office of Foreign Investment, *op. cit.*, p114.
*165 アメリカ銀行の多国籍化については、たとえば、Jeremy Main, "The First Real International Bankers," in *Fortune*, Vol.76, No.7, December 1967, pp.143-146, 196-198. ユーロダラー市場については、P. Einzig, *The Euro-Dollar System*, Macmillan, London, 1964; P. Saunders, Jr., "American Banks in London's Euro-dollar Market," in *National Bonking Review*, Vol.4, No.1, September 1966, pp.21-28.
*166 Hawley, *op. cit.*, p.114.
*167 *Ibid.*, p.113.
*168 Office of Foreign Investment, *op. cit.*, p.121, table Ⅰ.
*169 Hawley, *op. cit.*, p.94.
*170 John J. Reardon, *America and the Multinational Corporation: The History of a Troubled Partnership*, Praeger, Westport, Conn., 1992, p.90.
*171 この資本と労働の敵対的関係を、ゴードン、ワイスコフ、ボウルズは、「資本―労働アコード」の崩壊という側面から論じている。詳細は、D. M. Gordon, T. E. Weisskopf and S. Bowles, "Power, Accumulation, and Crisis: The Rise and Demise of the Postwar Social Structure of Accumulation," in Robert Cherry et al., eds., *The Imperiled Economy*, Book1, Union for Radical Political Economics, New York, pp.48-49.
*172 Nathaniel Goldfinger, "A Labor View of Foreign Investment and Trade Issues," in Commission on International Trade and Investment Policy, *United States International Economic Policy in an Interdependent World*, Compendium of Papers, Vol. 1A, U.S.G.P.O., Washington, D.C., 1971, pp.919-928.
*173 Commission on International Trade and Investment Policy, *United States International Economic Policy in an Interdependent World*, Report, U.S.G.O.P., Washington, D.C., 1971, p.177.

第4章　新自由主義的システムの形成と経済危機

1　新自由主義的国際金融システムの形成

ケインズ的国際金融システムの興亡

　周知のようにリチャード・ニクソン大統領は、1971年8月15日、戦後アメリカが各国に約束してきた金1トロイオンス35ドルという金とドルとの交換を停止すると発表した。アメリカは、1944年に成立したブレトンウッズ協定を公然と破棄したのだ。ケネディ政権期から深刻となった「ドル危機」は、ついにドルを金の裏付けのない単なる紙幣に貶めたといえるだろう。したがって、戦後ブレトンウッズ体制の崩壊がアメリカ覇権の衰退につながるという議論が、国際政治学において真剣に論じられたことは記憶に新しい[*1]。

　たしかに、前章で述べたように、戦後ニューディール体制は、ニクソン政権の誕生とともに崩壊したといえるだろう。しかし、アメリカの世界への覇権は揺るがなかった。いや、このニクソン声明後、アメリカのドルを基軸とする支配はいよいよ世界的に強固なものとなりつつあったといえるだろう。ケネディ・ジョンソン政権が、ドル信認を維持すべく、様々なドル防衛策をとってきたことは既述のとおりだが、それらはいずれも成功しなかった。ドルへの不信は日ごとに深まったはずだ。しかしながら、アメリカ経済を基軸とする西側世界では、金ドル交換停止後も、ドルはいよいよ国際通貨として世界の信認を得て膨大に発行され使用されてきた。それは、戦後のドルを基軸とするケインズ的国際金融システムは崩壊したのだが、それに代わる新たな新自由主義的国際金融システムが、ケインズ的国際金融システムの崩壊を後目（しりめ）に、着々と歴史的に形成されてきたことによるのではないかと私は考える[*2]。

　その国際金融システムの歴史的基盤の形成を具体的に述べれば、1960年代後半から引き起こされたアメリカ商業銀行の多国籍化にあったのではないだろうか。なぜなら、この多国籍銀行は、戦後築かれたアメリカ・ケインズ的国際金融システムとは異質な特徴を有していたからだ。

マルクスの時代のイギリスの銀行については、すでに第1章で詳述した。繰り返しになるが、ここでその特徴を要約すれば次のような国際金融システムだった。まず、今日と違って、当時は金本位制だった。国際通貨は、当時世界経済を支配したイギリスのポンド・スターリングであり、1815年から第一次世界大戦がはじまる1914年まで、パックス・ブリタニカの時代が続いた。各国は、ポンド建ての為替手形を振り出して、国際決済は、イギリスはロンドン、ロンバート街の国際金融市場で行われた。各国の為替取扱銀行は、ロンドンに支店を設けるかコルレス先銀行を指定し、振り出された為替手形は、「ロンドン宛手形」(bill on London) としてロンドンに送られた。ロンドンには、手形引受業者としてマーチャント・バンカーが営業を行い、手形割引業者としてビル・ブローカーが「ロンドン宛手形」を低利で割り引いた。割り引かれた手形がイングランド銀行で再割引されれば、イングランド銀行が世界の銀行として機能したことになる。外国為替相場は、金本位制だったから今日のように固定相場制とか変動相場制とかいう必要はなく、各国通貨の金平価に金の輸送費を上下した範囲で決定された。ある国の為替相場が上昇すれば、その国には、金が流入したし、逆に為替相場が下落すれば、その国から金が流出した。各国の金融政策は、この金の流出入に左右され、金が流出すれば、金利を上昇させ、金流入を図ったし、逆に金が流入すれば、金利を低下させた。これはいずれも貨幣用金の獲得が国際取引の基盤となっていたからだ。

　ところで、第一次世界大戦を機にイギリスの覇権が衰退し、代わってアメリカが対外債権国として登場した。戦間期においては、だから、覇権が安定しない状況が続いた。アメリカは、イギリスから国際金融を通じて覇権を移行させるべく、1913年に連邦準備制度を創設し、国際金融の中心を、ロンドンからニューヨークへ移動させることを実行し始めた。手形引受機構を創設し、ニューヨーク宛手形を割り引く国際金融市場の創設も試みる。パックス・ブリタニカからパックス・アメリカーナへの移行をイギリスがポンド・スターリングで築いたと同じように、ドルを国際通貨として世界貿易の決済通貨として使用させるべく国際金融システムの構築を試みることになった。

　イギリスとアメリカに分断された、この不安定な世界経済は、大恐慌を経て、さらにブロック経済に分断された。このブロック経済は、連合国と枢軸国との

決定的対立に世界経済を分断し、最終的には連合国アメリカを基軸に世界経済が編成替えされることになった。いわゆる、パックス・アメリカーナの形成だ。これは、1944年ブレトンウッズ協定によって成し遂げられた。かつての時代と異なり、この協定によって創設された世界経済は、金本位制に基づくものではなかった。この国際金融システムの創設に大きな力を貸したイギリスの経済学者J.M.ケインズは、固定相場制を基軸に国際貿易の活発化による完全雇用の実現を重視したからだ。もちろん、第二次世界大戦後、アメリカとソ連が決定的に対立し、世界経済は、東西に大きく分断され、さらに南の諸国は、かつて植民地だったが、その後、続々と独立を達成していく。したがって、アメリカを基軸とする資本主義諸国の体制は言葉の真の意味で世界経済とはいえず、地球の北半分のしかもその西側に位置する諸国の体制に過ぎなかった。

　この西側諸国の盟主となったアメリカは、みずからの国民通貨ドルを国際通貨とした国際金融システムの構築を試みた。ケインズ主義的に考案されたこのシステムは、各国の内需拡大を基軸に国際貿易を活発にして完全雇用を実現しようとするシステムの構築だったから、金本位制をとらず、さらに固定相場制の採用によって、国際的資本取引とりわけ投機的取引は厳格に規制された。国際金融は、基本的に国際貿易取引から生じる経常取引が円滑に進むためのシステムであったから、ドルによる野放図な世界的信用膨張は不要であり、この信用膨張を厳しく規制するため、各国通貨当局は、アメリカ政府に、1オンス35ドルという金交換の約束をさせたのだ。この国際金融システムを私は、ケインズ的国際金融システムと命名する。

　戦後の国際貿易はこのシステムの下で拡大した。この時代の国際金融に、銀行の国際的展開は必要ではない。なぜなら、国際貿易で発生するドル手形は、かつて19世紀のイギリスのポンド手形がロンドンに送られたように、今度はニューヨークで決済されるからだ。各国の銀行は、ニューヨークに支店あるいはコルレス先銀行を置けばいいし、国際金融センターであるアメリカの銀行は、手形引受と割引を行い、国際決済機関として機能すれば、国際貿易の拡大を金融で支えることになる。これが、ケインズ的国際金融システムなのだ。ケネディ政権とジョンソン政権は、ケインズ政策をアメリカにおいて実践した。だから、彼らは、国際的にもケインズ的国際金融システムを維持すべく、「ドル危

表4−1　アメリカ商業銀行の対外短期債権　(1965年)

(単位：100万ドル)

(タイプ別)

ドル建債権	
貸付先	
公的機関	271
銀行	1,567
その他	1,132
小計	2,970
取立手形	1,272
アクセプタンス	2,508
その他	492
ドル建債権合計	7,242
外貨建債権	
外国預金	329
外国政府証券、商業手形、金融手形	68
その他	96
外貨建債権合計	493
総計	7,735

(地域別)

ヨーロッパ	1,208
連合王国	216
カナダ	669
ラテン・アメリカ	2,293
メキシコ	674
アジア	3,358
日本	2,768
アフリカ	139
その他	67
総計	7,735

〔出典〕 *Federal Reserve Bulletin*, Jan. 1969, pp. A 79–81.

機」に対して、ドル防衛策を展開したのである。

　このケインズ的国際金融システムが、戦後アメリカ商業銀行を基軸にまわりだしたのは、1950年代後半といっていいだろう。アメリカ商業銀行の国際貿易金融業務の活発化は、対外短期債権残高の増加となって現れる。なぜなら、諸外国の商業銀行の振り出した「ニューヨーク宛手形」の引き受けと割引が、この数値となって現れるからだ。1953年まで10億ドル足らずだったアメリカ銀行対外短期債権額は、1955年には15億4900万ドルとなり、5年後の1960年にはその2倍以上の36億1400万ドルを記録し、1965年には、さらにその2倍の77億3500万ドルを記録した。

　いま、1965年の時点をとって、アメリカ商業銀行の対外短期債権額の状況をみてみると（表4−1）、タイプ別貸付においてまず、外国銀行およびその他に含まれる事業会社に対する直接的貸付が注目され、公的機関を入れれば、29億7000万ドルを記録している。第二が外国銀行とのアクセプタンス、すなわち

第4章　新自由主義的システムの形成と経済危機

手形引受信用であり、外国取引銀行とのさまざまな協定のもとに主要なアメリカ商業銀行は、取引先銀行宛てに振り出された手形を引き受けたのである。その手形引受によってアメリカ商業銀行は、取引先銀行と顧客との取引を融通したのである。アメリカ商業銀行は引き受けにあたってドルを供給する代わりに、外国銀行に対して債権をもった。その金額が1965年の場合、25億800万ドルと記録されている。そして第三が、手形、為替、証券類に関して外国取引銀行に対する取立サービスの供与であり、12億7200万ドルであった。

これら商業銀行による短期貸付の多くが、外国銀行に対してなされていることに注目しよう。短期貸付、手形引受の3分の2以上の残高は、外国取引銀行の勘定であり、手形引受の場合、そのほとんどが外国銀行に対してなされている。とりわけ地域別に注目されるのは、日本が短期の最大の借り手となっていることだ。日本の場合、多くは、1960年からの6年に集中し、外国貿易に関わる手形引受信用の形をとったのである。

こうして、1950年代後半から60年代にかけてアメリカ商業銀行は、ケインズ的国際金融システム、すなわち貿易金融を基軸とする短期貸付において重要な役割を担うに至ったといえるだろう。そしてまた、アメリカ商業銀行は、長期の国際貸付も同様にその貸付額を増加させた。アメリカ商業銀行の長期債権残高をみると、1955年6億7100万ドルが60年には16億9800万ドルに達し、さらに65年には45億1700万ドルに跳ね上がった。戦後ケインズ的世界経済の安定化によって、アメリカ商業銀行は、国際貿易金融の担い手として重要な位置を占め、ニューヨークは、ケインズ的国際金融システムのセンターとしての役割を果たすはずであった。

しかしながら、アメリカ経済には、このシステムを崩壊に導く要因が、巨大輸出寡占企業と金融機関側につくりだされていき、戦後築かれたケインズ的国際金融システムが崩壊していくプロセスを辿っていく。そして、それに代わる新自由主義的国際金融システムの形成・発展が引き起こされていくのだ。既述のように、ケインズ的国際金融システムには、アメリカ銀行の対外進出を意味する国際化は必要ではない。しかし、1960年代後半からアメリカ商業銀行は、急速に対外進出を開始した。すなわち、歴史上かつてない規模でのアメリカ商業銀行の対外進出は、多国籍銀行の出現をもたらし、ケインズ的国際金融シス

テムの崩壊とそれに代わる新自由主義的国際金融システムの基盤づくりとなった。このプロセスはどのように進んだのか、より詳しく歴史的に検討してみよう。

多国籍銀行の成立

　1960年代後半から70年代にかけてのアメリカ商業銀行の在外支店設立ブームが、上述した新自由主義的国際金融システム形成の歴史的基盤となったと、私は考える。しかし、商業銀行の国際化を国際貸付の活発化あるいは、在外支店網の拡充という意味にとれば、アメリカ商業銀行の国際化は、連邦準備銀行設立時の、1913年にさかのぼることができる。そしてさらに、1916年、連邦準備法第25条の修正として成立したアグリーメント会社規定、あるいは、1919年同法25条のa項として成立したエッジ法会社規定は、アメリカ商業銀行に国際銀行会社の設立を認めたのであって、これを通じて商業銀行は在外子会社を所有することができ、同行に禁止されていた各種金融活動にも参画することが可能となった。

　しかしながら、1960年代後半から70年代にかけて、急激に展開したアメリカ商業銀行の在外支店設立ブームは、銀行の国際化を単に示したものではなかった。新自由主義的国際金融システムをになう多国籍銀行が生み出されたからである。多国籍銀行とは、1981年に発表された国際連合超国籍企業センターの報告書によれば、「5カ国以上の異なる国、地域において、支店ないし、多数所有の株式を有する預金受け入れ銀行」と定義される。[*3]

　この規定をより敷衍(ふえん)すれば、多国籍銀行とは、世界的規模での支店網を通じて本国本店による経営管理を徹底させ、国際的視野により利益を追求する銀行資本ということになるであろう。いま、その在外支店設立ブームのすさまじさを、「アメリカ商業銀行在外支店および銀行子会社の戦後展開」（図4－1）によって確認すれば、1960年代中頃から70年代中頃にかけての設立件数の急上昇が明らかとなる。1964年に180であったアメリカ商業銀行の在外支店数は、1975年に実に762を数えるまでになり、戦後再編期のアメリカ商業銀行の国際活動の低迷[*4]に比較しその躍進ぶりは顕著である。しかも、加盟銀行在外支店の

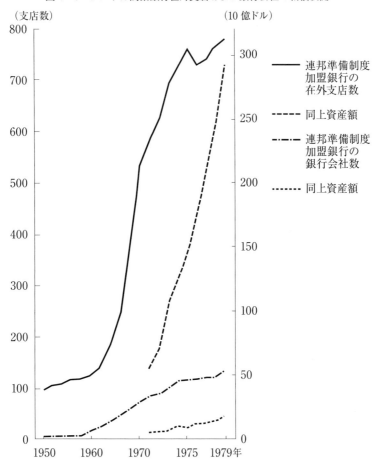

図4-1 アメリカ商業銀行在外支店および銀行会社の戦後展開

〔備考〕 1）銀行会社とはエッジ法会社およびアグリーメント会社をさす。
2）在外支店・銀行会社数の目盛は左、その資産額は右目盛である。
〔出典〕 F.A.Lees, *International Banking and Finance*, 1974, p.52 および Board of Governors of the Federal Reserve System, *66th Annual Report*, 1979, p.285.

資産額をみれば、1970年代に急増している。1971年に551億ドルだった在外支店の資産額は、79年に2900億ドルを超えたのだ。1店当たりの資産額も単純に平均すると同時期1億ドル足らずから3億7000万ドルへと急増している。

さらに表4－2によって、在外支店の地域別分布をみれば、1971年において、

表4-2　アメリカ商業銀行在外支店の地域別分布

(単位:100万ドル)

地　　域	支店数	支店資産額	全資産額に占める当該地域資産額の百分率	支店当り資産額
イギリス	48	35,143	52.4	732
大陸ヨーロッパ	80	12,913	19.3	160
バハマ	73	7,849	11.7	108
ラテン・アメリカ	229	2,519	3.7	11
極東	83	6,221	9.3	75
近東およびアフリカ	17	384	0.6	23
合衆国海外地域および信託統治領	47	2,025	3.0	43
合　　計	577	67,054	100.0	116

〔備考〕　1971年12月31日の実態。
〔出典〕　F.A. Lees, *op. cit.*, p.107.

　ラテンアメリカに約4割、すなわち、577店中229店が集中しているのだが、資産額は、670億5400万ドル中351億4300万ドル、ほぼその半分がイギリスに集中している。したがって、1支店当たりの資産額は、イギリス支店がもっとも大きく7億3200万ドルであり、ラテンアメリカ諸国における支店の平均資産額1100万ドルに比較すると、その資産規模の巨額さは明らかだ。

　イギリスすなわちロンドンへのアメリカ商業銀行の在外支店の集中ということは、決して理由のないことではない。ロンドンは国際金融の中心地であり、産業的には衰退したとはいえ、ポンド・スターリングを基礎とするさまざまな金融便宜がそこにはあり、保険、海運業においても侮れぬ力を持っていたからだ。事実、アメリカ商業銀行も、1953年段階ですでに10の支店を置いていた。後述するユーロダラー市場の発展がアメリカ商業銀行のロンドン進出を導き出したのだ。

　ところで、以上のアメリカ商業銀行の支店開設の急増が、多国籍銀行誕生を意味したことは明らかだとしても、すべての商業銀行が多国籍化を果たしたわけではなかった。その多国籍銀行化は、バンク・オブ・アメリカ (Bank of America)、

表4-3 アメリカ多国籍銀行のリスト (1975年)

銀　行 1)	総資産額 2) (10億ドル)	在外拠点数 3)			
		先進国	発展途上国	社会主義国	合計
BankAmerica Corporation	66.7	64	133	2	199
Citicorp	54.3	64	161	2	227
Chase Manhattan Corp.	40.7	57	127	1	185
Manufacturers Hanover Corp.	28.3	18	22	1	41
J.P. Morgan and Co. Inc.	25.8	31	23		54
Chemical New York Corp.	23.2	27	25		52
Continental Illinois Corp.	20.2	38	39		77
Bankers Trust New York Corp.	20.6	28	27		55
First Chicago Corp.	19.0	33	41		74
Western Bancorporation	18.7	10	10		20
Security Pacific Corp.	14.8	10	13		23
Wells Fargo and Co.	12.4	13	20		33
Charter New York Corp.	11.1	12	14		26
Marine Midland Bank	11.0	26	31		57
Crocker National Corp.	10.5	12	6		18
Mellon National Corp.	9.0	7	4		11
First National Boston Corp.	8.6	36	43	1	80
National Detroit Corp.	7.3	10	4		14
First Pennsylvania Corp.	6.5	6	8		14
Seafirst Corp.	4.6	7	4		11
First International Bankshares Inc.	4.6	7	4		11
Philadelphia National Corp.	4.1	16	12		28

〔備考〕　1)　連結決算した銀行グループ。
　　　　 2)　総資産にはコントラ勘定（信用状、引受手形および顧客のために保有している証券）を含む。
　　　　 3)　在外拠点数には、支店、子会社、関連会社、駐在員事務所を含む。
〔出典〕　U.N. Centre on Transnational Corporations, *Transnational Banks: Operations, Strategies and Their Effects in Developing Countries*, 1981, pp.124-6.

ファースト・ナショナル・シティ・バンク・オブ・ニューヨーク（First National City Bank of New York）そして、チェース・マンハッタン・バンク（Chase Manhattan Bank）の巨大3大銀行を軸にして行われた。1972年時点において、アメリカ商業銀行の在外支店数が648を数えたうち、実にその429支店

がこの３大銀行によるものだった。そしてさらにこれら３大銀行のそれぞれは、４社あるいはそれ以上のエッジ法会社あるいはアグリーメント会社を設立していたのであり、この時点において、世界的な支店網を通じ国際活動を展開していたのは、この３銀行にほかならなかった。もちろん、マニュファクチャラーズ・ハノーヴァー（Manufacturers Hanover）、ケミカル・バンク（Chemical Bank）、モルガン・ギャランティ・トラスト（Morgan Guaranty Trust）などの銀行も必死に追い上げをはかったが、世界的支店網その他の競争力では、この３銀行に追いつくことはできなかった。国連超国籍企業センターの基準によれば、1975年段階で、世界の多国籍銀行と呼ばれる銀行は84を数えた。これらはいずれも、５カ国以上の異なった国あるいは地域に支店ないし多数株所有子会社をもつ銀行であり、そのうちアメリカ多国籍銀行は22を数えた（表４－３）。1970年代に入りフランス、西ドイツ、日本の諸銀行の追い上げは急だったが、バンク・オブ・アメリカ（この持ち株会社名が Bank America Corporation）、ファースト・ナショナル・シティ・バンク・オブ・ニューヨーク（同行は1976年に Citibank と改称、その持ち株会社名が Citicorp）そして、チェース・マンハッタン・バンク（この持ち株会社名が、Chase Manhattan Corporation）の３行が、世界の多国籍銀行の中軸的存在であることはいうまでもない。1975年段階の総資産額からみた世界の諸銀行のランキングで、バンク・オブ・アメリカは第１位、ファースト・ナショナル・シティ・バンクは第２位、若干離されたとはいえ、チェース・マンハッタンも第４位につけたのだった。

資本輸出規制と商業銀行の多国籍銀行化

　戦後アメリカ商業銀行が、外国貿易金融を基軸とするケインズ的国際金融システムをつかさどっていた事態が大きく変質し、多国籍銀行を基軸とする新自由主義的国際金融システムへ転換するプロセスにおいて、注目しなければならない重要な事実は、アメリカ商業銀行の本店における国際貸付業務の低下である。すなわち、1966年においては、アメリカ商業銀行の対外貸付残高144億ドルのうち70％は、同行本店が供給したものであった。だがそれ以降、国際貸付に占める本店の比率は低下を続け、1969年には対外貸付220億ドルのうち58％、

1972年にはその49％に低下してしまった。

　既述のように19世紀ロンドンの国際金融の中心地には、多くの外国銀行がその支店を構え、ロンドンの金融機関の便宜をフルに活用する対外支払い決済を行っていた。すなわち、豊富な資本が集中するところが金融の中心地であり、だから低利で資本をそこで活用させることができたのだ。だとすれば、1960年代後半からアメリカ商業銀行で起こった国際金融におけるニューヨーク金融市場の役割の低下をどのように理解すればいいのだろうか。

　ここで是非とも触れなければならないのは、1960年代に展開された、ケネディ・ジョンソン両民主党政権によるケインズ的国際金融システム擁護の対外経済政策である。ケインズ的国際金融システムは、固定相場制によって、国際貿易を活発にし完全雇用を創り出すのが目的だったから、アメリカによるドル供給は、各国の経常取引を円滑に進める範囲に留め、その過剰発行を抑えるべく、ドルと金との交換を義務付けた。アメリカのドル供給が過剰になれば、各国通貨当局のドルと金との交換要求によってアメリカの金保有額が減少するから、アメリカは、世界市場へのドル供給を抑える政策をとらなければならない。これが、いわゆる「ドル防衛」といわれるものだった。こうした事態は、すでにアイゼンハワー政権期から引き起こされ、その末期には、輸出奨励の国際的対策を講じたが、ケネディ政権になっても国際収支危機は一向に収まらず、1961年末には、アメリカの対外短期債務額が同国の金保有額を超過する事態になったことは、すでに本書第3章で述べたとおりである。

　ケネディ政権は、1963年7月18日金利平衡税（Interest Equalization Tax）を議会に提起し、資本輸出を規制して、国際収支改善を試みる作戦を採用した。この法は、もちろん直接投資を抑制しようとするものではなかった。それは、アメリカで発行される外国株式およびすべての外国債券への投資に税を課すものであり、証券投資の規制を狙ったものだった。翌年の1964年8月、同法は、遡及的に成立したが、アメリカからの民間資本の流出は一向に収まる気配はなく、1964年のそれは前年を21億ドルも上回り、64億ドルという数値を記録した。

　しかもここで注目すべきは、この巨額な民間資本の流出の多くが、アメリカ商業銀行による貸付増、とりわけその長期貸付によるものであったという事実である。アメリカ商業銀行がこの時期、外国株式・債券発行の代替的役割を果

たしたのだ。金利平衡税を逃れようとする者の資本調達手段として銀行貸付が使われたわけだ。

　1965年2月10日、国際収支に関する議会への教書において、リンドン・ジョンソン大統領は、国際収支赤字の削減に一定の前進があったことを認めつつ、「ドル防衛」の必要性を強調した。アメリカ商業銀行の多国籍銀行化との関連でとりわけここで重要なことは、アメリカ商業銀行の国際貸付について金利平衡税が適用され、自主的対外貸付規制（VFCR: voluntary foreign credit restraint）という形で、国際貸付に制約が課されたことだった。金利平衡税逃れのアメリカ商業銀行による国際貸付の急増に対して政府が規制に乗り出したのであり、銀行の国際貸付の制限について連邦準備制度理事会が財務省とともにその任につくべきという提案がなされたのである。

　商業銀行の長期貸付への金利平衡税の適用という事態は、年間1％程度の借り手費用の上昇となったが、それは、1965年2月10日から実施された。銀行の自主的対外貸付規制の中軸となったのは、外国人への貸付残高への規制であり、1964年末段階の残高を基準とする貸付規制が行われた。

　こうしたアメリカ商業銀行の国際貸付に対する各種規制は、1965年以降の直接投資を除くアメリカ民間資本の流出額（フロー）を著しく抑える一方、アメリカ商業銀行の在外支店開設運動に弾みをつけた。アメリカ商業銀行在外支店および銀行会社の戦後展開を再度みれば、1965年から75年にかけての在外支店開設数の急増は明確であり、1966年の244支店が75年には、762支店と3倍以上の伸びを示したのだ。

　しかもこれら支店の開設は、既述のように国際貸付に占めるアメリカ商業銀行本店の機能低下をもたらしたのであって、国際収支危機対策に端を発した合衆国政府の資本輸出規制は、アメリカ商業銀行の在外支店を通じての世界展開を引き起こした。これはもちろんアメリカ商業銀行の多国籍銀行化を示すものだった。

ユーロダラー市場の形成

　ところで、アメリカ商業銀行の多国籍化、いい換えれば、在外支店開設は、

特定の諸銀行を先導役として進行したと同時に、地域的にもきわめて特徴ある事態を示していた。すなわち、開設銀行数そのものは、ラテンアメリカに相当数の集中をみたが、在外支店の資産額からいえば、在英支店が最も大きく、次いで在大陸ヨーロッパ支店であり、1971年段階で両地域の支店は在外全支店資産額の71.7%を占めた（表4－2）。

こうした地域的偏在は、アメリカ商業銀行の在外支店の貸付先の事情に依存することは明らかである。しかしここでとりわけ注目すべきなのは、第二次世界大戦後、ロンドンを中心に形成されたユーロダラー市場の形成が、アメリカ商業銀行の多国籍銀行化と密接不可分に関連しているということである。

ユーロダラーとは、アメリカ国外に所在する銀行の負うドル建て預金債務のことである。すなわち、ユーロダラーは、アメリカにあるドル要求払い預金の国内あるいは国外の保有者が、それらをアメリカの外部にある銀行に預金する場合に生じ、そのユーロダラーを通じて形成される国際金融市場をユーロダラー市場と呼ぶのである。

ユーロダラー預金は、アメリカ合衆国の国内預金金利がレギュレーションＱといわれる最高金利規制によって抑えられたため、それを逃れ、より高い利殖の機会を求めた結果生じたものだ。周知のように、アメリカ国際収支の連年の赤字は、各国通貨当局に膨大なドル預金の蓄積をもたらした。これら巨額なドル預金を保有する各国通貨当局は、当然のことながらそのドルの有利な運用の機会を求めていたのであり、彼らは自己の保有するドル準備の相当額をアメリカ国内金利よりかなり高金利のユーロダラー市場に投資したのである。

ユーロダラー市場に投資したのは、外国通貨当局だけではなかった。以上の公的機関に次いで重要なのは、商業銀行であり、本来アメリカ財務省証券あるいは銀行引受手形に投資するべきドル預金をユーロダラー市場に投じたのである。そしてさらにアメリカの巨大保険会社は保険料準備金のかなりの部分をユーロダラーで保有し、巨大石油会社、タバコ会社など、多国籍企業がユーロダラー資金の主要な供給者だった。

ユーロダラー市場形成の歴史的淵源を辿れば、1957年のポンド危機に求めることができるだろう。1957年、国際収支危機に見舞われたイギリスは、ポンド・スターリングを第三国間の貿易金融に使用することに制限措置をとったの

であり、それに対してロンドンの銀行が顧客にドル金融を与えるべくドル預金を開始したのがその始まりだといわれる。その後この市場は、年を経るごとに巨大化し、『国際決済銀行年報』によれば、1964年、ヨーロッパ諸銀行の非居住者に対するドル債務は、96億4000万ドルであったが、1970年にそれは587億ドルに膨れ上がり、1980年にはなんと5935億3000万ドルに達しているのである。

　こうしたさまざまな源泉から供給されたユーロダラーは、商業銀行、投資ブローカー、ディーラー、貿易会社、多国籍企業などへと貸し付けられた。ユーロダラーの金利は、ロンドンでのポンド借入の金利より低く、さらにニューヨークの一流貸出金利よりもなお低いのである。

　こうして、アメリカ国内の金利規制を逃れ、中央銀行の統制にくみしない自由な独自の国際金融市場としてユーロダラー市場は発展したが、ここで注意しなければならないのは、中央銀行にくみしないとはいっても、ユーロダラー市場に預け替えられたドル預金の総額にあたる金額に対して、アメリカの銀行が支配力を失ってはいないということである。なぜなら、例えば、日本政府がアメリカの銀行における自らのドル預金をアメリカのユーロ銀行に預け替えたとしよう。それはただ、アメリカの銀行に置かれた日本政府の勘定から、同一又は別のアメリカの銀行にあるユーロ銀行の勘定へその金額が振り替えられるだけのことを意味するのである。そしてまた、そのユーロ銀行がその資本をアルゼンチン政府に貸し付けたとすれば、そのユーロ銀行の勘定が、同一または別のアメリカの銀行にあるアルゼンチン政府の勘定へ振り替えられるに過ぎないからである。

　すなわち、ヨーロッパに預け替えられたドルは、アメリカ国内にとどまっているのであって、決してアメリカ銀行の支配の及ばざるところに糸の切れた凧のように飛び去っているわけではない。だから、ユーロ銀行は、通常の商業銀行のように、信用創造によって、貸付をするのではない。ユーロ銀行は、単に、預金者と借手の金融仲介という機能を果たしているにすぎないのだ。あくまで、ドルの信用創造は、アメリカ商業銀行の本店の機能であり、創り出されたドルは、確かに国境を越えて、ユーロダラー市場に流れ込むのだが、そのドルは、アメリカ国内の銀行を預け替えられることによって流通する。アメリカ政府による各種の規制から離れた、自由で独自なドルを基軸とする国際金融市場の形

成こそ、ケインズ的国際金融システムに代わる新自由主義的国際金融システムの構築であった。

多国籍銀行による国際貸付

A 在外支店による国際貸付

　ユーロダラー市場の発展は、ドルの国際的利用を著しく増大させ、ポンドの役割を低下させることになった。皮肉にもそれは、ロンドンの国際金融上の地位の強化とニューヨークのその役割の縮小へとつながった。しかし誤解してならないのは、ユーロダラーを支配しているのは、依然としてニューヨークに本店のある多国籍銀行であるということだ。なぜなら、ドルの信用創造機能は、依然としてアメリカ本国にある商業銀行が握っているのであって、ユーロ銀行はただ、その金融仲介機能を果たしているにすぎないからだ。

　しかしいずれにしても、1965年ジョンソン政権によるアメリカ商業銀行の対外貸付制限が在外支店設置運動に弾みをつけたことは間違いなく、ロンドンにおけるユーロダラー市場の発展は、1960年代後半のアメリカ商業銀行の在外支店設置がロンドンを中心に行われる重要な理由の一つだった。1966年にアメリカ商業銀行のロンドン支店は、22を数えたが、1971年末までに48となり、支店資産額351億4300万ドルは全支店のその52.4％を占めた。

　ところで、以上のユーロ市場を中心とするアメリカ商業銀行在外支店設置運動の高揚は、アメリカ企業の世界展開と密接不可分に関連していた。アメリカ商業銀行在外支店資産動向を検討することでそれを明らかにしよう。世界の主要地域におけるアメリカ商業銀行の在外支店総資産をみれば、1969年中頃の350億ドル台から2年後の71年には560億ドル台へと上昇しているし、70年代にもその数値は上昇の一途をたどった（図4－2、図4－1）。

　とりわけここでは、1960年代後半ジョンソン政権の資本輸出規制に対応したアメリカ多国籍企業の資本調達とそれに関連してのアメリカ商業銀行在外支店の貸付行動に注目しよう。すなわち、1965年以降、アメリカ多国籍企業は、その資本調達を本国資本市場に頼ることが不利になり、ユーロダラー借入を一段と強めたのだ。アメリカ多国籍企業子会社は、総資産以上に負債が急増し、膨

大な借越し（a large debt overhang）に陥った。商務省対外直接投資局の推計によれば、その数値は、1971年時点で8億ドルから30億ドルになると見積もられた。まさしく、資本輸出規制後のアメリカ多国籍企業の対ヨーロッパ投資は、ユーロカレンシー制度と、そのもとでのアメリカ多国籍銀行の活躍がなければ不可能だった。アメリカ商業銀行在外支店資産動向における在外非銀行向け貸付の一部は、そのアメリカ多国籍企業の世界展開を支えるために行われたものと判断して間違いはない。この貸付残高は、1969年9月から71年の9月にかけて、59億3400万ドルから156億7200万ドルへと164.1％もの上昇を示した（図4－2）。

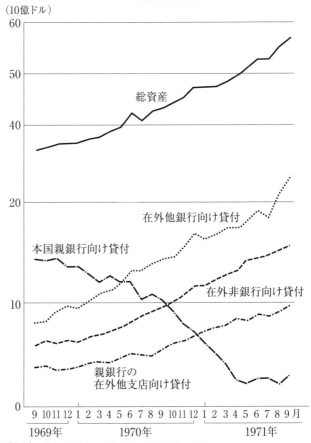

図4－2　米銀在外支店資産動向

〔出典〕 *Federal Reserve Bulletin*, Feb.1972, p.110.

アメリカ商業銀行在外支店の貸付行動において特筆すべき第二の点は、銀行間の貸借関係の活発化だ。在外他銀行向け貸付に現れるのがその銀行間貸付の動向だが、注意すべきは、他銀行向け貸付を行うと同時にアメリカ商業銀行在外支店は、それ以上に他銀行から大量に借り入れていることだ。こうした銀行

表4−4 世界10大銀行のランキング

ランク	1970年			1975年	
	銀行名	本国		銀行名	本国
1	BankAmerica Corp.	米		BankAmerica Corp.	米
2	Citicorp	米		Citicorp	米
3	Chase Manhattan	米		Crédit Agricole	仏
4	Barclays	英		Chase Manhattan	米
5	Dai-Ichi Kangyo	日		Banque Nationale de Paris	仏
6	National Westminster	英		Deutsche Bank	西独
7	Manufacturers Hanover	米		Crédit Lyonnais	仏
8	Banque Nationale de Paris	仏		Société Genérale	仏
9	J.P. Morgan	米		Barclays	英
10	Western Bancorp	米		Dai-Ichi Kangyo	日

〔備考〕 順位はコントラ勘定を除いた資産額により決定。
〔出典〕 U.N. Centre on Transnational Corporations, *op. cit.*, p.42.

間市場の形成によって、ユーロ市場における需要・供給の調整を行い、市場の弾力化を図っているといえよう。

そして最後に、個別のアメリカ商業銀行内の世界的な資本移動が、その世界的な支店網を通じて実現可能となったことだ。とりわけ、1960年代末から70年代にかけてのアメリカ商業銀行内の資本移動の特徴は、アメリカ商業銀行在外支店から本国親銀行への貸付の減少であり、それに代わる親銀行の在外他支店への貸付の増大である。1960年代後半の金利上昇傾向は、本国親銀行をして在外支店からの借入を増加させる行動をとらせ、ニクソン政権誕生後の引き締め政策は、その傾向を頂点に追いやった観があった。しかしその後の事態は、アメリカ商業銀行在外支店からの本国親銀行への貸付を低下させる一方、親銀行の在外他支店への貸付を増加させるという状況を生み出した。こうした事態は、いずれもアメリカ多国籍銀行が、世界的な支店網を通じて資本の国際的移動を展開し、利益を上げている行動様式を示すものといえるだろう。

B 米欧間銀行競争

1960年代後半から70年代にかけてのアメリカ商業銀行の世界展開は、アメリカの銀行こそ世界を支配する銀行であるという事実を示すものだった。第1章

1978年	
銀行名	本国
BankAmerica Corp.	米
Crédit Agricole	仏
Citicorp	米
Deutsche Bank	西独
Banque Nationale de Paris	仏
Crédit Lyonnais	仏
Société Générale	仏
Dai-Ichi Kangyo	日
Dresdner Bank	西独
Chase Manhattan	米

で詳述したように、パックス・ブリタニカ時代のイギリスの銀行は、世界貿易の金融を支配することによって、世界を支配したし、世界の貿易取引で振り出された手形を再割引することでイングランド銀行は世界の銀行の役割を果たしているといわれたものだ。しかし、1960年代後半から70年代にその姿が明らかになるアメリカ多国籍銀行は、はじめはユーロダラー市場を通じる国際資本貸付によって、アメリカ多国籍企業の活動を支えながら世界経済を支配することを試みる。いわば世界の商工業金融をドルによって行い、ドルによる金融支配を世界的に広める金融機関こそ、アメリカ多国籍銀行だったといえるだろう。ユーロダラー市場の構造をみてわかる通り、国境を越えてドルは存在し、世界のユーロ銀行は、ドルでの貸付を行うのだが、貸し付けられたドルは、アメリカ商業銀行内を口座振替で流通する。ドルの信用創造は、あくまで、アメリカ多国籍銀行本店が司っているのであり、最終的には、アメリカ連邦準備制度理事会がドルの管理を行うのである。

　1965年段階で世界最大50銀行の預金のうちその42％はアメリカの銀行によって占められていた。しかし、1970年代中頃以降、アメリカ多国籍銀行は、世界各地の諸銀行の激しい追い上げに遭遇することになった。世界10大銀行のランキングをみれば、1970年から78年にかけてアメリカ商業銀行の地位の後退は顕著である（表4-4）。1970年において、バンク・オブ・アメリカ、シティ・バンク（この時点での名称は、ファースト・ナショナル・シティ・バンク・オブ・ニューヨーク）、チェース・マンハッタン・バンクのアメリカ3大銀行は、まさしく世界の3大銀行だったし、10大銀行中、アメリカ商業銀行は6行も占めていた。だが、1975年には、チェース・マンハッタンは4位に後退し、1978年には、バンク・オブ・アメリカがかろうじて1位を保っているに過ぎない。

表4-5　ヨーロッパ主要銀行グル

加盟多国籍銀行の本国	Associated Banks of Europe Corp. (ABECOR)	Europartners
ベルギー	Bq. Bruxlles	-
フランス	Banque Nationale de Paris	Credit Lyonnais
西ドイツ	Dresdner	Commerzbank
イタリア	Banca Naz. Lavoro	B. di Roma
オランダ	Algemene Bank	-
イギリス	Barclays Bank	-

〔備考〕　＊多国籍銀行以外の銀行。
〔出典〕　U.N. Centre on Transnational Corporations, *op. cit.*, p.46.

　こうしたアメリカ商業銀行の地位に代わって、ヨーロッパの諸銀行とりわけ、フランス、西ドイツの多国籍銀行の躍進が急であり、日本の銀行が世界の銀行の一角に占めるに至った。1970年において、世界10大銀行に占めるフランスの銀行は、バンク・ナシオナール・ドゥ・パリ1行のみだった。しかし、1978年にフランスの銀行は、クレディ・アグリコールを筆頭に4行もトップ・テン入りを果たしているのだ。さらに、同年西ドイツのドイッチェ・バンクが4位につけ、日本の第一勧業銀行も8位につけたのであった。

　1960年代以降、ヨーロッパ経済共同体において、西ヨーロッパの諸銀行は、アメリカ諸銀行との激しい競争にさらされていた。ヨーロッパの諸銀行は、自国の銀行規制で攻勢的になれず相対的に規模が小さく、共同体内の銀行間ネットワークの形成も遅れていた。したがって、共同体内の諸国における金融需要に対して彼ら自身の支店網形成によって対応することができず、取引先銀行に依存せざるを得ないという事態になっていた。

　アメリカ多国籍銀行との競争は、これら諸銀行の組織上の弱点を白日の下にさらすこととなったが、ヨーロッパ諸銀行は、それらを克服すべく新たな対応を迫られた。彼らは、ヨーロッパ共同体内に新たな在外支店あるいは子会社を設立することで競争戦を乗り切ることをせず、むしろ、ヨーロッパ諸銀行間の協調的行動によってアメリカ巨大銀行資本の挑戦を受けて立つ道を選択した。

　こうして、1970年代中頃までに、ほぼ四つのヨーロッパ諸銀行の主要グループが形成されることになった。バンク・ナシオナール・ドゥ・パリ、バークレ

ープの加盟銀行国別分布 (1975年)

European Banks International Company (EBIC)	Inter Alpha Group
Societé Générale de Banque S.A.	Krediet-bank
Societé Générale	Crédit Commercial de France
Deutsche Bank	Berliner Handels-und Frankfurter Bank
Ba. Comm Italiana	＊
Amsterdam-Rotterdam B.	＊
Midland Bank	＊

イ、ドレスナーの3行を中心としたアソシエイティド・バンクス・オブ・ユーロップ・コープ（ABECOR）、ドイッチェ・バンク、ソシエテ・ジェネラールを中軸としたユーロピアン・バンクス・インターナショナル・カンパニー（EBIC）、クレディ・リオネを中心としたユーロパートナーズ、そしてインター・アルファ・グループ、これら四つであった（表4-5）。

　これら銀行グループは、アメリカ多国籍銀行との競争上形成されたという事情から当然にも、アメリカ在外支店あるいは関連子会社と同様の金融サービスを提供するのをその任務とした。現金管理、数カ国にまたがって迅速な資本移動、あるいは、巨額な貸付など、アメリカ商業銀行ヨーロッパ支店によって展開される金融的便宜に対抗してヨーロッパ共同体を単位とするさまざまな銀行業務が行われた。

C　インフレ激化と発展途上国貸付

　国際的銀行間競争が華々しく展開していた1970年代は、アメリカ多国籍銀行の貸付構造上の一大転機の時でもあった。既述のように1960年代後半からのアメリカ商業銀行の世界展開は、アメリカ多国籍企業の資本調達のためという側面を色濃く有していた。1960年代後半のジョンソン政権による対外投資規制は、アメリカ多国籍企業の自国内からの資本調達を著しく困難にし、アメリカ企業の世界展開は、アメリカ商業銀行の在外支店によるユーロダラー貸付によって支えられていた。

第4章　新自由主義的システムの形成と経済危機

表4-6 アメリカ主要多国籍銀行在外資産地域別分布 (1977年)

	総計		西半球			西ヨーロッパ	中東・アフリカ	アジア
	10億ドル	%	全諸国	カナダ	ラテン・アメリカカリブ諸国			
Bank America Corp.	29.9	100.0	22.4	9.3	13.2	58.2	4.1	15.3
Chase Manhattan Bank	24.7	100.0	33.3	＊	＊	40.1	20.4	5.6
Citicorp	49.3	100.0	32.8	＊	＊	42.2	9.4	15.6
米　　銀	194.6	100.0	31.7	3.0	28.7	51.5	7.6	9.0

〔備考〕　＊利用不可能。
〔出典〕　U.N. Centre on Transnational Corporations, *op. cit.*, p.84.

　しかしながら、1970年代とりわけ1973年以降、多国籍銀行に対する信用需要の構造に著しい変化が現れた。ニクソン政権による対外投資規制の撤廃は、アメリカ多国籍企業が、アメリカ商業銀行の在外支店に資本調達を依存する必要をなくしたし、第一次石油危機後のインフレーションの激化は、アメリカ国内の経済停滞を長引かせ信用需要の減退をもたらしたし、そもそもインフレの激化は、商業銀行の貸付実質金利を著しく低下させ、アメリカ国内の商工業貸付は極めて低調だった。たとえば、シティコープの国内商工業貸付額は、1972年には全資産の31％もあったが、77年にそれは10％に低下していたのである。

　もちろんこの時期、世界の金融市場において貸付資本は潤沢であった。石油価格の急上昇によって生じた膨大な石油代金が国際金融市場に集中したのであり、大量の遊休貨幣資本を多国籍銀行が掌握することとなった。これら潜在的貸付資本は、従来から輸出志向型工業化戦略をとってきた発展途上国へ経済開発資金として大量に貸し込まれたのである。経済協力開発機構（OECD）の資料によれば、開発援助委員会（Development Assistance Committee）を構成する米、日、英、仏、西独など先進17カ国から開発途上国への金融純フロー（net financial flow）のうち、1970年の民間銀行による提供額は、全体のわずか4.4％であり、輸出金融を含めても18％にしかすぎなかった。しかしその後、8年た

った78年においては、民間銀行から金融純フロー額は、全体の29.8％となり、輸出金融を含めると43.4％の数値を占めるに至った。

　こうした発展途上諸国への民間銀行の積極的介入がアメリカ多国籍銀行を中心に行われたことはいうまでもない。1977年時点において、バンク・オブ・アメリカ、チェース・マンハッタン、シティコープのアメリカ主要３大多国籍銀行の対外貸付額（残高）をみると、ほぼ50％程度が西ヨーロッパを中心とする工業諸国となっているが、注目すべきは、非産油発展途上国への貸付額が次いで多く、バンク・オブ・アメリカ31.5％、チェース・マンハッタン32.8％、シティコープ37.5％の比率を示していることだ。しかも、これら諸国のうちでも中・低所得国へは、極端に少なく、高所得国へと貸付額が集中しているのである。

　さらに、地域別にアメリカ多国籍銀行の在外貸付状況を検討すると、西ヨーロッパが約半分で最も多く、続いてラテンアメリカを中心とする西半球、アジア、中東、アフリカという順になる。この傾向は当然ながら、バンク・オブ・アメリカ、チェース・マンハッタン、シティコープの３大銀行の基本的貸付動向ともいえるだろう（表４－６）。

　こうして、1970年代のアメリカ多国籍銀行は、ヨーロッパの諸銀行との熾烈な競争戦を演じつつ、自己の蓄積基盤を発展途上国にシフトさせていった。かつては、各種公的機関にその開発資金を依存してきた発展途上国は、1970年代になり一転して民間ベースの資本供給に頼らざるを得なくなった。もちろん、これら資本供給がラテンアメリカ新興工業諸国、アジア太平洋新興工業諸国の資本主義的興隆を助長した。しかしたとえば、その貸出金利は、ほぼ６割から７割が固定金利ではなく変動金利制をとったという事実は、決して開発諸国側の要求を受け入れているとはいえず、民間ベースの資本供給の限界を示しているものといえるだろう。多国籍銀行による積極的貸し込みは、1981年レーガン政権の登場によるデフレ経済への転換によって引き起こされた、発展途上国の債務累積危機発生の歴史的前提を形成したといえる。

2　インフレ激化と1974年経済恐慌

ニクソン政権の「インフレ対策」(1969年〜70年)

　1969年1月に誕生したニクソン政権は、従来の民主党政権と異なり、多国籍企業の世界的展開を積極的に推進する政策をとった。したがって、ニクソン政権は、1971年8月15日には、金とドルとの交換を停止し、アメリカ商業銀行のドルによる信用創造を金保有額による制約なしに世界的に自由に行う条件を整備し、さらに、変動相場制への移行とともに、1974年1月には、資本輸出規制をすべて取り払った。まさしく、ニクソン政権は、ケインズ的国際金融システムを葬り去ったといっていいだろう。
　したがって、アメリカの景気循環は大きく変化を被り、金融危機なき経済恐慌という、ケインズ政策の華やかなりし1960年代の景気循環とは異質な循環が形成し始めることになる。もちろん、ケネディ・ジョンソン政権期のケインズ政策は、1960年代後半になると徐々にインフレーションを引き起こすに至る。1957〜58年経済恐慌期の物価上昇と異なり、積年のケインズ的財政・金融政策の実施による有効需要の注入は、潜在GNP（国民総生産）水準を超え、潜在供給能力に対する過剰需要がインフレを引き起こしているという認識が、経済政策担当者たちの脳裏をかすめるようになっていく。
　1968年12月連邦準備制度理事会は、「総貨幣需要の拡大を鈍化させインフレ期待を消失させるために」[*5]連邦準備銀行再割引率を引き上げ、さらに翌年69年4月には、それを5.5％から6.0％に再度引き上げ、公開市場においては証券の売りを増加させていた。1968年における「ドル危機」の深化が、金融政策の引き締めを要求していたが、1969年1月に誕生したニクソン政権は、積年の財政赤字を69年6月に終わる69会計年度において32億3600万ドルの黒字に転化させた。連邦財政赤字が前年において251億6100万ドルであったことを思うとこの激変ぶりに驚かされる。[*6]

だが、ニクソン政権はこの時期になぜ急激な引き締め政策に転じたのだろうか。もちろん、1967年から68年にかけて引き起こされた「ドル危機」が金融引き締めを要求していたことは明らかだろう。すでに詳述したように、1968年3月17日をもって金プール協定は破棄され、IMF体制は金1トロイオンス35ドルを通貨当局のみにおける公定レートとするいわゆる金の二重価格制となっていた。しかし重要なのは、上述の連邦準備制度理事会の見解にも明示されている「インフレ期待への消失」という理由をいかに理解するかである。

　この点まず指摘されるべきは、1965年以降物価上昇率は、上昇傾向にあり、消費者物価指数は、66年に年率3.4％を記録した後、69年には、6.1％にも上昇しているのである[*7]。そうしたインフレ傾向の中で企業利潤は1966年をピークに低下し、68年になってもそのピークを回復していないのである[*8]。賃金が物価上昇とともに上昇し、労働生産性が低下してきていることが問題とされなければならないだろう。製造業GNPに占める利潤額比率すなわち資本分配率が1965年以降急速に低下してきているのだ。

　物価水準をp、実質利潤をΠ、製造業実質GNPをY、貨幣賃金率w、雇用労働量Lとすれば、次の式が成り立つ。

$$pY = wL + p\Pi \quad (4.1)$$

　この式を変形して資本分配率を求めれば、次の式が得られる。

$$\frac{\Pi}{Y} = 1 - \left(\frac{w}{p}\right)\left(\frac{Y}{L}\right)^{-1} \quad (4.2)$$

資本分配率$\left(\frac{\Pi}{Y}\right)$は、実質賃金率$\left(\frac{w}{p}\right)$が上昇し、労働生産性$\left(\frac{Y}{L}\right)$が低下しているので、低下する。このことは、(4.2) 式をみれば容易に理解できるだろう。ニクソン政権の経済政策担当者たちによれば、こうした事態を招いた要因は、ジョンソン政権下での財政金融政策、とりわけ1967年のヴェトナム・ビルドアップによる連邦財政支出増加と金融緩和政策にあり、それが失業率を低下させ、労働者の賃上げ攻勢をパワーアップさせたと考えた。ニクソン政権の金融・財政の引き締め政策は、こうしたジョンソン政権下の経済政策を逆転させ、賃上げ攻勢を抑えるため失業をつくりだし、実質賃金率を低下させ、資本分配率を

上昇させることを狙ったものといえるだろう。ラフォード・ボディとジェームズ・クロッティの指摘にあるように、景気高揚の後半における「インフレに対する闘い」は、社会的公正を装いながら、実は経済を軟化させ、失業を増加させ企業利潤率を回復させる政策の「隠れ蓑」だったというわけだ。すなわち、インフレ対策の本質的な狙いは、景気を抑制し、失業をつくりだし、タイトな労働力市場を軟化させ、労働者側を譲歩させることにあり、引き続く拡張期において、高い利潤率を実現すべき技術的・行動的基礎をつくりだすことにあったのだ。[*9]

こうして、金融・財政の引き締め政策は、1966年をピークに利潤額の停滞を続け、同時に賃上げ攻勢による労働分配率の上昇からする利潤圧縮を継続していたアメリカ経済に景気停滞をもたらし、設備投資の低迷と鉱工業生産の下落を引き起こした。企業収益率の低下と金利高騰は、企業の支払い不足問題を引き起こし、1970年のペン・セントラル鉄道会社の倒産に象徴される金融危機を現実のものとした。非金融会社の流動比率、すなわち流動資産を短期総負債で除した企業の支払い能力を示す数値は、1969、70年にかけて急激に低下したのであり、金融危機発生の温床となった。

1969年に採用されたインフレ対策としての金融・財政の引き締め政策は、失業率の増大をつくりだし、それは賃金上昇を抑える効果があったから、企業利潤の拡大にとっては必要条件だった。しかし、景気の停滞は長引き、1971年になっても、設備投資の回復は遅れていたし、鉱工業生産も停滞していた。まさしく、ボディとクロッティの指摘にあるように、8年間もの長期にわたった経済成長と5年間にもわたる労働市場のタイトな状況の継続によって累積された不均衡を是正するには、長期の景気後退がアメリカ経済には必要だった。[*10]

1972年11月には大統領選挙が控えていた。ニクソン政権は、すでに、70年には、緊縮的なマクロ政策を緩和へ転換していたが、71年になっても目立った回復はなく、こうした状況が続けば、翌年の大統領選挙の行方が懸念された。とりわけ、失業率の増大は、大統領選をたたかうには政治的に許される水準にはなく、大胆なマクロ経済政策の実施が不可欠だった。しかし、その政策の実施を阻む最大の制約こそ、アメリカの金保有額の減少であり、1949年には245億6300万ドルもの金保有額があり、ケネディ政権誕生時の61年においても169億

4700万ドルもの金保有額があったのと比較すると、1971年においてそれは101億3200万ドルという低下ぶりだった。[*11]

新経済政策と景気回復（1971年～72年）

　ニクソン大統領が1971年8月15日に突如発表した「新経済政策」（New Economic Policy）とは次のようなものだ。国際的には、ドルと金あるいはその他の準備資産との交換停止、また一時的に10％の輸入課徴金を課すと追加発表された。国内的には、90日間の賃金・物価・賃料の凍結、10％の新設備投資への税額控除、個人所得税減税の繰り上げ実施、連邦自動車消費税の廃止による減税、そして連邦財政支出の47億ドルの削減が提起された。[*12]

　外国通貨当局保有のドル債権の金との交換約束を公然と破棄したこの国際経済政策は、明確に戦後ケインズ的国際金融システムの破壊を意味した。戦後IMF協定は、固定相場制をとり、国際貿易の発展による完全雇用が目標であった。国際通貨をドルとしたから各国通貨当局には、貿易を基軸とする経常取引のため一定のドル資産が必要だった。しかし、ドルは、経常収支の決済のために必要ではあったが、国際資本取引は規制されたし、投機的取引も厳禁であったから、余分なドルは必要ではなかった。したがって、各国は、ドルと金との交換によって、アメリカによる、世界に対するドルに基づく過剰な信用創造を制約した。マルクスの言葉でいえば、「ドルによる信用主義を重金主義によって制約するためには是非とも必要な約束だった」ということになるだろう。

　ニクソン政権にとってドルと金との交換を破棄したのは、アメリカ国際収支の赤字にとらわれることなく、自国の経済状況に対して、自由に財政・金融諸手段をとる必要があったからだ。ニクソン新経済政策は、具体的にどのように進んだのだろうか。

　まず、この政策は、賃金・所得統制政策を基軸に展開され、90日間の統制後における物価・賃金の安定を監視する組織として生計費委員会（Cost of Living Council）が設立され、具体的には、フェーズⅠ（1971年8月15日～11月13日）からフェーズⅣ（73年8月12日～74年3月31日）に至るまでの4段階を通じて実施された。

このニクソン新経済政策は、1972年11月の大統領選を乗り切るという意味では「大成功」の経済政策であったといえる。90日間の統制後においても、フェーズⅡ（71年11月14日～73年1月10日）の段階までは、物価・賃金の安定が保たれたのだが、その後フェーズⅢの1973年1月からは、物価統制が外され、インフレが一気に加速する。したがって、1972年11月の大統領選挙を乗り切る政策としては、実にうまく機能したといえる。フェーズⅠからⅡまでは、経済成長率、消費者物価上昇率、失業率のいずれも好成績を納めたからだ。1972年11月大統領選挙でのニクソン大統領の地滑り的大勝利がそれを裏付けている。カレオも次のように言う。「国内的に見て、刺激と統制という包括的新経済政策は、望み通り働いたと思われる。1972年を通して、アメリカは、1966年以来最高の実質経済成長率（5.7％）、1967年以来最低の消費者物価上昇率（3.3％）を記録した。12月までに失業率は5.1％に低下したのである[*13]」。

　まずこうした景気回復局面の基礎的過程に、1969年以来71年にかけて低下傾向にあった固定資本とりわけ生産者耐久設備投資が、71年以降増加し始めた事実を指摘できるだろう。生産者耐久設備投資は、1971年から72年にかけて663億ドルから743億ドルへと12.1％の増加率を示した。同じ時期、建造物投資が417億ドルから425億ドルへとわずか1.9％の増加率であった事実と比較すると興味深い[*14]。というのは、建造物投資に比較して生産者設備投資への投資は、はるかに労働節約的であり、それゆえ労働生産性の急上昇が期待されるからだ[*15]。事実、1972年における非農業部門の労働生産性変化率は、前年の3.1％から3.7％に上昇した。労働賃金変化率は、前年の6.7％から6.5％へと減少した。単位労働コスト変化率も、前年の3.5％から2.8％に減少した[*16]。したがって、利潤を上昇させ資本分配率を上昇させたとしても、この時期の物価上昇率は鈍化することになったのだ。これを以下で説明すると次のようになる。

　まず（4.1）式をpについて解いてみよう。

$$p = \frac{w}{\left(\frac{Y}{L}\right)\left(1 - \frac{\Pi}{Y}\right)} \quad (4.3)$$

　この（4.3）式は、物価水準（p）は、名目賃金率（w）、労働生産性$\left(\frac{Y}{L}\right)$、資本分配率$\left(\frac{\Pi}{Y}\right)$によって決定されることを示している。1972年の場合、ニクソ

ンの賃金統制によって名目賃金率が抑えられ、労働生産性は上昇したので、資本分配率が上昇しても物価の急上昇につながることはなかったのである。すなわち、ニクソンの賃金・物価統制策は、賃金上昇率を極力抑え、企業の設備投資の積極化を図りながら労働生産性を高め、利潤を確保し資本分配率を高める政策であって、「労使のアコード」を基軸に政策が展開した戦後ニューディール体制の崩壊を前提にしないと理解できない政策であった。しかもニクソン政権は、それを金融緩和と積極的な財政支出政策によって支えたのだ。まさにこれも、金ドル交換によって縛られた戦後ニューディール体制におけるケインズ的国際金融システムをなげうった政策展開によって可能となったのだ。その結果、1971年の連邦財政赤字は230億3300万ドル、72年の赤字は233億7300万ドルを記録したのだった。[*17]

スタグフレーション（1973年～75年）

ニクソン政権の賃金・物価統制のフェーズⅢは、1973年1月11日から8月11日まで、また、引き続くフェーズⅣは、73年8月12日から74年3月31日までだった。この時期は、1972年における賃金・物価統制下での金融緩和と財政出動による景気浮揚策が73年1月に物価統制解除後のインフレーションを一気に噴出させた時期だった。アメリカ消費者物価指数（年率）は、1972年第4四半期から73年第1四半期にかけて3.9％から6.2％に上昇した。そして、第2四半期までにそれは8.6％になり、第4四半期には9.8％となった。

連邦準備制度理事会は、そうした事態に1973年春から金融引き締めに乗り出し、夏までに連邦準備銀行の再割引率引き上げをはじめ各種金利の高騰が引き起こされた。また、インフレ抑制を目的とする連邦財政支出の削減が開始された。だが、こうした金融・財政引き締め政策にもかかわらず、アメリカ経済は空前のインフレーションに襲われたのだ。それはいったいなぜだったのか。

まず、1972年の景気の回復過程で増加し始めた固定資本投資、とりわけ生産者耐久設備投資の増加傾向が1973年に引き続き74年中頃まで継続した事実が特筆される。建造物投資は、1974年には減少し始めるのだが、インフレ傾向さなかの耐久設備投資の増加傾向に注目しよう。すなわち、設備投資を主導とする

本格的景気高揚がまさに始まらんとする73年1月に、賃金・物価の統制がはずされたのであり、景気高揚から引き起こされた労働市場の逼迫(ひっぱく)状況が賃金上昇率を高めた。

　労働賃金変化率は、1972年に6.5％だったが、73年になると7.8％に上昇した。民間労働力失業率も1972年の5.6％から4.9％に減少し、労働市場の逼迫は現実のものとなったのである。*18 もちろんこうした労働市場の逼迫から引き起こされる労働賃金の上昇があったとしても、それを相殺する労働生産性の上昇があればインフレにはならないであろう。(4.3)式をみれば明らかなように、資本分配率を無視すれば物価水準は、名目賃金率を労働生産性で割った値をとるからだ。だが、1973年の労働産性変化率は、前年の3.7％から1.7％へ鈍化したのだ。*19 労働生産性の停滞は、労働節約的設備投資の増加傾向にもかかわらずそれを超える就業労働者の絶対的激増にその要因があり、1972年から73年にかけての311万5000人に上る賃金労働者の増加がそれを表している。*20 300万人以上の就業労働者数の増加は、1965～66年以来のことである。しかも、景気高揚に伴う労働市場の逼迫とともに労働者の戦闘性も高まり、ストライキも活発になった。*21 製品1単位当たりの労働コスト、すなわち単位労働コスト変化率は、1973年に前年の2.8％から6.0％に上昇し、賃金統制による資本分配率の高まりも、徐々に労働分配率に押され減少し始めることになるのであった。*22

　こうして、賃金・物価統制の解除に伴うフェーズⅢ・Ⅳにおける景気高揚の継続は、アメリカ経済に賃金上昇・労働生産性低下によるコスト・プッシュ・インフレの様相をもたらし始めた。そのインフレ傾向に追い打ちをかけたのが、第四次中東戦争をきっかけに1973年12月に引き起こされた石油輸出国機構（OPEC）の石油禁輸・石油価格4倍化政策の実施だった。

　設備投資の増加は、インフレ傾向の中で継続していたが、1974年を迎え、労働生産性がマイナスとなる事態が起こった。就業労働者数は、前年と比較し147万5000人の増加を記録したが、工業生産高が前年と比較し減少し始めていたのであり、労働生産性変化率は、前年に比較して−3.1％となった。一方、労働市場の逼迫は続いていたから、労働賃金変化率は前年に比較して9.1％の上昇となった。したがって、当然のことながら、単位労働コスト変化率は2桁の12.7％もの上昇を示し、その上昇率を超える物価の上昇ではじめて利潤圧縮

は回避可能であった。[*23]

　利潤圧縮が最も深刻に展開したのは、1974年だった。そして、前年1973年の賃金プッシュに追い打ちをかけるように展開したのが、石油価格急騰によって引き起こされた原材料・中間財製品価格の急騰だった。若干の物価指数（1967年＝100）をここで披露すれば、燃料価格は、1973年に164.5を記録したが、74年には219.4になり33.5％の上昇、製造業用材料部品価格は、1973年127.7であったが、27.0％上昇して74年には、162.2を記録している。[*24]もちろん、1970年代になり、72年から73年にかけて、世界異常気象が原因の農産物の不作からくる穀物価格の急騰が世界の物価上昇傾向に影響を与えたことは否定できない。だが、1973年末から74年にかけて引き起こされた石油価格高騰は、それを超えるきわめて大きい影響を与えたといえるだろう。

　1974年の急激な利潤圧縮が企業の期待利潤率の低下につながり、設備投資とりわけ生産者耐久設備投資を急減させたことはいうまでもない。アメリカ経済は、1974年中頃以降、明確に恐慌過程に突入していったのだ。だが、この恐慌が従来の恐慌とその現れ方を異にしたのは、その過程で急激なインフレーションが出現したからだった。すなわち、単位労働コストの上昇は賃金コストの上昇につながり、資本分配率を急減させ、利潤は減少した。だが、前年に比較して労働生産性は急激に低下したのであり、さらに原材料・中間財の価格急騰という費用条件が、利潤圧縮の下で価格水準の急騰を生み出した要因だった。物価水準（p）、実質利潤（Π）、実質製品販売高（Z）、原料・中間財価格水準（p_m）、実質原料・中間財高（m）、名目賃金率（w）、雇用労働量（L）とすると、次の式が成立する。

$$pZ = p_m m + wL + p\Pi \quad (4.4)$$

(4.4) 式を p について解くと、

$$p = \frac{\dfrac{p_m m}{L} + w}{\left(\dfrac{Z}{L}\right)\left(1 - \dfrac{\Pi}{Z}\right)} \quad (4.5)$$

1974〜75年恐慌の場合、単位労働量当たりの原料・中間財額$\left(\frac{p_m m}{L}\right)$と名目賃金率（$w$）の急上昇があり、販売不振から実質製品販売高（$Z$）が下落し、労働生産性$\left(\frac{Z}{L}\right)$は激減した。また、実質利潤（$\Pi$）と実質製品販売高（$Z$）は、恐慌過程で共に下落するから、売上利益率$\left(\frac{\Pi}{Z}\right)$が維持されても、物価水準（$p$）は上昇するのである。利潤減少・投資減退・労働者解雇を基軸とする恐慌過程と物価水準の上昇が同時進行するスタグフレーションは、かくして生み出される。

ここで注目されるべきは、このインフレーションは、積極的財政支出・金融緩和政策によってつくりだされたのではないという事実である。1974年6月で終了する1974年連邦財政収支は、たかだか46億8800万ドルの赤字であり、71年以降の連邦財政赤字からするとまさに桁違いに少ないのである。しかも金融政策は、1974年末までニューヨーク連邦準備銀行再割引率は、8％に張り付いたままだった。まさしくマクロ政策的には、インフレ抑制という社会的公正を装う看板を掲げてはいるのだが、実際にやることは、経済恐慌の促進であり、失業を創出することで賃金プッシュの圧力を殺ぎ、少数の労働者で産出量を上げることにより労働生産性の増加を実現し、単位労働コストの削減と賃金コストの減少を図ることを意図したものであった。すなわち、この時期の金融・財政引き締め政策は、資本分配率の上昇、利潤の上昇を政策的につくり出すことだった。

この政策意図は、1974〜75年にかけてのそれらに関するいくつかのマクロデータの変化をみれば明らかだ。失業率は、5.6％から8.5％に上昇、就業労働者数は8593万5000人から8478万3000人へと115万2000人の減少である[25]。労働賃金変化率は、前年の9.1％の上昇からさらに9.9％に上昇しているが、労働生産性変化率は、−3.1％から1.9％に増加している。単位労働コスト変化率は、前年の12.7％の上昇から7.9％の上昇に鈍化させている[26]。資本分配率（非金融業利潤／GNP）は、9.9％から11.4％になり、75年には、72年の水準に回復したのである[27]。

しかし、恐慌の過程は、購買力の低下、販売量の低下を生み出し、失業を構造化させ、資本分配率の上昇を実現したとはいっても、資本蓄積にとって積極

的な意味で資本分配率が改善したわけではない。1975年5月には、失業率は9％に上昇し、1930年代の再来を予想させる事態ともなった。[28]

かくして、フォード政権は、従来から経済恐慌期に採用されてきた金融緩和と刺激的財政政策に転じることになった。1974年末まで8％に張り付いていた連邦準備銀行再割引率を段階的に引き下げ、76年11月には5.25％の水準まで低下させた。財政政策は、1975年5月1日、議会は史上最大の減税法を通過させ、228億ドルもの金額を経済に投入した。経済恐慌による失業保険の支払いは、75年第1四半期から第2四半期にかけて85億ドルから181億ドルへと上昇し、連邦財政赤字は空前の数値を示すにいたった。[29] 1975年451億8800万ドル、76年664億3400万ドルの赤字がその実態を如実に示している。[30]

3　金融引き締め政策とレーガン恐慌

インフレ激化と利潤圧縮（1976年～80年）

インフレ（物価上昇）[31]は、いかなる事情で起こるのか。いうまでもなく、現実資本市場での活発な取引、需要増加が物価上昇を引き起こす。あるいは、1957年恐慌の時に典型的に現れたように、寡占企業が製品供給量を抑えることで価格が上昇することもある。いずれにしても、製品市場での需要供給が物価を決定するのである。しかし、19世紀のマルクスの時代から今日まで、リカードに典型的に見られる通貨学派的考えによれば、マネー・サプライ（貨幣供給量）の増加が、商品価格の上昇を引き起こし、マネー・サプライは、中央銀行、すなわちアメリカの場合、連邦準備銀行が設定するハイパワード・マネー（ベースマネーともいう）量が、銀行の預金準備率の違いによって変化する貨幣乗数の働きでマネー・サプライを決定するから、ハイパワード・マネーをコントロールすれば、物価をコントロールできるという考えが主流となってきた。

しかし、現実は、上記のように、商品市場での需要供給の関係からマネー・サプライが決定され、そのマネー・サプライが連邦準備銀行の供給するハイパ

ワード・マネーを決定するのである。常識的に考えても、連邦準備銀行がハイパワード・マネーを商業銀行に設定したとしても、それが預金準備率の違いから決定される貨幣乗数によってマネー・サプライになるという保証はどこにもない。マネー・サプライは、商品市場での需要供給によって決定されるのであり、需要が多ければ、商品価格が上昇し、商品取引量も多くなり、貨幣の流通速度が、より多くの貨幣が必要ないというレベルにまで上昇しない限り、マネー・サプライは上昇するだろう。こうして買い手の貨幣需要が、商業銀行にもたらされ、商業銀行が、その買い手の需要に素直に応じれば、マネー・サプライは上昇し、そのマネー・サプライに応じてハイパワード・マネー量が決定されるということになるだろう。もし、商業銀行が素直に応じないとなると、金利が上昇することになり、取引上それが不都合であれば、買い手は買い控えるだろうから、商品価格が上昇することはなく、マネー・サプライも上昇はしないだろう。いずれにしても、マネー・サプライを決定するのは、実体経済側にあるのだ。

　1970年代後半のインフレは、どのような事情で生み出されたのであろうか。1970年代後半の景気高揚は、生産者用耐久設備投資が先行し、それに生産者用建造物投資が本格化する形で創り出されていった。そしてさらにアメリカ企業は、景気上昇にともないながら、内部資金に対して外部資金に依存する傾向を強めた。1975年のアメリカの非金融会社の資金調達における外部資金依存率は、経済恐慌により、25.3％まで落ち込んだが、それ以降上昇し、78年には、38.9％まで上昇した。しかもこの77年、78年は設備投資の本格的展開期であり、短期資本の調達とともに長期資本に依存する割合もかなりの規模となった。アメリカ企業は、主として債券を大々的に発行することで大量の長期資本を確保することができ、1970年代後半に前回景気循環を上回る本格的設備投資が可能となったのである。[*32] 物価水準と比較して金利水準も割と低く、長期資本調達に企業が積極的になれる条件もそろっていた。

　これはいうまでもなく、連邦準備銀行の金融政策が大きく関わっていたといえるだろう。というのは、この時期の連邦準備銀行の行動について、ジェームズ・ピアスが、1976年下院の銀行委員会において、次のような証言をしているからだ。「歴史的に、連邦準備銀行は、他の中央銀行と同様に、利子率とりわ

け短期のそれの安定をめざしてきました。利子率の安定をめざすという連邦準備銀行の行動は、とくに貨幣ストック（マネー・サプライ）成長の循環的運動を生み出すことになったのです。つまり、マネー・サプライは、経済拡張期により一層増加し、リセッションの時にはそれが緩慢化するということです。その理由は簡単です。経済が急激に拡張するときには、信用需要も拡張し、利子率を上昇させる圧力になります。連邦準備銀行は、公開市場操作を通じて銀行準備（ハイパワード・マネー）の増加をはかり、利子率上昇を抑えようとします。この銀行準備（ハイパワード・マネー）の増加が貨幣ストック（マネー・サプライ）の拡張につながり、経済拡張をもたらすというわけです」[*33]。

すなわち、短期利子率の安定を目標とする連邦準備銀行の公開市場操作が、景気上昇期にハイパワード・マネーを増加させ、利子率を抑え、景気過熱に拍車をかけることになったことを指摘している。このピアスには、マネタリスト的考えがあり、ハイパワード・マネーの増加がマネー・サプライの拡張につながったと説明しているが、これは正確な表現ではない。正確に表現すれば、ハイパワード・マネーの増加が、民間銀行に信用需要に応じる貨幣資本供給を可能とし、それが利子率上昇を抑え、経済拡張がもたらされるというべきなのだ。あくまでも経済拡張があって、マネー・サプライの増加が引き起こされるという点が重要だ。ハイパワード・マネーの増加が即マネー・サプライの増加になるのではない。あくまでも、実体経済の拡張による信用需要の増加が、マネー・サプライの増加につながるという論理を忘れてはならない。インフレーションが継続する→貯蓄が減退するなかで貨幣資本需要が増大する→商業銀行が需要に合わせて貨幣資本を供給しなければ、利子率が上昇する→連邦準備銀行が買いオペレーションにより、ハイパワード・マネーを商業銀行に供給する→商業銀行は、実体経済の拡張による貨幣資本需要に応えて貨幣資本を供給する→貨幣資本需要者が信用による購入を増加させ、取引商品額の増大によりマネー・サプライが増加し、利子率も抑えられる、ということになる。

非金融会社の利潤額を検討すると、1970年代後半において、税引き後利潤は、いずれも年率10％を超える上昇率を示している。これは、1970年代後半の景気高揚期に、アメリカ企業が順調に利潤をあげ十分な資本蓄積を果たしている姿といえるだろう。しかしながら、アメリカ企業の利潤は、79年に横這い、80年

からは下降線をたどっていることは注目しなければならない。すなわち、この時期に利潤圧縮が起こっているのだ。この利潤圧縮はいかなる要因によって引き起こされているのだろうか。

その第一の要因は、労働賃金率の上昇だった。非農業部門の特別給付・社会保険料などを含む時間当たりの報酬を検討すると、1978年には、8.9％の上昇だったが、79年には9.5％の上昇、80年にはさらに10.7％もの上昇を示したのだ。しかもそうした状況下で、非農業部門の労働時間当たりの産出量、すなわち労働生産性変化率は、1979年に－1.4％、80年にもその79年の労働生産性変化率をさらに0.9％下回る－2.3％を記録した。[*34]

第二は、1979年から80年にかけて引き起こされた輸入原油価格の上昇である。この価格は、1978年から80年中頃にかけて2倍以上、1バレル当たり30ドルを突破したのである。原油価格の高騰が石油製品価格の上昇を招いたことは当然であったし、その他諸製品価格の上昇にも影響し、企業にとってのコスト上昇につながったといえるだろう。[*35]

そして第三が、1979年から80年にかけての金利の上昇である。主要銀行による短期貸付の基準的金利であるプライム・レートの動向は、1978年には9％台であったが、79年には12％台に上昇し、80年4月には一時ではあるが20％台に達したのだ。[*36]

もちろんこうした、賃金、原材料、金利などのコストは、79年から80年にかけて初めて上昇し始めたわけでは決してない。1974年8月のニクソン大統領辞任の後を受けたフォード政権は、1975年中頃の恐慌真っただ中で積極的な財政政策に転じたし、連邦準備銀行の政策も金融緩和に転じていた。賃金、原材料、金利の上昇は、企業のコスト高につながったが、それを価格に転嫁し、売上利益率を維持するという寡占企業の経営戦略によって、企業利潤率は、78年までは上昇を保ったのだった。

物価水準（p）、実質製品販売量（Z）、原料・中間財価格水準（p_m）、実質原料・中間財量（m）、名目賃金率（w）、雇用労働量（L）、借入金利（i_B）、借入額（B）、実質利潤（Π）とすれば、次式が成り立つ。

$$pZ = p_m m + wL + i_B B + p\Pi \quad (4.6)$$

(4.6) 式を物価水準（p）で解くと次の式が成り立つ。

$$p = \frac{\left(\dfrac{p_m m}{L}\right) + w + \left(\dfrac{i_B B}{L}\right)}{\left(\dfrac{Z}{L}\right)\left(1 - \dfrac{\Pi}{Z}\right)} \quad (4.7)$$

1970年代後半の物価上昇は、原材料中間財の価格上昇、賃金上昇、借入コストの上昇があり、労働生産性の鈍化、売上利益率の確保によって、引き起こされたことが、(4.7) 式から理解できるだろう。商業銀行は、この資本の運動を積極的に支えたから、マネー・サプライは上昇し、連邦準備銀行は、ハイパワード・マネーを商業銀行に供給した。これを式で表せば次のようになるだろう。

$$M = \frac{pQ}{V} \rightarrow \frac{\Delta M}{M} = \frac{\Delta p}{p} + \frac{\Delta Q}{Q} - \frac{\Delta V}{V} \quad (4.8)$$

$$H = \left(\frac{1}{h_m}\right) M \quad h_m > 1 \quad (4.9)$$

(4.8) 式は、物価水準（p）と製品販売量（Q）が増加し、貨幣の流通速度（V）がその増大率の和より小さい比率でしか上昇しないとすると、マネー・サプライ（M）は増加することを示している。そして、(4.9) 式が示していることは、増大したマネー・サプライ（M）に貨幣乗数の逆数$\dfrac{1}{h_m}$をかけたハイパワード・マネー（H）が連邦準備銀行から供給されるということである。

すなわち、企業はコスト上昇を価格に上乗せし、販売量もその上昇を相殺しない程度に維持されれば、製品販売額を以前と同様か、またそれ以上確保できるだろう。製品価格上昇による利潤の確保が可能になるのである。しかし、この製品価格上昇による利潤圧縮逃れというやり方では解決のつかないコスト上の問題が厳然と存在した。その第一が、名目利潤額の上昇とともに増大する利潤税率の上昇であった。すなわち、企業の名目利潤額の増大は、当然にもその上昇した課税区分での限界税率の上昇に帰結するから、支払わなければならない税額は上昇する。この現象は、1977年、78年においても徐々に現れたが、非金融会社の利潤額を検討すると、79年から80年にかけてのその傾向は顕著である。1978年から79年にかけて税引き前利潤が1711億ドルから1980億ドルへと15.7％の上昇を示したのに対して、同時期、調整済み税引き後利潤は653億ド

第4章　新自由主義的システムの形成と経済危機

ルから664億ドルへとわずか1.7％の上昇しか示さなかったからである。さらに、1979年から80年にかけては、前者の11.1％の増加に対して、後者は、逆に18.5％の減少を示したのである。[*37]

　インフレ激化の下での利潤圧縮について看過できないもう一つの点は、減価償却引当金（depreciation allowance）減価問題だ。周知のように、減価償却引当金は既存の固定資本設備の更新を目的とした積立金だが、インフレ激化による更新投資費用（replacement cost）増大は、留保利潤に対する減価償却引当金比率の上昇を引き起こした。1976年において、非金融会社の内部資金に占める減価償却金比率は84.0％、79年においては、87.7％に上昇し、08年第1四半期では、実に97.6％に急増しているのである。[*38]すなわちそれは、留保利潤の縮減を意味し、新規投資のための蓄積基金不足を招来させた。

　インフレ激化による利潤圧縮が以上の諸要因によって引き起こされているとすれば、新たな投資を図るには外部資金の調達に頼らざるをえない。事実、1970年代後半のアメリカ企業は、外部資金依存率を高めたのであり、それは、75年の25.3％から79年には、41.9％に上昇したのである。しかし問題は、本格的固定設備投資に必要な資金である長期資金であり、全般的な金利上昇傾向での長期資本利率の上昇は、企業の長期資本調達のインセンティブを殺ぐことになった。さて以上、企業の利潤圧縮、減価償却基金の減価、そして長期資本の金利上昇は、1979，80年のインフレ激化のただなかにあって、景気上昇の鍵を握る固定資本投資の停滞を引き起こした。1979年では、非住宅・住宅双方合わせた実質固定資本投資は、前年に比較して2.2％の増加にすぎず、80年は、第2四半期の落ち込みが激しく、通年で7.5％の減少となった。[*39]

　ここで、アメリカ企業に急激な固定資本投資の落ち込みが引き起こされた事実を投資理論から説明すれば、資本資産の需要価格が、企業の急速な外部資金依存と長期資本利率の上昇によって下落し、インフレで上昇を続ける更新投資費用である資本資産の供給価格を下回ってしまったことにあるといえるだろう。もちろん、インフレは、見込み投資収益を増加するという効果もあるから、資本資産の需要価格を押し上げることは事実だが、金利負担の急増による企業利潤の「安全性のゆとり幅」が縮減すれば、資本資産の需要価格は急減し、供給価格がそれを上回ってしまえば、固定資本投資は行われることはない。なぜな

ら、資本資産の需要価格とは、固定資本を投資する企業家が、そこまでの価格ならば、購入して設備を設置するという上限価格を意味し、資本資産の供給価格とは、固定設備のメーカーがこれ以下では売らないとする下限の価格だからである。設備投

表4-7 非金融会社の流動比率

年	現金および政府証券 (a)	流動負債 (b)	流動比率 $\frac{(a)}{(b)} \times 100$
1975	101.1	451.6	22.4 %
1976	110.9	492.7	22.5
1977	115.4	557.1	20.7
1978	122.7	669.5	18.3
1979	134.7	807.5	16.7
1980	145.6	889.3	16.4
1981	149.2	976.3	15.3
1982	170.8	986.0	17.3
1983	202.8	1,059.6	19.1
1984	209.8	1,163.3	18.0

〔注〕 単位は10億ドル、％。
〔出典〕 *Federal Reserve Bulletin* 各号より作成。

資が順調に行われるには、需要価格が供給価格を上回っていなければならない。それが逆転すれば、固定資本投資は、中止されざるを得ないわけだ。1980年のアメリカにそれが起こったことは注目されてよい。[40]

だがまさに、そうした長期資本の調達によって本格的な固定資本投資が減少しつつあるときに、アメリカ経済は、投機が投機をよぶ熱狂的な景気高揚の最終局面に入り込んでいった。それを引き起こしたのは、アメリカ企業による短期資本の大量の借入であった。インフレ激化が資本資産の供給価格を上昇させ、長期負債の増大と金利上昇が、資本資産の需要価格を押し下げ、固定資本投資を抑制したことは既述の通りなのだが、アメリカ企業は、景気高揚の最終局面を迎え、短期借入資本による大々的な投機行動に走ることになった。すなわち、インフレ期待は商品市場における投機現象となり、金・銀などの貴金属のみならず、銅・アルミニウム、その他の基礎的諸金属まで投機の対象となった。かつてケインズが、次のように言ったことはあまりにも有名である。「投機家は、企業の着実な流れに浮かぶ泡沫としてならば、なんの害も与えないであろう。しかし、企業が投機の渦巻きのなかの泡沫となると、事態は重大である。一国の資本発展が賭博場の活動の副産物となった場合には、仕事はうまくいきそう

ない」。[*41]

　インフレ、高金利、短期借入金による投機的利益の追求、それらは、アメリカ企業の資産・負債構成にきわめて大きな変化をもたらさざるを得なかった。
　表４－７によって、非金融会社の流動比率をみてみよう。いうまでもなく、この流動比率とは、現金および政府証券を内実とする流動資産を流動負債、すなわち、短期負債で除した企業の支払い能力をあらわしたものだ。この表を見ると、アメリカ非金融会社の流動比率は、1976年から81年まで、一貫して低下を続けていることがわかる。1981年には実に15.3％もの低率になった。1979年から80年にかけてのアメリカ企業の利潤圧縮の事実は既述のとおりであり、この時期のアメリカ企業は支払い能力の点で危機的状況にあったことがわかる。まさしくこの時期、その債務不履行危機をかろうじて回避し、救っていたものこそ利子率の上昇と同時に展開された物価上昇、インフレーションにほかならなかった。名目利子率をインフレ率が上回れば、企業にとっての実質利子率はマイナスであり、債務不履行はすなわち破産という事態はかろうじて防げるからだ。インフレはまさに債務不履行危機を回避させている。これが、カーター政権の経済政策担当者たちの考えであって、インフレ容認論が、かれらの基本的政策であった。カーター政権のケインジアンたちは、フィスカル・ドラッグ（fiscal drag）が経済の拡大を阻止していると考え、より一層の財政支出政策が必要とする。すなわち彼らは、インフレーションによる課税区分の自動的上昇（bracket creep）が税収を上昇させ、消費者から購買力を吸い上げ、需要不足を招来していると考えた。これがフィスカル・ドラッグの意味するところだが、だから、経済を拡大するためには、政府による財政支出が必要であると説く。フィスカル・ドラッグ論に基づくカーター政権の経済政策担当者たちは、政権を樹立した1977年、その２月、異例の第３回目の予算決議を提起する。そして、共和党の予算決議に対する反対を退け、９月末に終わる1977会計年度の財政支出を12.2％も増大させ、インフレーション激化の下地を形成していった。
　1980年は大統領選挙の年だった。この年のアメリカ経済の動きは、カーター政権の経済政策担当者たちの直面した困難をよく示している。インフレは、債務不履行危機を回避させてはいるものの、既述のように、長期固定資本投資の下落を招く要因となり、アメリカ経済の実体経済の落ち込みは、疑いようはな

かった。カーター大統領は、政権の経済政策担当者のアドバイスを受け、3月14日に「広範なインフレ抑制計画」を発表し、連邦準備銀行もインフレ抑制のため、いままでの金融緩和政策から急激な引き締め政策に転換した。しかし、この転換によって、金利が急騰し、アメリカ経済は、1980年第2四半期から中頃にかけて、鋭い景気の落ち込みを経験する。金利の急騰によって、実質金利が企業に重くのしかかることによる実体経済の落ち込みであり、それに伴って、マネー・サプライ は、第2四半期に4.4%の減少を記録した。

このあまりに急激な落ち込みに経済政策担当者たちは、すぐさま再び金融緩和・財政支出の従来のカーター政権の政策に逆戻り、金利の低下とインフレ高進によって、再びマネー・サプライは、11.5%の増加、1980年(暦年)の財政赤字額は、前年の161億ドルをはるかにしのぐ612億ドルとなった。1980年末には再びインフレ激化、高金利の状況に戻ったのである。

レーガン政権の経済政策と経済危機（1981〜82年）

ニクソン政権の経済政策が「インフレ退治」という社会的公正を装い、経済を軟化させ、失業を増加させ労働分配率に対して資本分配率を高め、企業利潤率を回復させるという「隠れ蓑」だった事実については既述のとおりである。インフレ対策の真の狙いは、景気を抑制し、失業をつくりだし、逼迫したタイトな労働市場を軟化させ、労働賃金上昇の力を殺ぎ、企業に高い利潤率を実現することであった。レーガン政権の経済政策も基本的には、そのニクソン共和党政策の踏襲であったが、それに付け加えてもう一つ、インフレを退治して、金融機関の収益率を回復させることが狙いだった。既述のように、アメリカ商業銀行は、1970年代のインフレ期には、国内商工業金融貸付比率は激減し、多国籍銀行化を通じた途上国貸付が激増した。アメリカ商業銀行にとっては、カーター政権によるインフレ高進は、アメリカ国内における銀行収益率の縮小を引き起こし、デフレ政策への大転換を必要としていたといえるだろう。

レーガン政権の「インフレ退治」は、レーガン大統領が採用した伝統的マネタリズムによって行われた。マネタリストのニュートンによれば、事態は次のように行われたというのだ。レーガン大統領は、インフレ抑制のため貨幣供給

成長率（$\frac{\Delta M}{M}$）の縮減を、1981年4月、連邦準備制度理事会議長ポール・ヴォルカーに直接要請した。「君は、わが国の貨幣供給を管理する気があるのか」と問いただしたというのである。そこで、連邦準備制度理事会は本格的に貨幣供給量の統制に乗り出し、4月末から10月にかけて貨幣供給量（$M_1 - B$）の伸びが全く停止するという急激な引き締め政策となった。その結果は、アメリカ経済におけるインフレーションの抑制であった[*42]、というのが、マネタリストであるニュートンの主張だが、これを事態に即してより詳しく述べれば次のようになるだろう。

　まず後にも明らかになるのだが、連邦準備銀行は、ニュートンの主張のように貨幣供給量を統制することはできないのである。連邦準備銀行は確かに、ハイパワード・マネーの供給を通じて、商業銀行の準備金に影響を与えることはできる。したがって、レーガン大統領の要請を受けた、ヴォルカー議長は、ハイパワード・マネーを通じて、金融引き締めに転じたというのが第一段階である。つまり、(4.8) 式（257ページ）をみればわかるように、インフレ高進の時というのは、物価の上昇と製品販売量の拡大が貨幣の流通速度の上昇によって相殺されない限り（$\frac{\Delta P}{P} + \frac{\Delta Q}{Q} - \frac{\Delta V}{V} > 0$）、貨幣供給量変化率（$\frac{\Delta M}{M}$）は増大する。連邦準備銀行は、(4.9) 式（同前）にあるように貨幣供給量の増大に合わせて、ハイパワード・マネー（H）を供給する、したがって、利子率は、急騰することなく、物価上昇率を下回れば、企業の実質金利は上昇せず、資本蓄積が継続するというのがカーター政権期の状況だった。しかし、レーガン政権の登場後、貨幣供給量の増大にもかかわらず、それに合わせて連邦準備銀行は、ハイパワード・マネーを商業銀行に供給しなかったのだ。その結果、金融市場では、貸付資本の需給関係が逆転し、金利が急騰した。この事態は、図4－3に明確に現れている。つまり、1981年初頭から下がり気味だったプライム・レートが同年半ば以降急騰している。すなわち、このハイパワード・マネーを縮減することによる金融逼迫で、短期利子率プライム・レートが、一時20％を突破する事態となり、物価上昇率との逆転関係をつくりだした。上昇する実質利子率の負担がアメリカ企業に重くのしかかることになった。もちろん、

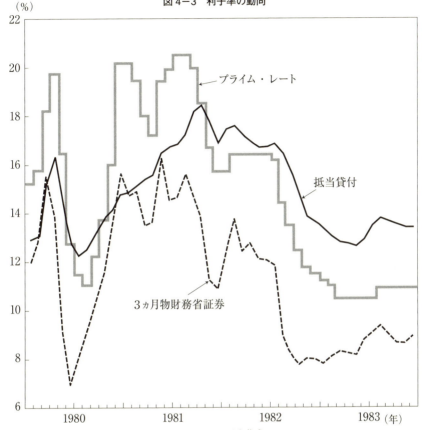

図4-3 利子率の動向

〔出典〕 *Survey of Current Business*, January 1984, p.6 より作成。

企業が銀行からの借入から自由であれば、その影響は皆無だろう。しかし、既述のようにこの時期のアメリカ企業は、短期借入金への過度な依存状況をつくりだしていた。企業の支払い能力を示す流動性比率は、低下の一途をたどった。1981年の非金融企業の流動比率は、わずか15.3％にしか過ぎない。上昇する実質金利の負担がその状況の中でいかに重くのしかかるかは一目瞭然だ。アメリカ経済は、1980年においては、インフレ激化、税額の上昇、減価償却積立金の上昇などから利潤率の落ち込みを経験しつつあったが、利子率と物価上昇率の逆転によって、危機は一挙に現実化した。企業倒産の続出、製造業設備稼働率

第4章 新自由主義的システムの形成と経済危機 263

の激減、失業の大量出現、賃金カットと凍結、こうして、物価の沈静化と製品販売高の激減は、貨幣供給量（M_1-B）の伸びを全く停止させるという事態を出現させたのだった。

　商工業倒産件数は、1980年、すでに１万1742件あったが、81年になるとそれは１万6794件となり、さらに1982年では、一気に２万4908件となった。さらにその破産流動負債額は、1980年46億3500万ドル、81年69億5500万ドルとなり、82年には一気に156億1100万ドルとなった。[*43] 製造業設備稼働率は、1981年中頃から82年末にかけて急激に低下した。1982年に全産業の最低設備稼働率は69.5％であり、非耐久財製造業部門に比べて耐久財製造業部門の稼働率が顕著であった。とりわけ、鉄鋼業と自動車産業の稼働率は、それぞれ37.6％、36.6％であり、他産業に比べて格段に低い数値だった。[*44]

　こうして、工場閉鎖、製造業設備稼働率の低下は、失業の大量出現、賃金カット、そして凍結という事態を生み出した。失業者数は、政府統計によれば、1980年の763万7000人が、81年には827万3000人、82年には1067万8000人、83年には1071万7000人となった。[*45] この経済恐慌において戦後初めて1000万人台の失業者を生み出した。自動車、鉄鋼はじめ多くの産業で、1979年最盛期から比較すると、その３分の１以上の労働者が解雇された。[*46]

　さて、以上のレーガン政権の金融引き締め政策と高金利状況から展開したアメリカの経済恐慌は、多くの開発途上国に思わぬ影響を与えた。金融引き締め政策が、対外債務累積国に膨大な金利負担をかけることになったからである。すでに、1979年の第二次オイルショックにおいて、非産油途上国では、深刻な国際収支危機を経験し、それらはいずれもアメリカを中心とする巨大銀行資本からの借入によって賄っていた。しかしながら、この経済恐慌は、開発途上国からの輸出の停滞を引き起こし、対外累積債務国のいくつかでは、輸出額に比較して、利子支払いが50％にも到達するという事態になった。

　こうしたなか、メキシコ政府は、1982年８月20日、巨額な短期債務の返済期限に直面し、諸銀行への元金返済の停止を要請せざるをえなくなった。国際金融恐慌の発生である。引き続きブラジル、アルゼンチンが支払い不能に陥り、1983年春まで開発途上国貸付のほぼ３分の２までが、貸付銀行との間に債務繰り延べ協定を結ばざるを得ない事態となった。[*47]

こうした国際金融危機に、アメリカ経済政策担当者たちは、無関心でいることはできない。なぜなら、既述のように、国際銀行業の中心的存在であるアメリカ多国籍銀行がいずれもこれらへの主要な貸し手となっていたからだ。1973年のオイルショック以降、OPEC（石油輸出国機構）諸国のオイル・ダラー還流機構、世界的金融仲介機関の中軸として、ユーロダラー市場を舞台に、急成長したものこそ、アメリカ多国籍銀行だった。巨額な資本量を背景に、政府貸付あるいは開発金融として中南米を中心とする低開発諸国へ大々的に貸し付けていたのだ。

　こうして、1982年8月、メキシコの国際金融危機を引き金に、レーガン政権は、政権発足以来とり続けてきた金融引き締め政策を転換し、金融緩和政策へと乗り移り、ハイパワード・マネーの大幅増加が引き起こされた。金利は、1982年後半から急速に低下を始めた。レーガン政権は、発足当初の1981年に、「1981年経済復興税法」（Economic Recovery Tax Act of 1981）を制定し、大胆な減税政策を展開していた。個人所得税率は、初年度5％、続く2年でそれぞれ10％ずつの税率の引き下げが実現していた。この減税政策は、富裕者優遇税制の典型であり、最高の限界税率は、70％から50％に引き下げられた。企業減税については、加速度的償却制度（accelerated cost recovery sysytem）が採用され、償却期間の短縮と10％の投資税額控除が企図された。さらにレーガン政権は、当初からカーター政権末期を引き継ぐ国防ビルドアップによる連邦財政支出の増強路線をとった。レーガン政権は、「福祉関係支出」の削減を行い、「福祉国家」から「軍事国家」への転換を図った。福祉切り捨ての政策は、労働者の生活水準の低下につながり、低賃金で働く労働者の創出につながった。

　アメリカ経済は、1982年末から84年ににかけて、急速な回復過程に入っていった。

急速な景気回復の特徴——実質賃金の下落と経済の金融化

　レーガン政権の「インフレ退治」は、ニクソン政権以降の新自由主義的経済政策の一環であり、この期になると徹底した労働者攻撃が行われ、賃金が完全に抑え込まれることとなった。この経済恐慌による大量の失業者の創出は、マ

ルクスがかつて指摘したように、現役労働者の賃金を引き下げるのに大きな力となった。まさに、この産業予備軍効果がレーガン政権の経済政策によっていかんなく発揮された。しかも、この点で注目しなければならないのは、この効果は、循環を通して長期に発揮され、今日に至るまで、アメリカ経済における基本的傾向となっていることだ。

というのは、いうまでもなく賃金は、資本と労働の所得分配をめぐる競争関係で決定されるが、レーガン政権による労働組合攻撃、福祉切り捨て、そして大量の低生産性サービス労働の創出によって、景気高揚期においても失業コストは大きく、失業コストとトレード・オフ関係にある賃金上昇率が完璧に抑え込まれたからだ。失業コストは、次の式で表すことができる。

$$w^* = \frac{w - [ub + (1-u)w_n]}{y} \quad (4.10)$$

失業コスト（w^*）の算定は、現在の職の年間所得（w）から失業期間中受けられる社会福祉ベネフィット（ub）と失業後次の職から得られる年内の所得（$[1-u]w_n$）それぞれの期待値を差し引いた値を年間総所得（y）で除した値である。レーガン政権は、社会福祉ベネフィット（ub）を削減し、低賃金サービス労働の創出で失業後得られる年内の所得（$[1-u]w_n$）の期待値を低くし、労働者の失業コスト（w^*）を大きくしたから、それとトレード・オフ関係にある労働者の実質賃金が完全に抑え込まれることになったのだ。非農業企業セクターの賃金変化率を検討すると、1981年には前年比9.6％もの上昇であったが、年とともに上昇率の低下がみられ、83年初めから景気は急速に回復に向かったが、84年には4.1％の上昇、89年には3.3％の上昇となった。同じ統計を実質賃金率変化率でみれば、1981年に－0.7％、84年には－0.2％、89年には－1.4％となり、循環を通して賃金が抑え込まれていることが理解できる。[*48]しかも、1983年から84年の回復過程では、非農業企業セクターの労働生産性上昇が著しく、資本分配率の上昇が引き起こされたにもかかわらず、景気回復過程でも物価上昇率の鈍化が引き起こされるようになった。[*49]所得分配に関する（4.1）式（245ページ）をここでもう一度取り上げてみよう。

$pY = wL + p\Pi$であるから資本分配率は、$\frac{\Pi}{Y} = 1 - \left(\frac{w}{p}\right)\left(\frac{Y}{L}\right)^{-1}$で表すことが

できる。

実質賃金率 $\left(\dfrac{w}{p}\right)$ は低下し、労働生産性 $\left(\dfrac{Y}{L}\right)$ は上昇しているので、資本分配率 $\left(\dfrac{\Pi}{Y}\right)$ が上昇するのは、上式から容易に理解できる。さらに上式を p について解けば、次式が得られる。

$$p = \frac{w}{\left(\dfrac{Y}{L}\right)\left(1-\dfrac{\Pi}{Y}\right)}$$

ここで、貨幣賃金率（w）は抑制され、労働生産性 $\left(\dfrac{Y}{L}\right)$ は上昇するので、資本分配率 $\left(\dfrac{\Pi}{Y}\right)$ が上昇しても、価格水準はあまり上がることはないのである。

この景気回復過程での物価上昇率の鈍化という現象は、レーガン政権下における金利の高止まり現象と相まって、実質金利の上昇を生み出し、それは、産業企業にとっての大きなコスト上昇要因であるから、利潤圧縮の要因となり、企業の資本蓄積にはマイナスの要因となった。インフレ期には、実質金利の減少によって、商業銀行は、利潤率の下落を引き起こしていたが、物価安定化傾向の中で、今度は、商業銀行の利潤率は、回復傾向を示すことになった。

1980年代のアメリカ経済において、資本蓄積パターンの大きな変化が出現した。アメリカ企業の設備投資が、製造業から非製造業、しかも、商業・金融へとその中心を移動させている。企業の新規設備投資のマクロデータをみると、その傾向が定着したのは、経済危機後の1983年以降のことである。1983年において、製造業企業の設備投資額は1173億5000万ドル、非製造業、とりわけ商業その他企業の設備投資額は、1294億1000万ドルだった。その後、両部門の新規設備投資額の格差は開くばかりである。1989年、前者は1838億ドルだったが、後者は2292億8000万ドルに上昇した。[*50]

1980年から1989年にかけての産業別投資構成比率をみると、以上の傾向はより明確になる。金融・保険業、卸売・小売業、サービス業合わせて、1980年には、22.1％の産業別投資構成だったが、1989年にそれは49.5％に上昇した。それに対して、運輸・通信、公益事業、製造業の産業別投資構成の落ち込みは著しく、同じ時期、47.4％から34.5％へと鋭く落ち込んだ。[*51]

4　金融自由化と金融危機

1970・80年代の信用創造

　レーガン政権期にアメリカ経済は、産業構成において金融化が決定的となった。また、労働賃金の抑制が引き起こされ、1970年代のインフレが完全に抑え込まれた。戦後アメリカに成立していた戦後ニューディール体制がレーガン政権期において完全に破壊されたといっていいだろう。こうした事態はいかにして引き起こされたのだろうか。

　ここで是非とも指摘しなければならないのは、1970年代にアメリカ商業銀行は、発展途上国を中心に、ユーロダラー市場を通じて莫大な利益を上げたのだが、レーガン政権の登場とともに発展途上国の債務累積危機から莫大な損失を抱え、今度は、インフレが収まったアメリカ国内を基軸に強力な信用創造に基づく金融の資本蓄積を展開したということである。これが、1980年代においてアメリカ経済の産業構成が、金融・保険を基軸に編成替えされる根本的要因だったといっていいだろう。

　1970年代は、1971年8月15日の金とドルとの交換停止以降、アメリカ商業銀行の信用創造は、多国籍銀行が関与するユーロダラー市場を通じて世界的ドル散布となった。1944年ブレトンウッズ協定によって成立したIMF体制は、金1トロイ・オンス35ドルの交換レートを各国通貨当局とアメリカとの間で約束させ、それゆえアメリカ政府によって連邦準備銀行を通じての無制限なドル発行を抑制してきた。戦後ニューディール体制においては、世界の経常収支取引に必要なドルをアメリカが供給すればいいのであって、各国通貨当局に蓄積された過剰なドルは、各国通貨当局の金とドルとの交換によってアメリカに回収されてきた。

　しかし、金とドルとの交換が停止されて以降、経済危機脱却のための積極的財政支出による有効需要政策を、連邦準備制度理事会はハイパワード・マネー

の供給を軸とする金融緩和政策によって積極的にサポートした。したがって、こうした経済政策による物価と売上高の上昇は、マネーストック（貨幣供給量）の上昇に帰結したのだった。そして、アメリカ経済の供給能力の限界は、アメリカへの輸入の増大と物価の上昇を招来させ、商業銀行の収益率は急速に落ちた。なぜなら、1930年代ニューディール期以降の金融の規制は、要求払い預金（当座預金）の利子払いを禁止したし、定期預金の金利については、連邦準備制度理事会が上限を設定した。この金利規制は、連邦準備制度理事会規則Q項によるもので、レギュレーションQといわれた。

しかしながら、インフレの急伸は、規制の最も少ない市場性財務省証券の利回り（金利）をインフレにあわせて高騰させたのだが、商業銀行や貯蓄貸付組合などの金利には規制がかかっているから、インフレに合わせて金利を上げることができない。こうして、商業銀行や貯蓄貸付組合の預金が証券業界に流れるという現象が起こった。これを非仲介化（ディスインターミディエーション）というのだが、1970年代のアメリカ国内金融は、投資銀行の隆盛をもたらすと同時に、商業銀行の苦境が引き起こされた[*52]。

だから、アメリカ商業銀行は、変動相場制と国際資本取引の自由化に乗って1973～74年以降、ユーロダラー市場を中心に国際的貸付によって多額の利益を上げることを試みたのであり、こうしたことができたのも、金とドルとの交換停止によって、連邦準備銀行が、国際収支の制約にとらわれず、ハイパワード・マネーを商業銀行に供給し、アメリカ商業銀行は、信用創造を国際的に拡大することができるようになったからだ。金とドルとの交換が制度として存在しているころは、いわゆる「ドル防衛」の観点から、アメリカ商業銀行の国際貸付には、1965年以降、金利平衡税がかけられ、自主的対外貸付規制によって、国際貸付にも制約がかけられたのだった[*53]。

1980年代は、レーガン政権のインフレ抑制によって、アメリカ商業銀行が国内において息を吹き返す時だった。とりわけ、1970年代のユーロダラー市場を通じた途上国諸国への多額のドル貸付が不良債権化し、多額の貸し倒れが発生した。レーガン政権は、金融制度改革を徹底し、金利の自由化と金融業の業態規制を撤廃した[*54]。こうした金融制度改革は、金融機関同士の競争を一層激しいものとした。アメリカ商業銀行は、途上国貸付に代わる新たな貸付先をアメリ

第4章　新自由主義的システムの形成と経済危機　269

カ国内に求めなければならなかった。消費者信用と不動産担保貸付が1980年代商業銀行の２大貸付分野だった。1983年から1990年にかけて、消費者信用残高は、２億2460万ドルから４億280万ドルへと79.3％の上昇、不動産担保貸付もやはり同時期、３億3680万ドルから８億2930万ドルへと146.2％もの上昇を示した。それに対して、商業銀行の本来の中軸的役割を果たしてきた商業および工業貸付は、同時期５億2490万ドルから６億1530万ドルへと17.2％の上昇にしか過ぎなかった。さらに、1983年から1990年にかけての商業銀行貸付純上昇額7871億ドル中、不動産担保貸付および消費者信用は、実にその85.2％を占めたのであり、商業および工業貸付はその11.5％にしか過ぎなかった。またこうした傾向は、金融自由化によって商業的不動産貸付に大々的拡大を認められた貯蓄貸付組合も同様だった。

1983年以降のアメリカ経済では、小売・卸売業、サービス産業の展開とともに、消費者信用が活発となり、その内需にアメリカ産業は対応しきれず、外国からの大量の商品輸入となり、アメリカの債務国化を伴いながら世界経済に莫大な有効需要を注入した。かくして、その空前の消費ブームは、アメリカ各地にショッピング・モール、オフィスビル、ホテルなどの建設一大ブームをつくりだし、商業用不動産担保貸付のこれまた一大ブームをつくりだしていった。

しかもこうした傾向に、産業企業は、積極的な設備投資を行うのではなく、借入金に依存する投機的企業買収によって収益をあげる道を選んだ。ジャンクボンドの発行による資金調達や、買収後のキャッシュフローや買収対象企業の資産を担保に資金を借り入れるLBO（leveraged buyout）と呼ばれる手法による企業買収である。[*55] 1982年には、レーガン政権のインフレ退治の金融政策によってほぼ「死に体」であったニューヨーク株式市場は、その後、企業の投機的買収活動によって急上昇を続け、1987年10月19日、1989年10月13日には株価大暴落となった。[*56]

預金銀行の行動論理

ここで、金融危機において重要な役割を果たす、アメリカ銀行業の行動論理について述べておこう。銀行は、預金を受け入れてそれを投資することによっ

て収益をあげる組織である。もし、預金者が預金を解約したならば、その解約した分をまた別の預金者から集めることができなければ、銀行経営を円滑に運営することはできない。預金を集めることができなければ、銀行が所有する流動性準備を取り崩すか、金融資産の売却などによって、ポートフォリオ・キャシュ・フローをつくりだすか、はたまた連邦準備銀行から借り入れなければ、その事態に対応することはできない。

銀行業は、貨幣貸付ではない。貨幣貸付が行われるには、貨幣がなければならないが、銀行貸付においては、貨幣は、銀行による融資活動の中で創造され、そして、銀行が所有する負債証書の約定が履行されたときに消滅する。銀行は、マルクスの言葉でいえば、架空資本を創造するのだ。銀行信用とは、銀行が創造する架空資本という性質を持っていることを忘れてはならないだろう。

預金銀行の利潤率方程式は、次式で表すことができる。

$$r = \left(\frac{\Pi}{B}\right)\left(\frac{B}{K}\right) \quad (4.11)$$

ここで、r は銀行利潤率、Π は銀行利潤、B は銀行資産、K は自己資本である。したがって、$\left(\frac{\Pi}{B}\right)$ は資産収益率、$\left(\frac{B}{K}\right)$ はレヴァレッジ、すなわち、自己資本比率の逆数である。(4.11) 式は、銀行利潤率が、資産収益率とレヴァレッジの積であることを示している。銀行利潤がどのようなファクターによって決定されるかをみれば、次式を得る。

$$\Pi = i_B B - i_D D - wL - B_m - LP - T_x \quad (4.12)$$

ここで、i_B は資産利子率、i_D は預金利率、D は預金額、w は賃金、L は銀行労働者数、B_m は営業費用、LP は貸倒引当金、T_x は税金である。(4.12) を銀行資産 B で割り、預貸率 $\left(\frac{B}{D}\right)$ を r_D とすると、資産収益率について次の式が成り立つ。

$$\frac{B}{\Pi} = i_B - \frac{i_D}{r_D} - \frac{wL + B_m + LP + T_x}{B} \quad (4.13)$$

銀行利潤率は、資産収益率とレヴァレッジとの積だから、利潤率を上げるに

は、まず、資産収益率を上げなければならない。(4.13) が、資産収益率の決定要因を示したものだから、金利スプレッドを広げ、預貸率を高め、賃金、労働者数、営業費用、貸倒引当金、税金を少なくし、資産当たりのコストを小さくすれば、資産収益率を高めることはできる。レヴァレッジを上げるには、銀行の資産規模を大きくすることだ。したがって、銀行は、大々的に貸し付けて資産規模を拡大する。いいかえれば、借り手の要求に沿って預金を創造し、架空資本を創り出すことによって、レヴァレッジを上げるのである。

貯蓄貸付組合危機（1989年～91年）

1980年代、金融機関にとって、商業用不動産取引は、極めて収益性の高いものとなった。1970年代末、インフレは頂点を極めたが、商業用不動産の供給不足は、その価格を急騰させインフレ率を上回るものとなった。商業銀行、貯蓄貸付組合、生命保険会社は、こぞってこの不動産取引にかかわる信用を膨張させていった。とりわけ、貯蓄貸付組合の商業用不動産担保貸付へののめりこみは凄まじいものだった。それは、1982年のガーン・セントジャメイン預金金融機関法によって、貯蓄貸付組合の商業用不動産担保貸付が認められたからであって、1983年、84年、85年では、2桁台での上昇が記録されている。[*57]

まさしく、貯蓄貸付組合の貸付による架空資本の形成は、1988年にかけて貯蓄貸付組合の膨大な資産となって表れた。この資産が、架空資本であることが暴露されるのに時間はそうかからなかった。実需を超えた投機的信用取引がいずれ破綻(はたん)するのは、マルクスの時代から変わることのない資本主義的法則であるからだ。1987年末を境にして、商業用不動産担保貸付は、先細りとなった。この信用収縮は、不動産市場の需給関係を逆転させた。不動産価格の低下が引き起こされ、返済不能な不動産担保貸付、つまり不良債権が急増し、抵当流れの不動産が金融機関へ累積したのだ。1990年9月末で、こうした商業用不動産は、貯蓄貸付組合で420億ドル、商業銀行で330億ドル、生命保険会社で80億ドル合わせて830億ドルに上った。[*58]

1987年末を境にして、アメリカ金融機関が倒産の危機に陥ったことは明らかだった。貸倒引当金（LP）は大きくなるし、金融機関の資産（B）が激減す

れば、(4.13) をみれば明らかなように、資産収益率 $\left(\dfrac{\Pi}{B}\right)$ はマイナスに転じ、それにレヴァレッジ $\left(\dfrac{B}{K}\right)$ をかけて表される、銀行利潤率 $\left(\dfrac{\Pi}{K}\right)$ も当然深刻なマイナスとなることは明らかだろう。

　わけても、貯蓄貸付組合の不動産担保貸付の焦げ付きは深刻だった。その貯蓄は、連邦貯蓄貸付保険公社によって保証されていたから預金取り付けということは起こらずパニックにはならなかったが、倒産が激化するとともに公社の基金は減少し、1986年から公社は債務超過となった。倒産の激化は、貯蓄の保証を危うくするほどまでに深刻化したということである。

　この貯蓄貸付組合危機は、まさしく、1980年代に進行した金融自由化、規制緩和政策の破綻を示すものだった。ブッシュ政権は、1989年2月に貯蓄貸付組合救済法を提示し、この法案は、同年8月、金融機関改革救済執行法（Financial Institutions Recovery Reform and Enforcement Act of 1989）となって実現した。この法は、貯蓄貸付組合の規制機関として、財務省の管轄下に貯蓄金融機関監督局（Office of Thrift Supervision）を設立し、また、連邦貯蓄貸付保険公社を廃止し、新たに連邦預金保険公社の内部に貯蓄金融機関預金保険基金（Savings Association Insurance Fund）を創設し、保険加入の貯蓄金融機関の最低必要資本を引き上げた。また、貯蓄貸付組合の整理のために整理信託公社（Resolution Trust Corporation）が創設され、その清算のため膨大な公的資本が注ぎこまれた。

　もちろん、商業銀行の危機も深刻だった。たとえば1991年1月には、バンク・オブ・ニューイングランド銀行の破産は、大きな事件だった。この銀行の破産の要因は、商業用不動産貸付の失敗にあったが、この銀行は、コンチネンタル・イリノイ、ファースト・リパブリックに次ぐ3番目に大きな破産銀行だったからだ。[59] また、この倒産は確かに、連邦預金保険公社（FDIC）の資金枯渇問題を引き起こしたのだが、この時期、貯蓄貸付組合危機のように、アメリカ商業銀行は、全面的に崩壊とはならなかった。それは、アメリカ商業銀行のオフ・バランス収入の増大が、この時期かろうじて、その全面的崩壊を救済していた要因といえるからだ。オフ・バランス収入とは、銀行貸付の証券化と非

金利型手数料(non deposit fee income)による収入であり、オフ・バランス収入を組み込んだ、商業銀行の行動論理については、第5章において論じるが、オフ・バランス収入がアメリカ商業銀行に決定的影響をあたえ始めるのは、1980年代からのことであった。オフ・バランス収入と非金利収入とは厳密にいえば異なる概念だが、それを同一として議論すれば、非金利収入を含めて算出したアメリカ商業銀行の資産収益率と銀行利潤率は、いずれの年もプラスなのだが、非金利収入を除いた資産収益率、銀行利潤率は、1980年以降、継続的にマイナスを記録しているのである。

　しかも、非金利収入がアメリカ商業銀行の資産収益率、銀行利潤率に与える影響は年とともに大きくなり、とりわけ1987年以降1991年にかけての商業用不動産担保貸付、途上国貸付の破綻から急上昇した貸倒引当金(LP)によって落ち込んだ資産収益率、銀行利潤率をプラスに転じさせ、貯蓄貸付組合の全面的破綻に対して、商業銀行の破綻が全面的ではなかったのは、この非金利収入の増大があったからだった。もしこの収入がなかったならば、資産収益率、銀行利潤率とも危機的低下をした1987年では、資産収益率は、マイナス1.29％、銀行利潤率はマイナス21.41％を記録するところだった。こうなれば、貯蓄貸付組合の全面的崩壊とともに、アメリカ商業銀行も全面的崩壊を免れることはできなかったであろう。[*60]

注
* 1　拙著『新自由主義と金融覇権』大月書店、2016年、29ページ。
* 2　井村喜代子氏は、近著『大戦後資本主義の変質と展開』有斐閣、2016年において、金ドル交換の「廃止」について、米国の軍事力との関連を強調している。「ニクソン政権はたとえ金ドル交換を『廃止』しても、米国が強大な軍事力に基づいて国際金融・経済において支配力を維持することができると考えていたと思われる」(同書、188ページ)。
* 3　United Nations Centre on Transnational Corporations, *Transnational Banks: Operations, Strategies and Their Effects in Developing Countries*, 1981, p.22.

＊4　アメリカ商業銀行の戦後活動低迷期については、神武庸四郎・萩原伸次郎著『西洋経済史』有斐閣、1989年、第7章を参照のこと。
＊5　Board of Governors of the Federal Reserve System, *Annual Report*, Publications Services, Washington, D.C., 1969, p.3.
＊6　*Economic Report of the President*, U.S.G.P.O., Washington, D.C., 1974, p.324.
＊7　*Ibid.*, p.304.
＊8　*Ibid.*, p.335.
＊9　Raford Boddy and James Crotty, "Class Conflict and Macro-Policy: The Political Business Cycle," in *Review of Radical Political Economics*, Vol. 7, No.1, Spring, 1975, pp.10-11.
＊10　*Ibid.*, p.15.
＊11　*Economic Report of the President*, U.S.G.P.O., Washington, D.C., 1974, p.356.
＊12　ニクソン声明とその後の経済政策の具体的な過程については、Herbert Stein, *Presidential Economics: The Making of Economic Policy from Roosevelt to Clinton*, American Enterprise Institute Press, Washington, D.C., 1994, pp.176-190.
＊13　David P. Calleo, *Imperious Economy*, Harvard University Press, Cambridge, Massachusetts, 1982, p.64.
＊14　*Economic Report of the President*, U.S.G.P.O., Washington, D.C., 1980, p.204.
＊15　Boddy and Crotty, *op. cit.*, p.8.
＊16　Economic Report of the President, *op. cit.*, p.247.
＊17　*Ibid.*, p.286.
＊18　労働賃金変化率については、*Ibid.*, p.247.民間労働力失業率については、*Ibid.*, p.234.
＊19　*Ibid.*, p.247.
＊20　*Ibid.*, p.242.
＊21　Boddy and Crotty, *op. cit.*, p.11.
＊22　Economic Report of the President, *op. cit.*, p.247.
＊23　*Loc.cit.*

*24　*Ibid.*, p.266.

*25　*Ibid.*, pp.236-237.

*26　*Ibid.*, p.247.

*27　*Ibid.*, pp.203,297の該当箇所より算出。

*28　Calleo, *op. cit.*, p. 140.

*29　*Loc. cit.*

*30　*Economic Report of the President, op. cit.*, p.286.

*31　本書では、物価上昇とインフレ、物価下落とデフレを同義として論じる。

*32　非金融会社の資金調達額についての実態は、*Federal Reserve Bulletin*, Vol.70, No.5, May 1984, p.403を参照。

*33　M.Newton, *The FED, Inside the Federal Reserve: The Secret Power Center that Controls the American Economy*, Times Books, New York, 1983, pp.187-188.

*34　データについては、*Economic Report of the President*, U.S.G.P.O., Washington, D.C., 1995〔平井規之監訳『95米国経済白書』毎日新聞社、1995年、312ページ〕。また、1980年のアメリカ経済の実態については、S.N.Watt, "The Economy in 1980," in *Federal Reserve Bulletin*, Vol.67, No.1, January 1981, p.4.

*35　*Ibid.*, p.1.

*36　U.S.Dept. of Commerce, *Survey of Current Business*, Vol.61, No.1, January 1981, p.7.

*37　*Federal Reserve Bulletin*, Vol.66, No.9, September 1980, p.685.

*38　*Ibid.*, p.685の表より算出。

*39　U.S.Dept of Commerce, *Survey of Current Business*, Vol.60, No.1, January 1980, p.6; Vol.61, No.1, January 1981, p.6.

*40　より詳細には、拙著『世界経済と企業行動』大月書店、2005年、第3章第3節「現代企業の投資理論分析」を参照。

*41　J.M.ケインズ著、塩野谷祐一訳『雇用・利子および貨幣の一般理論』東洋経済新報社、1995年、157ページ。

*42　Newton, *op. cit.*, p.30.

*43　U.S. Dept. of Commerce, *Statistical Abstract of the U. S.*, 1985, p.520より算出。

＊44　設備稼働率の詳細は、R.D.Raddock, "Revised Federal Reserve Ratio of Capacity Utilization," in *Federal Reserve Bulletin,* October 1985, p.757.

＊45　*Economic Report of the President,* 1985, 邦訳、360ページ。

＊46　R. S. Gay, "Union Settlements and Aggregate Wage Behavior in the 1980's," in *Federal Reserve Bulletin,* December 1984, p.851.

＊47　Henry S. Terrell, "Bank Lending to Developing Countires: Recent Developments and Some Considerations for the Future," in *Federal Reserve Bulletin,* October 1984, p.755.

＊48　*Economic Report of the President,* U.S.G.P.O., Washington,D.C., 1995. 平井規之監訳、『95米国経済白書』エコノミスト臨時増刊、毎日新聞社、1995年、312ページ。

＊49　同上訳書、289ページ。

＊50　*Economic Report of the President,* U.S.G.P.O., Washington, D.C., 1995. 平井規之監訳前掲訳書、304ページ。

＊51　Y.K.Henderson, "Capital Costs, Industrial Mix and the Composition of Business Investment," in *New England Economic Review,* January/February 1992, p.69.

＊52　詳しくは、拙著『新自由主義と金融覇権』大月書店、2016年、27〜28ページ。

＊53　詳しくは、神武・萩原著『西洋経済史』有斐閣、1989年、272〜276ページ。

＊54　詳しくは、前掲拙著、62〜64ページ。

＊55　Martin H. Wolfson, *Financial Crisis: Understanding the Postwar U.S. Experience,* Second Edition, M. E. Sharpe, Armonk, New York, 1994, pp.116-7. 本田浩邦「80年代のアメリカ産業の再編成」（平井規之・中本悟編『アメリカ経済の挑戦』有斐閣、1990年、98ページ）。

＊56　中本悟「80年代の繁栄と金融不安」平井・中本、前掲書、65ページ以下を参照。

＊57　1982年から83年にかけて、貯蓄貸付組合の商業用貸付担保保有額は、33.5％の上昇（847億7000万ドルから1131億3000万ドル）、83年から84年にかけては、33.2％（1131億3000万ドルから1506億7000万ドル）、84年から85年にかけては、18.5％（1506億7000万ドルから178億5800万ドル）の上昇率を

示した。L. G. Sahling, "Real Estate Markets in the 1990s," in Challenge, July/August 1991, p.44より。
* 58　*Ibid.*, p.46.
* 59　この詳細は、Wolfson, *op. cit.*, pp.133-7.
* 60　詳しくは拙著『世界経済と企業行動』大月書店、2005年、256ページを参照。

第5章　新自由主義的景気循環の論理

1　現代商業銀行の行動論理
　　　──経済の証券化と「架空資本」の現代的形態

　1991年12月連邦預金保険公社改善法（FDICIA: Federal Deposit Insurance Corporation Improvement Act）が成立した。この法律は、預金保険制度の再構築が目的であったが、とりわけ注目されたのは、銀行への新しい自己資本比率の規制の実施であった。すでに、国際決済銀行（BIS）においては、自己資本比率8％以上でなければ、国際的銀行業を営んではならないというルールが存在していた。この連邦預金保険公社改善法は、自己資本比率に基づいて、銀行を五つの類型に分類し、自己資本比率が充実した銀行を自己資本比率10％以上の銀行とし、自己資本比率の高い銀行には、特別に証券業などの新規業務を認めるなどの措置がとられたのだ。銀行危機の要因の一つにあまりにも高いレヴァレッジ（自己資本比率の逆数）があり、これを規制しなければならないと考えたゆえにその規制の強化となった。

　すでに述べたように、銀行は単なる金貸し業ではない。預金を設定して信用を創造することにより、再生産過程のより一層の拡張を図るのであって、それはマルクスの時代と少しも変わってはいない。銀行信用は、そうした信用創造によって、景気高揚期には、膨大な架空資本を形成するのだ。この架空資本形成があまりに大きくなり、銀行の資産規模が膨大になると、その債権が確実に収益を生むということが危ぶまれてくる。そして、現実資本の過剰から、実際にその金融資産が利益を産まなくなると、貸付資本としての機能マヒとなり、いわゆる不良債権化することになる。まさしく、貸付資本、言い換えれば貨幣資本（moneyed capital）の過剰がひきおこされる。したがって、金融規制当局は、転ばぬ先の杖といわんばかりに、自己資本比率の規制に乗り出したというわけだ。

　だがこれが、次に述べる銀行貸付の証券化という道筋を急速に展開させ、最終的には世界金融危機の勃発に至る膨大な現代的「架空資本」の形成となる「悪魔の回廊」に金融機関を導くのである。[*1]

まず、銀行貸付の転売と証券化について説明することにしよう。一般に商業銀行は、一旦貸し付ければ返済が全部終了するまで債権を帳簿においておく。銀行貸付の転売とは、その貸付債権を一定の手数料をとって投資家に売り払うことをいう。規制当局は、金融危機勃発の抑制策として、銀行による「架空資本」の過度な創出に歯止めをかけるべく、既述のように、レヴァレッジ規制、同じことだが、自己資本比率規制をかける。しかしながら、より一層の収益を追求する商業銀行は、貸付債権を売り払い、自己資本比率を上昇させては、また貸付を大々的に行い、貸付債権を売り払うことを繰り返すのである。ここでは、銀行貸付の転売について、その一例をローン・サブパティシペーションという仕組みについてとり、説明しよう。

　まず、A行がX社に1億ドルの貸付を金利10%、支払期限10年で行ったとしよう。そして、A行が1億ドルの貸付債権のうち8000万ドルを金利9.5%で、B行、C行、D行、E行の4社にそれぞれ2000万ドルずつ売り払うことで、ローンのサブパティシペーションがはじまる。X社が、A行から1億ドルの借入をしていることには変わりなく、1億ドルの借入分の元利はA行に支払われ、会計処理もこの通りに行われる。

　A行は、X社に対する貸付債権1億ドルのうち、8000万ドルを売り払ったから、8000万ドルの現金を獲得すると同時に2000万ドルに債権額は減少する。A行は、この減少した2000万ドル分について、10%の金利、また、転売した8000万ドル分については、0.5%にあたる手数料収入を獲得する。8000万ドルの債権を売り払ったのではあるが、このことによって、8000万ドルの貸借関係がX社とB行、C行、D行、E行へと拡大するわけではない。あくまでA行がX社との貸借関係を取り仕切り、したがって、10年間にわたって、A行は0.5%の手数料を取って、B行、C行、D行、E行に、金利9.5%を支払うことになる。このことによってA行は、融資総額を減少させて自己資本の充実がないにもかかわらず、自己資本比率の上昇を実現することができるのである。銀行貸付の転売によって、金利10%にかわる手数料0.5%が入るし、現金も入ることによって、銀行の資産流動性も高まるということになる。

　それでは、銀行貸付の証券化というのは、どのようなものなのだろうか。ここでは歴史的にかなり昔からあるモーゲージ担保証券（MBS: mortgage-backed securities）市場について説明することとしよう。モーゲージとは、住宅・商業・農業用不動産を担保とする貸付債権を有価証券化したものをいう。住宅不動産を担保とした場合、当然そのモーゲージは、住宅を購入した人が、融資を受ける際にその住宅を担保として差し出したものが有価証券化したものをいうから、モーゲージは、本来融資を行った金融機関が保有する。しかし、アメリカでは、このモーゲージを買い取る機関である連邦住宅抵当公社（FNMA: Federal National Mortgage Association, 通称 Fannie Mae）が、1938年に設立され、その買い取りが行われることになった。もちろんこの買取りが盛んになったのは、1970年代以降のことだが、このファニーメイは、買い取ったモーゲージをプールし、これを担保としたモーゲージ担保証券を発行し、売りさばくことにするのである。

この売りさばきは、ウォールストリートの大手投資銀行が、その担保証券を引き受け行うことになる。したがって、証券の大口の購入者のなかには、最大級の年金基金や保険会社が含まれ、アメリカの住宅市場はいまや地方の小規模な金融市場から抜け出し、アメリカの巨大な証券化市場の一角に組み込まれることになった。この証券化市場は、いうまでもなく、従来の証券市場とな異なり、相対市場で取引が行われ、アメリカはおろか、世界各地の遊休貨幣資本がアメリカ証券化市場へ投資された[*3]。

こうした事態は、新たな信用創造というより、新たな「架空資本」の形成、いい換えれば、商業信用、銀行信用、株式制度によって創り出されてきた、資本主義社会における架空資本の新種、証券化市場という新たな条件のもとで創り出された新しい「架空資本」ということがいえるだろう[*4]。住宅金融を実際に行う金融機関（originators）は、地元で、住宅販売や元利の取立その他の金融業務に関わらなければならないのだが、モーゲージ担保証券を購入した最終投資家は、何らそうした業務に煩わされることはないのである。

こうしたローンの証券化は、自動車ローン、中小企業庁の貸付、コンピュータやトラックのリースなどなど、極論すれば、事実上すべての貸付から生じる債権から引き起こされるのである。従来、商業銀行は、預金金利と貸付金利から生じる利ざやや収入によってビジネスを行っていた。しかし、現在では手数料収入が極めて大きな割合を占めるに至った。

これは、銀行貸付の証券化と非金利型収入に依存するオフ・バランス取引の拡大が大きく影響しているからである。非金利型収入は、1999年末において、アメリカ商業銀行の全収入の43％を占め、10年前に比較すると10％もの上昇を示した。この時期の非金利型収入の増大は、デリバティブ取引と非預金型手数料（non deposit fee income）に集中したが、この二つのカテゴリーとも巨大銀行の活動の反映だった。非預金型手数料とは、クレジット・カード手数料、モーゲージ・サービスやリファイナンス手数料、ミューチュアル・ファンド販売サービス手数料、証券化された貸付から生じる手数料などであり、この時期には、銀行貸付の中で消費者信用の証券化が急伸し、信託部門に保有された資産から生じる収入が大きかった。デリバティブ取引からの収入は、1993年以来、商業銀行の全収入の3％を超えたが、証券、商品、金利、外国為替等によるトレーディングによる収入が激増した。非金利収入における非手数料収入は、専門サービスの提供から生じる収入であり、証券以外の資産販売からの利益、ベンチャー・キャピタル活動からの利益などがあり、多くのベンチャー企業の新規株式公開（IPOs）による利益は、非手数料型収入として分類される[*5]。

　これら、オフ・バランス取引を組み込んだ現代アメリカ商業銀行の行動モデルを示せばどのようになるのだろうか。すでに私たちは、271ページの（4.12）式によって、商業銀行の利潤額方程式を持っている。そこで、この式にオフ・バランス取引から生じる収益（Π_{off}）を組み込んだ現代アメリカ商業銀行の利潤額方程式を導出すれば次のようになるだろう。

$$\Pi = i_B B - i_D D - wL - B_m - LP - T_x + \Pi_{off} \quad (5.1)$$

　この（5.1）を銀行資産（B）で割れば、オフ・バランスを組み込んだ資産収益率方程式

$$\frac{\Pi}{B} = i_B - \frac{i_D}{r_D} - \frac{wL + B_m + LP + T_x}{B} + \frac{\Pi_{off}}{B} \quad (5.2)$$

が得られる。非金利総費用（$wL + B_m + LP + T_x$）を固定費（FC）として、（5.2）を書き換えれば、

$$\frac{\Pi}{B} = i_B - \frac{i_D}{r_D} - \frac{(FC - \Pi_{off})}{B} \quad (5.3)$$

が得られる。(4.11)の銀行利潤率決定方程式をみればわかるように、レヴァレッジを一定とすれば、資産収益率が高ければ高いほど銀行利潤率は高くなるから、資産利子率、預金利率、預貸率、固定費をすべて定数とみなせば、オフ・バランス収入が多いほど銀行利潤率は高くなるのである。

2　新自由主義的景気高揚

景気高揚Ⅰ──株式市場と銀行信用（1992年～2000年）

　1980年代のアメリカ経済がレーガン、J. H. W. ブッシュ両政権の金融自由化政策により、金融・保険等金融セクター中心の構成に大きく編成替えされ、金融セクターの資本蓄積の行き過ぎが、貯蓄貸付組合危機を引き起こしたことについては、既述のとおりである。ブッシュ政権は、金融危機を抑えるため、公的資金の導入を行い、連邦預金保険公社改善法を通過させた。この法律は、しかし、金融活動を抑える法律ではなく、自己資本比率10％以上の商業銀行にはむしろ証券業などの新たな金融ビジネスに道を開くものだった。こうした政策展開は、アメリカ経済の金融優位の景気循環をつくりだすもととなった。

　従来、景気循環は、消費の回復とともに設備投資が活発化し、GDP（国内総生産）成長率の上昇とともに雇用も増大し、賃金の増大が労働の生産性上昇とともに引き起こされ、企業利潤も景気の回復とともに上昇した。これについては、本書においてすでに詳述したから繰り返さない。しかし、1980年代のアメリカ資本主義の構造変化は、危機脱出後の消費回復が極めて緩慢、従来の景気回復に比較して、これまた上昇が極めて遅いのだ。1991年における金融危機を何とか乗り切ったアメリカ経済ではあったが、その後、1992年以降の景気回復期は、「雇用なき景気回復」(jobless recovery) といわれ、したがって、順調に消費が回復することもなく、設備投資の拡大も遅かった。実質GDP上昇率も勢いがない状況が続いた。

　たしかに、1990年代のアメリカ経済は、1993年ごろまでは、雇用増にはつな

がらない緩やかな景気回復だったのだが、しかし、1995年ごろになると情報技術革命を基軸とする、一大設備投資が景気を引っ張る活況局面に入っていくこととなる。「1992年には、900万人以上のアメリカ国民が失業しており、失業率は、7％以上だった。カリフォルニアのように、労働力の10分の1近くが職を失っていた地域がアメリカにはあった。しかしながら、1995年末までに失業率は5.6％へ低下し、アメリカ経済はクリントン政権が設定した目標――800万人の雇用創出――を達成して落ち着いた」と大統領経済諮問委員会報告は述べている。この力強い景気回復は、ベンチャー・キャピタルによるIT関連の起業が大きく貢献したことはここで指摘しておかなければならないだろう。

　ベンチャー・キャピタルとは何か。それは、新興企業の創業を目的とし、私的に募集した株式の一つの形態とでもいうものである。ベンチャー・キャピタリストは、集めた資本を新興企業に提供するのだが、そのほか、資産を持つ個人、銀行、および年金基金のような投資家と起業者を引き合わせることもする。すなわち、社会の遊休貨幣資本を直接に投資に勧誘する組織であり、まさに直接金融の国アメリカにふさわしい金融組織といえそうだが、遊休貨幣資本のみならず銀行が関与してくれば、預金設定に基づく銀行の信用創造もこの時期の起業に深くかかわることとなるだろう。ベンチャー・キャピタリストは、資本を提供した先のプロジェクトへ助言も与え、それを監視し、また支援もするのだ。

　アメリカにおけるベンチャー・キャピタルの歴史は、1950年代にさかのぼることができ、かなり古いものだが、それが株式市場で目立った存在になるのは最近のことだ。金融の規制が厳しかった戦後ニューディール体制においては、日陰者であったが、1978年以降、年金基金の投資規制が解かれ、ベンチャー・キャピタルへの投資が可能となった。1990年代において、年金基金からのベンチャー・キャピタルへの投資は、個人、銀行、保険会社を抜いて、最も貢献度の高い資金源となった。

　1980年代にベンチャー・キャピタル投資は、年平均17％で伸びていく。その後、1990年代にはその速度は倍になり、1998年には143億ドル、2000年の9カ月間で545億ドルを記録するに至った。1999年末には、実に1345億ドルがベンチャー・キャピタルの経営下にあったといわれた。ベンチャー・キャピタルに

よって、インターネット関連の事業の多くが新しいプロジェクトとして創設されたのだ。

このプロセスでベンチャー・キャピタルが利益を上げるには、株式価格の上昇が不可欠となる。ベンチャー・キャピタリストは、新企業に公開株式を発行させ、彼らの所有株式を売り払うことで莫大なキャピタルゲインを上げることを狙うのだ。そのためには、上昇傾向にある公開株式市場が決定的に重要な意味を持つ。

株式投資は、どのようなメカニズムで行われ、株価が上昇するのだろうか。まず、株式市場における企業価値は、株式価格として基本的には将来の配当を利子率で割り引いた割引価値を軸に形成される。今、ある企業の株式価格を V_D、予想配当を $D_J (J = 1 \sim n)$、利子率を i とすれば、次のような株式価格を得る。

$$V_D = \frac{D_1}{1+i} + \frac{D_2}{(1+i)^2} + \cdots\cdots + \frac{D_n}{(1+i)^n}$$

この株式価格は、正確にいえば、株式投資家のその企業への株式投資の需要価格である。株式価格の需要価格とは、この価格までならば株式投資を行ってもよいと判断する、株式価格の上限といい換えてもいいだろう。なぜなら、もしこの価格を超えて株価が上昇するならば、企業から獲得する配当は、利子率以下に低落し、投資家にとっての投資魅力に欠けることとなるからだ。投資家の積極的投資を喚起するには、株式投資の需要価格をかなり下回る株式投資の供給価格が要求されるであろう。株式発行者は、株式投資の供給価格を需要価格より低く設定し、株式投資の限界効率を高め、将来的な株価上昇によるキャピタルゲインの獲得を投資家に保証することが必要だ。この株式価格は、企業株式の供給価格を形成するが、それは次式によって求めることができるだろう。

$$V_S = \frac{D_1}{1+r_m} + \frac{D_2}{(1+r_m)^2} + \cdots\cdots + \frac{D_n}{(1+r_m)^n}$$

ここで V_S は企業株式の供給価格、r_m は企業株式投資の限界効率であり、企業株式の供給価格 V_S が需要価格 V_D より低く設定されれば、この企業株式の投資の限界効率は、利子率を上回り高くなり、投資家は、キャピタルゲインを求めて積極的に投資することになるだろう。かくして、株価が上昇し、需要曲

格 V_D の水準に達すれば、理屈からいうとそのレベルで株価は確定されることになる。

確定された需要価格 V_D を上げるには何が必要なのだろうか。そのためには、企業の1株当たりの収益を増大させることである。なぜなら、1株当たりの収益を増大させれば、将来の配当の増大を期待させることができる。そうなれば、いうまでもなく企業投資の限界効率は高まるだろう。すなわち、増大する将来的配当を $\overline{D_t}$ （$t=1 \sim n$）として、新たな株式の供給価格を V_D のレベルだとすれば、新たな株式の供給価格 V_{SN} について、次式を得る。

$$V_{SN} = V_D = \frac{\overline{D_1}}{1+r_{mx}} + \frac{\overline{D_2}}{(1+r_{mx})^2} + \cdots\cdots + \frac{\overline{D_n}}{(1+r_{mx})^n}$$

この式は新たな増大する将来的配当 $\overline{D_t}$ に基づく株式の供給価格の新水準を示している。新たな将来の配当は増大しているから（$D_{1\sim n} < \overline{D_{1\sim n}}$）、企業投資の新限界効率が利子率を上回っている（$r_{mx} > i$）ことはいうまでもない。かくして、投資家は積極的に投資を行い、株式価格は、次式のように、新たな将来的配当を利子率で資本還元した新たな需要価格 V_{DN} に上昇することになるだろう。

$$V_{DN} = \frac{\overline{D_1}}{1+i} + \frac{\overline{D_2}}{(1+i)^2} + \cdots\cdots + \frac{\overline{D_n}}{(1+i)^n}$$

したがって、こうした循環を生じさせるには、企業は1株当たりの収益を上昇させ、将来的配当を増大し続けなくてはならない。自社株買い戻しで発行株数の縮減を行い、1株当たりの収益を増大させることや、企業収益を賃金上昇に回さず配当に回し、株価の上昇を狙い、企業買収によって企業再編を繰り返し、株価の高騰を狙うという企業戦略がここから出てくることになる。

ベンチャー・キャピタルが株式価格の高騰に果たした役割と同時に、1990年代においては、少なくとも800はあったといわれる企業買収専門会社の株価高騰に果たした役割を指摘することは重要だろう。これら企業買収専門会社は、借入金に依存した。レヴァレッジを利かせた買収、資本のリストラクチャリングをはじめ積極果敢な戦略によって株式価格の上昇、すなわち膨大な架空資本の形成に貢献したのだった。

マルクスは、次のように言っている。「ある株式の名目価値、すなわち、そ

の株式が本来代表している払い込み金額が100ポンド・スターリングで、その企業が5％でなく、10％の収益をあげるとすれば、その市場価値は、他の事情が不変で、かつ利子率が5％ならば、200ポンド・スターリングに騰貴する。というのは、5％で資本還元されれば、それは今では200ポンド・スターリングの架空資本を表わすからである。この株式を200ポンド・スターリングで買う人は、この資本投下から5％の収入を受け取る。企業の収益が減少する場合は、逆になる。これらの証券の市場価値は、一部は投機的である。というのは、この市場価値は現実の所得によってのみならず、期待され、まえもって計算された所得によっても規定されるからである」[*7]。マルクスの指摘には、企業利益と配当を同一視しているという点で、時代的制約を感じるが[*8]、今日においても十分納得できる叙述といえるだろう。

　ところで、以上の株式市場における膨大な架空資本の形成は、商業銀行と投資銀行との連携がなければできることではない。つまり、1933年のグラス・スティーガル銀行法以来の金融規制があったのでは難しいということだ。1990年代は、1930年代に構築された金融規制の制度的構造が最終的に崩壊していく事態を伴ったのである。その規制改革の突破口の第一は、1994年に制定されたリーグ・ニール地域発展および金融近代化法（Rieg-Niel Community Development and Financial Modernization Act of 1994）であり、第二が1995年金融サービス競争法（Financial Services Competitiveness Act of 1995）だった。

　リーグ・ニール法は、1927年マクファデン法と1956年銀行持ち株会社法へのダグラス修正条項にとってかわる法律であり、一つの組織が全国10％以上の預金を支配することのないようにという反トラスト条項をもって州際銀行業を許可するものだ。金融サービス競争法は、1933年グラス・スティーガル銀行法を骨抜きにすることを目的として制定されたものだ。グラス・スティーガル銀行法は、商業銀行と投資銀行の業務を厳格に区分していた。このもとで、商業銀行は、株式発行の引き受けをすることはできなかった。投資銀行は、企業貸付や消費者金融に手出しをすることはできなかった。しかし金融サービス競争法により、1996年以降は、これら二つのタイプの金融機関は、いずれの業務も行うことが可能となった。1996年までには、商業銀行業と投資銀行業との伝統的な分離は、事実上消滅したといっていいだろう。というのは、銀行持ち株会社

が、連邦準備銀行の監視の下で、商業銀行業務と投資銀行業務についての傘の役割を演じることが許可されたからだ。

1996年12月、連邦準備制度理事会は、銀行持ち株会社の株式取得や引き受けから発生する収益の上限を10％から25％に引き上げた。そしてさらに、通貨監督官は、銀行子会社にはかつて禁止されていた業務を非公式のガイダンスによって許可することを宣言した。1997年には、財務省が、商業銀行と投資銀行が連携することを許可し、この導きをフォローしたのだった。

確かに、商業銀行と投資銀行が、直接株式を持ち合うことは禁止されてはいた。しかし、金融持ち株会社を通じて、アメリカの商業銀行は、ドイツやイギリスのユニヴァーサル銀行によって供与される全般的な金融サービスを提供することができるようになった。これは、銀行合併が、銀行の直接金融への参入を促す再編の結果だった。

一連の巨大合併が進行し、巨大商業銀行は証券会社と戦略的提携を行うことになった。たとえば、バンカーズ・トラストは、証券引き受け業の営業シェアを拡大するために、大手ブローカー商会、アレックス・ブラウンと合併した。こうした合併は、すでにいくつかの主要銀行では先行していた。とりわけ、1980年代末には、連邦準備制度理事会から証券引き受け業開設の許可を得ていたのだ。たとえば、J.P.モルガンは、すでにかなりの証券引き受け業のシェアを確保していた。株式市場における合併活動は、他の諸国と比較して、アメリカの場合、突出していたといえるだろう。

直接金融が、商業銀行の経営、すなわち預金集めや貸付方法をも大きく変化させることになった。商業銀行における伝統的商工業ローンの機能が低下することになった。1990年代において、アメリカ企業への銀行貸付は、1950年代以来最低に落ち込んだ。1985年から1995年にかけて、銀行資産額は、たった4.8％の上昇だった。同じ時期、投資信託は26.7％の上昇、証券会社は14.1％の上昇だったから、その停滞ぶりは際立っている。しかし、商業銀行がその時期収益をあげていなかったわけではない。1950年代以来最も銀行収益は好調だったのだ。これは、商業銀行が従来のタイプの営業から離れ、直接金融との関連を深めていることの結果だった。

トップダウンで銀行は統合し、債券・株式市場における証券取引に突き進み、

さらに、資産の証券化を通じてオフ・バランス化を急速に進めたのである。消費需要の増大は、消費者信用を拡大させる。1994年から1996年にかけて、インフレは年率２％程度に抑え込まれたが、消費者信用は、平均12％もの比率で上昇した。家計負債負担は、所得の16％にも上昇する。消費者ローン資産担保証券の銀行による発行は、1995年だけで53％もの上昇だったし、1995年において発行された資産担保証券の93％は、銀行によるもので、総額1162億5000万ドルに上った。[*9]

消費者信用の需要は、莫大なもので、まともにこれに応えていたら、バーゼル協定BIS規制の自己資本比率８％以上というルールに違反してしまう。したがって銀行は、こうした銀行資産を証券化し、売り払うことで現金化し、自己資本比率を上げ、さらなる貸付を行う銀行信用の拡大を行ったのである。証券化市場による架空資本の膨大な形成は、商業銀行による銀行信用の拡大によって可能となったのであり、それを連邦準備銀行が積極的に支えたことによって、当時「ニューエコノミー」などといわれたアメリカ経済の空前の景気高揚が創り出されたといえるだろう。

1990年代は、アメリカ連邦財政赤字が空前の黒字に転じた時期である。したがって、連邦債務の上昇は抑えることができたが、民間市場の活発化とともに、株式市場の価格上昇が顕著になった。しかもこの証券市場の活況は、アメリカ経済における中間層を含めた幅広い所得階層によって引き起こされたことが特筆されるだろう。

「強気市場」（Bull Revolution）は、株式市場の上げ潮と消費者信用の拡大によって創り出された。1991年から95年にかけて、家計による法人株式（corporate equities）への投資は11.7％上昇、1991年から96年にかけて、家計による信用手段の使用は5.7％増加したし、家計による投資信託への投資額は20.8％増加したのだ。それに対して、同じ時期、現実資本蓄積のバロメーターたる固定資本への投資は、２％の増加にしか過ぎなかった。

消費者信用と株式市場を通したより一層の直接金融の促進は、アメリカ中間層の金融認識（financial awareness）に依存することが指摘される。つまり、戦後生まれの団塊の世代が幅広い中間層を形成し、彼らの所得を金融投資に振り向けるようになったというのだ。ウォールストリートとメーンストリートの

人々の株式市場に対する認識の違いが消滅し、多くのアメリカ人が証券投資を行うようになった。1995年において、アメリカ人の3分の2は株式所有に利害を有し、平均して全金融資産の40%は株式で持っている。年収10万ドル以上では、その数値は80%を優に超えるのだ。[*10]

こうした、アメリカにおける株式市場ならびに証券化市場を通じた膨大な架空資本の形成は、1997年から98年にかけてのアジア金融危機を経ても変わることはなかった。アメリカでは、1999年金融サービス近代化法（Financial Services Modernization Act of 1999）、通称グラム・リーチ・ブライリー法が成立し、銀行持ち株会社の下で商業銀行と投資銀行を合併することを銀行に許すこととなった。これは、1933年グラス・スティーガル銀行法ならびに1956年ダグラス銀行持ち株会社法の廃止を意味した。連邦準備制度理事会（FRB）は、他の規制監督機関をサブに置き、銀行持ち株会社を監督するスーパー・レギュレーター（super-regulator）の位置に収まることになった。

この連邦準備制度理事会は、1990年代の株価高騰・銀行の急速な証券化ビジネスの展開に対して、金融緩和で応えた。アメリカ・ラディカル・エコノミストのひとり、ロバート・ポーリンは、この時期の株価高騰を「ウォールストリートの空中浮揚」と断じ、企業詐欺とインターネットがその架空資本形成にかなり寄与したとしながら、政策要因としては、金融緩和政策とFRBの行動が深く関連しているとした。「クリントン時代の資産インフレが前例のない高さに達したのは、当該政権もアラン・グリーンスパンもバブルを阻止する適切な規制をしなかったからだ[*11]」といっている。たしかに、1990年代後半のマネーストック（マネーサプライ）とマネタリーベース（ハイパワードマネー）を検討すると、その時期の商業銀行と連邦準備銀行の行動が、銀行信用を通じて証券市場の「空中浮揚」を促進したことが理解できるだろう。物価上昇率の鈍化があり、民間の現金通貨と要求払い預金など通常M_1といわれるマネーストックの上昇率が、マイナスを記録しているにもかかわらず、短期の金融資産投資信託MMMFや短期預金口座MMDAを含むM_2の数値は、5～8%もの上昇率を示しているからである。しかも、証券市場の高揚を抑制するどころか、それを容認する行動に出ていることがわかる。なぜなら、フェデラルファンド・レートは、5%台の水準を保ったが、マネタリーベースは、7%以上の上昇率を維

持し、98年から99年にかけては、15.5％もの上昇を示しているからである。[*12]

　もちろんこの時期は、アメリカ経済が好循環を記録した時期だった。それは、まず生産性成長の著しい加速だった。情報技術（information technology）が、この時期の経済成長加速化の主導的役割を果たした。GDPに占める割合は、2000年で8.3％と推計されるから、そう大きいとはいえないが、1995年から99年において、すべての産出増加のほぼ3分の1は、情報技術セクターに起因していた。確かに、携帯電話、光ファイバー、インターネットなどはすべてこの時期に発明された。

　非農業企業セクターの時間当たりの産出量として測定される生産性上昇率は、1973年から1995年までは、年率1.4％だった。しかし、1995年から2000年にかけて、3.0％に増加したのだ。生産性成長の要因は、大きく三つから成り立つと大統領経済諮問委員会は判断した。第一が、労働時間当たりの資本量の増大（資本深化）、第二が、労働力の計測可能な技能の改善、あるいは労働の質の改善であり、第三がそれ以外の全要素生産性（TFP: total factor productivity）という、多くは技術革新の進展指標ということになる。1990年代後半は、ITへの投資は、0.6％ポイントほど生産性を追加し、その他の資本財を含めると0.4％の追加だった。労働力の質の改善は、ほぼ同率で推移したので、追加の貢献度は0％、TFPは、約1.2％ポイントの追加であり、総合すると約1.6％の労働生産性の追加をもたらした。

　労働生産性の上昇が、この90年代後半に顕著に見られたにもかかわらず、アメリカ労働者の賃金は、この時期停滞した。本来景気が回復し、活況の局面に経済循環が入ると、失業率の低下とともに、賃金が上昇し、それに伴って物価も上昇したものだ。いわゆるフィリップス曲線に沿った、失業率の低下と賃金・物価の上昇が見られたものであった。失業率が低くなってくると、企業は、新しい労働者をひきつけ、維持し、労働意欲を掻き立てるためには、高賃金を支払わなければならないという理屈である。名目賃金の上昇は、物価のより急速な上昇という形態で購買者に転嫁される。

　しかしながら、この時期においては、失業率が低下しても賃金の上昇は起こらなかった。これを、インフレ加速を伴わない失業率（NAIRU: Non-Accelerating Inflation Rate of Unemployment）が低下したと表現する。この低下

を『米国経済白書1997』では、次の三つの要因によって説明した。第一が労働力の人口動態の変化だ。つまり、アメリカは成熟した労働力人口を有しているから、伝統的により高い失業率を示す年齢グループは小さな割合になったという。第二が、労働者の生産性上昇への対応である。生産性上昇に対して、労働者の実質賃金上昇への期待が遅れる傾向にあるというのだ。そして第三として、労働市場、生産物市場における競争の増大をあげる。[*13]

しかし本書ですでに述べたように、レーガン政権期以降、新自由主義的経済政策のもとで、戦後ニューディール体制が崩され、労働者階級に対する抑圧が体制的に展開してきた。そうした政治経済体制の転換が、NAIRU 低下の要因であると私は考える。労働者階級に対する抑圧体制が、失業コストを高め、多くの労働者を低賃金に押しやっているのだ。失業コストとは、266ページの(4.10)式に示されたように現在の職の年間所得から、失業中に受けられると期待される社会福祉ベネフィットと失業後次の職から得られると期待される年内所得を差し引いて、それを年間総所得で割ったものだった。

失業後の職の期待される年内所得が低く、また、失業中の期待される社会福祉ベネフィットが小さければ、失業コストは上昇するだろう。失業コストが高ければ、労働者は失業したくはないから低賃金に甘んじざるを得ないのだ。また、現在の職の賃金があまりに低い場合、労働者は、次の職の、少しはましな賃金を求めて離職する。つまり、この低賃金職に就いている労働者の場合、失業コストが低いのだ。したがって、低賃金職の労働者の離職率は高くなるというわけだ。

新自由主義時代になり、企業の多国籍化が急速に進むと、労働者の団結と賃金アップ要求に、資本は国際的資本移動によって対抗する。アメリカから職が流出すれば、失業後の所得が現在の職より賃金が高くなると期待することはできないだろう。クリントン政権は、また社会福祉ベネフィットの削減を行ってきた。1996年に施行された、「自己責任・雇用機会調整法」がそれである。「わが国の生活保護制度の劇的な変化がはじまっている。生活保護援助は、今や労働に焦点を合わせた期間制限的なものになっている」と『1999米国経済白書』は言っている。「成人は、自分の一生涯の間に総計5年以上、支援を受けることはできない」[*14]のだ。

第5章 新自由主義的景気循環の論理

ポーリンは、次のように指摘する。「現代のグローバル化した環境の観点からすれば、低賃金経済で操業する企業が輸出競争力のある工業製品を生産できるのだから、アメリカ合衆国や高賃金経済における産業予備軍効果の力学は変化する。この状況では、産業予備軍の潜在的大きさは必然的に拡大して開発途上経済の失業者だけでなく、雇用されている低賃金労働者までも含むほどになる[*15]」と。

　しかしそれでは、1990年代後半のあの膨大な消費ブームをどのように説明すればいいのだろうか。労働者の賃金が上昇しない状況の下で、いかにしてあの消費ブームは引き起こされたのだろうか。これは、所得増大というよりは、金融資産の価格上昇が大きく影響していることに気が付かなければならないといえるだろう。金融資産価格の上昇によって創り出された消費に対する「資産効果」がその要因なのだ。その「資産効果」とは、家計の純資産、すなわち、株式、債券、不動産やその他金融資産から総負債を差し引いた額が増加したために、年収の大きな部分をためらいなく消費につぎ込ませる効果のことである。したがって、所得階層からいうと富裕な階級が多くを支出するということになるだろう。

　ポーリンは言う。「結論は明確である。クリントン時代に生じた消費支出の全般的増加——これが同時期の経済社会の成長を主導した——のほとんどすべてがアメリカで最も富裕な家計の法外な消費増加によってもたらされ、法外な消費はそうした家計の同じように途方もない資産増加と結びついていたのである[*16]」。

　第3章において詳述したように、戦後アメリカ経済においては、ケインズ主義的景気政策が定着した。これは一般にケインズ主義的有効需要政策といわれるもので、財政金融政策の積極的な採用によって、完全雇用をめざし、現実のGDPを潜在的GDPに近づけようとする経済政策だった。わかりやすくいえば、需要の創出によって生産を活発化させ、その時点で持っている生産能力をフルに稼働させようとするものだった。

　しかもここで重要なのは、財政政策に金融政策は従うべきであるという考えがあったことだ。内需拡大により輸入拡大を図り、国際貿易の活発化によって世界経済を繁栄に導くことができるというケインズ主義がその根底にあった。

ケインズ主義は一国主義だなどと言う人がいるが、それは間違いで、お互い内需拡大政策を実施して、国際貿易を盛んにしようとするものだから、そもそも国際主義なのである。金融政策は財政政策をサポートするというところから、金融独自の行動は厳に慎まなければならなかった。だから、金融機関の業態規制や金利規制によって、国内金融システムは統制されていたというわけだ。また、国際的には、貿易を軸とする経常取引の自由が重視され、国際資本取引の自由、とりわけ投機的取引は、制度上禁止されていた。

しかしこのケインズ主義的システムに変化が現れる。それは一言でいえば、「虐げられし金融機関の現実経済への逆襲」だ。国際的には、経済の証券化を基軸に、金融機関の業態規制や金利規制の撤廃が企図され、さらに、固定相場制から変動相場制への外国為替システムの変更をきっかけとして、国際資本取引の自由化が進んだ。この構造の転換は、1970年代から引き起こされたのだが、新しい政策として世間の注目を浴びたのは、その末から1980年代になってのことだった。イギリスの首相マーガレット・サッチャーによるサッチャリズム、アメリカでは、ロナルド・レーガン大統領によるレーガノミクス、さらに日本では、1982年に政権に就く中曽根康弘首相による「臨調行革」路線がその新しい政策だった。

この政策は、「大きな政府を排撃し、小さな政府をめざし、効率的な市場メカニズムを構築する」などといいながら、その本質は、戦後ニューディール体制を破壊し、労働者階級を貶め、株主中心の金融利害を企業経営に徹底させる新自由主義政策だった。19世紀の自由主義に対比して、「新」自由主義（Neoliberalism）といわれるゆえんだが、この政策の定着によって、1990年代になると景気循環もケインズ的循環から新自由主義的景気循環へと転換した。

この新自由主義的景気循環を考える場合の重要な点は、金融資産の動向が景気を左右する重要なファクターになったということだ。これは、マクロ経済において金融資産の動向が果たす役割がケインズ主義時代に比べて格段に上昇したことによるといっていいだろう。

金融資産においてまず挙げなければならないのは、株式である。1991年から2005年にかけて、アメリカのGDPは、5兆9959億ドルから12兆4558億ドルへと2.5倍の伸びを示したが、ダウジョーンズ工業株平均価格は、同じ時期、

2929.33ドルから1万547.67ドルへと3.6倍もの伸びを示したことに、マクロ経済における株式市場の相対的地位の上昇を見て取ることができるだろう。さらにアメリカの場合、不動産の抵当権を担保にした貸付を証券化したモーゲージ担保証券の価値額が、1990年から2005年にかけて、3兆8074億から12兆1487億ドルへと3.19倍の伸びを示した。

　こうした金融資産価格の上昇が、個人消費支出の力強い伸びの要因だったことが、景気循環の特質を検討する場合に重要となる。1983年から1999年にかけて、株式を保有するアメリカの家計は、株式価格が上昇すると消費を拡大する傾向にあり、その一方で、株式を保有しない家計では消費パターンに変化は見られなかったという。つまり、金融資産の肥大化は、従来、所得の変化に多くを依存していた個人消費のパターンを大きく変えたのである。

　かつて、ケインズ的景気循環が戦後アメリカ経済の景気循環の特質だったころ、個人消費の上昇は、所得上昇と最も深い関係にあった。もちろん今日においても所得と消費との関係は断ち切られたわけではないが、所得と同時に個人の金融資産の増減が、個人消費に大きな影響をあたえるようになったのである。もちろん、金融資産の価格上昇は、架空資本価値の増加であり、1セントたりともアメリカGDP上昇の構成要因となるわけではない。しかし、金融資産を高いうちに売り払えば、差額はキャピタル・ゲインとなり、それは立派な所得であり、金融資産価格の上昇は、その所有者に消費支出のインセンティブとなる心理的影響をあたえるといえるだろう。したがって、新自由主義的景気循環とは、金融資産価格の動向に消費、投資などのフローの指標が決定的に影響を被る景気循環といえる。[17]

　こうした、金融資産価格上昇が主導する新自由主義的景気高揚を国際的に支えたのが、膨大な対米資本流入であった。アメリカの貿易収支と経常収支赤字は、景気高揚とともに常に拡大した。景気高揚は内需拡大を引き起こし、その需要に対応できないアメリカの供給能力は、輸入拡大を引き起こす。アメリカの経常収支赤字は、外国為替市場で、ドル売り圧力を形成するからドル相場は下落するはずだ。しかし、1990年代後半は、逆にドル高が形成された。1980年代前半もドル高が継続したが、それは、財政赤字の深刻化から引き起こされた金利高に引き寄せられた諸外国の対米国債投資が、経常収支赤字幅を大幅に超

えたことから引き起こされたドル高であった。

　しかし、1990年代後半のドル高は、財政赤字の深刻化から引き起された金利高に引き寄せられた国債投資によって起こったものではない。民間投資を基軸に形成された資本需要に世界の遊休貨幣資本が対米資本流入を引き起こして形成されたドル高なのだ。事実アメリカの財政赤字は、徐々に解消され、逆に莫大な連邦財政黒字を創り出したではないか。1998年のジャネット・イエレン大統領経済諮問委員会委員長が作成した1998年報告は次のように言った。「外国の所得に比べてわれわれの所得の上昇が速ければ速いほど、われわれの輸出（外国人の輸入）に対する需要に比べて、輸入に対するわれわれの需要がますます加速すると予想される。そしてその結果は、国内の貿易赤字の拡大である。おそらく、経常収支赤字が貯蓄の増加と投資の増加と同時に起こった時には、それはあまり心配することはない[18]」。なぜなら、アメリカにおける景気拡大・完全雇用水準での経済活動が、経常収支赤字の基盤になっているからだ。「現在の貿易赤字は、家計や企業の意思決定、政策決定、そしてとりわけ海外の金融不安と成長の停滞という状況において、アメリカ経済の力強さを表している[19]」と結論付けた。

　1990年代後半のアメリカ経常収支の赤字は、ITを基軸とする民間投資の活発化によって引き起こされたのであり、それゆえアメリカ経済の強固な結果だから問題はないとしたのだ。2000年大統領経済報告もこの路線を引き継ぎ、次のように述べた。「貿易収支の悪化が強固な経済と同時に起こることがあるのは、何ら驚くべきことではない。事実、経済理論と経験的観察はともに、そのようなパターンを予期させるように導いている。つよい経済は輸入に対する需要を増加させ、一般的に投資に対する高い需要と関連している。……アメリカの貿易相手国におけるGDP成長は、全体として1998年に急速に低下した。それはヨーロッパにおける相対的に弱い成長、日本における景気後退、そして新興市場における徹底的な危機を反映している。対照的に、アメリカの成長は依然として強固であった[20]」。

　新自由主義的景気循環の頂点を極めていたアメリカ経済は、2001年、明確に資本設備の過剰が明らかになっていた。資本の過剰は、企業利潤率の低下を通じて明らかにされる。なぜなら、企業の資本ストック（K）に対して企業利潤

第5章　新自由主義的景気循環の論理　297

（Π）が相対的あるいは絶対的に下落することが利潤率低下の意味だからだ。

マルクスは、資本の過剰について、次のように述べている。「個々の商品の過剰生産ではなく資本の過剰生産——といっても資本の過剰生産はつねに諸商品の過剰生産を含むのであるが——が意味するものは、資本の過剰蓄積以外のなにものでもない。この過剰蓄積がなんであるかを理解するためには（それの詳しい研究はもっとあとで行なわれる）、それが絶対的であると仮定しさえすればよい。どのようなときに、資本の過剰生産は絶対的なのであろうか？ それも、あれこれの生産領域、または二、三の重要な生産領域におよぶものではなく、その範囲そのものにおいて絶対的であるような、すなわちすべての生産領域を包括するような、過剰生産は〔どのようなときに起こるのであろうか〕？」と述べ、「資本主義的生産を目的とする追加資本がゼロになれば、資本の絶対的過剰生産が現存するということになるであろう」[*21]という。

しかし追加資本はどのようなときゼロになるのか。マルクスは、さらに次のように述べる。「増大した資本が、増大するまえと同じかまたはそれより少ない剰余価値総量しか生産しなくなるときには、資本の絶対的過剰生産が生じているであろう。すなわち、増大した資本$C+\Delta C$は、資本CがΔCだけ増大するまえに生産したより多くの利潤を生産しないか、または、それより少ない利潤しか生産しないであろう」[*22]。この場合の利潤率の低下は、利潤総量の絶対的減少を伴う。減少した利潤総量が、増大した総資本に対して計算されるから、利潤率は減少するのだ。マルクスは、その具体例として、「前には1000の総資本が100の利潤を生み出したが、総資本が1500に増大したあとも同じように100しか生み出さないとすれば、この第二の場合には、1000は、もはや$66\frac{2}{3}$しか生み出していない」ということを指摘する。こうなれば、資本は、資本を追加する意味がないから追加資本はゼロということになるだろう。これが、資本の絶対的過剰生産というのである。企業の資本ストックの増大に対して、単に相対的に利潤量が下落するのではなく、利潤量が、資本ストック増大前の水準にとどまるか、あるいは減少することを資本の絶対的過剰生産という。

もちろんこの時期のアメリカ企業が、全体としてそうした資本の絶対的過剰生産状況にあったというわけではない。しかし、資本が絶対的に過剰であろうが、相対的に過剰であろうが、企業利潤率の低下は、企業に資本ストック量の

調整の必要を教えているわけだから、企業は利潤率をみて、頻繁に、時として突然に、設備投資計画を見直し、過剰と判断すれば、投資支出を削減するのだ。

この時期は特に情報通信セクターの一部の企業が「ニューエコノミー」の可能性を過大評価して、生産能力の拡大のための過大投資を行っていた。こうした企業は、需要が減退したことに驚き、追加資本を増やさず資本ストック量の上昇に歯止めをかけたのだ。

したがって、アメリカ経済の資本ストックの上昇率は、2000年には、前年比4.2％だったのだが、翌年の2001年には前年比2.6％の水準に落ち込んだ。経済減速の指標は、もちろん、設備投資だけではなく、鉱工業生産高、製造業と貿易の実質販売額、雇用、実質個人所得などの動きも低下し始めたのだ。

9.11同時多発テロ、粉飾決算事件と株式パニック
——株価崩落と財政・金融政策（2001年〜02年）

アメリカの景気循環の民間判定機関である全米経済研究所（NBER: National Bureau of Economic Research）は、アメリカ経済は、2000年第4四半期にピークをつけ、同時多発テロ攻撃後の2001年11月には底を打ったと発表した。このリセッションは過去のリセッションと比べると、その落ち込みは相当軽微なものだった。NBERの定義によれば、リセッションとは、「数カ月以上続く経済全体に及ぶ経済活動の低迷のことであり、通常、実質GDP、実質所得、雇用、鉱工業生産、卸売・小売販売で、その低迷は顕著になる」[*23]とされるものである。

この期のリセッションが軽微であり、2001年11月に底を打ったとNBERが発表したのは、ブッシュ政権発足当時からとられた減税政策と金融緩和政策が、一定の功を奏したと判断したからだろう。とりわけ、2001年9月11日の同時多発テロに襲われたアメリカを、緊急財政・金融政策によって、深刻な危機に至らせなかったという要因も大きく貢献しているということがいえるだろう。

ブッシュ政権のとった政策は、すべての所得層に減税する、富裕者優遇の減税政策だった。2001年減税法は、「経済成長・税軽減調和法」（EGTRRA: Economic Growth and Tax Relief Reconciliation Act in June 2001）と呼ばれた。この減税法は、6月に制定され、最初の限界税率引き下げは2001年に有効となり、その年の下半期に源泉徴収課税は一層引き下げられることとなった。さ

らに、新しく10％の税率がつくられ、15％の税率等級が分割されることになった。その結果、合計360億ドルの戻し税の小切手が8500万人の納税者に送付され、購買力を押し上げる要因として期待された。

　減税は、個人所得税だけではなく、退職に備えて蓄積される個人退職勘定と401k（確定拠出型年金）の退職拠出金の非課税限度額の引き上げ、中小企業向け減税、教育資金の工面を軽減する児童税額控除の増額など、積極的減税政策となり、2000年から継続する経済の減速に何とか歯止めをかけようとする政策だった。

　しかし、減税政策は、財政支出政策に比較してその経済効果は小さい。なぜなら、減税分が消費に回るとは限らず、貯蓄される可能性があるからだ。ブッシュ政権は、しかし、クリントン政権期の大幅財政黒字を背景に、主として富裕層に税を返還させる大胆な減税政策を採用した。したがって、2001年9月に終了する2001会計年度は、連邦財政史上2番目に大きい財政黒字を計上することになったのだが、2002会計年度には、はや赤字になることがこの時点で予想されたのだ。

　金融政策は、FRBが積極的金融緩和政策を打ち出した。FRBは、連邦公開市場委員会（FOMC: Federal Open Market Committee）において、フェデラルファンド・レートの誘導目標値を切り下げ、2001年初めには、6.5％だったものを、8月までに3.5％へと7回にわたって引き下げた。フェデラル・ファンドとは、市中の商業銀行が連邦準備銀行に預けてある準備金のことだ。市中の銀行がこの準備金を銀行間市場において、短期で貸借を行う場合の金利をフェデラル・ファンド・レートという。この金利が下げられると、市中の銀行の資金繰りが容易になるから、金融が緩和されたことになる。事実、このフェデラル・ファンド・レートの引き下げによって、短期金利は下がり、3カ月のコマーシャルペーパー（短期・無担保の約束手形）金利、クレジット・カード金利、個人貸付金利、1年物抵当貸付金利も低下し、長期金利も小さい幅ではあるが低下した。

　しかし、こうして、ブッシュ政権が減速気味のアメリカ経済に対応しているときに、9.11同時多発テロが発生した。マンハッタン南部の通信網や取引所の混乱は、アメリカの金融センターの日常業務に、一時的ではあるが支障をきた

し、数兆ドルにも上る日常業務が乱された。株式市場は即時閉鎖、1週間後の再開時には、株式価格は5000億ドルもの損失を喫した。短期金融市場も外国為替市場も相当の困難に逢着した。

ニューヨーク市では、マンハッタン南部がほぼ閉鎖されたこともあって、経済活動とりわけ雇用が深刻な状況となる。地元観光協会旅行業者やビジネス旅行業者も落ち込んだ。ワシントンDCにおいても、ニューヨークほどではなかったが、ホテル、レストランというような旅行に付随するサービス供給業が深刻な影響を受けた。

ブッシュ政権は、直ちに、「米国同時多発テロ復旧・対策2001年緊急補正予算法」(2001 Emergency Supplemental Appropriations Act for Recovery from and Response to Terrorist Attacks on United States) を成立させ、400億ドルの財源を使ってテロ攻撃の犠牲者を支援し、その他の被害に対処した。ブッシュ政権はまた、「航空運輸安全・システム安定化法」(Air Transportation Safety and System Stabilization Act) を成立させ、新しい保安環境や経済環境に対して、航空運輸システムがよりよく対応できるよう必要な手段を講じた。

連邦準備制度理事会は、どのような対応をしたのだろうか。FRBは、金融機関に、大量の資金を投入し、次の三つの方法で資金需要に応えた。第一は、預金金融機関による貸付の利用を促進することによってであった。第二は、公開市場操作をフルに活用して、資金の量的拡大に務めた。第三は、数カ国の外国銀行と相互に通貨を交換しあうスワップ枠の暫定的な設置だった。9月11日以降の現金要求は途方もなく大きかった。9月11日以前は、2001年の平均週割引借入額は、1億4300万ドル程度だったが、テロ攻撃のあった週の借入額は、118億ドルという金額に膨れ上がった。その次の2週間では、現金要求は衰えて、借入は10億から15億ドルに急速に減退した。

テロ攻撃後の数日間、連邦準備銀行は、公開市場操作によって、商業銀行が連銀に預けてある準備金、フェデラル・ファンドの増加を行い、現金需要に対応しようとした。また、FRBは、利用可能な現金を確保するために、欧州中央銀行（ECB: European Central Bank）やイングランド銀行（Bank of England）と相互に通貨を融通しあうスワップ枠の暫定的な設置を行い、カナダ中央銀行（Bank of Canada）とは、既存のスワップ枠の拡大を行って現金供給に備えたの

だ。

　同時多発テロは、ニューヨーク金融センターを破壊したが、迅速な対応によって、金融市場と銀行システムは業務を再開し、テロ攻撃から数週間でほとんど平常通り営業できるようになった。金融市場は驚くべき回復力を示したのだ。

　９月中旬以降、FOMCは、経済活動の減退阻止を促すため、金融緩和政策をとり続けた。年末までに、FRBは、フェデラルファンド・レートの誘導目標値をこの40年間で最低水準の1.25％にまで引き下げ、実質フェデラルファンド・レートをほぼゼロとすることころまで下げた。その間、インフレ圧力が高まったということはなかった。フェデラルファンド・レートの誘導目標値の引き下げは、短期と長期の市場金利の一層の低下要因となった。年末の短期市場金利は２％を切った。10年物の財務省証券の利回りは、5.2％、30年物の通常抵当貸付は、7.2％となった。

　同時多発テロ攻撃は、1990年代末経済繁栄の頂点から急速に経済を減速させているアメリカ経済を奈落の底に落としかねない危険な事件ではあった。しかし、ブッシュ政権とFRBの適切な処置によって、大事に至らないで済むかと思われた。ところが事態は、アメリカ型金融システムの崩壊につながりかねない方角で火を噴くことになる。それは、2001年12月、エンロン倒産に象徴される、不正会計・粉飾決算事件の勃発だった。株価下落を防ごうと企業経営者らが姑息（こそく）な手段で企業会計の不正会計・粉飾決算を行った行為が、次々と暴露されることとなった。

　既述のように、株主中心主義のアメリカ型金融システムにとって、企業の株価上昇は、株主から経営者に命令される至上命題だ。命令に従わない経営者は、解雇される。かくして、1990年代末IT革命から引き起こされた膨大な投資ブームが、資本の過剰生産を引き起こし、設備投資の減退が引き起こされているにもかかわらず、自社株価格維持は、不正会計・粉飾決算をしてまで、死守しなければならない経営目標となったわけだ。

　2002年６月、アメリカ株式市場と外国為替市場に激震が襲った。株価とドルが急に売り込まれたのだ。ダウ平均株価の大幅激落が起こり、また持ち直すというこの市場の乱高下は、直接には、アメリカ商務省が６月20日発表した、４月のアメリカ貿易の赤字と経常収支の大幅赤字が引き起こしたものだった。そ

のとき発表されたアメリカ貿易赤字359億3800万ドルは、月間記録とすれば最高だったし、さらに、2002年第1四半期の経常収支赤字額1124億8700万ドルも過去最高だった。しかしそれらだけが原因ではない。底流では、2001年12月のエンロン倒産に始まり、次々と明るみに出る不正会計・粉飾決算の発覚が、アメリカ企業への不信を醸成していたことがあったのは明らかだった。2002年6月25日には、アメリカ史上最悪の粉飾決算が、新興通信会社ワールドコムにおいて行われていたことが判明した。2001年から2002年第1四半期に至る1年3カ月の間、38億ドルにも上る費用を、こともあろうに投資として計上していたというのである。この粉飾決算事件を契機に、アメリカに集中していた資本は一斉に逃げ出し、株安・ドル安が急激に進行したのだ。

このワールドコム粉飾決算事件は、金額が金額だけに世論の大きな関心を呼んだが、粉飾決算はもちろんこれだけではなかった。通信のグローバル・クロッシング、クエスト・コミュニケーションなどがいずれも売上高水増しの疑惑によって、米国証券取引委員会（SEC）の捜査対象となり、K・マート、コンピュータ・アソシエーツ、CMSエナジーなどにも売上高水増し、あるいは、違法な会計操作の疑いによって、SECの捜査が入ったのだ。

グローバル・クロッシングは、2002年1月、推定資産251億ドルで破産した。巨額な粉飾決算が発覚したワールドコムは、7月21日ニューヨークの連邦破産裁判所に連邦破産法第11条（会社更生法）の適用を申請、資産1040億ドル、負債金額328億ドルをもって倒産となった。2001年12月に倒産したエネルギー大手エンロンの破産直前の推定資産額が634億ドルだったから、その破産規模の大きさが容易に理解できるだろう。

ワールドコムの倒産は、1990年代後半にアメリカで喧伝された「ニューエコノミー」破綻の一面を象徴していたかもしれない。なぜなら、「ニューエコノミー」論は、情報処理技術の発達で在庫調整が加速し、景気循環が消滅するなどという説に基づき成り立っていたからだ。

ワールドコムは、2002年4月に最高経営責任者（CEO）の地位を追われたバーナード・エバーズによって、1983年に電話会社として創設されたものだが、株式市場を通じた資金調達の重視がその重要な要素だった。この小さな電話会社が、長距離電信分野において、AT&Tに次ぐアメリカ第二の大手に浮上し

たのは、同社が幾度もの買収に次ぐ買収を重ねてきたことによる。買収相手から引き継いだ借金に新たな借金が上乗せされ、債務は、300億ドルを超えるまでに膨らんでいった。

　もちろん、景気上昇が継続され、企業収入に基づくキャッシュ・フローが潤沢であれば、当座の借金の返済に窮することは起こり得ない。しかし、アメリカ経済は、2000年第4四半期にピークを打ち、その後減速し始めた。IT関連の設備投資の過剰が明確になり始めたことは既述のとおりである。ハイテク関係の架空資本の膨大な形成は、実体経済の落ち込みを反映して収縮を開始し始めたのだ。ここで、ワールドコムが、投資家を欺き、あたかも株価は安定だと思わせるために行われたのが、38億ドルもの費用を設備投資と偽って計上し、収益の水増しをすることだった。投資をしたと偽れば、費用計上は減価償却費だけで済むわけだから、計算上相当の費用削減となるわけだ。*24

　NBERが、リセッションは2000年第4四半期に始まり、翌年2001年11月に底を打ったと発表したことは既述のとおりだが、2001年12月のエンロン倒産に始まり、翌年にかけて続々と明るみに出た不正会計・粉飾決算事件は、とりわけ景気回復に必須の条件である設備投資の上昇傾向に決定的に水を差した。2001年に、実質国内民間投資の落ち込みは激しく、年率2桁の減少を記録した。非住宅企業固定資本投資も2001年にやはり急速に落ち込み、それは、1995年から2000年にかけての投資ブームとは著しい対照を示した。情報処理装置とソフトウェア投資に限定すると、2001年第2四半期において19.5％も激減、さらに第2四半期から第3四半期にかけてコンピュータ及び周辺機器への設備投資は、28.6％の落ち込みを記録した。設備投資が上昇傾向に転じたのは、実に2003年の初めのことだった。

　こうした実体経済の落ち込みを考慮すると、2001年8月の段階でダウジョーンズ工業平均株価が1万ドルを維持していたのは異常といえるのかもしれない。2001年12月エンロン倒産にはじまる一連の不正会計・粉飾決算事件の発覚は、株価下落を一層激しくし、2002年6月7月には、株式市場の崩壊という事態に立ち至った。2002年7月2日のダウジョーンズ工業平均株価は、9322.74ドルだったが、7月23日のニューヨーク市場では、一時7700ドル台を割り、7682.89ドルまで下落した。

アメリカ型金融システムにおける株式市場の動向は、日本の金融システムと比較して、マクロ経済的に極めて大きな影響を持つことに注意しなければならない。というのは、アメリカの個人金融資産に占める有価証券の比率は、1996年以降、40％前後であり、日本の個人資産に占める有価証券の比率7.2％に比べると格段に高い。アメリカ型金融システムは、様々な金融証券の開発を行い、投資信託はじめ各種の株式証券へ、一般大衆が投資しやすい体制を創り出したのだ。

　株価の上昇それ自体は、架空資本の価値上昇だから、1セントたりとも国内総生産や国内所得の増加に貢献することはないが、株式売買が行われ、それが所得として実現されるや、貯蓄や消費に影響することは既述の通りである。株式価格上昇が成長率を高める、いわゆる消費への資産効果について、2001年大統領経済諮問委員会報告は、次のように指摘する。「1994年から2000年初めに至る株式市場の富の増大は、消費の成長を毎年約1.33％だけ引き上げた。株式市場の富のこうした過去の増大がもつ遅れを伴う効果は、2000年の消費をおそらく引き上げつづけた[25]」。

　これが正しいとすれば、株式市場の株価の下落は、アメリカ国民の富の減少を引き起こし、逆資産効果によって、消費が停滞することが予想される。すなわち、アメリカ型金融システムの形成は、国民の経済状況を金融資産市場に大きく依存させることになったのである。

　したがって、「2002年の消費へ最も影響を及ぼすと真剣に思われたひとつに株式市場があり、観察者の多くは、株価の継続的な下落が消費者の支出意欲を減じさせると懸念した[26]」と大統領経済諮問委員会報告は述べた。株式資産の1ドルの減価は、結果として年間消費を3セントから5セント低下させるという。株式資産価格と消費性向の関係を明らかにしたデータが示されたが、その中間値をとれば2000年初め以来の7兆ドルの株式資産の減少は、結果として年間消費を約2800億ドル減少させることになる。この規模の減少は、2002年の消費のほぼ4％、GDPの約3％に相当する[27]。

　本来ならば、今回の株式市場の大崩落は、国民の消費減退を誘発し、アメリカ経済を奈落の底に突き落とすきっかけを形成してもおかしくはなかった。しかし、この時期、アメリカ経済は、設備投資の低調さが目立つ景気循環とはな

ったが、何とかリセッションを免れることに成功する。その理由はどこにあったのだろうか。

　低インフレ、減税、そして安定的な名目所得成長によって、実質可処分所得を高く維持することに成功したことが大きな理由だろう。2002年第1四半期から第3四半期にかけて、実質可処分所得は年率7.0％で成長したのだった。

　しかし何といっても、この時期に株式市場崩壊から深刻な経済危機に転化するのを阻止した要因は、住宅資産市場の好調による消費拡大にあった。この力強い住宅資産市場の上昇を生み出した要因は、2000年第4四半期からリセッション入りしたアメリカ経済において、連邦準備制度理事会が採用した金融緩和政策にあったといえるだろう。住宅を担保に借り入れるモーゲージ・ローンの金利は記録的に低くなった。住宅資産は、株式資産よりもアメリカの家庭に広くいきわたっている金融資産、つまりホーム・エクイティなのである。この時期、住宅価格は、株式価格と異なり、上昇を続けた。上昇を続ける住宅資産価格からそのローンの残高を差し引いた金額を担保にローンを組むホーム・エクイティ・ローンが、この時期のアメリカの個人消費を支えたのだ。商業銀行によるリボルビング・ホーム・エクイティ・ローンの残高は、2001年12月の1555億ドルから2002年12月の2123億ドルへと増加していることが何よりの証拠だ。

　さらにこの時期の景気を支えたのは、住宅所有者による借り換えだった。これをモーゲージ・リファイナンスという。住宅価格が上昇しているから、最初のモーゲージ・ローンを償還したのち、支出することのできる資金が手元に残る。これを「現金化」（cash-out）というのだが、それは、次の物件のモーゲージ・ローンの頭金となり、さらに、消費や住宅の改装資金となる。連邦住宅貸付抵当公社（Freddie Mac）によれば、伝統的かつ担保適格なモーゲージ・ローンは、2002年第1四半期から第3四半期にかけて、純資産価値の約590億ドルを現金化した。そのうち需要に振り向けられた51％は、GDPを約0.4％押し上げたという。[*28]

景気高揚Ⅱ——証券化市場と銀行信用（2003年〜07年）

　こうして、2002年株価乱高下・外国為替市場の混乱があったものの、この時、

アメリカ経済は、危機に陥ることはなかった。2001年11月にリセッションは底を打ち、その後、2007年12月に景気高揚のピークに達するまで、アメリカ経済は拡大を続けた。この景気循環は、1990年代の景気循環と同様、新自由主義的景気循環の典型的タイプのものだったといっていいだろう。すなわち、この循環は、実体経済の回復を基調とする従来型、いいかえれば、ケインズ主義的景気循環とは異なり、1990年代循環パターンを踏襲し、金融資産の価値増大が個人消費の増加につながり、実質GDPの増大をもたらしているというパターンを示しているからだ。

　したがって、企業の固定資本投資の増加が極めて脆弱であり、企業は内部留保を積み増しながら、それを設備投資の拡大につなげていないのである。この循環では、雇用の伸びが著しく緩慢であった。確かに、生産性の上昇が雇用の伸びを抑えているという要因もあるだろう。しかし、順調な企業における設備投資が展開していないというところに雇用の伸びの停滞を求めるべきだろう。

　この循環における金融資産の価値増大が個人消費の増加をもたらしているという点をより詳細に説明すると、この循環の新自由主義的特質が浮き彫りになるだろう。いうまでもなく、個人消費は、GDPの最大の項目であり、所得の増加が個人消費の増加を引き起こすのであり、これが従来の景気拡大期における動向の基本パターンであった。ところが、1990年代以降の景気循環においては、この個人消費の動向に金融資産の価値増殖が密接不可分に関わってくることとなったのだ。

　2001年11月に底を打ったリセッションが回復し、景気高揚のピークとなったのは、2007年12月であると全米経済研究所は発表したが、この循環において経済成長という観点からみると、2006年が最もアメリカ経済が拡大した年だった。アメリカ大統領経済諮問委員会報告は次のように言っている。「アメリカ経済の拡大は、2006年に、連続で5年目となった。経済成長は力強く、実質国内総生産（GDP）は、2006年の第1から第4四半期に3.4％成長した。この力強い成長は、数々の逆風にもかかわらず実現し、アメリカ経済特有の力強さや、減税、規制の抑制、アメリカの財・サービスに対する外国市場の開放のような成長促進の諸政策によってもたらされた」[*29]。

　この好調を続ける経済成長は、力強く増進を続ける個人消費の伸びが大きな

要因であり、個人消費が可処分所得の伸びよりも速く伸びるというここ15年間のパターンを継続させたのだ。したがって、個人貯蓄率は、2006年全体でみるとマイナス1.0％に低下し、これは、第二次世界大戦以来最低の年間水準であった。

こうしたことが起こった要因の一つに、金融資産価値の増大が家計資産の増加をもたらしたことが挙げられよう。その資産効果によって、家計の所得があまり伸びないにもかかわらず個人消費の増加が引き起こされ、貯蓄率をマイナスにするという事態が起こったのだ。1990年代後半と2004年以降の3年間における家計純資産の力強い増加は、個人可処分所得に対する消費支出の大きな伸びと同時に起こっているからだ。アメリカ国民は、膨大な金融資産形成を個人消費拡大に結び付け、マイナスの貯蓄率という尋常ならざる事態を創り出してしまったといえるだろう。

1990年代は、株式資産の価値上昇が顕著だったが、2002年の株式市場大崩落の後、住宅資産が、株式資産に代わって、アメリカ国民の金融資産形成の基軸となった。2003年以降は、景気の回復とともに株式市場の回復も重なり、家計の資産・所得比（純資産／可処分所得）は、5.63倍となった。2002年における株式市場の崩壊は、この比率の低下をもたらしたが、金融緩和政策の下で、住宅市場の堅調が、住宅資産価値の増加によってこの比率を下支え、株式市場の回復とともに5倍を切る状況からこの比率に上昇させたのだ。金融緩和政策による膨大な銀行信用の形成は、この時期において、株式市場と住宅資産市場におけるこれまた膨大な架空資本の形成を可能とした。

家計の資産・所得比の伸びが消費の伸びをサポートしているというのが、新自由主義的景気循環における好況の特徴である点は、ここで指摘しなければならない。とりわけ2003年以降のアメリカの景気循環は、住宅価格の上昇とともに、ホーム・エクイティ・ローンが消費を活発にし、住宅の買い替えに伴う新たなモーゲージ・ローンの組み換えとともに旧住宅の販売による多額の現金化が引き起こされ、個人消費の増加をもたらすことに寄与したことは既述の通りだ。

ブッシュ政権の減税政策とFRBによる徹底的な金融緩和政策が、家計資産急増によって引き起こされる新自由主義的景気高揚を創り出していく。そして、

住宅ブームは、低所得者層を軸として、サブプライム・ローンによる住宅購入を積極化していった。このローンは、ローン設定当初は、金利は低く抑えられているが、2、3年たつと返済金額が急増する仕組みになっている。したがって、住宅価格が上昇していれば、金利再設定によって、返済金額が上昇しても住宅を販売して返済すれば債務不履行は起こらない。債務返済の鍵は、住宅価格の上昇なのだ。つまり、住宅価格が低下すれば、返済不能者が急増し、サブプライム・ローン金融危機勃発ということになる。

2003年6月以降、フェデラルファンド・レートは、1％のレベルだったが、景気回復に伴い、2004年6月には、連邦準備制度理事会公開市場委員会は、フェデラルファンド・レート引き上げに転じ、2006年末には、5.25％の水準にまで上昇した。金融引き締め傾向中で、2006年には住宅価格上昇の鈍化がみられ、すべての住宅関連指標が2006年には急激に落ち始めた。新築住宅販売は、2005年10月から2007年7月にかけてピークから27％下落した。建設業者は、2006年前半には素早く対応し、同年初めに年227万戸のピークを示した住宅着工件数は、この年の末までに160万戸を少し上回る水準にまで減少した。

注
*1 この「架空資本」の現代的形態を、井村喜代子氏は、「虚」という概念で把握する。詳細は、井村喜代子『大戦後資本主義の変質と展開』有斐閣、2016年、第3章を参照のこと。
*2 自己資本比率は、リスク資産を自己資本で割って計算するから、資産を現金化すれば、リスク資産がそれだけ減少するという理由で、自己資本比率は上昇する。
*3 この遊休貨幣資本のアメリカ証券化市場への投資について、井村喜代子氏は、「伝統的な預金金融機関の信用創造が実体経済からの預金に基づいた実体経済のための貸付であるのに対し、預金業務を行わない大手投資銀行等による『新しい信用創造メカニズム』は実体経済のためではなく、『証券の証券化』『投機的金融活動の新展開』のための信用創出である」（前掲書、331ページ）といっている。
*4 その意味では、この現代的な膨大な「架空資本」の形成を「虚」という概

念でとらえた井村氏の見解は卓見である。
* 5　William F. Bassertt and Egon Zakrajsek, "Profits and Balance Sheet Developments at U.S. Commercial Banks in 1999," in *Federal Reserve Bulletin*, June 2000, pp.379-80.
* 6　平井規之監訳『2001米国経済白書』エコノミスト臨時増刊、2001年6月4日号、毎日新聞社、92ページ。
* 7　『資本論』第11分冊、808ページ。
* 8　周知のようにマルクスは、株式資本の増加を利潤率の傾向的低下を阻止する要因の第6番目の要因として挙げているが、それは、「これらの資本は、大きな生産的諸企業に投下されてはいても、すべての費用を差し引いてしまえば、大なり小なりの利子、いわゆる配当をもたらすだけである、という意味においてである」(『資本論』第9分冊、410ページ)と言っている。「たとえば、鉄道の場合がそうである。したがって、これらの資本は一般的利潤率の均等化に加わりはしない」(同上)。しかしマルクスは、次のようにも言っている。「もしこれらの資本(株式資本のこと——引用者)が加わるとすれば、平均利潤率は、はるかに大きく低下するであろう。理論的に考察すれば、これらの資本も計算に入れることができるのであり、その場合には、実存しているように見えて、しかも実際に資本家たちを規定している利潤率よりも低い利潤率が得られる。というのは、まさにこれらの企業では、不変資本が可変資本に比べてもっとも大きいからである」(同上)。
* 9　Leonard Seabrooke, *US Power in International Finance, The Victory of Dividends*, Palgrave, New York, 2001, pp.168-70.
*10　*Ibid.*, p.172, Table6.1.
*11　ロバート・ポーリン著、佐藤良一・芳賀健一訳『失墜するアメリカ経済——ネオリベラル政策とその代替策』日本経済評論社、2008年、69ページ。
*12　萩原伸次郎監訳『米国経済白書2008』エコノミスト臨時増刊、2008年5月26日号、毎日新聞社、付録B TableB-69, B-71.
*13　平井規之監訳『1997米国経済白書』エコノミスト臨時増刊、1997年4月28日号、毎日新聞社、75〜76ページ。
*14　平井規之監訳『1999米国経済白書』エコノミスト臨時増刊、1999年5月31日号、毎日新聞社、95ページ。
*15　ポーリン、前掲書、61ページ。

*16　同上、78ページ。
*17　拙著『米国はいかにして世界経済を支配したか』青灯社、2008年、163～166ページ。
*18　平井規之監訳『1998米国経済白書』エコノミスト臨時増刊、1998年5月4日、毎日新聞社、196ページ。
*19　同上、197ページ。
*20　平井規之監訳『2000米国経済白書』エコノミスト臨時増刊、2000年5月29日号、毎日新聞社、198ページ。
*21　『資本論』第9分冊、428ページ。
*22　同上、429ページ。
*23　萩原伸次郎監訳『2004米国経済白書』エコノミスト臨時増刊、2004年5月17日号、毎日新聞社、38ページ。
*24　Business Week, July 8, 2002.
*25　平井規之監訳『2001米国経済白書』エコノミスト臨時増刊、2001年6月4日号、毎日新聞社、60ページ。
*26　萩原伸次郎監訳『2003米国経済白書』エコノミスト臨時増刊、2003年6月9日号、毎日新聞社、38ページ。
*27　同上、39ページ。
*28　同上、41ページ。
*29　萩原伸次郎監訳『2007米国経済白書』エコノミスト臨時増刊、2007年5月21日号、毎日新聞社、41ページ。

第6章　世界経済危機と『資本論』の論理

1 世界経済危機の発生
――信用主義の重金主義への転化

　既述のように、架空資本の形成は、金融危機に決定的役割を演じる。マルクスの時代は、すでに第1章で詳述したように、商業信用や銀行信用が経済成長過程を加速させ、過度の生産過程の拡大が進行し、最終的にはその信用が崩れ、貨幣を求めての金融危機から恐慌となった。また、1929年大恐慌時には、銀行信用に踊らされた株式資本の膨大な形成が、証券市場において熱狂的なブームを創り出し、この信用主義の破綻とともに、重金主義が、最終的には、信用制度の根幹を形作っていた金本位制までも崩壊させた。

　2007年夏、ヨーロッパで勃発したサブプライム危機は、住宅ブームに関連した銀行資産の証券化に基づく架空資本の形成を一気に崩壊させ、巨大金融機関の根幹を揺るがす危機を引きおこした。

　ここでは、2000年〜01年リセッションから経済回復過程を辿り、2008年金融危機に至る過程を振り返ってみよう。アメリカ経済は既述のように、2003年半ばに回復過程に入っていった。ブッシュ政権の連年の減税政策とFRB（連邦準備制度理事会）の金融緩和政策は、「ニューエコノミー」後のアメリカ経済を回復過程に移行させるのにそれなりの効果があったといっていいだろう。したがって、アメリカ経済の回復の足取りが確かになるにつれ、FRBは、金融緩和から金融引き締めに徐々に政策を変更していくこととなった。住宅価格が、2000年〜01年リセッションに突入しながらも、下落することなく上昇を続けたのは、このリセッションの特徴であった。それが、2001年末から2002年中頃にかけて企業の粉飾決算・会計事件に端を発する株式市場の大混乱を大恐慌に至らしめなかった大きな要因であったことは既述の通りだ。しかし、このFRBの金融政策の変更は、住宅価格の上昇を徐々になだらかにして、住宅所有者がホーム・エクイティ・ローンを組み個人消費を活発にしたり、リファイナンスによってより大きな住宅へと買い替えることを、困難にしていくことの要因となった。

こうして、住宅市場の軟化状況を背景に、従来から住宅金融の主力であったプライム・ローンの組成が頭打ちになっていくと、主要金融機関は、従来は見向きもしなかったサブプライム・ローンへと貸付先を変更していくこととなる。サブプライム・ローンとは、サブのローンなのだから二流、三流のローンのことだ。クレジット・カードの支払いができず、延滞を繰り返すような信用力の低い人や低所得者層を対象にした住宅ローンのことである。低利のローンでリファイナンスを繰り返す時代は過去のものとなりつつあり、貸付先に困った強欲な金融機関が目を付けたのが、サブプライム・ローンであったということになる。返済能力の低い人たちのためと称して、最初の２、３年は低額の返済額を設定し、その後、突如返済額を急上昇させるという詐欺まがいの略奪的方法で貸付を拡大した。住宅価格が上昇しているうちは、たとえ返済に困っても、担保の住宅を販売して借金を返済すればことは済み、債務不履行にはならない。

　貸し付けられたサブプライム・ローンに基づく債権は、大手金融機関が買い取り、ローンを証券化して、傘下のサブプライム関連商品に投資する特定目的会社（SIV）に証券化したモーゲージ担保証券（MBS: mortgage-backed securities）を販売する。この証券化商品は、一般の株式取引とは異なり、相対取引であるから格付け会社の評価が必要となる。格付け会社は、金融機関と利害を共有するから、これら証券化商品をトリプルＡなどと実際よりも高く評価し、これら証券化商品は、世界の投資機関へさらに売りさばかれるということになった。

　商業銀行や銀行信用、さらには株式制度に基づく架空資本の形成と比較すると、アメリカにおける証券化を通じた架空資本の形成は、より一層膨大な規模で拡大したといえるだろう。住宅購入者への元々の貸付業者（originators）は、住宅担保（モーゲージ）を売り払い、現金を獲得し、さらなる信用を拡大する。モーゲージを買い取った金融機関は、MBSのような新たな証券化商品を創り出し、世界の投資家へ売りまくる。証券化を通した架空資本の形成は、金融機関の詐欺的手法によって、もとの価値を何倍にも増幅した資本価値として増加を続けていくことになった[*1]。

　ところで、このサブプライム・モーゲージ・ローンを通じた経済的繁栄は、永久に継続できるものなのだろうか。その限度は何なのか。まず、住宅購入者の所得がその制限になることは明確だろう。サブプライム・ローンは、２、３

年経つと返済額が急増する仕組みになっている。

　そもそもサブプライム・ローンとは、信用力の低い人向けのローンだったことを想起してほしい。しかも、2001年ブッシュ政権の誕生後、富裕者優遇の減税政策が一貫して展開され、景気拡大にもかかわらず格差が拡大し、貧困層の増大が深刻な社会問題として議論されつつあった[*2]。こうした低所得層が、サブプライム・ローンで住宅を購入していたとすれば、この住宅ブームも早晩破綻することは明らかだった。マルクスがかつていみじくも指摘した「すべての現実の恐慌の究極の根拠は、依然としてつねに、資本主義的生産の衝動と対比しての、すなわち、社会の絶対的消費能力だけがその限界をなしているかのように生産諸力を発展させようとするその衝動と対比しての、大衆の貧困と消費制限である[*3]」をもじって言えば、「サブプライム・ローン危機の究極の根拠は、資本主義的住宅販売の衝動と対比しての、すなわち、社会の絶対的住宅購入能力だけがその限界をなしているかのように住宅販売を発展させようとするその衝動と対比しての、大衆の貧困と消費制限である」ということができるだろう。

　もちろん、住宅価格が上昇していれば、既述のように、担保の住宅を販売し住宅ローンを完済することは可能であるし、リファイナンスでより大きい住宅を、キャッシュアウトした現金を頭金にして購入することだって可能だった。しかし、住宅価格が頭打ちになり、いやそれどころか、その価格が下落し始めると、完済は困難だ。結局、2006年末には、住宅価格の下落が開始され、担保住宅の抵当流れが急増するということになった。サブプライム・モーゲージは、2002年時では、全体のモーゲージのたった6％にしかすぎなかったのだが、2006年末には、20％も占めるようになっていた[*4]。

　モーゲージ担保証券を基盤とする仕組み証券の価値は、モーゲージ担保証券の価値下落とともに地に落ちた。金融機関は、モーゲージ関連証券を購入するため、資産担保コマーシャルペーパーのような短期担保貸付資本を多額借入れていた。投資銀行は平均すると、毎晩、彼らのバランスシートの4分の1を借り換えるためにオーバーナイト・ローンに依存していたといわれる。短期資本の貸し手は、担保資産価格の不確実性ゆえ、投資銀行が負債を借り換えることを突如拒否した。あまりにも多額の借入金に依存していた大手投資銀行は、資金調達のため、資産売却を余儀なくされた。大手投資銀行は、およそ25倍のレ

ヴァレッジをかけていたという。つまりこれは、100ドルの資産のうち96ドルを借入によって調達し、残りのわずか4ドルのみが自己資本ということを意味する。多くの投資銀行が資産売却を一斉に行うのだから、資産価格は急落するし、貨幣を求めての借り手の殺到は、短期金利の急騰をもたらす。これらの一連の事態は、マルクスの次の言葉を彷彿とさせる。

「ブルジョアは、繁栄に酔いしれ、蒙を啓くとばかりにうぬぼれて、貨幣などは空虚な妄想だと宣言していた。商品だけが貨幣だ、と。ところがいまや世界市場には、貨幣だけが商品だ！　という声が響き渡る。鹿が清水を慕いあえぐように、ブルジョアの魂も貨幣を、この唯一の富を求めて慕いあえぐ。恐慌においては、商品とその価値姿態である貨幣との対立は絶対的矛盾にまで高められる。それゆえまた、この場合には貨幣の現象形態はなんであろうとかまわない。支払いに用いられるのが、金であろうと、銀行券などのような信用貨幣であろうと、貨幣飢饉は貨幣飢饉である」。

サブプライム・ローン危機において、証券化された商品と貨幣との対立は、まさに絶対的矛盾のレベルにまで高められた。2008年3月アメリカ主要投資銀行の一つベアー・スターンズが破綻する。ベアー・スターンズの資産は、モーゲージ担保証券に高度に集中していた。2008年3月10日、ベアー・スターンズ社の流動性問題に関する噂が広まり「取り付け」を引き起こす。貨幣飢饉の発生だ。ベアー・スターンズの担保権を持つ貸し手の多くが短期融資契約・ロール・オーバーを拒否した。3月14日、ニューヨーク連邦準備銀行は、緊急融資を実行する。しかし、下方スパイラルに歯止めをかけることができず、破綻、3月16日、ベアー・スターンズは、ニューヨーク連銀の緊急支援でJ.P.モルガン・チェースに買収されることになった。

危機は、2008年9月7日に深まる。連邦住宅金融監督局（FHFA）が、巨大モーゲージ会社、ファニー・メイ（Fannie Mae）とフレディ・マック（Freddie Mac）の2社を管理下に置いたと発表し、財務省は、連銀を通じて公的資金を注入した。FHFAは、これら2社が保有するモーゲージ関連資産価値が安全かつ健全な運営を不可能とするレベルまで悪化したと判断したからであった。

さらに1週間後、2008年9月14日日曜日、投資銀行リーマン・ブラザーズが破綻を申請し、また別の投資銀行メリルリンチのバンク・オブ・アメリカによ

る買収交渉が明らかになった。どちらの投資銀行も数十億ドルものモーゲージ関連資産の評価損を被ったのであった。

　2日後の2008年9月16日には、大手保険会社アメリカン・インターナショナル・グループ（AIG）が連邦準備制度によって、かろうじて救済された。AIGは、複雑なモーゲージ担保証券（MBS）の損失をカヴァーするクレジット・デフォルト・スワップ（CDS）契約から数十億ドルに上る損失を被ったのである。CDSの買い手は、契約期間を通して、売り手が一連の保険契約に類似した支払いを行う契約に同意する。つまり、CDSの買い手は、信用手段の債務不履行リスクに保険をかけ、債務不履行に陥った場合、売り手から事前に定められた支払いを受ける契約を結ぶのである。CDSの売り手は保険会社である。AIGの場合、契約相手の大半は、銀行であり、銀行は、CDSによって自行のバランスシート上のMBSの価値下落にヘッジをかけたのである。価値下落に伴って、AIGには、その契約相手に現金担保を収めることが課せられたのであるが、その金額があまりに大きかったため、AIGは、流動性危機、すなわち貨幣飢饉に見舞われたのだった。[*7]

2　新自由主義的国際金融システムと金融危機

　サブプライム・ローン危機が、2007年夏、ヨーロッパで起こったことは偶然ではなかった。サブプライム関連金融商品にヨーロッパの投資機関が積極的に投資していたからだ。今や、アメリカの住宅市場は、モーゲージの証券化によって、世界的に支えられていたのである。ドイツに住む実業家が、今では、モーゲージ担保証券を購入するヘッジファンドに投資することが可能なのだが、このモーゲージ担保証券は、例えば、アメリカ、ミネソタ在住の住宅ローン貸付業者からモーゲージを集めて組成したものなのだ。このドイツ人実業家によるヘッジファンドへの投資が、例えば、ミネソタ在住のマイホームを購入したい教員に対する貸付を支えていることになる。

　このように、アメリカで急速に広がった証券化の波は、グローバルに広がり、

今やアメリカ住宅市場は、世界の投資資金によって支えられる事態となったのである。しかし、モーゲージ担保証券の価値は、モーゲージ・ローンの元利払いに裏付けられているのであって、それが滞れば、架空資本としての価値は灰燼に帰することになる。2007年夏のヨーロッパにおける危機の顕在化は、そうした証券化を通じて統合化が進む世界の金融市場の存在があっての出来事だったといえるだろう。

第1章で詳述したように、マルクスの時代も、世界恐慌がイギリスを震源地として世界経済に波及したことがあった。世界経済の現実の消費水準をはるかに超える、過剰輸入・輸出が原因で、各伍発射のように次々と金流出が引き起こされ、各国が世界恐慌に巻き込まれていった。すなわち、マルクスの時代、金本位制の下で、国際貿易取引の過剰から恐慌が世界化した。取引の過剰は、イギリス、ロンバート・ストリートにおいて、イングランド銀行を信用創造の元締めとする、ポンド為替の投機的取引を含む過剰な国際貿易金融によって引き起こされた。

しかしながら、新自由主義的国際金融システムにおける金融危機は、国際貿易取引の実需を超えた過剰取引の破綻から起こるのではなく、国際的資本投資の過剰な展開とその失敗によって引きおこされるのだ。貿易収支・経常収支上の問題としてではなく、直接的には、国際資本収支上の問題として事態が進行しているといえるのだ。なぜそうなのか、歴史を振り返って考察を進めてみよう。

世界金融危機勃発の歴史的条件

現代の金融危機が世界的に波及するのは、「大金融業者と株式仲買人たち」の力が復権し、国際資本取引の自由化とともに、国際投機資本の活動の自由化が進展したからだ。1971年8月15日の金とドルとの交換停止、1973年変動相場制への移行、アメリカにおける国際資本取引の自由化は、ケインズ的国際金融システムの崩壊を意味し、新自由主義的国際金融システム構築の歴史的画期となった。したがって、本書では、第4章においてケインズ的国際金融システムの崩壊と新自由主義的国際金融システムの構築について詳述した。

第二次世界大戦後、世界の経済システムは、金本位制を離れ、ドルを国際通貨とするケインズ的国際金融システムに移行した。もちろん、世界の経済システムとはいっても、そのシステムは、地球の北半分、しかも、西側諸国のアメリカを基軸とする経済システムだった。このシステムは、1930年代の世界経済の崩壊の教訓に学び、国際貿易を活発にすることによる完全雇用創出を目的とした。したがって、固定相場制の下で、経常取引の自由化が目指された。国際資本取引は規制され、とりわけ国際的投機取引は厳しく禁じられた。ドルを国際通貨にするとはいっても、世界各国の経常取引を円滑に行う程度のドルをアメリカが世界に供給すればいいのであって、それ以外の過剰なドルは不要であるから、アメリカは各国通貨当局と金1トロイオンス35ドルの公定レートでの金交換を約束した。

　しかし、ユーロダラー市場の形成とともに、単に経常取引上必要とされるドルのみならず、国際資本取引上必要とされるドル需要が、アメリカ企業の多国籍化とともに形成されてきたといっていいだろう。国際貿易決済において必要とされる国際貿易金融とは異質の国際投資金融において必要とされるドルだ。あえて比喩的に言えば、アメリカ金融機関が、「世界の銀行」の役割から、「世界の投資銀行」の役割へと変身したと言ってもいい。「世界の投資銀行」は、国際収支における資本取引の自由化を要求するし、それは、必然的に固定相場制から変動相場制への為替システムの転換を求めることになる。為替の動きを相場に任せて自由にしなければ、資本の流出入に対して通貨当局は常に固定相場を維持するために為替介入をしなければならない。そうなると、国内のマネー・サプライに多大なる影響が出る可能性があるから、金融政策の自立性は、それでは保てない。したがって、為替は変動相場制にすることが求められるのである。

　アメリカ経済には、1973年以降、国際的資本取引の自由と変動相場制への移行によって、国際収支上、どのような変化がもたらされたのであろうか。ここでまずいえることは、国際資本取引の自由によって、金融（投資）勘定の取引が年を経るごとに巨額化してきたことであろう。

　かつて、レーニンは、『帝国主義論』において、次のように言ったことがある。「自由競争が完全に支配する古い資本主義にとっては、商品の輸出が典型

的であった。だが、独占体が支配する最新の資本主義にとっては、資本の輸出が典型的となった」[*8]。このアナロジーに従えば、私たちは次のように言うことができるだろう。「ケインズ主義が支配していた古い資本主義にとっては、商品の輸出が典型的であった。だが、新自由主義が支配する最新の資本主義にとっては、資本の輸出が典型的になった」と。

　ここで、ケインズ主義が支配していた1960年と、新自由主義が支配する2000年のアメリカの商品輸出と資本輸出を比較してみよう。1960年のアメリカの商品輸出額は196億5000万ドル、民間資本輸出額は51億4400万ドル、商品輸出額／民間資本輸出額は3.8だった。一方、2000年のアメリカ商品輸出額は7719億9400万ドル、民間資本輸出額は5592億9200万ドル、商品輸出額／民間資本輸出額は1.38だった。つまり1960年においては、商品輸出は、民間資本輸出の3.8倍もあったのだが、2000年には1.38倍と、相対的比重は激減した。それは、この40年間で商品輸出が39.3倍の伸びを示したのに対して、民間資本輸出は、なんと108.7倍の伸びを示したからであった。ここからも、今日においてはいかに多額の資本輸出がアメリカから世界へ行われているかがわかる。

　もちろん、多額の資本輸出は、アメリカからだけ行われているわけではない。諸外国からアメリカへの多額の資本輸出が行われていることに注意しなければならない。1960年に諸外国からアメリカに資本輸出された金額は、22億9400万ドルだった。2000年にその金額は、1兆468億9600万ドルもの数値を記録した。もちろんこの金額には、アメリカの経常収支赤字から自動的に発生する4151億5000万ドルも含まれているから、アメリカからの資本輸出額より大きい数値になるのだ。

　1973年の変動相場制への移行、1974年アメリカにおける資本移動の規制の撤廃は、多国籍企業を基軸とする国際資本移動を国際経済取引の中軸へ押し上げる制度的改革であった。ここでは、経常収支の動きから自動的に生じる資本収支の動きと、国際資本取引の独自の動きから生じる資本収支の動きとを区別して考えなくてはならない。経常収支の赤字と資本収支の黒字、また経常収支の黒字と資本収支の赤字は一致しなければならない。アメリカから商品輸出が行われると、自動的にアメリカの短期対外債権が発生する。つまり、経常収支の黒と同時に資本収支の赤が記録される。商品輸入は、その逆に、アメリカに対

外短期債務が発生する。つまり、経常収支の赤と同時に資本収支の黒が発生する。したがって、アメリカの経常収支の赤字が黒字を超えると、その差額分だけ対外短期債務が発生するので、資本収支は、黒となる。これが、経常収支の赤字が、同時に資本収支の黒字となる理屈だ。この場合、あくまでも経常収支の動きが独立で、それに資本収支が従属するのだ。

それに対して資本収支の独自の動きは、経常収支とは直接関係はないのだ。アメリカから資本輸出が独自に行われると、アメリカに対外債権が発生する。と同時に、自動的にアメリカに対外短期債務が発生する。資本輸出をすれば、そのためには、現地の通貨を買いドルを売らなければならないから、アメリカに対外債権が発生すると同時に、対外短期債務が発生するのだ。現地の通貨で工場を建てればその分アメリカの債権は増加するわけだが、ドルが外国の手に入るからその分、アメリカにとっては、短期債務が増えるというわけだ。

逆に、アメリカに資本が輸入されるとすると、アメリカに対外債務が発生すると同時に外国のドル残高が減少するという形で、アメリカの対外短期債務が減少する。たとえば、日本企業がアメリカの国債を買ったとすれば、アメリカの債務が増えると同時に、日本のドル残高がその分減少し、アメリカの短期債務が減少する。

したがって、アメリカによる資本輸出が行われるとアメリカに対外債権が形成されると同時に短期債務が形成されるから、資本収支としては、勘定はゼロとなる。資本輸入の場合も、対外債務が形成されると同時に対外短期債務額がその分減るから、資本勘定としては、ゼロとなる。

経常収支の赤字・黒字が大きくなると、それと同時に資本収支の黒字・赤字がその分、大きくなり、国際収支上のバランスが図られるが、資本収支の黒字は、資本収支上の赤字で相殺され、資本収支の赤字は、資本収支上の黒字で相殺されるのである。

したがって、ある国が対外的債権国あるいは対外的債務国になるか否かは、常にその国の経常収支の動向が鍵を握っているのだ。経常収支の黒字が続けば、対外的債権国になるし、逆に赤字が続けば、対外的債務国になるのだ。アメリカの場合、ドルが基軸通貨であり続ければ、論理上、経常収支の赤字を継続させ、対外的債務国の状況を続けることは可能となる。

国際資本取引の自由化によって、アメリカは、金融を通じて強大な経済的覇権を確立する道を歩み始めた。日本との交渉では、1983年アメリカ大統領ロナルド・レーガンの来日を機に展開された対日金融自由化要求がそれであり、1984年4月1日の為替取引の実需原則の撤廃と同年6月、円転換規制の撤廃が行われた。日本の金融自由化・国際化は、アメリカ商業銀行と投資銀行が対日進出し、彼らのとビジネス・チャンスを狙ったものであった。

　「日米・円ドル委員会」の最終答申の一つとして、日本の金融・資本市場へのアクセスの改善が盛り込まれた。そこには、外国銀行の信託業務参加への許可、外国証券会社の東京証券取引所会員権の確保、在日外国銀行の国債窓口販売の許可などが要求されたことからみても、アメリカ金融機関の日本進出を狙った思惑が働いていたといえるだろう。もちろん、この金融自由化・国際化は、貿易収支・経常収支黒字を背景に日本が資本輸出大国、すなわち世界最大の債権国へ進む道を指し示した政策でもあったといえるだろう。アメリカからすれば、日本の巨額な貯蓄を金融市場の自由化によってアメリカ国債に投資させる絶好の機会でもあった。

　日本のみならず、アメリカは、1980年代後半から1990年代にかけて、世界各地における資本収支勘定の自由化を要求していった。東アジアでは、インドをはじめ多くの発展途上国が資本収支勘定の自由化を行い、1991年12月のソ連消滅後、その傾向はグローバルに展開し、多くの国で国際資本取引の自由化が進行した。わが国日本では、1998年4月に「外国為替及び外国貿易法」が、「外国為替及び外国貿易管理法」を抜本的に改正し施行されることになった。これによって、外国為替公認銀行および両替商の認可制度を廃止し、外国為替業務の参入を自由とした。また、海外預金・送金を自由にし、海外との外国為替取引における事前許可性を廃止した。さらに、指定証券制度の廃止によって、海外証券投資の自由化が実現した。

　こうした国際資本取引の自由化は、ある特定地域への資本の世界的規模の集中的投資による経済的活況と投資の行き過ぎを誘発し、経済的危機勃発の要因となる[*9]。しかし、それはアメリカ多国籍企業・金融機関にとっては、資本を国際的に動かすまたとない機会となるわけだ。とりわけ、アメリカ商業銀行は、証券化された市場から莫大な利益を上げており、また世界的な証券化は、世界

的な架空資本形成を通じて、アメリカ金融機関の経済的覇権の基盤ともなっていることに注目しなければならない。

国際金融危機を検討する場合、今日の世界経済の基軸通貨として君臨するドルの相場決定をみておく必要があるだろう。いうまでもなく、ドル相場は、外国為替市場におけるドルの需要と供給によって決定される。しかし、戦後長らくドル相場は、1ドル360円というように固定されていた。国際資本取引は規制されていたから、外国為替相場は、基本的に経常収支を中心に取引が行われ、資本収支の取引額が、国際的投機資本をも含む膨大な取引によって膨れ上がるというような事態は決して起こらなかった。したがって、ある一定の固定相場の下で経常収支の黒字が継続し、あまりに多くの外貨が蓄積されると、IMF（国際通貨基金）においてその通貨の切り上げが議論され、その結果、IMFにおいてその通貨の切り上げが決定された。また逆に、経常収支の赤字が継続すると、切り下げが検討され、実施された。

しかしながら、1973年、主要先進国の変動相場制への移行、そして国際資本取引の自由が進むと、為替は外国市場における需要供給によって決定されるようになった。ここでは、国際資本取引の自由化がドル相場の決定にどのような影響を与えたのかについて検討を加えることにしよう。

まず、1973年変動相場制と1974年アメリカによる国定資本取引の規制撤廃は、外国為替市場に先物相場を誕生させ、為替取引の爆発的拡大を創り出した。なぜかといえば、固定相場制と異なって変動相場制では、通貨の為替相場が安定しないから、先物相場によって将来の為替相場を確定し、取引を円滑に進める必要が出てきたからだった。しかし、この先物為替相場の出現は、同時に為替の投機的取引の爆発的激増を生み出した。将来的にある通貨の直物相場が上がると思う相場師は、その通貨を先物で安く買っておき、予想通り直物相場が上がれば、先物で約束していた安い価格でその通貨を購入し、その時点の高い直物相場で売り払えば、利ザヤが稼げるからだ。

1980年代には、グローバルな債券市場が誕生し、1990年代にはグローバルな株式市場が出現する。債券市場や株式市場になると長期の証券投資や直接投資が外国為替市場において通貨の需要供給を創り出していくことになる。短期から中期から長期まで、経常取引に関わらない、さまざまな経常取引に関わらな

い、純然に資本収支のみに関わる資本が、グローバルに国際金融市場を駆け巡る時代となったのだ。

　チャールズ・キンドルバーガーは、こうした状況について、次のように言っている。「ユーロカレンシー市場で取引され世界を日ごと動き回る巨額な資金は、不安定さを創り出している。世界の富は、1950年以来、見事なスケールで増大し、その流動資産の比率は上昇してきた。流動資産額は、したがって巨額であり、それは市場心理の変化に対応して、他の通貨、銀行あるいは金融センターとの間を瞬時に移動することができる。……市場参加者は、世界規模で同じ情報や見通しに接することができ、お互いの行動を観察するので、広範に意見を変化させ、巨額な国際的資金の動きを創り出すことが可能となった[*10]」。

　資金というよりは、資本というのが正しい表現と思われるが、キンドルバーガーは、国際金融市場の変貌を的確につかんでいるといえるだろう。今や、国際的に貨幣資本を動かすことが自由だから、国際金融市場で資本を取引する人たちは、ある通貨から別の通貨に資本を移動させて瞬時に莫大な利益をあげるということを、ユーロカレンシー市場で学んだのだ。こうして、1970年ごろには、毎年の外国為替取引額は、貿易と長期投資の２倍以下だったのだが、それが近年では、80倍とか100倍とか桁違いに大きな数値となっている。すなわち、貿易取引あるいは経常取引は、対外総取引のほんのわずかな部分であって、それはもはや為替レートを決定する中心部分ではなくなっているのだ。

　国際収支における資本取引の自由化が進められる中、国際資本取引額が膨大化しており、ドル相場は、ドルをめぐる国際資本取引の動きによって決定されるようになった。ということは、為替レートが資産価格となったということであり、投資家が、為替を投資対象と考え、投資からその為替への需要が生み出され、販売からその為替の供給がなされる、資産となった為替の売り買いによって、為替相場が形成されるということなのだ。

　外国為替市場とりわけドルの為替レートの決定メカニズムにおいて、国際間の資産運用が重要なファクターとなっていることは明らかだ。今や、外国為替市場におけるドルの需要供給は、貿易によって創り出される部分に比べて、国際的資産運用によって創り出される部分が極めて大きくなってきている、しかも、その資産運用には、アメリカにおける証券化の急速な進展が関わっている

ことに注目しなければならない。アメリカ経済の急速な証券化は、まさしく、アメリカ型金融システムを形成するものだったが、アメリカ証券市場ならびに証券化市場の地位を格段に上昇させた。かつての産業の控えめな仲介者であったアメリカ商業銀行を証券市場・証券化市場に結び付け、今やアメリカ証券市場・証券化市場には、世界からの遊休貨幣資本が集中し、アメリカ証券市場・証券化市場において形成される資本資産の将来的収益率がドルの為替レートを決定しているといっても過言ではない。

国際経済危機の勃発

A 2008年金融危機の国際展開

2008年9月のリーマン・ショック以降、危機は世界に波及し、まさにこの世界経済危機は、1929年大恐慌以来の危機の到来といわれた。しかし、この世界経済危機とその後の事態は、1929年10月以降の世界経済の状況と比較すると明らかに異なる。ここでは、まず世界経済危機がどのように展開したかについて述べてみよう。

2008年危機が、まさしく金融危機に端を発する危機であったことは明確だ。国際金融市場と為替市場に大きなショックが走ったが、金融的ショックは、銀行間貸付金利の急騰という事態になった。つまり、ドルを基軸に構築されていた信用構造が崩れ、ドルを求めての「貨幣飢饉」が国際的に引き起こされたのだ。まさに、マルクスが論じた「信用主義から重金主義への転化」が、この場面でも引き起こされたということになる。リーマン・ショック以降、金融危機の深化の中で、銀行の資産価値への不信が、銀行がお互いに融通しあう金利の急騰を引き起こしたのだ。

さらに、国外において深刻なドル不足が発生した。このドル不足は、一定期間、外貨とドルを交換する、為替スワップの費用を急上昇させた。というのは、アメリカ国外の銀行が、通貨ミスマッチの回避のため、借り入れたドルでドル建て資産を取得していたのだが、その借り入れはほぼ短期であり、アメリカの短期金融資産ファンド（投資信託）から行っていたのだ。しかし、リーマン・ショックで投資家が資本を投資信託から引きあげ始めたため、投資信託からの

資本獲得が難しくなり、彼らは為替スワップ市場でドルを獲得しようとした。だから、為替スワップ費用の上昇が引き起こされたというわけである。

さらに、アメリカ国外の銀行が、自国通貨、例えばユーロで借りて、そのユーロをドルに交換し、在米資産を取得するためにドルを使用するのだが、アメリカ国外の銀行のスワップの期限が切れたとき、誰かがドルを融資しないと、借り入れているドルを返済するためにドル建て資産を売らなければならない。銀行がリスクを抱えることに神経質になり、ドル供給が円滑に行われなくなると、通貨スワップの価格が大きく引き上げられるのである。

金融市場の安定性への疑問が、リーマン・ショックを契機に一気に高まったから、投資家は、損失の危険があるリスキーなポジションを借入金で維持することを行わなくなる。マルクスがかつて金融危機の時にいみじくも指摘した、信用主義の重金主義への転化がこの21世紀の金融危機においても引き起こされているのだ。この行動は、「ドル飢饉」と同時に「キャリートレード」の巻き返しを引き起こした。このキャリートレードとは、投資家が円などの低金利の資本を借り入れ、その資本をオーストラリア・ドルのような高利の資本と交換すべく売却し、交換した高利な貨幣資本に投資し利益を得るという国際的金融投資のことである。金利が日本では1％で、オーストラリアが6％であるとすれば、為替相場が動かなければ、キャリートレードによって金融投資家は、5％の利益を享受できる。2000年代半ばに起こり、ヘッジファンドやその他の投資家が好む戦略になった。しかし、金融危機が襲ったとき、金融投資家は、リスクとレヴァレッジを減らそうと、巻き返しの行動に出、高金利貨幣資本の急激な売却による為替相場の急落と低金利の資本調達通貨の相場の上昇となった。日本円は、低金利の資本調達通貨だったから上昇し、オーストラリア、ブラジル、アイスランドなどの通貨は、急落した。円・ドル関係に限っていえば、キャリートレードの巻き返しによって、ドル安・円高となったことはいうまでもない。

アメリカの大幅な経常収支赤字と住宅市場その他資産市場の崩壊によって、在米資産保有が好まれなくなり、ドル暴落を予測する者もいたが、事態は逆に、信用崩壊からの「ドル飢饉」によって、ドル相場は上昇したのだ。また、安全への逃避として、多くの資産家は、ドルとアメリカ財務省証券を購入した。

B 世界貿易の崩壊と再生

　2008年世界経済危機は、貿易の劇的減少を引き起こした。世界貿易は、大恐慌期の貿易額の落ち込みをはるかに超えるスピードで落ち込んだ。2008年7月のピークから2009年2月に底をつくまで、世界の名目輸出額は、36％も下落した。アメリカの名目商品輸出額は、同時期28％の下落、輸入は38％の下落だった。国内で住宅バブルや金融危機を経験しなかったドイツ、日本では、世界経済危機による外需の激減によって輸出が急減した。ドイツでは、2008年第4四半期に純輸出の下落が、GDP（国内総生産）下落9.4％ポイントのうち8.1％ポイントを占めた。日本では、同時期、純輸出は GDP 下落10.2％ポイントのうち9.0％ポイントを占めた。

　この世界経済危機において、大恐慌期における国際貿易の落ち込み額をはるかに超えたのは、かつてとは異なる世界経済の状況が影響したことが指摘されるだろう。その第一は、グローバル・サプライ・チェーンが国際貿易下落に果たした役割だ。今日の世界経済では、19世紀のマルクスの時代や大恐慌期と異なって、主力輸出企業が、一国で原材料から完成品まで一貫して生産するということは稀だ。今日、国際貿易額において、多くの比率を占める多国籍企業の生産では、製品の各部分は異なる国で製造されるか、組み立てられ、中間投入財はある国から別の国へと、しばしば、一企業のある支店から別の支店に運ばれ、それらが仕上げのために最終仕上げ地に送られるのだ。たとえば、ある企業が、80ドルの投入財を輸入して20ドルの付加価値をつけて、100ドルの財を輸出したとしよう。その財に対する需要が消滅すれば、100ドルの財を輸出する国は、GDP は、20ドル減少するだけだが、輸出は100ドル減少し、輸入は80ドル減少することになる。したがって、輸出と輸入の平均として計測される貿易額は、90ドル減少することになるのだ。この世界経済危機において、対 GDP 比で貿易額が過去最高落ち込んだといわれるのだが、それは、今日の国際貿易において、多国籍企業の役割が大きくなっていることを示すものといえるだろう。

　輸出を減少させた第二の要因として、国際貿易における金融コストの上昇が指摘される。いうまでもなく、世界金融市場での金融逼迫（ひっぱく）は、貿易金融の金利

上昇を引き起こし、輸出しにくい状況をつくりだした可能性があるというのだ。輸出業者は、輸出に際して輸出手形を銀行に買い取ってもらい輸出代金を獲得するわけだが、その金利が高ければ、当然獲得輸出代金は減少することになる。もっとも、危機時のアメリカ貿易額の減少に、貿易信用が一役買ったという証拠は、ないとする見解もある。[*11]

　第三は、投資財と耐久消費財が商品貿易のかなりの部分を占めており、投資財がアメリカ輸出の57％、輸入の47％であり、経済危機におけるその落ち込みは、他の財より大きいとされる。というのは、投資財と耐久消費財は、経済危機になると買い控える傾向になるからだ。

　こうした要因による国際貿易の落ち込みは、世界的に産出の減少に結びついた。GDP年率6％を超える収縮を示した2008年から09年冬にかけての危機的衝撃は、先進国の工業生産の落ち込みを伴った。図6−1に見られるように、先進国の工業生産は、2009年1月には、2008年1月の水準を10％以上も下回ったのだ。とりわけ日本は、他の先進諸国に比較してはるかに悪い状況だった。

　新興工業諸国においても、図6−2に見られるように、メキシコ、ブラジルの工業生産の落ち込みは厳しく、年率20％も収縮した。しかしながら、平均すると新興工業諸国では、危機からすぐ回復しており、中国、インドでは、生産ペースを少々落とした程度にしか過ぎなかった。この新興工業諸国の全体的な実績は、1929年大恐慌期とは、まったく異なる状況といっていいだろう。大恐慌期は、長期にわたって国際貿易は低迷した。

　しかし今回は、先進諸国を基軸に国際貿易の激減が引き起こされたが、新興工業諸国の急激な立ち直りによって、国際貿易は、急速にリーマン・ショック前の水準を回復することになった。2008年9月15日のリーマン・ショックに始まる世界経済危機は、1929年に始まる大恐慌以来の深刻な危機ではあった。しかし、大恐慌と比較するとその立ち直りは確かに速かったのだ。それはなぜだったのか。

C　国際金融危機と世界の危機対策

　〈金融政策〉その第一の要因は、世界中での金融当局の一致した強力な対応だったといえるだろう。リーマン・ショックの直後、世界の主要中央銀行は、

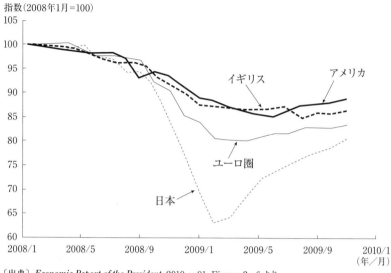

図6-1 先進国における工業生産

〔出典〕 *Economic Report of the President*, 2010, p.91, Figure 3-6 より。

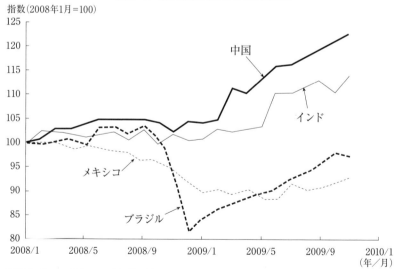

図6-2 新興経済国における工業生産

〔出典〕 *Economic Report of the President*, 2010, p.92, Figure 3-7 より。

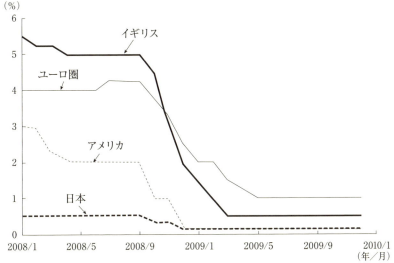

図6-3 中央銀行をもつ主要国・地域の政策金利

〔出典〕*Economic Report of the President*, 2010, p.94, Figure 3-9 より。

2008年10月8日、断固とした措置として、協調利下げで対応したからだ。20カ国財務相・中央銀行総裁会議（G20）の主要諸国すべてで金利が引き下げられた。2009年3月までに、連邦準備制度、日本銀行、イングランド銀行など、また続いて欧州中央銀行などが、図6-3に見られるように、政策金利の引き下げを行った。

　第二に各国中央銀行は、利下げだけではなく市中銀行から多額の資産を購入し、マネタリーベースの供給を行った。とりわけイングランド銀行と連邦準備制度は、急速に多額の資産を購入したが、欧州中央銀行はそれほど多くの資産は購入しなかった。また、日本銀行は、日本の商業銀行がヨーロッパ金融機関のように多額のサブプライム関連の金融商品を購入しなかったこともあって、バランスシートを拡大して救済作戦に出るということはなかった。

　第三に、この世界経済危機における対応として注目されるのは、中央銀行によってなされた流動性スワップという措置である。ドルを基軸とする国際信用連鎖が断ち切られることによって引き起こされた「貨幣飢饉」に対応した措置である。通貨に対する需要があった中央銀行は、中央銀行流動性スワップを通

第6章　世界経済危機と『資本論』の論理　331

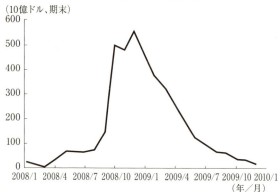

図6-4 連邦準備制度の中央銀行流動性スワップ

〔出典〕*Economic Report of the President*, 2010, p.97, Figure 3-11 より。

じて相手の中央銀行に対して巨額の流動性を与えることにより、外貨不足に対応したのだった。これらの取り決めの多くにおいて、連邦準備制度は、米ドルと引き換えに外貨を購入し、同時に、将来の約定期日に同額のドルと引き換えに外貨を返還することに同意したのである。図6-4に明瞭にみられるように、2008年8月から同年12月まで、為替スワップは、670億ドルから5530億ドルまで増加したのである。この大量の流動性供給は、IMF（国際通貨基金）の利用可能な融資額よりも大きく、アメリカは、2008年10月29日にもこのプログラムを適用し、ブラジル、シンガポール、韓国にそれぞれ最大300億ドルもの融資枠を提供したのだ。[12]

これら各国中央銀行の協調的な緊急措置が、世界経済危機をかつてのような大恐慌時の金融システムの全面的崩壊に立ち至らせなかった大きな要因といってよい。アメリカの著名なマネタリスト、ミルトン・フリードマンが、かつて、連邦準備銀行による流動性供給不足が、大恐慌において銀行恐慌を激しくした要因であったと指摘したことは、よく知られている。[13]本書第2章において詳述したように、より積極的な金融政策が危機を緩和したかもしれない。確かに、1932年から翌33年3月にかけての銀行破産件数の激増は、すさまじいものだった。しかし、この金融恐慌の激しさは、アメリカが金本位制をとっていたがゆえの事態であったことを忘れてはならない。この時期の貨幣退蔵は、金貨（gold coin）への追求を意味していたからだ。

〈財政出動〉この世界経済危機は、各国政府の積極的財政支出政策を導き出したことも、1929年に始まる大恐慌と決定的に異なることだった。とりわけ、大恐慌期におけるアメリカのハーバート・フーヴァー政権は、大恐慌のさなかに均衡予算確立のための努力を積みかさねており、それは予算を均衡させるこ

表6-1 2009年における対GDPシェアでの財政による景気刺激策、G20参加国

アルゼンチン	1.5%	日本	2.9%
オーストラリア	2.9%	メキシコ	1.6%
ブラジル	0.6%	ロシア	4.1%
カナダ	1.8%	サウジアラビア	3.3%
中国	3.1%	南アフリカ	3.0%
フランス	0.6%	韓国	3.7%
ドイツ	1.6%	トルコ	2.0%
インド	0.6%	イギリス	1.6%
インドネシア	1.4%	アメリカ	2.0%
イタリア	0.1%	G20全参加国	2.0%

〔注〕値は、拡張的金融政策を行った諸国についてのIMFおよびOECD推計値の平均である。
〔出典〕*Economic Report of the President*, 2010, p.98, Table 3-1より。

とが「経済回復のまさに要石」と考えていたからだ。大恐慌のさなかにフーヴァー政権は、1932年歳入法を1932年6月に成立させたが、驚くべきことにそれは、歴史上平時における最大の増税法となったのだ。それは、所得税の免税点の引き下げと課税率の引き上げをはじめ、各種物品税の新設など、9項目からなるものだった。また財政支出は、1932年から1933年にかけて削減された。

こうしたフーヴァー政権に見られた財政政策とは異なり、世界経済危機後の各国政府は、積極的な財政政策を採用した。アメリカのオバマ政権の積極的財政政策については、次の章で詳述するが、ハンガリーやアイルランドのような国を除けば、ほぼ全ての主要国で景気刺激策がとられた。表6-1に見られるように、すべてのG20諸国は、相当額の刺激策を実施し、2009年単純平均で対GDP比2.0％に上った。G20諸国で中国、韓国、ロシア、サウジアラビアは、2009年に最も大規模な刺激プログラムを実行し、それらは、対GDP比3％以上に相当した。

〈対外経済政策〉世界経済危機対策において、金融政策と財政政策が、大恐慌期と全く異なっていたのと同様に、対外経済政策も大いに違っていた。大恐

慌期において、アメリカ・フーヴァー政権は、1930年、スムート・ホーレー関税法（Smoot-Hawley Tariff Act of 1930）によって、アメリカ関税史上最高の税率による保護貿易政策をとったことは、すでに本書第2章において詳述したが、この大恐慌期において、各国は、アメリカに対して報復手段によって対抗した。イギリスは、1931年9月21日、金本位制を離脱し、1932年7月には、オタワ協定（Ottawa Agreements）によって、「スターリング・ブロック」を形成した。ドイツは、1934年6月、一切の対外債務のモラトリアムを実施、徹底した双務主義による為替清算制に入り、いわゆる「広域経済圏」の形成に走った。1930年代の世界経済は、経済恐慌激化の下で、国際金本位制は崩壊し、各国は為替管理を徹底させ、独自のブロックに分かれ、世界経済は崩壊し、国際貿易の縮小と失業の増大をもたらしていった。

　しかし、2008年9月のリーマン・ショックの後は、1930年代の近隣窮乏化政策で自らも窮するという事態に陥ることなく、むしろ国際経済政策の協調によって危機を乗り切る方向に進んだ。19ヵ国に欧州連合を加えたG20は、通商政策、金融政策および危機対策に関する調整の中心であった。かつて、先進国を基軸とするG7が世界経済の調整役として機能した時代があったが、今や、世界経済は、先進国、新興工業諸国を含んだG20を基軸に展開することとなった。G20諸国で世界の国民総生産の約90％を占めるからである。

　リーマン・ショックに始まる世界経済危機後、最初に開かれたG20諸国の首脳会談は、2008年11月にもたれた。1930年代大恐慌の時とは異なり、G20諸国は、市場開放を維持し、グローバル経済を支援する政策をとり、さらに金融セクターの安定を公約した。2回目のG20は、世界経済危機が実体経済に及びGDPと貿易の急落が懸念される2009年4月に開催された。「回復を確実にし、金融システムを修復し、グローバルな資本移動を維持するのに必要なことをすべて行う」として、IMFに相当額の新規資金拠出を行う決定をした。アメリカがリーダーシップを発揮し、8000億ドルの資金拠出をする。そのうち、5000億ドル以上をIMFに配分するというものだった。

　2009年9月の会合では、国際協調と国家的諸措置は、危機を迎え、世界の国々を回復軌道に乗せるのに不可欠であるとし、「持続的回復が確実になるまでわれわれの強力な政策対応を維持する」と誓約し、時期尚早な撤回を回避し

なければならないと公約した。この会議は、ピッツバーグで開催されたが、G20を国際経済的協調のための最高会議としたことは、インド、中国などの新興経済国の重要性が増していることを確認するものとなった。[19]

注
* 1 この点、詳細は、M.N.Baily, R.E.Litan and M.S.Johnson, "The origins of the financial crisis," in R.W.Kolb ed., *Lessons from the Financial Crisis*, John Wiley, London, 2010を参照のこと。
* 2 詳しくは、拙著『新自由主義と金融覇権』第9章　ブッシュ政権の経済政策と貧困層の拡大、を参照のこと。
* 3 『資本論』第11分冊、835ページ。
* 4 A. Bardhan, "Of subprime and Sunday symotoms: the political economy of the financial crisis," in Kolb ed., *op. cit.*, p.18.
* 5 Baily et al., *op. cit.*, p.81;『2009米国経済白書』エコノミスト臨時増刊、2009年5月4日号、毎日新聞社、80～83ページ。
* 6 『資本論』第1分冊、233～234ページ。
* 7 Baily et al., *op. cit.*, pp.84-5.
* 8 レーニン著、副島種典訳『帝国主義論』国民文庫、1961年、80ページ。
* 9 その典型例の一つが、1997年タイのバーツの暴落に始まるアジア金融危機であった。その詳細は、拙著『新自由主義と金融覇権』第5章　クリントン政権とアジア金融危機、を参照のこと。
* 10 Charles P. Kinledberger, *International Capital Movements, Based on the Marshall Lectures given at the University of Cambrige 1985*, Cambridge University Press, 1987, pp.83-4.
* 11 A.A. Levehenco, L.Logan and L.L.Tesar, "The Collapse of International Trade during the 2008-2009 Crisis: In Search of the Smoking Gun," in *Research Seminar in International Economics Discussion Paper 592*, University of Michigan, October 2009.
* 12 『2010米国経済白書』エコノミスト臨時増刊、2010年5月24日号、毎日新聞社、104ページ。
* 13 M. Friedman and A.J.Schwartz, *A Monetary History of the United*

States, 1867-1960, Princeton, 1963, pp.391-406.
* 14　L.H.Kimmel, *Federal Budget and Fiscal Policy, 1789-1958*, Washington, D.C., 1959, p.148.
* 15　P.Studenski and H.E.Krooss, *Financiual History of the United States*, N.Y., San Francisco, Toronto, London, 1963, p.364.
* 16　R.G.Blakey and G.C.Blakey, "Revenue Act of 1932," in *American Economic Review*, Vol.22, No.4, December 1932を参照。
* 17　Treasury Department, *Annual Report of the Secretary of the Treasury on the State of the Finances*, For the Fiscal Year Ended June 30, 1932, p.33.
* 18　前掲『2010米国経済白書』106ページ。
* 19　同上、107～109ページ。

第7章　アメリカの経済危機対策

1　ブッシュ政権の危機対策（2007年8月〜08年11月）

ヨーロッパでの危機勃発とブッシュ政権の楽観

　2007年夏、サブプライム・ローン危機は、ヨーロッパで勃発した。サブプライム・ローン関連金融商品に投資していたヘッジファンドのいくつかが倒産した。アメリカにおいても、住宅市場の縮小が一層進み、信用市場が大きく混乱した。

　しかし、ブッシュ政権の経済政策担当者たちは、この事態をはじめは深刻に考えなかった。彼らがこの事態を楽観的に見ていた事実は、2008年大統領経済諮問委員会報告にあきらかだ。「アメリカの信用市場と住宅市場の混乱において注目すべきは、それがグローバルに起こっているということである。サブプライム損失は、アメリカにおいてだけではなく欧州やオーストラリア、そしてアジアの銀行や投資家のポートフォリオにも見られたのであり、グローバルな資本市場がいかに相互に結合しているかを実証した。この国際的多様性は、サブプライムの損失の影響がアメリカの投資家と金融機関にだけ集中するのではなく共有されることで、明らかに利益をもたらしたのである。一部の事例では、欧州の銀行は、少なくとも当初は、信用市場の混乱によって、アメリカの銀行よりも深刻な影響を受けた。それで、欧州中央銀行とアメリカのFRBは、効果的に歩調を合わせて同じような政策で流動性を増強した[*1]」。

　つまり、ブッシュ政権の経済政策担当者たちによれば、証券化を通じての国際資本市場の結合は、アメリカに発生したサブプライム・ローン危機を世界的に分散し、危機を緩和させる役割を持つと判断したのだ。確かに、サブプライム・ローン危機の深さが浅ければ、そうしたリスク分散によって危機を緩和させることは可能だ。しかし、この時の危機は、リスクを世界的に分散させれば済むレベルのものではなかった。もっとも、それがわかるのは、1年後の2008年9月になってのことだった。

FRB の対応と FHA 保証

　2007年夏に起きた金融混乱に対して、ブッシュ政権と FRB（連邦準備制度理事会）は、金融市場への流動性の供給と住宅市場の安定化を目的にした一連の協調行動を起こしていった。まず、FRB は、2007年9月から12月までの間に、フェデラル・ファンド・レートの誘導目標を1％引き下げた。また、預金受入金融機関の流動性を高めるため、ターム物資金入札（TAF）を設置、90日を限度とした期間物融資を行う窓口貸出を通じて連銀貸出を拡大するという金融緩和策をとった。

　モーゲージ・ローンの債務不履行が増え続ける事態に、ブッシュ政権はまず、2007年8月に「連邦住宅局保証」（FHA Secure）とホープ・ナウ（HOPE NOW）を開始した。前者は、連邦住宅局（FHA）に一層の柔軟性をあたえ、モーゲージ借り換えの選択肢を提供する FHA の権限を拡大するものだった。それは、現在モーゲージ・ローンの支払いを行っている住宅所有者だけでなく、ローン金利が再設定されるまで期日通りにモーゲージ・ローンの返済を行ってきたのだが再設定後の金利の上昇で支払いの滞っている借り手も救済することを目的としたものだった。また、後者は、債務不履行危機にある借り手を特定して援助し、より多くの世帯が持ち家にとどまることができるように、貸し手、ローン管理回収会社、住宅ローンアドヴァイザーや投資家を含む民間セクターのメンバーに政府が働きかけるものだった。

　しかし、FHA セキュアーには限界があった。FHA の保証を得るためには、変動金利を固定金利に変えることになるのだが、それには十分な所得がなければ、保証を受けることはできなかった。金利が再設定されて、高金利に上がるまでのローンは、きちんと返済されていることが条件だった。そういう履歴のしっかりしている人が対象だから、これを使って住宅の差し押さえを防ぐことのできる人は限られたのだ。この時期に差し押さえられ、家を取られて路頭に迷う人たちへの援助とはならなかったのだ。

　だから、こうした政策によっては、危機は一向に収まらなかった。たまりかねたブッシュ大統領は、12月6日、財務長官ヘンリー・ポールソンを伴って記

者会見に臨んだ。借入から2～3年経って、金利が再設定されるサブプライム・ローンの貸し倒れを防ぐため、金利上昇を5年間凍結するなどの対策を発表した。また、米欧の五つの中央銀行は、12月12日、各国の金融市場に大量の資金を協調して供給すると発表し、年末の急増する資金需要に対応する措置をとった。さらに、翌2008年1月22日になると、FRBは、世界同時株安からの金融市場の混乱を回避するとの目的から、フェデラル・ファンド・レートを3.5％とし、さらに30日には3％の水準に引き下げた。

大規模減税

ブッシュ大統領は、2008年1月28日、最後の一般教書演説に臨んだ。彼は、アメリカ経済が「不確かな時期を迎えている」と警告し、個人ならびに企業への大胆な減税政策を議会との協力で実施したいと述べた。このブッシュ大統領の要請を受け、翌日の1月29日、総額1500億ドル、アメリカのGDP（国内総生産）のほぼ1％にあたる大型景気対策法「成長のための総合対策」が下院を通過し、2月中旬には実施されることになった。約1000億ドルが個人向け減税、500億ドルが企業向け法人税減税という内容だった。サブプライム住宅ローン危機に直撃されている低所得者層や勤労者への現金支給を重視したとしたが、個人向けに最低300ドル、子ども2人の共働きの家計には、最高1800ドルの小切手が内国歳入庁（IRS）から送られた。

リーマン・ブラザーズの倒産と公的資金導入策

こうした、ブッシュ政権の減税政策によっても、サブプライム金融危機は収まる気配をみせなかった。7月13日には、政府系住宅金融機関のファニーメイ（連邦住宅抵当金庫）とフレディマック（連邦住宅貸付抵当公社）が危機に陥ったとして、ブッシュ政権は公的資金の注入を含む救済策を発表し、議会に関連法案の成立を要請した。

ファニーメイは、1938年に設立された住宅ローン（モーゲージ）の買い取り機関だ。買い取ったモーゲージをプールし、見返りにモーゲージ担保証券を発

行し、売りさばく機関だ。フレディマックは、1970年に創設され、ファニーメイとともに住宅ローンの証券化には欠かすことのできない金融機関だが、住宅価格の下落が止まらず、モーゲージの不良債権化の累積で、債務額が債権額を大幅に超過する債務超過、すなわち資本不足に直面した。

　上院では、2008年7月11日、政府の連邦住宅局（FHA）による最大300億ドルまで認める住宅ローン救済策を成立させた。しかし、それでもサブプライム・ローン危機に始まる深刻な金融危機は収まる様子をみせなかった。

　2008年9月15日、ついにアメリカ投資銀行の4番手のリーマン・ブラザーズの倒産が起こった。このとき、大手保険会社、アメリカン・インターナショナル・グループ（AIG）は、連邦政府により救済されたが、リーマン・ブラザーズには買い手がつかず破産ということになった。

　メリルリンチは、バンク・オブ・アメリカが救済合併し、モルガン・スタンレーは、自ら商業銀行化し、業界第一のゴールドマン・サックスもそのあとに続いて商業銀行化するという事態になった。これら投資銀行は、サブプライム関連の証券化商品はじめ、多くの投機的取引に関わり、投機の失敗から多額の不良債権を抱えていた。モルガン・スタンレー、ゴールドマン・サックスが投資銀行から商業銀行化への道を選んだのは、公的資金導入の恩恵に浴そうと考えたからだ。ブッシュ政権は、この時、ゴールドマン・サックス出身の財務長官ポールソンの下で、国民に多額の負担を強いる公的資金の導入によって巨大金融機関を救済する作戦を立てていた。そしてこの救済策の対象は、国民から預金を預かる預金金融機関だったから、大手投資銀行は、商業銀行化することで救われようとしたわけである。

　ブッシュ政権は、公的資金を使って金融機関の不良債権を買い取ることを議会に提案した。「資本市場が機能しないと雇用は失われ、さらに多くの家が差し押さえられる。経済はマイナス成長に転じ、どんな政策を実施しても健全な形で回復できなくなる」と連邦準備制度理事会議長バーナンキはいう。ゴールドマン・サックス出身の財務長官ポールソンもまた、国民に危機を煽り、「納税者は大きな危機に脅かされている。預貯金や融資、設備投資などに危機が迫っている[*4]」と述べた。つまり、連邦政府が金融機関の不良債権を買い取って金融の安定化を実現しないと、実体経済に悪い影響が出てくる。だから、7000億

第7章　アメリカの経済危機対策　341

ドルの公的資金をつぎ込む「金融安定化法案」を議会は早急に成立させるべきであると、半分脅しともとれる口調で説得しにかかったのだ。

しかし議会は簡単には納得はしなかった。7000億ドル、アメリカのGDPのほぼ5％にも上る税金を何の条件も付けずに巨大金融金融機関へ投入することを、選挙民が許すはずはなかったからだ。下院は、2008年9月29日、「金融安定化法」を23票の僅差で否決した。

この日、ニューヨーク株式市場は、ダウ工業平均株価が777ドル安という大暴落を喫した。外国為替市場ではドルが売り込まれ、急激なドル安が引き起こされた。まさに、ブッシュ政権と議会のせめぎあいは、「金融安定化法」をめぐって、その修正を余儀なくされていき、かくて、「緊急経済安定化法」（緊急救済法案）は、10月1日に上院、3日には下院をようやく通過したのだった。この修正された法案は、手放しで金融機関を救済するのではなく、国民の目線からみてかなり規制を加えたものとなったが、政府が不良債権を買い取るとなると、その対象となる金融機関は経営危機に瀕していると自ら宣言するようなものだ。買い取る金額が多くなればなるほど、その金融機関への信頼は落ちることになるだろう。かくて、ブッシュ政権は、不良債権を買い取る作戦から、公的資金を金融機関の自己資本を増強するために注入するという方式に切り替えた。「緊急経済安定化法」に基づき7000億ドル規模の「不良債権救済措置」（TARP: Troubled Assets Recovery Program）が実行されることとなった。

アメリカ財務省は、総額2500億ドルの公的資本注入額を決定し、10月28日、その半額に当たる1250億ドルを九つの大手金融機関に資本注入した。シティー・グループ250億ドル、J.P.モルガン・チェース250億ドル、ウェルズ・ファーゴ250億ドル、バンク・オブ・アメリカ150億ドル、ゴールドマン・サックス100億ドル、モルガン・スタンレー100億ドル、メリルリンチ100億ドル、バンク・オブ・ニューヨーク・メロン30億ドル、ステート・ストリート20億ドル、合わせて1250億ドルだった。

このような多額の公的資金を巨大金融機関に投入する政策によって確かに、アメリカ金融システムは、全面的崩壊を免れた。本書第2章で詳述したように、1929年大恐慌の時には、フーヴァー政権の公的資金導入策は、1932年1月になってようやく実施されたが、金本位制という条件の下で、1933年3月には全面

的金融崩壊となったのだ。その意味では、かつての歴史的経験が生かされたといえるだろう。

しかし、今度は、アメリカの実体経済が急速に落ち始めた。リーマン・ショック前、2008年第2四半期のアメリカの実質経済成長率はプラスだったが、9月の金融危機の顕在化から、金融機関の貸し渋りが顕著となった。信用主義の崩壊は、新自由主義的景気循環においては、深刻な消費の低減を引き起こすからだ。これまでアメリカの民間消費は、所得上昇の要因もあるが、それ以上に消費者ローンに支えられてきた。住宅資産価格の上昇がホーム・エクイティ・ローンの活発化をもたらし、株価急騰も消費を活発にする要因だった。いわゆる消費への資産効果である。したがって、株価が下がり、住宅価格が下がり続けることによって景気を支えてきたアメリカの消費が急減することになったのだ。

2008年10月30日に発表された第3四半期のアメリカの実質経済成長率は、年率換算で0.3％減となった。[*5] 個人消費が3.1％減、企業設備投資が1.0％減となったが、最も落ち込みが深刻となったのは住宅投資で19.1％減となった。しかも、この実質経済成長率の落ち込みは、2008年第4四半期で7.9％減となり、その落ち込みは、オバマ政権期にも継続され、2009年第1四半期5.8％減、第2四半期0.2％減、プラスに転じたのは、2009年第3四半期になってのことで、かろうじて1.6％増と記録された。

この経済危機は、いうまでもなく大恐慌以来最悪のものだった。「それは息もつかせぬほどの、民間セクターの急降下の瞬間だった。資本市場は崩壊した。企業に対する信用は凍りついた。銀行は倒産した。差し押さえ件数はうなぎのぼりだった。国民産出は、何十年もみなかった率で落ち込んだ。多くの人々が職を失った」[*6] と2011年大統領経済諮問委員会報告は述べた。

第7章　アメリカの経済危機対策

2 オバマ政権の危機対策（2009年1月～09年2月）

優先したウォールストリートの救済

オバマ政権の初期の経済政策における際立った特徴は、金融危機対策として、ウォールストリート救済作戦を最優先させたことだった。この政策は、国家経済会議議長に就任するローレンス・サマーズの下で実施されたといってよい。彼は、クリントン政権の最後の財務長官であり、そのもとで働いた経験のある、ティモシー・フランツ・ガイトナーが第75代財務長官に就任した。ガイトナーは、当時ニューヨーク連邦準備銀行総裁の地位にあったが、オバマ政権の人事は、明らかに巨大金融機関救済を狙ったものだった。実際は、ブッシュ政権のポールソン財務長官の敷いた路線を走り始めたといっていいだろう。

政権移行期の2009年1月12日、オバマ次期大統領は、金融機関への資本注入のための7000億ドル規模の「不良資産救済措置」のうち、残りの3500億ドルをブッシュ大統領に要請した。次期政権の強い要請で、アメリカ上院は、その拠出を拒否する決議案を否決した。こうした前政権から引き継がれた金融救済の政策展開が、金融安定化に必要となる膨大な公的資金を政策立案者に与えた。

2009年2月10日、ガイトナー財務長官は、オバマ政権の金融安定化計画（Financial Stability Plan）を発表した。その第一は、「資本評価監視プログラム」（Supervisory Capital Assesment）といわれるもので、国内19の大手金融機関の資本必要性を評価するものだ。

第二が「消費者および企業向け貸出制度」（Consumer and Business Lending Initiative）というもので、財務省は、企業と家計向けに1000億ドルの貸付枠を1兆ドルまで引き上げた。第三は、財務省が連邦預金保険公社と連邦準備制度と連携して「官民投資プログラム」（Public-Private Program）を立ち上げ、金融機関のバランスシートから不良債権を除去することを試みた。さらに、オバマ政権は、自動車部会を立ち上げ、クライスラーを2009年4月30日、GMを6

月1日に破産させ、TARP 資金を使った再建が行われた。

　こうした金融救済措置と同時に、連邦準備制度は、金融政策の面から、金融機関に手厚い救済措置を実施した。それは、フェデラル・ファンド・レートの変更という伝統的な金融政策が効力を発揮しないと見た FRB が、金融緩和を一歩進めて、非伝統的な手段によって金融機関へ資金を注入したことを意味した。それは、連邦準備銀行と直接取引する金融機関へ、直接流動性を供給する仕組みを創り出すことだった。

　これは、すでにブッシュ政権下の2008年、リーマン・ショックが起こる前から導入されていたのだが、フェデラル・ファンド・レート金利目標が2008年12月に事実上ゼロまで下がり、伝統的な手段による流動性供給が困難と見た FRB は、大規模な資産買い取り作戦にとりかかることとしたのだ。長期金利引き下げを目標とし、2009年3月、FRB は、長期財務省証券を最大3000億ドルまで買い入れる計画を発表した。

　この連邦準備制度の非伝統的政策によって、連邦準備制度のバランスシートの資産規模が大幅に拡大した。連邦準備制度の保有資産は、2008年1月、ほぼ8000億ドル程度であったが、12月には、2兆ドルを超える水準に急上昇した。短期の財務省証券の保有は激減したが、長期の財務省証券と機関債が激増した。これは、連邦準備銀行が大量のハイパワード・マネー（ベース・マネー）を取引金融機関に供給したことを意味した。

　これが金融機関の貸付を通じて、マネーストック（マネーサプライ）の増大となるか否かは、実体経済の動き如何にかかっていることはいうまでもない。もしそうした事態が生じ、インフレが激しく展開されれば、連邦準備銀行が買入資産の売却や預金準備に高い金利を課す、金融引き締め政策に転じることで対処可能だと FRB は判断した。[*7]

「アメリカ復興および再投資法」の制定

　巨大金融機関救済を優先したオバマ政権ではあったが、実体経済への危機対策を疎かにしていたわけではもちろんない。2008年11月に次期大統領になることが決定したオバマ上院議員とそのもとに結成された政権移行チームは、12月、

直ちに「アメリカ復興および再投資法」(ARRA: American Recovery and Reinvestment Act of 2009) の総論と各論を発表した。この法案は、オバマ大統領就任間もない2009年1月26日、下院議会に提出され、下院と上院を直ちに通過することになった。2月13日には、議会両院協議会で合意され、2月17日、オバマ大統領の署名を得て成立した。

当初、経済危機の影響予測は、楽観的だった。2008年12月に行われたブルーチップ予測でも、2009年第1四半期の実質GDP減少率はマイナス2.4％だったし、予測専門家調査予測値では、マイナス1.1％にしか過ぎなかった。しかし現実は、マイナス5.4％という大変な減少を記録した。

オバマ政権で国家経済会議議長に就任する予定のサマーズは、2008年11月19日、ワシントンDCで開催された「ウォール・ストリート・ジャーナル」紙最高経営責任者諮問会議の講演で、経済危機の深刻さを察知し、「即座に」「充分な」かつ「持続的」な財政政策の実施が必要なことを表明した。

「復興法」は、次の目的に具体化されて実行された。第一に、雇用を維持・創出し、経済回復を促す。第二に、リセッションの影響を受けた人すべてに援助する。第三に、科学と医療の技術進歩をすすめ、経済効率を高めるのに必要な投資を行う。第四に、運輸、環境保護などに投資して、長期的利益をもたらす。第五に、州・地方政府の財政を安定させ、必要なサービスの削減や非効率的な州・地方政府の増税を最小化または回避する、というものだった。

「復興法」の規模は、成立時の議会予算局（CBO）の試算では、7870億ドル、リセッションの規模が大きくなるにつれ、金額は膨らみ、2014年時点では2019年までに総額8320億ドルによる財政支援ということになった。成立時の費用予測によれば、減税（2120億ドル）、メディケイドや失業手当などの義務的支出の拡大（2960億ドル）、個人への支援、インフラ、教育、職業訓練、医療ITへの投資などの裁量的支出（2790億ドル）にほぼ均等に配分されたのだった。また、「復興法」のみならず関連する支出法の下で、2013年9月30日までに、8046億ドルが支出されたのだが、経済危機深まる2009年と2010年に支出時期は集中し、この2年で合わせて5663億ドル、全体の70.4％が支出された。

注

* 1 『2008米国経済白書』エコノミスト臨時増刊、2008年5月26日号、毎日新聞社、73ページ。
* 2 窓口貸出とは、銀行のような預金受入機関向けの最後の貸し手としての連銀の融資制度のこと。
* 3 『2008米国経済白書』エコノミスト臨時増刊、2008年5月26日号、毎日新聞社、60ページ。
* 4 朝日新聞2008年9月25日付。
* 5 これはのちに改定されて、1.8％減となった。
* 6 『2011米国経済白書』エコノミスト臨時増刊、2011年5月23日号、毎日新聞社、42ページ。
* 7 『米国経済白書2010』エコノミスト臨時増刊、2010年5月24日号、毎日新聞社、64～65ページ。

むすびに──世界経済危機とアメリカ経済をめぐる三つの歴史的条件

　世界経済のメカニズムは、資本主義が成立して以来今日まで大きく変貌した。とはいえ、本書で詳細に論じたように、世界経済危機の発生において、マルクスが『資本論』で議論した経済危機の本質的規定は、今日においても依然として生きているといえるだろう。「大金融業者や株式仲買人たち」の経済力は極めて大きくなっているし、国際的投機資本の活動は、はなはだ活発に展開しているからだ。しかしながら、今日の資本主義社会には、マルクスの時代、また大恐慌の時代と異なる歴史的条件が、大きくいうと三つあると私は考える。

　その第一は、国際金本位制の時代ではないということだ。戦後 IMF による固定相場制の時代では、国際投機資本を抑え込み、金融の横暴をコントロールしてきた。その時代は、金融機関の全面崩壊というような金融危機は起こらなかった。それに対して、現在の変動相場制の時代では、国際投機資本の活発な動きがあり、金融の横暴が目に付く事態となっている。したがって、マルクスが『資本論』で詳細に論じた金融危機における信用主義から重金主義への転化は、本書で詳しく論じたように、現在においても引き起こされる。しかし、金本位制の呪縛から解き放たれた今日の中央銀行は、その最後の貸し手機能を存分に生かし、危機救済の資本供給を緊急に行って金融システムの全面崩壊を阻止することができる。

　大恐慌期において、連邦準備銀行は、金本位制に縛られ、今日のような大胆な金融緩和政策を実行できず、フーヴァー政権の公的資金投入策は、1932年1月の「復興金融公社」の設立によってはじめて実行されたことは既述のとおりである。しかし、この政策下においても、1933年3月には、銀行券の金兌換要求の強まりによって、アメリカ銀行システムの全面崩壊を意味する全国銀行休業から金本位制離脱という事態に立ち至った。したがって、大恐慌期の家計純資産額は、危機勃発後5年たっても減少を続け、8年たっても、1929年恐慌前の水準に戻ることなく低迷した。

　しかし、2008年に勃発した世界経済危機において、アメリカ家計の純資産額

は、当初、1929年大恐慌期の落ち込みをはるかに超える落ち込み方であったが、ブッシュ政権とオバマ政権による7000億ドルもの公的資金導入による巨大金融機関救済作戦によって、1年後には下げ止まり、3年たった時点では、リーマン・ショック前の水準を超え、その後、順調な上昇を記録している。すなわち、世界経済危機において、アメリカの住宅価格は、2008年から2009年にかけて5.6％の落ち込みだった。しかし、1929年から1930年にかけての住宅価格の落ち込みは、4.3％程度だった。また、株価S&P500指数は、2008年から2009年にかけて年平均で23％の落ち込みだったが、1929年から30年にかけての株価下落率は、19％程度であった。この急激な資産価格の落ち込みによって、2007年のピークから2009年の底にかけて、名目家計資産額は、全体で13兆ドルの落ち込みで、アメリカの家計総資産額は、19％下落した勘定になる。これは明確に、大恐慌期を上回る数値なのだ。

　しかし、その後の事態は、大恐慌期と決定的に異なる。なぜなら、金融資産価格は急激な上昇を記録し、2016年末までに事態は大きく改善されたからだ。2009年3月から2016年11月まで、株価S&P500指数は、186％も上昇し、住宅価格は、2012年の底以来、2016年9月まで34％上昇し、2007年2月の水準をほぼ回復した。2012年末からの住宅価格の上昇は、790万といわれる家計を担保割れ、すなわち、借入総額を住宅価格が下回る状況から救出し、抵当流れを劇的に改善した。アメリカ人家計は、かつてない強力な資産ポジションを有することになった。2016年第3四半期において、実質家計純資産額は、危機前のピークを16％も超えたのだ。2017年、トランプ政権の誕生による新自由主義的経済政策への回帰によって、再び金融不安定性が危惧される始末である。

　第二は、経済における国家財政の規模が、マルクスの時代、大恐慌の時代とはけた違いに増大していることがあげられるだろう。世界経済危機勃発時には、直ちに「アメリカ復興および再投資法」を成立させ、2年間にわたる7000億ドルを超える財政支出と減税政策が実行されたことは上述のとおりだ。しかも、オバマ政権は、「復興法」実施で財政による経済支援策を終了させたわけではない。その後の主な支援策をあげれば、「2010年税軽減・失業保険再認可および雇用創出法」、また、「2012年中間層税軽減及び雇用創出法」、そして「2012年アメリカ納税者救済法」ということになる。「復興法」以後のこれらの経済

支援策を全部合わせると2009年から2019年にかけて、「復興法」による支援規模に匹敵する7090億ドルになると議会予算局は見積もった。

　大統領の肝いりで提案されたが実現しなかった代表的な例は、2011年9月に提起された「アメリカ雇用対策法」(American Jobs Act)であった。もしこれが、議会を通過していたら、インフラから教育職、中小企業大幅減税に至るまであらゆるものへの追加投資、4470億ドルが支出されるはずだった。

　こうした、積極的な財政政策に対して、大恐慌期の経済思想は、大幅な財政支出政策を許さなかった。均衡財政こそ経済回復の要石というのが、当時の主流派経済学の考えであって、フーヴァー大統領は、危機のさなかの1932年に増税と歳出削減策をとった。1932年大統領選で勝利したローズヴェルトのニューディール政策も、当初は、新規巻き返しという大統領選挙勝利のスローガンにすぎず、事実、ローズヴェルト政権の1933年6月に成立した「全国産業復興法」は、物価上昇を独占禁止法の適用除外措置によって実現しようとするリフレ政策に過ぎなかった。ローズヴェルトが、財政支出政策を本格的に提起するのは、大恐慌勃発から足掛け6年もたった、1935年の一般教書演説においてであった。しかも、財政支出政策の効果ありと見るやローズヴェルト政権の経済政策担当者たちは支出政策をやめ、鋭さの点では1929年大恐慌を上回る1937年経済恐慌を引き起こしてしまったことはよく知られている。だからこそ、オバマ政権の経済政策担当者たちは、2009年2月の「アメリカ復興および再投資法」に次いで、2011年「アメリカ雇用対策法」の成立に躍起になったのだ。

　大恐慌期の失業は、長期にわたって深刻な問題となり、アメリカの民間雇用は、4年たっても上昇の傾向を示さなかった。それに対して、リーマン・ショック後の世界経済危機においては、当初1年半程度は、民間雇用の落ち込みは、大恐慌期と同じく深刻な低下を辿ったが、2年経過したころから上昇はせずとも下げ止まりとなり、6年経つとリーマン・ショック前の水準に回復したのだ。オバマ政権の財政支出・減税政策の効果がここに示されているといえるだろう。

　しかし、大恐慌時のような深刻な失業問題が長期にわたって出現しなかったとはいえ、世界経済危機においては、深刻な経済格差問題が出現した。というのは、既述のように、世界経済危機において、いち早く回復を示したのは、金融資産市場であり、株価の急上昇の回復と住宅価格の回復は、富裕層に富の急

速な蓄積をいち早く実現させたからだ。実体経済の回復が遅れたのに対して、巨大金融機関の収益回復は急速だった。2009年中頃には、巨大金融金融機関は、公的資金の返済に入り、巨大金融機関のCEO（最高経営責任者）たちの報酬は、はやリーマン・ショック前の水準に戻ったからだ。

　マルクスの時代、大恐慌の時代と今日の資本主義の歴史的条件の違いの第三は、世界経済の在り方だ。マルクスの時代は、国際金本位制の下で、イギリスが世界の中心国として君臨し、パックス・ブリタニカの絶頂期だった。大恐慌の時代は、国際金本位制が崩壊の危機にあり、イギリスの世紀は終わっていたが、だからといって、アメリカが世界経済をリードするというところまでにはいかなかった。大恐慌を契機にイギリスは、スターリング・ブロックに閉じこもるし、フランスなどあくまで金本位制にしがみつく国もあり、アメリカは、超保護関税システムの後、1934年からは互恵通商政策のもとで、自由貿易圏の構築を試みていたが、ドイツ、イタリア、日本のファッシスト同盟諸国は、侵略主義的領土拡大に狂奔していた。この時代、世界経済は崩壊していたのであって、20世紀の生産力体系を一身に背負ったアメリカが連合国の中心国として、戦後体制をパックス・アメリカーナとして構築することをめざしていた。1929年大恐慌は、世界貿易に壊滅的打撃を与え、それを回復する条件もなく、世界経済は停滞が続いていた。大恐慌勃発後9年たっても世界の貿易フローは、1929年前の水準を回復できなかったのだ。

　それに対して、今回の世界経済危機においては、既述のように世界貿易の落ち込みは急激だった。1929年大恐慌勃発後確かに世界貿易は減少したが、今回の世界経済危機における世界貿易は、つるべ落としのように真っ逆さまに落ち込んだ。しかし、1年半たつと今度は、急速に貿易額は回復し、危機勃発から3年もたつとリーマン・ショック前の水準を超え、それ以来、世界貿易額は順調に伸びている。つるべ落としのように危機直後の貿易額が落ちたのは、既述のような多国籍企業時代の貿易システムの特徴がよく現れているといえそうだが、急激な回復は、新興工業諸国の危機後の回復が大きく影響しているといえるだろう。大恐慌期には、世界経済が崩壊したのに対して、今回の危機では、世界経済の軸心が、アメリカ、ヨーロッパなどの先進経済諸国から、インド、中国などの新興工業諸国へ移動しつつあり、従来とは異なる世界経済の形成が

世界経済危機後の世界貿易の拡大をもたらしたといえる。

　アメリカ経済は、長期的に見れば衰退の運命にあることは間違いない。新興工業諸国を軸とする世界経済へ大きく転換しようとしているのが今日の姿だ。この世界経済が今後どのように展開するかについては、本書の検討範囲を超えており、また別途論じなければならないのはいうまでもないことである。

あとがき

　本書は、「はじめに」の注記で述べたように、私が英文で発表した論考、The demise of the Keynesian regime, financial crisis, and Marx's theory の骨子に、それをより豊富化し一冊にまとめたものである。本来、『資本論』の研究家でもない私が、なぜこのような書物を上梓するに至ったかの事情について、あとがきとして述べておくことにしよう。

　私は、横浜国立大学経済学部でのサバティカル（研究休暇）を機会に、アメリカへ1年間家族を伴って研究の旅に出たことがある。1990年4月から91年3月にかけてのことだった。ちょうどアメリカが、レーガン政権を引き継いだJ. H. W. ブッシュ政権の下で、湾岸危機から湾岸戦争に突入する時期であった。その時、世界経済は、また大変な激動期で、89年にはベルリンの壁が崩れ、東西冷戦が終焉を迎える時期にあたっていた。アメリカ経済は、レーガン・ブッシュの経済政策によって金融危機が頻発するという状況だった。私を客員研究員として受け入れてくれた大学は、マサチューセッツ大学経済学部で、多くの優秀なラディカル・エコノミストが集まっていた。サムエル・ボールズ、ハーブ・ギンタス、リチャード・エドワーズ、デーヴィッド・コッツ、ジェリー・エプシュタイン、ジェームズ・クロッティ、ナンシー・フォルブロ、モハン・ラオ、カルメン・ディアなどの教授たちが、学内のワークショップで侃々諤々さまざまな議論をたたかわせていた。

　ここで、私が驚いたのは、本書冒頭に述べたように、冷戦終結、ベルリンの壁が崩壊し、ソ連邦が消滅しつつある中、日本では、マルクス経済学が大学から消え去ろうとしているのに対し、この大学では、逆に、多くの経済学者が、モダン・エコノミクスの一つのアプローチとして積極的にマルクスを議論していることだった。1990年11月の中間選挙では、民主的社会主義者を公然と主張するバーニー・サンダースが、マサチューセッツ州の北隣のヴァーモント州から下院議員として当選するなど、社会主義がむしろ新しい政治の潮流として公然と論じられていた。私は、マサチューセッツ大学経済学部のワークショップ

で、大恐慌をマルクスの観点から論じた報告を行い、ジェームズ・クロッティ教授からそれを是非出版すべきだという激励を受け、帰国してから、横浜国立大学経済学部の『エコノミア』に英文で発表することができた。本書でも引用したが、Fictitious Capital, Oversensitiveness and the Crisis: A Marxist Financial Crisis Theory and the Great Depression がそれであり、これが、私が『資本論』に関連して、経済危機分析を行った最初の論文であった。

　私は、現代アメリカ経済政策研究を専門領域とし、横浜国立大学においても、講義科目は、「世界経済論」だった。講義手法は、アメリカ経済を基軸として、いかに世界経済が成り立ち、また、展開しているかについて論じる、歴史的な内容のものだった。経済恐慌をマルクスの観点から論じる機会をマサチューセッツ大学経済学部のワークショップにおいて得られ、スタッフと議論する機会を持てたことは、今では懐かしい思い出となっている。

　考えてみると、私の経済学における最初の学問的興味は、経済恐慌にあった。私は、1966年に福島大学経済学部に入学したが、ゼミナールの選択で希望し、出席を許されたのは、毛利健三先生のゼミナールだった。私が、毛利先生に教えを乞うたのは、先生がイギリスの1825年経済恐慌について研究され、浩瀚（こうかん）な論文「1825年恐慌とイギリス綿工業――イギリス産業資本確立過程の構造分析序論」（東京大学社会科学研究所『社会科学研究』第17巻第6号）を発表されていたからだった。

　ゼミナールは、西洋経済史が内容であったから、直接、経済恐慌について、先生からご教示を受けたことはなかったと記憶するが、私が幸運であったのは、大学を卒業し、東京大学大学院経済学研究科に進学したあと、先生が、東京大学社会科学研究所の専任スタッフとして転任され、大学院のゼミにおいても、ご教授いただけたことだった。

　以来、先生とは、まさに公私にわたるご厚情をいただき今日に至っている。毛利ゼミは、卒業後も、毎年先生を囲んで、今日まで、メメント・モーリ会という勉強会を続けており、先生のいつも変わらぬ真摯（しんし）な学問姿勢に、毛利ゼミ同窓生一同、学生時代とはまた趣を異にする楽しさも享受してきた。ここでおひとりおひとり名前は差し控えさせていただくが、メメント・モーリ会同窓生の先輩、同輩、後輩のみなさまにこの場を借りて、感謝申し上げる次第である。

本書出版にあたっては、新日本出版社書籍編集部、角田真己氏に、大変お世話になった。氏からの出版のお勧めがなかったならば、こうして1冊にまとめることができたかどうか心もとない。氏のご努力に衷心より感謝の意を表させていただきたい。

　最後に、大学入学以来今日に至るまで、長き50年の公私にわたるご教授ご鞭撻に感謝し、本書を、謹んで東京大学名誉教授毛利健三先生に捧げたい。

　　2018年1月30日
　　　　　　　　　　　　　　　横浜戸塚の寓居にて　萩原伸次郎

萩原伸次郎（はぎわら・しんじろう）
1947年、京都市生まれ。1976年、東京大学大学院経済学研究科博士課程単位修得退学。1978年、横浜国立大学経済学部助教授。1989年から同教授。1990〜91年、アメリカ・マサチューセッツ大学経済学部客員研究員。2000〜02年、横浜国立大学経済学部長。2002年、横浜国立大学大学院国際社会学研究科教授。2013年、横浜国立大学を定年退職、同大学名誉教授。

『アメリカ経済政策史』（有斐閣、1996年）、『通商産業政策』（日本経済評論社、2003年）、『世界経済と企業行動』（大月書店、2005年）、『日本の構造「改革」とTPP』（新日本出版社、2011年）、『TPP アメリカ発、第3の構造改革』（かもがわ出版、2013年）、『オバマの経済政策とアベノミクス』（学習の友社、2015年）、『新自由主義と金融覇権』（大月書店、2016年）、『トランプ政権とアメリカ経済』（学習の友社、2017年）など、著作多数。

世界経済危機と『資本論』
（せかいけいざいきき）（しほんろん）

2018年3月30日 初版

|著　者|萩原伸次郎|
|発行者|田所　稔|

郵便番号　151-0051　東京都渋谷区千駄ヶ谷4-25-6
発行所　株式会社　新日本出版社
電話　03（3423）8402（営業）
　　　03（3423）9323（編集）
info@shinnihon-net.co.jp
www.shinnihon-net.co.jp
振替番号　00130-0-13681
印刷　光陽メディア　製本　小泉製本

落丁・乱丁がありましたらおとりかえいたします。
© Shinjiro Hagiwara 2018
ISBN978-4-406-06238-1 C0033　Printed in Japan

本書の内容の一部または全体を無断で複写複製（コピー）して配布することは、法律で認められた場合を除き、著作者および出版社の権利の侵害になります。小社あて事前に承諾をお求めください。